難波宮と都城制

中尾芳治
栄原永遠男 編

吉川弘文館

まえがき——つぎの六〇年に向けて——

難波宮の第一次発掘調査は、昭和二九年（一九五四）二月二〇日に開始された。ＡＢＣの三地点で調査したという。これは、前年の一一月三日に、法円坂住宅第一三号館の西北隅付近の地下四尺ほどのところから、奈良時代の鴟尾片が発見されたことを契機として、その出土地付近で実施されたのである。その中心にいたのが山根徳太郎であることは、よく知られた事実である。初期の発掘調査に至る過程、その困難な状況や、山根の難波地域および難波宮の研究とその問題点については、本書冒頭の直木孝次郎「山根徳太郎の難波宮研究」に詳しい。

本年は、難波宮・京の発掘調査開始から数えて満六〇年にあたる。この間に実施された発掘調査は相当な件数にのぼる。調査地は、前期・後期難波宮の中心部から京域の推定地域に広がり、調査成果は、縄文時代から現代までの遺構・遺物に及んでいる。特に近年では、上町台地に刻まれた多くの開析谷の発掘調査が進んだ結果、生活・生産技術・祭祀を含めた多様な資料が蓄積され、難波宮・京周辺の文化的様相が急速に明らかになりつつある。

これらについては、本書の付録4のように、多くの調査報告書が刊行されてきた。その内容は詳細・精緻なもので、難波宮・京研究の基礎的情報の宝庫である。しかし、それは質量ともにあまりに膨大で、全貌を把握することは、個人の力では困難になってきている。研究分野の専門分化が進んでいることも、これに拍車をかけている。

このため、複数の研究者によるさまざまな専門分野の研究成果をあつめた論集が刊行されてきた。これによって、個々の研究者では不可能な幅広い分野の研究がすすめられ、発掘調査の成果も総括されてきたのである。

主なものをあげると、難波宮址を守る会編『難波宮と日本古代国家』（塙書房、昭和五二年）、大阪市文化財協会編『難波宮址の研究』7論考篇（昭和五六年）、直木孝次郎編『難波京と古代の大阪』（学生社、昭和六〇年）、直木孝次郎・小笠原好彦編『クラと古代王権』（ミネルヴァ書房、平成三年〈一九九一〉）、直木孝次郎編『古代を考える 難波』（吉川弘文館、平成四年）、大阪市文化財協会編『大阪市文化財論集』（平成六年）、直木孝次郎・中尾芳治編『シンポジウム古代の難波と難波宮』（学生社、平成一五年）、栄原永遠男・仁木宏編『難波宮から大坂へ』（和泉書院、平成一七年）などがある。

本書は、これらのあとを受けて、また発掘調査開始六〇周年を記念して、現時点でのさまざまな研究分野の総括と問題点の把握をめざしたものである。各論文の内容を勘案して、「第Ⅰ部　難波宮の調査と研究」「第Ⅱ部　難波宮をめぐる政治と文化」「第Ⅲ部　難波宮と東アジアの都城制」の三部にわけた。この部わけにほぼ添いながら各論文の内容を紹介したい。

まず、難波宮・京それ自体の発掘調査にもとづく研究の進展は、文献史料にとぼしい当該対象にとって大きな意味を持っている。難波宮については、高橋工「前期・後期難波宮跡の発掘成果」が、約五〇〇〇件の発掘調査の成果を、前期と後期ごとに宮の中枢部と宮内の周辺部にわけ、主要地区別に整理している。今後、難波宮の発掘調査の成果を理解する基礎となろう。

つぎに、遺物そのものや遺物から遺構の年代や性格を考えるものに、佐藤隆「難波地域の土器編年からみた難波宮の造営年代」、八木久栄・宮本佐知子「後期難波宮の屋瓦と大阪府下出土の同笵瓦」、栄原永遠男「難波宮跡北西部出土木簡再考」がある。

佐藤論文は、難波地域の土器編年案（難波編年）を、五世紀から幕末までに及ぶ長期間の土器編年の一環と位置づけるという広い視野に立ち、その再検討と暦年代との関係を検討している。八木・宮本論文は、重圏文系と蓮華・唐草文系の二系統の瓦について、文様、組み合せ、瓦窯、殿舎別の使用瓦、製作年代、大阪府下における同笵瓦の出土遺跡とその遺跡のタイプわけ等、多岐にわたって論じている。栄原論文は、表題の木簡群について再検討し、一括投棄に至る過程とその時期について考えた。

難波宮の建築物については、植木久「難波宮の建築」が、前期・後期それぞれについて、殿舎配置や個々の建物の計画性、宮中枢部の建物の基壇構造、建物の外観などを検討している。また李陽浩「古代東アジアにおける八角形建物とその平面形態―前期難波宮東・西八角殿研究への予察―」は、古代東アジアにおける八角形建物の事例を豊富に挙げて類型化して比較検討し、その淵源や建築構造を考えている。積山洋「難波京の復原と難波大道」は、京について三時期に区分し、各時期の条坊区画に一致する遺構を検討して条坊区画の実態を整理している。また難波宮南門道路や難波大道・古難波大道に言及する。

以上は、難波宮・京それ自体に関する研究であるが、日本における都城の展開と相互比較、東アジア都城との比較の観点から、難波宮の成立期から廃止までを、中尾芳治「難波宮から藤原宮へ―日本古代宮都の成立過程をめぐって―」、小笠原好彦「難波宮・京と複都制」、國下多美樹「長岡京遷都と後期難波宮の移建」、村元健一「中国宮城の変遷と難波宮」が検討している。

中尾論文では、難波宮と藤原宮・飛鳥浄御原宮さらには唐長安城との比較検討を通して、日本古代宮都における大極殿・朝堂院の成立過程、内裏前殿前の東西長殿・八角楼殿の性格を考えている。小笠原論文では、隋唐の複都制の検討をふまえて、天武天皇の複都制構想、聖武天皇による平城京・難波京の複都制、これに恭仁京を加えた三都制の構想について、その目的・消長を論じている。國下論文では、後期難波宮と長岡宮の中枢部分を比較して、前者の移建を資材の問題としてだけでなく、正都としての長岡宮の造営の中に位置づけ、後期難波宮解体・長岡宮移転の目的を考えている。村元論文では、魏晋南北朝から隋唐までの宮城の変遷をあとづけ、三朝制を中心に前期難波宮への影響を検討している。東アジアの都城との関係は、中尾・小笠原論文でも検討されている。

一方、難波宮が造営される前提となる状況については、松尾信裕「古代難波の地形環境と難波津」、南秀雄「難波宮下層遺跡をめぐる諸問題」、田中清美「古代難波地域の渡来人―五～六世紀を中心に―」、古市晃「難波と仏教―蘇我氏・ミヤケ・百済系渡来集団―」が、それぞれの主題で検討している。

松尾論文では、古代難波地域の地形環境を復原し、それに対応する遺跡群を検討し、難波津の位置やその周辺の状況を推定している。南論文では、法円坂倉庫群や中央地域・北西地域・東地域の下層遺跡を取り上げ、それぞれの特色が継続することを明らかにし、それらが有機的に結びついて都市化状況を呈していたとする。田中論文では、百済・加耶の土器や韓式系土器、渡来人に関係する遺構・遺物を分析して、百済南部地域・加耶南西部地域・新羅から来た渡来人の実像を追及している。古市論文では、六世紀後半から七世紀前半に、蘇我氏が主導して倭王権によって難波にミヤケと仏教施設が設置され、百済系の渡来人集団の技術が用いられたこと、それは瀬戸内海沿岸から北部九州にかけての交通路の掌握、百済と連携する政策の一環であったことを述べる。

榎村寛之「古代都市難波の「神まつり」環境」は、難波宮やその周辺の祭祀的環境を問題にし、そこで展開した都城的祭祀・国魂祭祀・渡来系祭祀・境界祭祀や、祭祀統制をめぐる住吉社と摂津国府との関係などを検討している。

古市論文が仏教を軸として論じているので、対比的に読むこともできる。

難波宮・京を研究するにあたっては、多くの課題がある。個別的なものを除いて全体にかかわるものをいくつかあげてみたい。

前期難波宮（難波長柄豊碕宮）では、宮都をこの位置に設定したことの意味、造営の具体的状況（土地造成工事の施行状況、先行施設との関係）、内裏・内裏南門・八角殿・朝堂などの中枢部分のプランや建物構造の持つ意味、宮の外郭の範囲と区画施設、宮内の官衙配置や宮内道路などの具体的な状況、孝徳朝の造営から朱鳥元年（六八六）の焼失までの三十数年間における建て替えなどによる変遷、焼失の具体的な状況（焼けた建物・地域と焼け残った建物・地域）などがある。

つぎに、焼失から神亀三年（七二六）の聖武天皇による後期難波宮の造営開始までの約四十年間の状況、その間の時期に見える「難波宮」の究明の問題がある。後期難波宮では、ほぼ同位置に中軸線をほとんど同じくして造営したことの意味、造営の具体的な状況、五間門区画や内裏・大極殿院に東接する南北二区画の位置づけとかかわって、延暦年間に停止されるまでの約六十年間における段階的変遷、孝謙天皇期の「東南新宮」とのかかわり、長岡宮への移築や廃止の具体的状況その他が思い浮かぶ。

また、京については三期に分けられているが、それぞれの時期の方画地割や条坊制の施行範囲と具体的な姿、道路や橋などの状況、前期・後期の宮のそれぞれの段階との対応関係、宮外官司の有無、難波市の位置や構造、羅城や南の正門（羅城門）の有無、京内の寺院や各階層の宅地やその建物のあり方その他、さまざまな課題がある。

これらの中には、すでに研究が進んでいるものがあり、本書所収論文で論じられていることも多い。しかし、さらに具体的に検討していくことを通じて、難波宮がダイナミックに変遷していく過程や、それと連動して難波京が形成・充実していく状況が明らかになっていくものと思われる。難波宮を前期・後期の二段階に区分して理解することは、大枠としては重要かつ有効であり、今後も維持していく必要があるが、一方で、ややもすると両者は別個のものとして認識される傾向がある。それぞれの研究が精緻になればなるほど、その傾向がかえって強まるおそれもある。しかし、前期・後期の難波宮・京がそれぞれいくつかの段階をたどって展開していく姿が解明されるにつれ、また、両者の間の時期における様相が明らかになっていくにともなって、都城の展開として連続的に理解することが可能かつ必要になっていくものと予想される。

難波宮・京の都城としての性格とその変遷を考える研究もかなり蓄積されている。これは、難波宮・京を都城制の展開の中に相対化して位置づけることに他ならないが、その比較対象とすべき都城制は、日本の他の都城だけでなく、東アジアの都城全体が含まれることは言うまでもない。と同時に、都城の性格（国家による位置づけ）を固定的にとらえず、政治状況に応じて柔軟に変遷していくものとして理解することが必要である。

以上は、難波宮・京という個別の都城の歴史的変遷に関する課題である。しかし、それにとどまることなく、難波宮・京を都市大阪の歴史的展開の中に位置づける視角は重要であるし、すでに多くの研究が積みかさねられている。だが、そもそも何をもって都市と考えるかという問題や、都市的状況を呈する以前の段階がとらえられないことや、難波宮・京地域の全域が常に都市的状況にあったのかという問題もある。これらの問題を受けとめるためには、さらに問題意識を広げて大阪の地域史の中に位置づけることが重要であると考える。

上町台地北部の開発が始まり、やがて下層遺構が形成され、その上に難波宮が造営されるに至る。難波宮が廃絶されたあと、一定の期間をおいて石山本願寺が作られ、豊臣期大坂城とその城下、徳川期大坂城と近世の都市大坂、近代都市大阪へと展開していく。その間、都市的状況が進展した時期とその反対の時期が存在した。都市大阪の歴史的展開という視角だけでは、前者の時期にのみ関心が傾斜する傾向になりやすい。大阪の地域史の解明という観点に立つとき、大阪地域の歴史全体を対象とすることができるのである。

難波宮・京の時期は、これを大阪地域の歴史的展開の重要な画期の一つとして位置づけた上で、都市史の一環としてとらえ、都城制の展開や比較の中で研究していく必要がある。難波宮・京の研究は、このような重層的・複眼的思考にもとづいて進めうる条件が整いつつある。

本書は、大阪の地域史の重要な画期をなす難波宮・京に関する考古学的、文献史学的、建築史学的、比較史的、宗教史的などさまざまな研究が、多面的・複合的に深化していることを示すことを目ざした。しかし、研究の進展が十分でない分野や、研究の進展によって新たな課題が見えてきた分野など、分野によってその状況はさまざまであり、それらを反映できなかった場合がある。また本書では取り上げられなかった課題も多い。そのさらなる追及は、つぎの六〇年における研究の進展に期待したい。本書は、これまでの六〇年の研究をある程度まで総括できており、つぎの六〇年の研究の第一歩を記し得ていると考えたい。

二〇一四年六月

栄原永遠男

目次

第Ⅱ部　難波宮をめぐる政治と文化

第Ⅲ部　難波宮と東アジアの都城制

第Ⅰ部　難波宮の調査と研究

山根徳太郎の難波宮研究

直木孝次郎

はじめに

「山根徳太郎の難波宮研究」というのが私の課題であるが、山根徳太郎（以下、山根と呼ぶ）にとって、難波宮研究は文字通りライフワークである。彼の努力によって、七、八世紀にわたり、上・下二層から成る宮跡が明らかにされたが、それについては本書の各論で詳しく論述されるので、本稿では第一節で山根が難波宮に関心を持つに至った経過と発掘の苦労を述べ、第二節で応神天皇が四世紀末期に難波へ都を建設した意義を述べ、それに関する山根の研究を高く評価し、山根がそこに成立した政権を難波王朝と呼んだことにふれ、第三節で難波宮と関係の深い八《や》十《そ》島《しま》祭について述べ、第四節で山根の難波王朝論に対する筆者の感想と批判を記すこととする。

一　難波宮跡調査の苦心――大極殿の発見まで――

山根は、一八八九年（明治二十二）一月に、現在の大阪市西区南堀江通に生れ、育った。『日本書紀』などの古典には、六世紀の欽明天皇や敏達天皇の時代に疫病が流行したとき、古代の神々を尊重する立場の人びとは、そのころ日本に伝来した仏教の祟《たた》りであるとして仏像を難波の堀江に投げすてたとある。小学生のとき、山根はこの話を知って、自分の住む土地と同じ地名が古代の歴史に関係するらしいことを知り、堀江のことをもっと知りたいと思った。

中学生になって、古代史にみえる堀江は南堀江ではないこと、仏像の捨てられた堀江の場所は不明であることを教えられたが、難波の堀江への興味はかえって高まり、「できたばかりの中の島の府立図書館にかよいはじめ、手に合う書物を借り出して読みあさ」ったと、自著の『難波王朝』に記している。

中学卒業後、山根は東京の高等師範学校（東京教育大学の前身）に入学、教員の資格を得て、神戸の市立女学校に就職し、ついで一時休職して東京高師の研究科で学んだのち、一九一八年（大正七）大阪市民博物館の書記となり、歴史部を担当して、大坂城の南の法円坂町に存した陸軍第八連隊の敷地内から古瓦が出土したことを知った。彼は第四師団（第八連隊はその管下）の建築技師置塩章《おしおあきら》を訪ねて、出土した瓦を見せてもらった。その瓦には、大坂城築城当時のものと思われる安土桃山時代の瓦もあったが、とくに山根の関心を惹いたものは、奈良時代の瓦と思われる蓮華文をもつ軒丸瓦と重圏文の軒丸瓦であった。聞けば、法円坂町の八連隊の倉庫（法円坂町の被服廠の倉庫ともいう）を建設中に出土という。

幼・少年時代に聞いた難波の堀江以上に、山根はその瓦に心を惹かれた。彼は八連隊の敷地を発掘して、奈良時代の宮殿の跡を明らかにしたいと思ったが、もとより軍隊の用地を発掘することは、当時はまったく思いもよらないことであった。

しかし、それから約三〇年後、一九四五年（昭和二十）、アジア・太平洋戦争が日本の敗北で終り、さしも強固にみえた陸軍は解体して、陸軍に属した土地は国有地となり、戦後まもなく市営住宅や日本赤十字の施設が建設されるなどのことが行われ、手続きさえ踏めば、遺跡を調査する道はひらけることとなった。

この三〇年のあいだに山根の地位もかわった。山根は、市民博物館に数年勤めたのち、中学校に勤務したが、妻きよ（旧姓澤）の協力もあって京都大学文学部に入学し、国史科を専攻して卒業、一九二七年（昭和二）に大阪市立商科大学予科の教授となり、戦後大阪商大が改組されたため、大阪市立大学法文学部（のち文学部）の教授となった。宿望を果たす機会が山根にもめぐって来たのである。

一方、文部省は学術振興のため、すぐれた研究者個人や研究者の組織に研究の計画書を提出させ、審査の上、優秀なものには科学研究費を支給する制度を作った。難波宮の研究のためには発掘調査が必要で、それは多額の費用がかかる。戦後はインフレーションの急激な進行のため、大学の教員も生活が苦しく、難波宮跡の発掘とその研究のためには、この科学研究費を得ることがぜひとも必要であった。山根は法文学部を中心に、理工学部にも手を伸ばし、難波宮の研究に関係ある教員を説いて、研究組織を作った。

この当時は、置塩の発見した古瓦以外は法円坂町から出土する瓦は多くはなく、難波宮跡の確かな所在地はまったく不明であった。上町台地上にあるかどうかも疑われ、上町台地のふもとの平地上にあるが、淀川のたびたびの氾濫で土砂に埋もれているとする説や、上町台地上にあっても大坂城の造営で破壊され、あるいは大坂城の下になって、調査は不可能とする意見もあった。しかし山根は、置塩の発見した唐草文瓦・重圏文瓦を手がかりに、旧八連隊の敷地、すなわち法円坂町に難波宮跡が存在したと固く信じていた。

だが、学界でまだ公認されていない「難波宮」の調査では、科学研究費の申請は通りにくいので、「大坂城址の研究」という名称で一九五〇年（昭和二十五）に申請した。申請者には学界に名のある教授・助教授の名がならぶが、申請は却下された。考古学的発掘の経験者がほとんどいなかったことが致命的であったと思う。しかしそれは当然でもあった。当時は考古学が未発達で、考古学の専攻コースを持つ大学は、関西では京都大学以外にはほとんどなかった。山根が苦心して作った研究組織のメンバーでも、発掘の経験があるのはまだ大阪市立大学の学生であった藤原光輝一人である。山根自身も京都大学で浜田耕作教授の講義を熱心に聴講したが、発掘の経験はなかった。この申請が認められなかったのは、むしろ当然であった。

翌一九五一年（昭和二十六）、すこし形をかえてふたたび申請した。かわったおもな点は、関西大学の考古学科教授で大阪市立大学の非常勤講師を兼ねる末永雅雄をメンバーに加えたことである。二回目の申請は採用されたが、それはこのためだろうと私には思われる。

その採用の通知が来たのは、一九五二年（昭和二十七）五月であった。一八八九年（明治二十二）一月生れの山根は、一九五二年三月に満六三歳を越えて、大阪市立大学を定年で退職した。もし二回目の申請も採用されていなかったら、山根が市大から三回目の申請を出すことはできなかったであろう。あやういタイミングであった。

このころ敗戦後数年を経て、経済界も徐々に復興し、都市の再開発が始まって、各所にビルディングや道路が建設された。難波宮の調査がもう数年おくれたら、難波宮の大極殿のあった所も政府の合同庁舎の建設用地となり、調査以前に遺跡はブルドーザーで掘り崩され、掻きまわされる危険性はきわめて大きかった。

一九五二年に科研費を受けることになった山根中心の研究・調査グループの活動はそれと競争するように始まったわけである。法円坂町の広い旧八連隊の敷地でも、市営・府営の住宅や、その他公営の各種建物の建設が始まり、その基礎工事から古瓦が出土する例がふえた。しかし、どこから発掘を始めるかは決めにくかった。かつて蓮華文・重圏文瓦を出土した倉庫の跡も注目されるが、その種の瓦はそれ以外の各所からも出土する。山根は決定的な手がかりを求めて、ほとんど連日、弁当と水筒を肩にして、敷地内をみまわった。

そのうち、その努力のみのる日が来た。一九五三年（昭和二十八）十一月三日、大きな宮殿か仏殿でなければ用いない大型の鴟尾《しび》（大棟の両端にとりつける装飾の瓦。鬼瓦の前身）が出土した。これだけ堂々たる鴟尾をのせた建物はさぞ壮大なものと思われるが、それが明治天皇の誕生日の十一月三日に出土したことも、明治生れの山根を感動させた。彼は鴟尾の出土地を参考にして発掘開始の場所を決定し、翌五四年（昭和二十九）二月二十日に鍬を入れた。

発掘・研究のメンバーも次第に増強され、指導者には古代建築の第一人者の浅野清（当時大阪市立大学工学部教授）が加わり、実地の調査には東京大学の建築学科で太田博太郎の指導を受けた沢村仁《まさし》が専従として来任した。発掘の成果は次第にあがり、法円坂町の合同庁舎建設計画が公になった一九六二年より一年前の六一年（昭和三十六）二月には、奈良時代難波宮の中心である大極殿の遺跡の存在が明らかになり、孝徳朝の前期難波宮の大極殿も、それと重なって存することが判明した。

その結果、難波宮を守れ、保存せよという要望が学界からだけではなく、教育界や政界からも起り、これら各方面の要望におされて政府も法円坂町への合同庁舎建設を変更して、大阪市の提供する代替地に移すことにし、宮跡は保存された。一九六三年（昭和三十八）には宮跡の史跡指定が内定し、破壊の危機は去った。こうして山根は少年の時からの難波に寄せる思いを養い育て、難波宮の発見と保存という大事業をなしとげたが、その仕事のほとんどは、彼が大学を定年で退職してからのことである。

一九六三年、難波宮の研究・調査の功によって、山根は紫綬褒賞を授与され、法円坂町の城南会館でその祝賀会を催したが、その会に出席した山根の京都大学時代の友人で京大の名誉教授柴田実は、山根の難波宮の発掘が定年後であることを指摘し、一般に多くの人が老後の安楽な生活を送っている定年後に、このような大きな仕事をしたかげには、「戦争のために若くしてなくなった令息明さんに代わって仕事をしたいという思いがあったのではなかろうか」と話された。山根は「実はそうなのだ」と口かず少なく答え、出席の人々は山根の学問の重さに粛然としたことが思い出される。山根の子息の明は、京都の第三高等学校から東京大学文学部社会学科に進み、山根はその将来を期待していたのであるが、一九四四年（昭和十九）十二月、十九歳で召集されて陸軍に入り、翌四五年七月、中国長沙で戦病死したのである。

二　難波王朝と神代について

山根は七、八世紀の孝徳・聖武朝の難波宮に関心が深く、その調査・発掘に晩年の一九年間、全力を傾けたが、それとともに応神天皇が難波の大隅宮《おおすみ》に、仁徳天皇が難波の高津宮《たかつ》に都するなど、天皇家とも関係の深い地であることに関心を持った。とくに応神の難波宮に注目したが、それは『日本書紀』（以下『書紀』と略す）の現存する写本のもっとも古いものの一つが応神紀であることが、その端緒である。

『書紀』の古写本も、平安時代とそれ以前にさかのぼる時代のものはそれほど多くはない。現存する写本で写された時期のもっとも古いものは、平安前期ないし奈良後期と考えられるもので、神代巻上三本（うち二本は同じ写本の別々の部分。したがって写本の数としては二本）と応神紀一本、平安時代の中・後期になると、古写本の数は増加するが、神代紀下と応神紀がそれぞれ一本づつあるほかは、仁徳紀以下天智紀までの巻々で応神紀より古い巻は神代紀下をのぞくと一本もない（山根『難波王朝』〈学生社〉と日本古典文学大系『日本書紀』〈岩波書店〉の解説による）。

この状態について山根はつぎのように論ずる。神代紀をのぞくと、応神紀の写本が二本あるが、それ以前の巻はなく、「(応神に) つづく歴代と、雄略・継体・推古・皇極あたりの歴代が写し残されていることに、後世の人々の関心がどのあたりにあったのかを心づかされるような心地がする。過去の歴史生活を回顧して、応神天皇一代はとくに心をよせられたものがあったのであろう」と。注目される考察である。

換言すれば、それは後世の人にとっては、建国初代の天皇とされる神武も、御肇国天皇《はつくにしらすすめらみこと》と呼ばれる崇神も、応神天皇にくらべると、それほど関心は持っていなかったことも表わしている。

山根はこのことを記したあと、林屋友次郎の説を紹介する。林屋が一九四六年(昭和二十一)に出版した著書『天皇制の歴史的根拠』によると、天皇の漢風諡号の応神天皇の「応」の字は、「仏教において仏身観を説く場合に使われる法・報・応の三身の一つである、応身の応と同じ意味に使用しているものである」と解すべきで、応神は皇祖日の神の応身であって、「この天皇こそ、天照大神の創国の精神を受けつぎ、皇祖の神の理想をこの国土の上に具体化した方であるという意味を表した」と考えるのである。

応神という漢風諡号が定められたのは八世紀後半のころだから、『書紀』編纂者が和風諡号誉田《ほむだ》天皇のことをどう考えていたかはなお考えるべき問題があるが、応神の性格を判定する参考になるであろう。

聖武天皇は七一〇年(和銅三)に都が平城に定まってから三人目の天皇であるが、七二六年(神亀三)十月、藤原不比等の三男の従三位宇合《うまかい》を知造難波宮事に任命する。難波宮は六八六年(朱鳥元)に火災で全焼、そのあと若干の殿舎は復旧されたと思われるが、聖武は以前に劣らぬ壮大な皇居・朝堂の復旧に着手したのであろう。それが現在、後期難波宮と呼ばれている殿舎であると考えられるが、天武は飛鳥に、聖武は平城に立派な宮殿を造りながら、難波にもそれに劣らぬ宮殿を建設したのである。このことについて山根はつぎのように指摘している。

「天武天皇にしても、聖武天皇にしても、とくに難波を名ざして、そこに帝皇の邑を営もうとしたことには、たしかにその地が帝都として選ばれるに足るだけの因縁があったからこそ、そうなったものと考えられる」（前掲『難波王朝』一三ページ）と論じ、難波の地が皇室にとって、「ほかのどこよりも重視されなければならない歴史的縁由があった」と考えを進める。そうして大伴家持が「私の拙懐を陳ぶる歌」と題して、七五五年（天平勝宝七）二月十三日に作った歌（『万葉集』二〇巻四三六〇）を引用する。その歌は「天皇《すめろぎ》の　遠き御代にも　押照る　難波の国に　天の下知ろしめしきと」と歌いはじめ、難波宮へ四方の国より貢《みつぎ》を献《たてまつ》る船が集ってくると歌い、ついで「此《ここ》見れば　うべし神代ゆ　はじめけらしも」と歌いおさめる。難波宮は神代のむかしに創始されたというのである。

以下しばらく応神天皇以前を神代といえるかどうかを検討する。『古事記』によると、仲哀天皇が筑紫の訶志比宮にいて熊曽国を撃とうとした時、天皇は琴を控《ひ》いて神の命を請うた。神は皇后（神功皇后）によりつき、「西の方に金銀など珍宝をたくさん持つ国がある。その国をお前に与えよう」と言った。仲哀は「高い所に登って見ても、西の方は海ばかりです」と返答し、詐りをいう神と思って琴を控かなかったので、神の怒りによって死に、神は「その国は大后《おおきさき》（神功皇后）の腹にやどった御子が治める国である」と託宣し、大后の腹の子は、大后が神の指図の通り新羅を討って筑紫へ帰って来てから生れた。これが応神天皇である。

むろん事実とは思われないが、『書紀』の仲哀八年・九年の条にほぼ同様な話が載せられていて、『記・紀』を読んだ人々――当時の知識人に限られるであろうが――はこのことを知り、その多くは信じていたのではなかろうか。

このことで、応神以前は神代、応神からが人の代であるとはいえないが、神の子と信じられていた応神が天皇になるのは、新しい時代が始まることを意味すると解することはできないだろうか。これを以て応神以前の時代を神代とは簡単にはいえないが、仲哀以前の『記・紀』の記事には、神代の巻以後にも神が天皇の夢の中に、あるいは現実の世に姿をあらわし、社会に影響を与える例は少なくない。

初代の天皇神武は速吸門《はやすいのと》で会った国つ神の案内で難波に至り、日下《くさか》の蓼津《たでつ》で登美毗古と戦い、熊野では、建御雷神から授かった横刀で荒ぶる神たちは切り仆され、天つ神から遣わされた八咫《やた》烏の案内で吉野の神々を平定する。吉野から忍坂の大室に至り、天つ神の御子の命で食事を八十建《やそたける》に賜い、歌を合図に神武の側はいっせいに刀を抜いて八十建を打ち殺した。このようにして大和を平定し、神武は美和（三輪）の大物主神の娘を皇后とする。

崇神天皇の時代には、疫病が流行して死ぬ人が多かった。大物主大神が天皇の夢にあらわれ、意富多々泥古（大田田根子）に我を祭らせば、疫病はおさまると告げた。意富多々泥古は大物主神の五代目の孫である。これを探し出して大物主神を祭ると、お告げの通り疫病はおさまった。また陶津耳《すえつみみ》命の娘の活玉依毗賣のもとへ、美和山の神（すなわち大物主神）がりっぱな男の姿になって通ったという。

垂仁天皇の時代、垂仁の子の倭比売が伊勢大神（天照大神）を祭り、『書紀』によると、天照大神は、伊勢国に居りたいと、託宣する。また垂仁の子の一人、本牟智和気《ほむちわけ》は成人しても言葉が言えなかった。垂仁が心配していると、出雲の大神が天皇の夢のなかで、わが宮を天皇のみ舎《あらか》と同じように造れと告げた。天皇は本牟智和気を出雲に遣わして、大神を拝せしめ、ようやくものが言えるようになった。

このように神武・崇神・垂仁の三代は神々がさかんに活動している。この三代に限っていえば、神代の延長といえそうである。これに対し、綏靖から開化までの欠史八代と景行・成務の二代は、神の活動はまったく、またはあまり見えない。それはこれらの天皇が六世紀末ないし七世紀に造られた天皇だからであろう（景行と成務の和風諡号はオオタラシとワカタラシで、タラシを諡号とする実在の天皇は七世紀前半の舒明と皇極であることから推定）。

おそらく神武から応神にいたる諸天皇を実在の天皇とする『古事記』や『書紀』が成立する以前は、応神までの時代は神代のつづき、または過渡期と考えられており、七一七年（養老元）ごろ生れの大伴家持はそういう歴史観を持っていたのであろう。

そして応神以後は中国との交流が盛んになり、応神とそれ以後の倭の王は、中国の宋より将軍号やその他の官職を与えられ、宋にならって国内の有力者も官職を得て官司制がつくられた（鈴木靖民編著『倭国と東アジア』〈日本の時代史2、吉川弘文館〉など）。日本古来の神があらわれて、倭国を動かす余地はなくなる。神代は、はっきり消滅するのである。

もちろん倭は四二〇年に興った宋と国交を結ぶより早く、三六六年ごろから百済と交渉をもち（『書紀』神功四十六年条）、百済は三七二年に中国の東晋に入朝するから、百済を通じて官司制の知識を入手することもできたが、いわば本家の中国から直接うける影響とは比較にならない。

倭と宋との関係を略述すると、四二一年（永初二）に応神または仁徳にあたる倭王讃は宋に遣使朝貢して「除授を賜る」と『宋書』にあり、四三八年（元嘉十五）に倭王珍は朝貢して「安東将軍」に除せられ、珍の一族かと思われる倭隋ら一三人が平西・征虜などの将軍に任ぜられる。将軍に任ぜられることによって、倭王も将軍府を置き、府官の官人を任用することが認められたと考えてよかろう。さらに四四三年（元嘉二十）には、倭王済が朝貢して「安東将軍」に任ぜられ、済はさらに四五一年に「使持節都督倭・新羅・任那・加羅・秦韓・慕韓六国諸軍事安東将軍」に進められ、済の求めに応じて宋は倭の二三人に軍・郡の官職（将軍と郡大守）を授けた。

このような状態だから、少なくともヤマト政権の直接支配下にある人間のあいだでは、神を重んずる意識は減少した。頼みになるのは神より官司・官職で、社会は神が支配するのではなく、支配するのは法と制度と国王である。ヤマト政権の支配下にある人々にとっては、応神以前、すなわち神武から応神までは神の代から人の代までの過渡期であって、応神は人の代からさかのぼって、神の代への入りぐちである。大伴家持が、応神の難波宮は神代に始まるというのは、この意味であろう。山根の家持の歌の解釈は、神代は神武以前のことと考える現代人の常識にさからうが、卓見と言ってよいだろう。山根によれば、難波遷都は神の代から人の代へ移るという意義をもつ事業であった。以上に述べた山根の意見は、主として山根著『難波王朝』（学生社）による。

三　八十島祭とみそぎ

日本歴代の天皇の即位儀礼としては大嘗祭が有名であるが、八十島祭はそれとならぶ重要な儀礼であった。八十島というのは、大和川と山代川（淀川の本流）が合体して淀川と称せられ、大阪湾にはいるところに、川に流された土砂で多くの中洲ができ、それがやがて多くの島々となるのをいうが、その島々は合体して大阪平野の一部ができる。それで八十島は国の発展を示すめでたい島々と考え、八十島を見わたすところで、国土の発展を祈る祭が行われる。それが八十島祭である。

この祭のことは、『文徳実録』嘉祥三年（八五〇）九月条に「八十島を祭る」とあるのがもっとも古い記録である。以下、後堀河天皇の元仁元年（一二二四）十二月の記事を最後として二二回みえる。『江家次第』に「大嘗祭の翌年に行う」とあるように、天皇の即位に際して行われる行事であるが、前記の嘉祥三年九月の場合だけが、大嘗祭の翌年でなく、大嘗祭は八五〇年九月の翌年の八五一年（仁寿元）十一月に行われ、八十島祭はその前年に施行された。

祭儀の中心は、平安時代の史料によれば、岡田精司のいうように（「即位儀礼としての八十嶋祭」〈岡田著『古代王権の祭祀と神話』所収、一九七〇年〉）、天皇に仕える女官の典侍が天皇の衣を納めた筥を持って難波津に下向し、神官の宮主が難波津にむかって祭壇を築き、典侍は船に乗って水上に浮かび、天皇の衣を納めた筥を開いて衣を取り出し、神祇官の官人の弾ずる琴の音にあわせて振り動かす行為が、祭儀の中心であろう。そのあと金銀の人形《ひとがた》各八〇枚をはじめ、大量の祭具を海に投じて、祭は終る。振り動かした天皇の衣は筥に納めて御所に持ちかえり、天皇がこれを着用したと思われる。この衣を身につけることで、八十島の浮かぶ海で衣に付着させた国土の生成発展の生気＝神霊を、天皇の身に移したのである。

この説は岡田氏の考えるところで、この祭を天皇の即位するための禊《みそ》ぎ祓《はら》いとする説は古くからあり、国土の生成発展を祈る祭とする宮地直一・梅田義彦の説や、禊祓を住吉大社の神が中心となって行うとする田中卓の説、さらに文徳朝に創始された陰陽道による禊祓儀とする瀧川政次郎の説などがある。これらを一々とりあげて論評する余裕はない。本稿ではとくに山根徳太郎の説を紹介するにとどめる。

山根の八十島祭に関する意見は、主として山根が一九五九年（昭和三十四）に発表した論文「みそぎ―ナニワにおける皇室の儀礼―」（京都大学読史会創立五十周年記念『国史論集』一）による。なお山根は「応神天皇大隅宮の研究」（『難波宮址の研究』予察報告第一、大阪市立大学難波宮址研究会、一九五六年）にも同趣旨の研究を発表している。

山根の説の要点は、八十島祭の中心は天皇が難波に行き、淀川の清流で「みそぎ」を行い、心身ともに清浄になるというところにあり、田中卓の、「国土恢宏の祈請など」ではなく、「禊祓」こそはこの祭儀の主なる目的であった、とする意見に賛同する。

ただし、山根のいう「禊ぎ祓い」は一般の神道家の説とはちがい、より広く深い内容を持つ。山根は文化人類学に詳しい松本文三郎博士が一九一〇年（明治四十三）に『芸文』一巻六号に発表した「洗礼と灌頂」の文を引き、キリスト教における洗礼と仏教における灌頂とは、浄らかな水で心身を清浄化する点で共通する思想・信仰であることを論じ、「清浄化するということと、神人一体となるということとは、それぞれ別種の思惟によるものであるかとも考えられるが、実は両者ともに洗礼または灌頂の儀礼を必ず伴う所の人間的慣習で、心身の清浄化と、霊肉一体となる秘儀（キリスト教における聖餐の儀礼などを指す。直木註）とは、決して相撞着するものではないばかりか、この二つの儀礼は自然に基いて起り来るものであることから、これらの慣習は世界いたる所に自然に発生して来たもので、決して一が他を模倣し学び知ったなどというべきものではないと主張せられている」と述べる（前掲論文三六四ページ）。

日本の神道の神事や神祭りも同様で、川や海浜で水を浴びる「みそぎ」の行事は、洗礼や灌頂と本質を同じくする儀礼で、これは「直食《なおらい》」とあわせて神祭りの儀礼が完成すると山根は論ずる。

天皇の即位儀礼で「なおらい」に相当するのは大嘗祭であろう。天皇は皇居の中に設けられる大嘗宮において神聖な食事を祖神とともに食べて、天皇霊を身につけるのである。これにくらべると紫宸殿で行われる即位式は、むしろ附属的行事というべきである。そして八十島祭こそが、大嘗祭の「なおらい」とセットになる「みそぎ」すなわち禊祓の儀式であって、八十島生成をもたらす国土恢宏の祈請などではないとして、田中卓らの主張する禊祓説を正しいと、山根は考える（前掲書三六七ページ）。

つまり、次代を継ぐべき天皇は、八十島祭の「みそぎ」で心身を清浄にし、神人共食の「なおらい」である大嘗祭で天皇霊を身につけて、天皇となる資格を獲得する、というのである。『江家次第』などで知られる八十島祭では、祭に参加する天皇の姿は見えないが、おそらく奈良時代までは天皇がみずから難波へ下って八十島祭を実施したが、平安時代には幼少な天皇が即位する（清和天皇九歳、陽成天皇九歳、醍醐天皇十三歳等）などの事情で、天皇に仕える女官が天皇の衣を持って天皇に代わって祭に参加したのであろうとする。

問題になるのは、『江家次第』が八十島祭について、「大嘗祭の次の年に之を行う」とし、実例も嘉祥三年の例が大嘗祭の前年に行われているが、それ以後の二一例はすべて大嘗祭の翌年に行われていることである。それでは八十島祭を、大嘗祭を行うための禊祓の祭とすることはできない。禊祓の祭とする説を取る人のなかには、八十島祭は大嘗の前年に行われた唯一の実例である嘉祥三年の故事を重視して、それ以前は記録に残っていないが、大嘗祭前年に行われることが多かったのではないかと主張する人もあるようだ。

しかし嘉祥三年の例にみるように、八十島祭の挙行が記録に残されたのは、それが大嘗祭の前年に行われる慣例とちがったからであろう。そして一度、八十島祭のことが記録にのこると、それが大嘗祭の前でも後でも、年中行事の一つとして、以後は器械的に八十島祭の挙行を記録に残したのであろう。嘉祥三年の八十島祭が大嘗祭の前年に行われたのは、何か特別の事情によるためで、それが記録に残ったことは、むしろそれ以前の年の八十島祭は、大嘗祭の翌年に行われたことを示すものと解すべきである。

天皇が八十島祭を行うのが大嘗祭が終ってからとすると、みそぎを含めてこの祭りは大嘗祭のためではなく、他に目的があったと考えなければならない。それはやはり岡田のいうように、八十島の浮かぶ淀川の川口で、国土の生成発展の神霊を天皇の身につけるためであろう。大嘗祭で天皇霊を身につけて即位した新帝は、八十島祭で国土発展の霊を身につけて、天皇の資格が整うのである。それが八十島祭の目的であろう。

このようにみてくると、それでは大嘗宮での大嘗祭はみそぎせずに行うのか、という疑問が出るかもしれない。しかしそれは岡田精司も指摘しているように、天皇は大嘗祭のまえに、大嘗宮の北にある廻立殿の湯殿において身を清め、大嘗宮の正殿にはいる(『国史大辞典』吉川弘文館)。みそぎは終っているのである。

なお「大嘗祭」の語は、岡田精司のいうように(「大王就任儀礼の原形とその展開」〈岡田著『古代祭祀の史的研究』所収、塙書房〉)律令制の成立とともに使われはじめた語であるが、古くから即位儀礼の中心となっていたと思われる、天皇が神とともに食事をする「神饌儀礼」——拙稿前述の「直食」に相当——は、大嘗祭でも中心の儀礼となっている。

私の説明をわかり易くするために「大嘗祭」の語を用いた。

四　国家形成に関する山根説の問題点

さきに大伴家持が「私の拙懐を陳ぶる歌」に「うべし神代ゆ　はじめけらしも」と歌ったのは応神が難波に都を置いたことを指し、応神が神代と人代の境であると山根が論じたことは卓見であるとした。『記・紀』が成立して、神代を神武までとする考えが普及するまでは、神武から応神までを神の代と人の代の過渡期とする考えが、かって存したことは、筆者も認めるのであるが、応神以前を古代の歴史から除外することはできない。応神の以前も以後も、それぞれ古代史の一部で、共通する面もある。山根が応神以前を神の代として切り捨てるようにみえることには賛成することはできない。

応神が難波に都を置いたのは、ふつう四世紀の末ごろと考えられるが、そのころから五世紀の中ごろにかけて、天皇やその近親者、あるいは当時の大豪族の墓と思われる巨大古墳が大阪平野に多数造られる。その大古墳をほぼ年代順にあげると（括弧のなかは墳丘全長、単位はｍ）、河内の古市地区に津堂城山古墳（二〇八）・仲つ山古墳（二八六）・墓山古墳（二二四）・誉田御廟山古墳（四二〇）・市の山古墳（二二七）、和泉の百舌鳥地区に上石津ミサンザイ古墳（三六四）・大仙陵古墳（四八六）・土師ニサンザイ古墳（二八八）などがある。いずれも古墳時代中期で、四世紀末から五世紀中ごろまでの築造と考えられる。

これ以前では、墳丘長二〇〇ｍを越える大古墳は、おおむね奈良盆地の東部の山ぎわ・山すそに造られている。三世紀後半すぎから四世紀中ごろまでの一世紀近くのあいだに墳丘長が二〇〇ｍを越える巨大古墳が六基、いずれも山麓に造られているのがめだつ。北から順に記すと、西殿塚古墳（二三四）・行燈山古墳（二四二）・渋谷向山古墳（三一○）・箸中古墳（箸墓古墳ともいう、二八○）・外山《とび》茶臼山古墳（二○八、一九二ともいう）・メスリ山古墳（二五○）である。このほかに奈良県の北部、京都府との堺をなす佐紀丘陵の南側の西部に墳丘長二○○㍍を越す大古墳が三基ある。西から五社神《ごさじ》古墳（二七六）・佐紀石塚古墳（二二○）・佐紀陵山《みささぎやま》古墳（二一○）で、四世紀後半の築造と推定される。以上はいずれも古墳時代前期の古墳と考えてよい。

　この奈良盆地に発達した古墳時代前期の大古墳をうけついで、さらに発展し、より大型の中期の大古墳群が大阪平野に造られたと考えられる。その前期と中期の境にあらわれるのが応神で、応神は都を大阪平野の一隅に造る。それが難波宮である。以後倭王は中国の宋と通交して勢力を高め、中期の大古墳が大阪平野につぎつぎと造られる。

　これで応神以後から五世紀にかけての歴史の大まかな枠組みは理解できるが、では奈良盆地に大古墳を造った前期の王の勢力はどうなったか。それが何らかの理由で亡んで新勢力として応神があらわれるのか、平和的に前期の王の勢力を引きついで応神及びそれ以後の天皇があらわれるかのどちらかと思うが、山根はそうは考えない。彼は応神に代表される勢力は、大和とは無関係に、西方から来たとするのである。その著『難波王朝』につぎのように述べている。

> なんといっても、文化の早く開けた地域は西方にあるのであるから、いずれかの道をたどって畿内・大和に近づくとすれば、当然その周辺のどこかに足がかりができなくてはならない。このために、難波はかっこうの土地である。皇室の祖先は、難波に第一の足がかりをえたにちがいない。（五四ページ）

また、つぎのようにいう。

> しごく常識的な考え方ではあるが、大和地方のこの地域（主として飛鳥をさす。直木註）へ皇室が進出したのは、

九州から遷座したのちである。今日の和泉・摂津・河内の地域がまず開け、青山四周、六合の中心かと考えられた地域がいっそくとびに開けたなどということはありえないと思う。（五四ページ）

山根の説にしたがえば、前述の奈良盆地にある前期の大古墳がどうして成立したか、説明がむずかしくなる。山根はまた神武天皇・崇神天皇は実在しなかったとして、応神以前に奈良盆地が開発されたとする『記・紀』の伝えを否定する（五五～五六ページ）。しかし、この両天皇が虚構されたものとしても、前述のように三世紀後半から四世紀後半にかけて、奈良盆地には巨大古墳が実在するのである。

『魏志』倭人伝によれば、二世紀末から三世紀半ばごろまで、邪馬台国が倭国に存在した。その女王卑弥呼の都としたところが畿内大和であれば、卑弥呼の墓は径百余歩あったというから、これが倭国における前期の巨大古墳のはじまりとすることができるが、山根はつぎのように論じて、邪馬台国九州説を取っている。

近ごろ九州邪馬台国説を排して、近畿大和説をとなえている人々があるが、白鳥庫吉博士も津田左右吉博士も、邪馬台の起こりは九州地方に考えるべきものだと主張しつづけられた。（五五ページ）

結局、山根は三、四世紀の大和に存在する古墳時代前期の大古墳群を無視し、その起源の説明を放棄している。山根の学説の大きな欠点というべきであろう。

邪馬台国は九州にあり、卑弥呼の墓も九州にあったとする説は現在も根強く残っており、卑弥呼の死後、その勢力は西に移って、古墳時代前期がはじまるとする説もあり得ると思う。しかし卑弥呼の没後、その勢力が畿内に移って古墳時代が始まったとしても、それは三世紀末ないし四世紀はじめのこととなり、応神天皇の時代とは一世紀前後の差がある。白鳥庫吉や津田左右吉の説も、四世紀末の応神のころから畿内に古墳の築造が始まることを主張したのではない。

それよりも前期古墳の成立について問題となるのは、その時期である。かつては日本における大型古墳の成立は、三世紀の末ないし四世紀のはじめとする小林行雄の説が有力であった。この説に立てば、西暦二五〇年ごろに死去した卑弥呼の墓を全長二八〇㍍ある箸中古墳とみることはできなくなり、箸中古墳は卑弥呼の死んで半世紀ぐらい後に築造され、そのころすなわち三世紀末ないし四世紀初頭ごろから古墳が造られ始めたことになる。この考えかたに立てば、古墳の成立と応神の出現との間隔は半世紀程度になる。

山根が、「記紀の語るわが国の開国の伝承が成立し、固定する以前に、応神・仁徳を中心とする開国説話が行われていたことは、じゅうぶんに考えられる」、あるいは「四、五世紀のころ応神・仁徳の時代に日本はその発祥をとげた」、すなわち開国をとげており、そののち八世紀にいたって、稗田阿礼や太安万侶らが国家の形成についての所伝を「いまみるような体裁に整えた」のである（以上山根前掲書六四、六五ページ）といっているのは、古墳の発生を三世紀末以後とする考えにも影響されたのかもしれない。

しかし、古墳の発生を三世紀末以降とする小林の説は、いまはくつがえって日本における古墳の発生は三世紀中葉を若干すぎたころとする意見が有力となり（三世紀前半とする説もある）、箸中古墳を卑弥呼の墓とする論者もふえた。応神を祖とする政権＝国家が四世紀末に河内平野に成立する以前に、奈良盆地には墳丘全長が二〇〇㍍を越える大古墳を、少なくとも九基以上築造する社会が形成され、一世紀以上継続したことは、広く認められている。これを国家形成以前の社会である神代として、政治史上の存在としては無視することはできない。

これが筆者のみるところ、山根説のもっとも大きい疑問点である。他にも問題はあるが、紙数の関係で省略する。

古代難波の地形環境と難波津

松尾信裕

本稿は古代の大阪にあって、大和政権の港として位置付けられていた難波津の位置について、昨今の発掘調査の成果を利用して推定しようとするものである。近年、上町台地北西斜面部から西側沖積地の大川南岸で数多くの発掘調査が行われた。そうした調査で得られた成果と、最新の古地形復元研究に導かれながら、難波津の推定地について検討を行ってみたい。

一　難波津の研究史と地形環境

古代大阪の港湾として『日本書紀』に出てくる難波津については、これまでも多くの文献史学や歴史地理学の研究者から多くの提案がなされてきた。中でも千田稔氏と日下雅義氏の推定地についての論争が有名である。千田氏は大阪市内のボーリングデータや、大阪市内のビル建設で出土した土器の年代や出土地点(1)などから、大阪市を縦断する南北幹線道路の御堂筋付近に奈良時代の海岸線を想定し、古くは天坊幸彦氏らが「難波御津」と同音であるとして提案していた、大阪市中央区三津寺町付近を難波津と推定した。(2)

日下氏は三津寺町付近を推定地とする千田説に疑問を持たれ、堀江を現在の大川とし、大川の天神橋と天満橋の中間あたりが難波津の中心であったとする山根徳太郎氏の説を参考にしながら、『日本書紀』に難波津の記事が出てくるのは堀江が開削された以降であることから、難波津が成立したのは堀江が開削された後のこととし、その位置については、堀江（大川）と上町台地の西に形成された砂堆背後のラグーンが交差する辺りであろうとした。(4)

この二つの説はそれまでの難波津論争を整理しながら、大阪湾岸説と大川説を継承するものである。このように、難波津の推定地論争はまだ結論が出ていない状況であるが、最近の発掘調査の成果や、地理学や地質学の成果に拠りながら、考古学の立場から難波津の推定地に迫ってみたい。

古代の大阪の地形を考える際には、必ず引用される文献がある。それは梶山彦太郎・市原実両氏による河内平野の変遷図である。(5)一九七二年（昭和四十七）に発表されたそれは、河内平野が河内湾から河内潟、そして河内湖へと淡水化し、河内平野部の陸地が拡大していくとするものであった。その過程には河内湾の入り口にあたる上町台地の北端に、大阪湾岸流によって上町台地の西縁に砂丘が形成され、さらに北へと延びて河内湾（潟）の入り口を閉ざすように砂嘴が伸びて河内潟の淡水化を促進したと推定した。この淡水化の大きな原因となる河内湾の入り口を塞ぐ砂嘴は、淀川の河口部を横切るようにさらに北へと延びて、湾を閉ざすほどに発達したとした。その後、一九八五年（昭和六十）にはさらに詳細な図面を提示した(6)（図1）。そして、古墳時代になって、上町台地と上町台地の北の砂嘴との間を人工的に分断したのが「難波堀江」の開削としていた。

梶山・市原両氏の地形復元に対して、近年、松田順一郎氏は大阪平野部での多くの発掘調査の成果に地理学や地質学・堆積学などの方面から分析を加え、新しい模式図を提案した。(7)

松田氏が提案した模式図では、梶山・市原両氏が上町台地の北端に復元していた砂嘴が上町台地に取りつかず、上

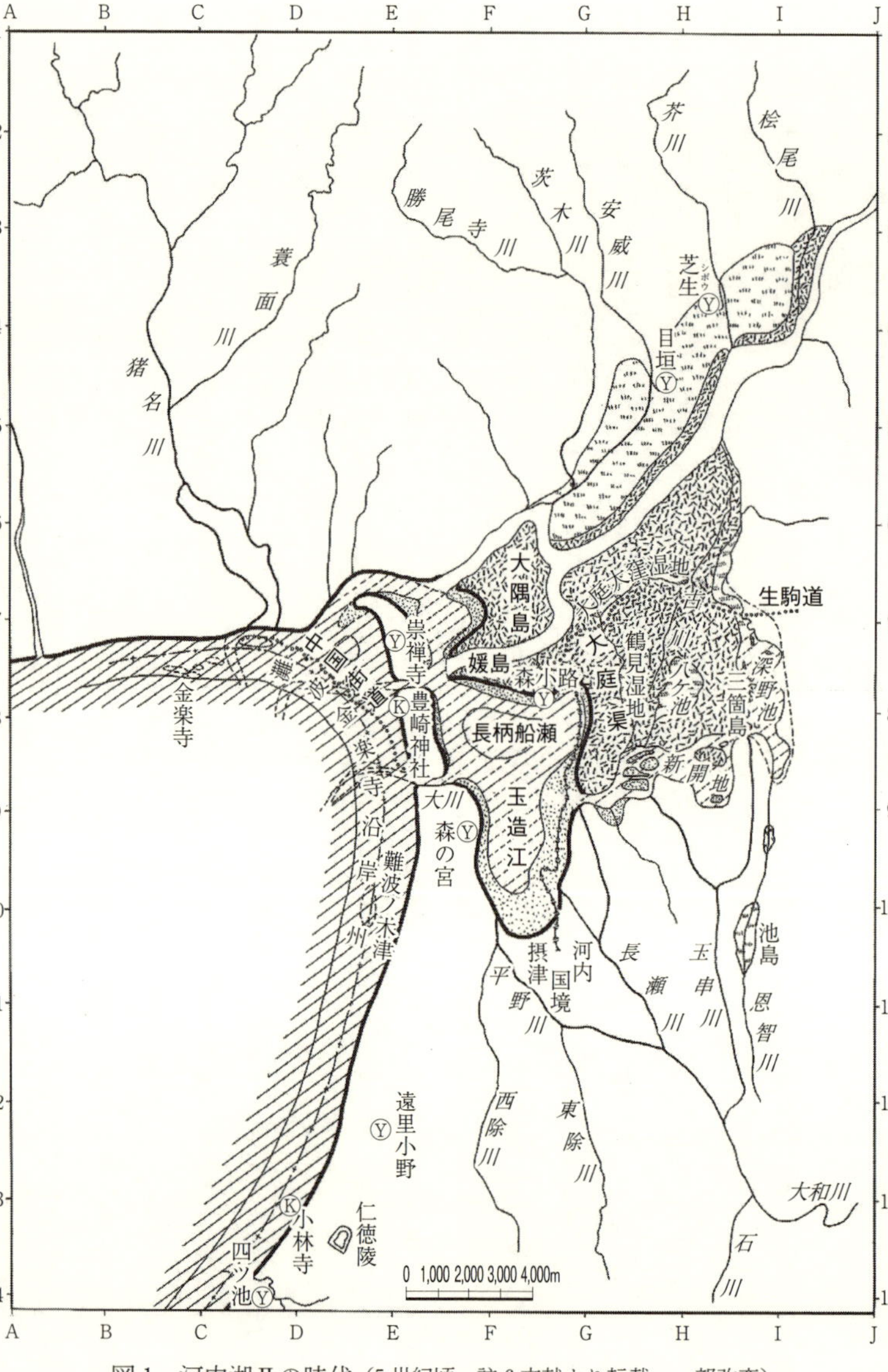

図1　河内湖Ⅱの時代（5世紀頃，註6文献より転載，一部改変）

町台地の北には淀川から流出する土砂による三角州が形成されつつも、上町台地北端部の大川の位置に縄文時代後期以降、古墳時代前期まで河内湾（潟）からの流路が継続して存在し、大阪湾と繋がっていたように復元している。松田氏提案の模式図は、梶山・市原両氏が提案した淀川や旧大和川の河口部付近の地形とは大きく異なるものであった。（図2）。

現在の大川の位置が縄文時代後期から古墳時代まで流路であったなら、『日本書紀』にある「難波堀江」の掘削工

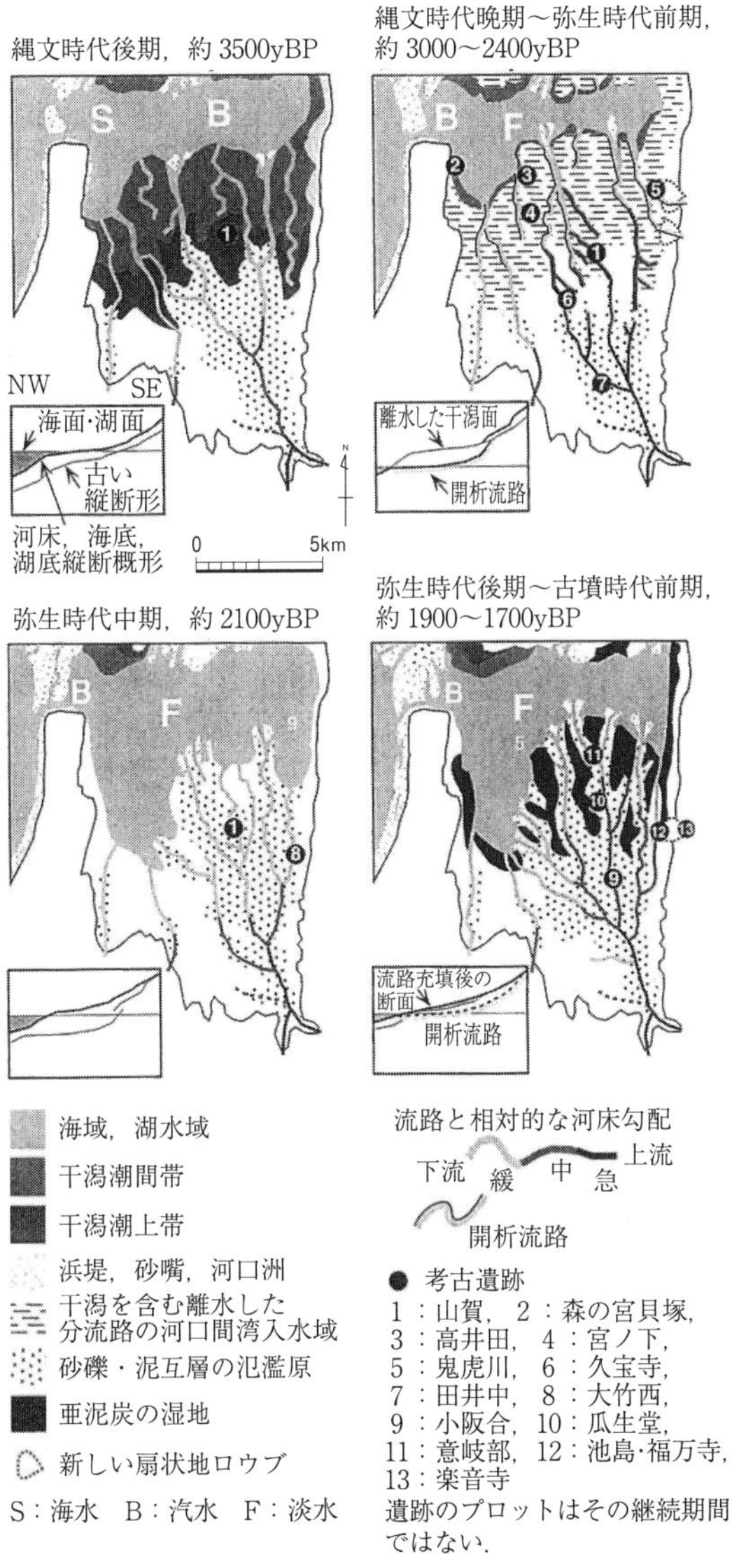

図2　河内平野南部，旧大和川分流路地帯を中心とした縄文時代後期から古墳時代前期までの潟湖，流路・氾濫原の特徴を示す模式図（註7文献より転載，一部改変）

事が必要なかったと受け取られてしまうが、淀川や旧大和川の沖積作用によって上町台地の北に広がる三角州が次第に大きくなり、三角州の間の流路も浅くなっていったことが予測される。発達してきた三角州と上町台地北端部にあった流路を拡張し深くする工事が「難波堀江」の掘削工事記事であったと解することもできよう。直木孝次郎氏も梶山・市原両氏が提案する砂嘴を、横断するように掘削する大工事を新たに行えたのかとの疑問からか、著書の中で「全然水路のない所へ新規に作ったのではなく、少々の水路があったのを掘りひろげたものと私は想像している」と述べている(8)。

松田氏が提案したように、上町台地の北に南北方向の一筋の長い砂嘴が形成されたとするよりも、淀川や大和川が排出した土砂による沖積作用によって三角州が形成され、その間には水路が幾筋も形成されていたと考えるのが妥当なのかもしれない。

上町台地の東に広がる水域の排水路としてだけでなく、古代難波の遺跡が展開する上町台地北部に最も近い位置が、現在の大川の位置であり、上町台地北部に最も近い位置に水路を確保することが当時の為政者にとって重要なことであったに違いない。「難波堀江」の位置はそうして決まったのではないだろうか。

上町台地北端部周辺の地形を見ると、大川を境に北の天満は標高四㍍程の低地であり、南の上町台地は標高一二㍍もの高台となっている。大川はこの地形の変換点を流れているのである。

大川南岸の地形を見ると、そこに高さ七㍍程の急激な崖面が存在している。北から流れてきた大川が上町台地北端にぶつかる攻撃面であるため、川岸は氾濫などの水の被害を受ける場所といえる。ましてこの地点は東から旧大和川が流れて来て大川と合流する地点であり、水量も多く、この地点の川岸は集落形成には不向きな地点といえる。崖の上の高台は平坦面が広がり古代以降の遺構が存在している。上町台地はその付近から西に行くほど低くなり、松屋町筋まで行くと低い平坦面となっている。それより西は大阪湾に面する沖積地となる。

この沖積地の形成については、大坂城下町跡の発掘調査で確認した地層の分析を行った趙哲済氏の成果がある(9)(図3)。それによると、弥生時代中期頃から上町台地西側に形成されていた沿岸州が離水し始め、浜堤として人間活動の場所となっていった。その結果が後述する弥生時代末から古墳時代初頭の集落の形成に繋がっている。

その後、古墳時代末に上町台地北端部から流れてきた大川は、現在よりも流域を南に偏らせて平野町付近にその南岸ができたとした。その後、大川は上流から多量の土砂を流下させ、南岸にあたる高麗橋通り付近に新たな自然堤防を形成し、南岸が北へと移動した。この自然堤防の出現により、それまで大川に注いでいた上町台地からの水は行き場を失い、高麗橋通り付近にできた自然堤防の背後を通って、直接大阪湾へと流れるようになった。

古代になると、大川南岸の自然堤防はさらに大きくなり、その背後にあたる道修町付近の後背湿地には上町台地から流れる水によって幅広い水域が形成された。中世になっても大川の土砂が形成した南岸の自然堤防はさらに拡大し、大川の河口部へと伸びていき、道修町付近の水域は後背湿地となり、水田などとして利用されることになった、と推定する。

この地形復元図に各時代の遺構・遺物検出地点を落とし、遺跡の推移をまとめたものがある(10)。それを見ると弥生時代末から古墳時代初頭には大阪湾に面する一帯に遺跡が多く存在し、古代になるとほぼ全域に広がるが、高麗橋通り以南の道修町付近の低地部付近に集中し始めるようになる。さらに中世になると高麗橋通りから平野町付近の集中してくるのがわかる(図4)。

道修町付近の低地部は大川とは高麗橋通りにあった自然堤防を挟んで近い位置にあり、大川南岸にあった港湾施設を支える人々の居住空間が展開していた場所ではないかと考える。

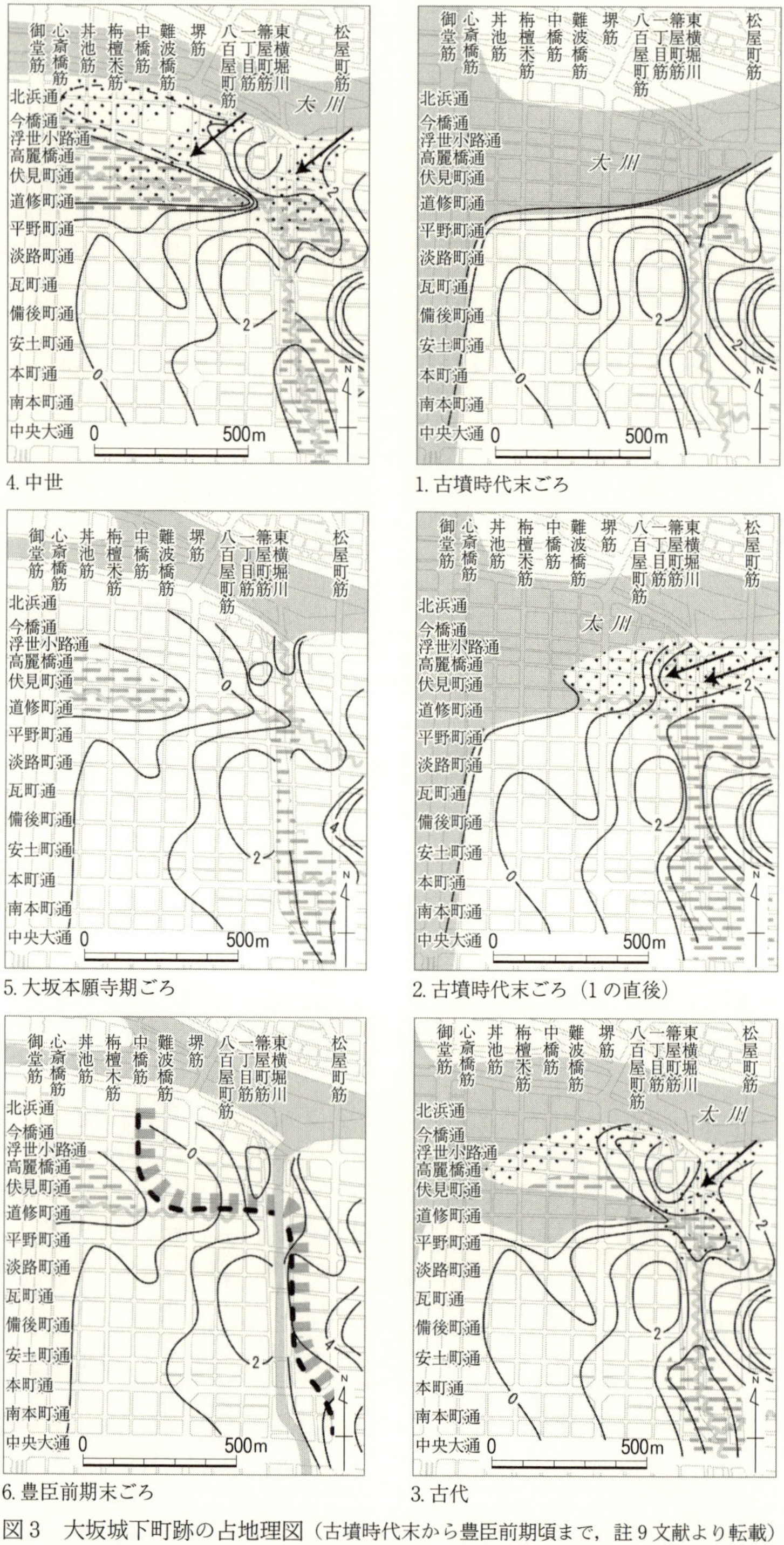

1. 古墳時代末ごろ
2. 古墳時代末ごろ（1の直後）
3. 古代
4. 中世
5. 大坂本願寺期ごろ
6. 豊臣前期末ごろ

図3　大坂城下町跡の古地理図（古墳時代末から豊臣前期頃まで，註9文献より転載）

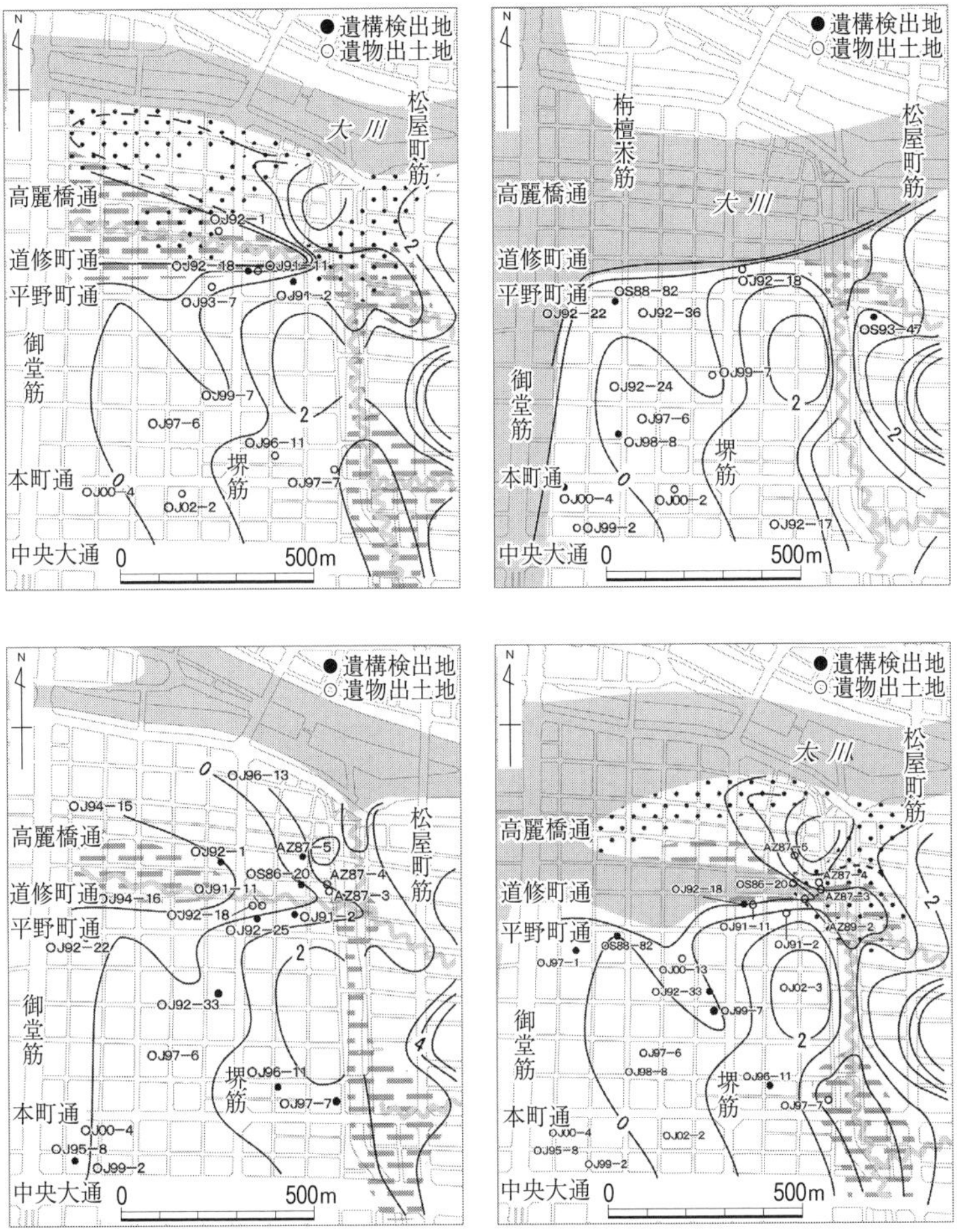

図4　弥生時代末から中世後期までの遺構・遺物出土地点（註10文献より転載）

以下ではこうした推定された古地理図を念頭に置きながら、遺跡の消長を勘案しつつ港湾機能が存在した場所を考える。

二　縄文時代から古墳時代の遺跡

梶山・市原両氏の復元図が発表された後、一九七四年（昭和四十九）に上町台地の東縁に位置する大阪市森の宮遺跡の発掘調査が行われた。そこでは下層にカキの貝殻を主体とする縄文時代後期の貝層があり、その上層にシジミの貝殻を主体とする縄文時代晩期以降の貝層が堆積していることが確認され、縄文時代後期から晩期にかけて、東に広がっていた水域が河内湾から河内潟へと変遷したことが発掘調査で明らかになり、東側の水域をその漁撈活動の場として利用していたと解釈された。こうしてこの復元図はその後、大阪平野の地形変遷を語る際には必ず引用されるようになった。

森の宮遺跡のこの時の発掘調査では、関東地方の縄文時代後期前半の堀之内式土器が出土し、九州地方の縄文後期中頃の西平式土器が出土した。さらには東北地方の縄文時代晩期中頃の大洞ＢＣ式土器が出土した(11)。このように他地域の土器の出土例が多かったことと、河内湾（潟）という穏やかな水域に面し、水上交通に適した立地であったことから、水上交通の要衝であったとの理解もあった。

縄文時代後期は森の宮遺跡でカキ貝層が形成された時期で、遺跡東方には河内湾が広がっている時期となる。縄文時代晩期は森の宮遺跡ではシジミ貝層が堆積する時期で、遺跡東方の河内湾は淡水化が進行し河内潟へと環境が変化している時期であった。この過程は河内湾の入り口の閉鎖が進む一方、淀川や旧大和川の沖積作用とともに、上流部から河内湾（潟）に流れ込む水によって淡水化が促進されたのであろう。

森の宮遺跡は弥生時代の全期間を通して土器が出土し、弥生時代末から古墳時代初頭の庄内式土器や布留式土器が出土することから、この地域の拠点集落として継続していた。また、弥生時代になってもシジミ貝層が形成されており、弥生時代まで遺跡東方の河内潟で生活の糧を採集していたことがわかる。貝塚が形成されていた地点の南東二〇〇〜三〇〇㍍付近での調査地点では鏝《こて》などの木製品が出土しており、水がひいた河内潟（湖）の岸辺は水田が営まれる環境へと変化していったことがわかる。

出土した動物・魚類の骨を分析した先の報告書には、上町台地に棲む陸上動物や植物だけに依存していたのではなく、魚介類への依存度が高いとする。森の宮遺跡の周囲や周辺に広がる水域で積極的に漁撈活動を行っていたのである。大阪湾から遡上し、上町台地を東に廻った地点に立地する森の宮遺跡は、縄文時代から古墳時代初頭まで波穏やかな河内湾から河内湖への変遷とともに、それに依存してきた集落であったといえる。

弥生時代後期から古墳時代初頭になると上町台地の西側海岸部に限ってみても幾つかの土器出土地点が存在していたことがわかっている。大阪市を南北に貫く幹線道路である御堂筋より三街区東の、大阪市中央区平野町三丁目で行った発掘調査では、弥生時代後期から庄内式期の土器がまとまって出土した。それらの表面の遺存状況はよく、遠方より流れてきたものではなく、この場所に埋められたものと考えられる。また、御堂筋より二街区東の中央区本町三丁目では庄内式土器の壺と甕が出土した土壙があり、南本町三丁目では布留式土器の甕が出土し、安土町三丁目では庄内式土器の甕と一緒に銅鏃が出土している。(12)

弥生時代後期から庄内式期の土器には遺構に伴って出土するものがあり、弥生時代後期にはこの地域が陸化していたと考えられる。(13)弥生時代中期の土器は堺筋の東になる道修町一丁目から出土しているが、長柄砂州形成時の海浜砂礫層からの出土である。堺筋付近は弥生時代中期にはいまだ海の中に位置している時期と考えられ、弥生時代後期になって御堂筋を越えた付近まで海岸線が前進し、そして、その段階には集落を営むことが可能な環境になったのではないだろうか。

これらの地点から出土する土器は弥生時代後期から庄内式期や布留式期と、限られた時期のものである。こうしたことから、この地域に展開した集落は同じ頃に短期間に存在したとみられる。これら出土地点を一つ一つ別の集落と見るのか、同じ集落の中の一部分と考えるのがよいのか判断に苦しむが、出土した地点は直径約七〇〇㍍の範囲内に分布している。

この時期、大阪市内では大阪湾を望む集落遺跡が幾つか存在している。素環頭太刀が出土した東淀川区の崇禅寺遺跡があり、北区には豊崎神社境内遺跡がある。南の阿倍野区には阿倍野筋遺跡がある。どうやら大阪湾岸にはこの時期の集落が点在しており、寺井誠氏が言う「海を介した新たなネットワーク」が形成されているようである(14)。

集落が点在しているのはこの時期に限られ、この時期を過ぎると、この付近には遺跡は存在していないようで、遺構の発見例がない。どうやら集落が別の地域に移動した可能性がある。その候補地となるのが上町台地である。上町台地では古墳時代中期の五世紀代の遺構や遺物が見つかり、それ以降も遺物が発見されている。

こうしたことから、縄文時代から弥生時代後期頃までは大阪湾から大川を遡った河内湾（潟）に森の宮遺跡が展開しており、そこが交流の拠点としての役割を担っていたのであろう。弥生時代末から古墳時代初頭においては、大阪湾に面する所に集落が出現し、それらの集落が同様の機能を有していたと考える。

河内潟に面する森の宮遺跡は出土土器から考えると、古墳時代初頭まで存続していたことは確実である。しかし、縄文時代晩期以降、旧大和川の沖積作用などによって水域が集落から遠ざかり、海への依存度は小さくなったと考える。大阪湾岸に立地していた集落は古墳時代中期以降には姿が見えなくなる。西の大阪湾から吹く風や大阪湾の沿岸流によって形成される砂丘が、当初に立地した集落の前面に形成され、水域が次第に遠ざかっていったのではないかと考える。

そして、古墳時代中期の五世紀以降、集落は東の河内潟方面でもなく、はるか西の大阪湾岸でもなく、上町台地北端部の高台に姿をあらわす。上町台地の北にある大川を海との結節点とした。これまでの大阪市内北部での発掘調査の成果から考えると、古墳時代の遺構は難波宮跡がある北端部一帯に集中する。そして、古墳時代以降、上町台地北端部が重要な場所として利用されるようになり、後述するような倉庫群などの施設が建設されていくのである。

三　上町台地上の古墳時代の遺跡

大阪歴史博物館とNHK大阪放送局が建つ敷地の一角に、木造入母屋作りの高床式建物が一棟復元されている。それは一九八七年（昭和六十二）に行われたこの敷地での発掘調査で発見された掘立柱建物群の一つを復元したものである。

ここで発見された建物群は、床面積が八二〜九八平方㍍もの建物が、東西南北に建物方位をそろえて一六棟も整然と配置されていた。そして、所属時期は、この建物群が廃絶した後に作られた竪穴住居の年代が五世紀末とされたことから、この建物群はそれより遡る五世紀後半になることが判明した。古墳時代中期にこれほど大規模な建物群が存在しているということで大きな話題になった。また、この建物はその柱の配置から棟持ち柱のある高床式の建物で、一六棟すべてが倉庫であろうと推定されたのである。九〇平方㍍前後の倉庫を一六棟も建設し、同規模の建物であることから基準尺を用いて建設されたと推定されるため、その建設主体は倭王権以外にないと結論されている[15]。

法円坂倉庫群と呼ばれるこの倉庫群は、上町台地の北端部に近い位置に立地し、上町台地の北を横切る大川が「難波堀江」と想定されていることから、「堀江を介した水上交通路の存在においてこそ意味を持つと考えられる」とし、「堀江（大川）周辺には、倉庫に関連して荷揚げ・積出しの港湾施設の存在」も想定されている[16]。大川に港湾施設が存在し、そこから運ばれてきた物資の収蔵倉庫であろうと想定された。その港湾施設があった場所こそ、後に難波津と呼ばれる港と考える。

この倉庫群が建設された古墳時代中期には、上町台地北端部に幾つか同時代の集落が存在していることが発掘調査でわかっている。法円坂倉庫群の東方にあたる上町台地中央部から東斜面付近には、古墳時代中期の五世紀中葉にガラス玉生産を行っていたことがわかる資料が豊富に出土している[17]。また、近年、難波宮史跡公園の南では五世紀前半の須恵器の窯跡も発見されている[18]。その報文では法円坂倉庫群よりわずかに古いと推定され、法円坂倉庫群に先行する施設への供給を目的としていた可能性を示唆している。現在の法円坂一帯には五世紀代になって多くの人たちが生活する環境となっていたことがわかる。

この後も、上町台地の北端部では人々の活発な営みが認められる。難波宮跡の下層に広がる難波宮下層遺跡と呼ばれる集落遺跡で、掘立柱建物群が台地の地形に左右されながら難波宮跡の範囲の全域に広がっている。その時期は前期難波宮造営直前まで継続しており、前期難波宮造営時の整地層によって埋没している。

法円坂倉庫群廃絶以降、難波宮下層遺跡が上町台地北端部の最高所の平坦部に展開しているのは、同じ高台に出現し展開していた前代の上町谷窯や法円坂倉庫群の存在が大きな理由であろう。それらが廃絶してもこの場所に人々が活動拠点として集落を営み続け、港湾施設も継続して存在して営まれていたと考える。難波宮下層遺跡も大川の港湾施設に依拠する集落だったのだろう。

四 上町台地西部の古代から中世の遺跡——難波津の推定地——

難波宮域の北西になる上町台地北端部では、八世紀後半の遺構が大川に近い場所に多く見つかっている。奈良三彩の小壺や「摂」の文字が書かれた墨書土器が出土した井戸が見つかった調査地、「厨」や「浄」・「万女器」と記された土器が出土した調査地など、上町台地北端頂部の西縁付近に集中している。そしてその付近から北端部西側斜面に出土地点が点在している。(19)

これらが出土した地域は古代には海外の賓客をもてなす鴻臚館が存在していたと推定されている地域で、難波宮廃都後には鴻臚館の建物を利用して摂津国府が置かれたとされている。この地域は古代において、海外との繋がりを想起させる施設が存在していた場所であり、台地の北を西流する大川のどこかに港湾施設が存在していたと推定できる。

最近、上町台地を西に降りた、松屋町筋と土佐堀通りの交差点の南西角地で発掘調査が行われた。そこでは七世紀後半まで遡る土器も出土しているが、八世紀末から九世紀初頭の土器が多量に出土している。(20)その報告では「時期的には、難波宮から長岡宮へ建物・瓦など資材が運ばれた時期にあたる。調査区近くが資材の積み出し地であったと想定することもできよう」と調査地付近に港湾施設が存在していたことを想定している。

この調査地では古代のみならず、鎌倉時代や室町時代の遺物が多く出土しており、古代以来継続してこの場所が人々の活動の場所であったことがわかる。さらに、出土している中世の遺物には中国製の青磁や白磁、国産陶器の常滑焼や瀬戸焼などもあり、各地からの製品が集中する都市的な場となっていることがわかる。

こうした奈良・平安時代の遺構や遺物の検出地は、現在の東横堀川を西に越え心斎橋筋まで広がっている。そしてそれらの多くは中世まで継続していることが判明している(21)。

東横堀川の西側、船場と呼ばれるこの地域の北部では、最下層の水成砂礫層から六世紀や七世紀に遡る土器も出土している。これらの表面はあまり摩耗しておらず、それほど遠くから流されてきたものとは思えず、すぐ上流部から運ばれてきたのではないかと考える。その上層からは八世紀後半の土器が大量に出土している。大量の土器の中には製塩土器や緑釉陶器・灰釉陶器も含まれており、土器以外では皇朝十二銭や和鏡なども出土している。こうした多種多様な遺物が出土していることから、この地域に存在した集落を一般的な集落ではなく、港湾施設を伴った集落であろうと推定した(22)。

さらにこれらの地点からは、黒色土器や瓦器のほか、古瀬戸や常滑焼・渥美焼といった中世の広域流通品も豊富に出土している。土器以外では「東大寺大仏殿」銘の瓦当文様の軒丸瓦が出土している。この瓦から想起されるのが、十二世紀末に東大寺再建を主導した俊乗房重源が、弟子に所領・所職を譲った中にある「渡辺別所幷木屋敷地」である。重源は渡辺に浄土堂を建立し、東大寺再建用の木材の集積地として利用していた。こうしたことから、東は上町台地の西裾部付近から、西は堺筋付近までのこの地域に、中世の渡辺津があったと推定できるようになった。

これまで渡辺津の推定地は天満橋南詰付近と漠然と考えられてきた。それは近世に天満橋南詰に「八軒屋」とよばれた船着場があったことによる。それが中世まで遡るのではないかと考えられていたのであろう。しかし、その付近で発掘調査を行うと、近世初頭の整地層の下位には水成の砂層や砂礫層が堆積しており、中世集落の存在は認められない。地形的に見ても、上町台地北端部の天満橋南詰一帯は大川の攻撃面にあたり、集落が立地できる環境ではない。

中世の渡辺津は十二世紀に突如出現するのではなく、それ以前から存在した港湾施設を継承した港であったと考え

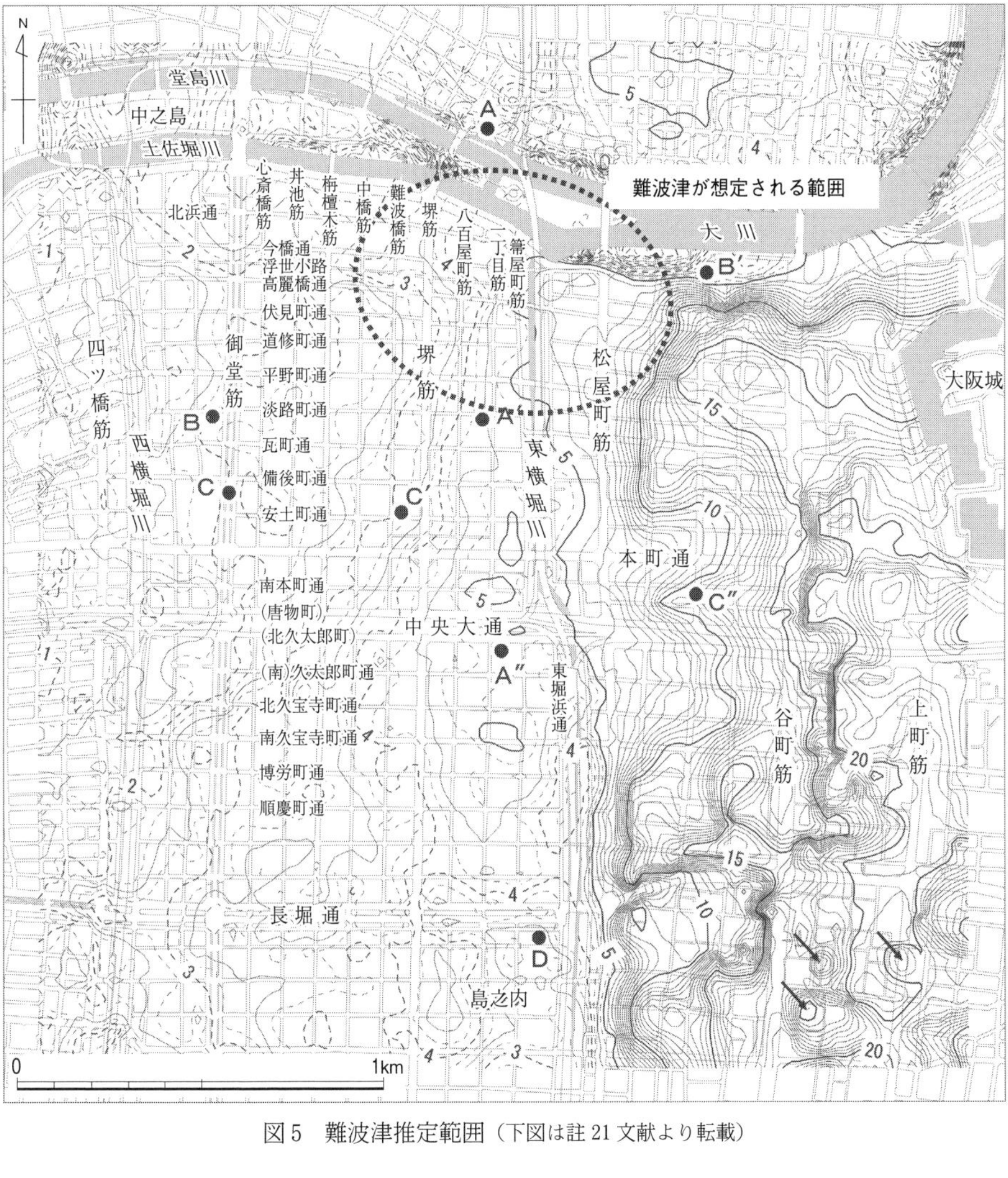

図５　難波津推定範囲（下図は註 21 文献より転載）

る。それは渡辺津と推定するこの地域から、古代に遡る遺構や遺物が豊富に見つかり、古代から中世まで継続している集落であることが想定できる。そして、その古代に遡る港湾施設が難波津と呼ばれていたのではないだろうか。五世紀代の法円坂倉庫群に納める荷物を陸揚げした港湾施設も、その所在地は大川南岸にあったと推定できる。こうしたことを考えると、五世紀以降、その港湾施設は大川南岸に継続して営まれていたと考えるのである。

ただ、ここに推定した地域からは古代の遺構と遺物しか見つかっていない。難波堀江が開削され、難波津が出現した古墳時代の遺物は水成砂層からは出土しているが、遺構は未発見である。しかし、その所在地を考古学の成果から推定できる場所はほかにない。現在得られている考古学資料をもとに、古墳時代以降の難波津の所在地として推定できるのは、中世の渡辺津の所在地として推定した、上町台地の西裾部付近から堺筋付近までの間であると考える（図5）。この範囲の中で、大川の流路の移動や氾濫、水域の変遷などによる地形環境の変化や、港湾にかかわる施設や集落の移動などを原因として、時代によって港の位置も移動したのではないだろうか。

古墳時代に始まる難波津が飛鳥時代や奈良時代にもそのまま港湾機能を存続させ、難波宮が廃都となって政治機構が長岡宮に移っても、大川にあった港湾機能はそのまま残り、平安時代から鎌倉時代・室町時代へと引き継がれ、渡辺津と呼ばれる港湾集落へと変遷したと考える。

そして十六世紀後半にこの港は、太田牛一が織田信長の事跡を書き綴った『信長記』の中で、「大坂はおよそ日本一の境地なり。（中略）西は滄海漫々として、日本の地は申すに及ばず唐土・高麗・南蛮の舟海上に出入、五畿七道集まりて、売買利潤富貴の湊なり。（後略）」と記されることになる。

註

（1）戸田秀典「古代の難波について」（『古代学』一一―二、一九六三年）。

（2）千田稔『埋れた港』（学生社、一九七四年）。
（3）山根徳太郎『難波王朝』（学生社、一九六九年）。
（4）日下雅義「摂河泉における古代の港と背後の交通路について」（『古代学研究』一〇七、一九八五年）、同『古代景観の復元』（中央公論社、一九九一年）。
（5）梶山彦太郎・市原実「大阪平野の発達史—14C年代データから見た—」（『地質学論集』七、一九七二年）。
（6）梶山彦太郎・市原実『続大阪平野発達史』（古文物学研究会、一九八五年）。
（7）松田順一郎「河内平野南部、旧大和川分流路地帯を中心とした縄文時代後期から古墳時代前期までの潟湖、流路・氾濫原の特徴を示す模式図」（『考古学研究』五四—四、二〇〇八年）。
（8）直木孝次郎「難波津と難波の堀江」（『クラと古代王権』ミネルヴァ書房、一九九一年）。
（9）趙哲済「大坂城下町跡の自然地理的背景」（大阪市文化財協会編『大坂城下町跡』Ⅱ、二〇〇四年）。
（10）松尾信裕「大坂城下町跡下層の遺跡」（大阪市文化財協会編『大坂城下町跡』Ⅱ、二〇〇四年）。
（11）難波宮址顕彰会『森の宮遺跡第三・四次発掘調査報告書』（一九七八年）。
（12）前掲註（10）に同じ。
（13）前掲註（9）に同じ。
（14）寺井誠「古墳時代前期の上町台地とその周辺」（大阪市文化財協会編『阿倍野筋遺跡発掘調査報告』、一九九九年）。
（15）積山洋「古墳時代中期の大型倉庫群—難波のクラと紀伊のクラをめぐる一試論—」（『大阪の歴史』三〇、一九九〇年）。
（16）南秀雄「五世紀の建物群の検討」（大阪市文化財協会編『難波宮址の研究』九、一九九二年）。
（17）大阪文化財研究所『難波宮址の研究』一八（二〇一二年）。
（18）市川創「上町谷窯の発見」前編・後編（大阪市文化財研究所編『葦火』一四八・一四九、二〇一〇年）。
（19）大阪市文化財協会『大坂城跡』Ⅶ（二〇〇三年）。
（20）大阪文化財研究所『大坂城跡』XⅣ（二〇一二年）。
（21）大阪市文化財協会『大坂城下町跡』Ⅱ（二〇〇四年）。
（22）前掲註（10）に同じ。

難波宮下層遺跡をめぐる諸問題

南　秀雄

はじめに

難波宮下層遺跡とは、六五二年（白雉三）に完成した難波長柄豊碕宮とされる前期難波宮より古い遺構群の総称である。時期は七世紀前半以前で、範囲は上町台地北端部、後の難波宮の宮域とその周辺である。層位では前期難波宮造営の整地層の下位になり、地山上面で前期難波宮の遺構と重複している場合はそれに壊されているため、「下層遺跡」と呼ばれる。なお、一九八七年（昭和六十二）に発見された五世紀の倉庫群は、法円坂遺跡という別の遺跡名を冠するが、本稿で扱う。

史料によれば、六世紀〜七世紀前半の上町台地北端部には、小郡、大郡、館、屯倉、津などの国家機関と、宅などの豪族の施設が置かれていた。見つかっている難波宮下層の遺構が、これらのいずれかに関連するのはまちがいない。また近年では、上町谷窯の発見をはじめ、上町台地に散在する開析谷周辺での調査により、手工業、交易、食糧・生業などの住人の生活、周辺環境などにかかわる多面的な資料が蓄積されてきた。本稿では、五世紀以降のこれらの調査研究を整理し、難波遷都の誘因となった上町台地北端部の都市化を表す基礎的な要素を示したい。

一　五世紀の倉庫群

当地域の歴史の画期となったのが、五世紀の大倉庫群の設置である。後の前期難波宮において大蔵とされる内裏西方官衙の倉庫群と同じ場所にあり、台地高所ではもっとも北西寄りに立地する。海浜部の旧地形は趙哲済氏によって復元され、おおよそラグーンまで西へ九五〇㍍（東横堀を目安）である。また、難波堀江に比定される大川まで北へ約八〇〇㍍である。

倉庫群は一六棟が二列に東西に並んでいる。西群は一〇棟、東群は六棟以上で、さらに東の上町筋下へ続いている可能性が高い（図1）。すべて五間×五間の同じ構造で、規模も均一である。最大で桁行一〇・三七㍍×梁行九・四三㍍の九八平方㍍、最小で桁行九・九三㍍×梁行八・二五㍍の八二平方㍍あり、一六棟の総床面積は約一四五〇平方㍍に及ぶ。倉庫群は老朽化にともなう建替えがなく撤去され、その後に造られた竪穴建物との重複からTK二三〜TK四七型式より古い。柱穴抜取り穴出土土器から、廃絶時期や使用期間の一点はTK二〇八〜TK二三型式で、柱穴や建物周辺の包含層出土土器

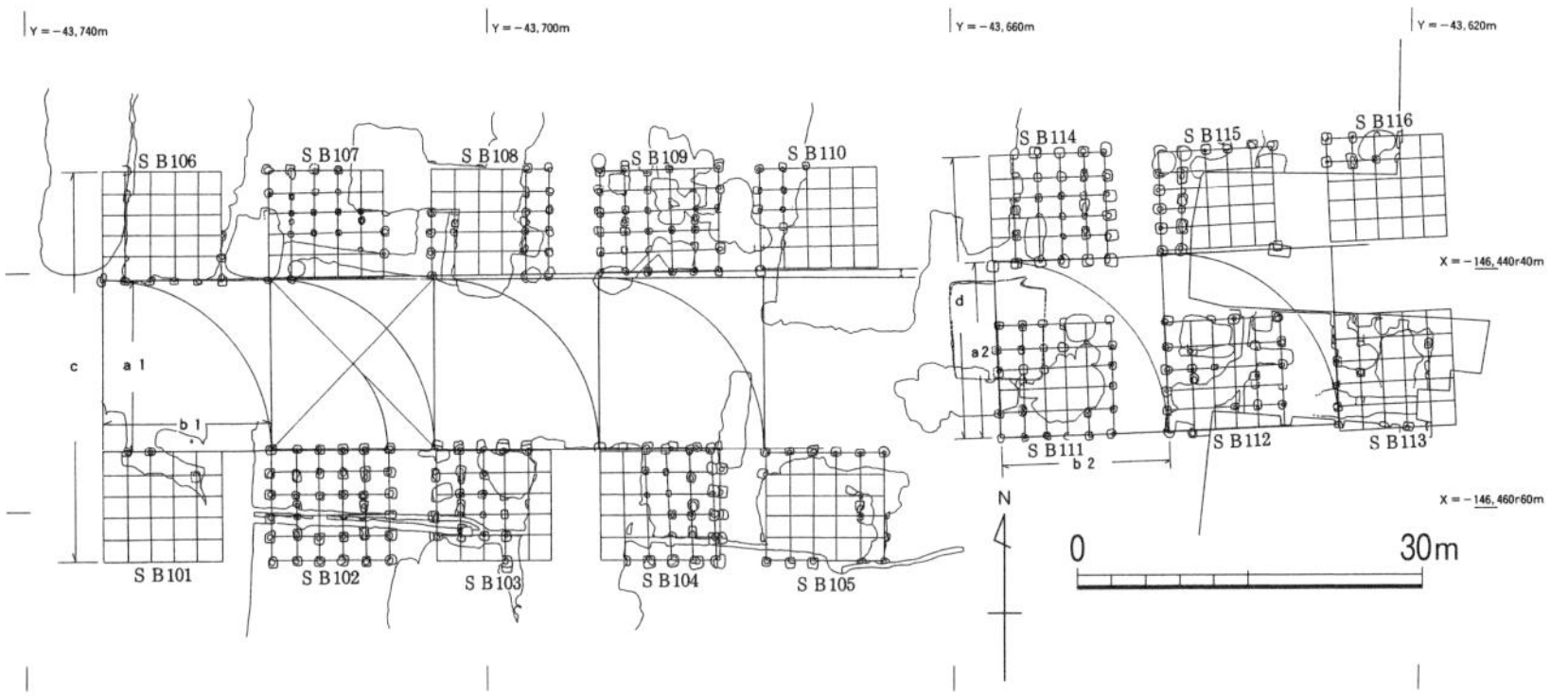

図1　5世紀の倉庫群

から、創建はＴＫ二〇八型式より遡る可能性がある。遺物全体から見るとＴＫ七三型式までは遡らず、ＴＫ二一六型式までと推定される。

法円坂倉庫群の特徴については、保存運動のなかで執筆された専門書と発掘報告書にまとめられている。(1) その後、古墳時代の大型倉庫の調査例が増え、集落論、居館やミヤケの研究、古代史からの言及もある。以下、一九九〇年代初頭の調査研究以降、付加、修正すべき点について述べる。(2)

第一に、法円坂倉庫群の最大の特徴は大きさにある。発見以来四半世紀を経て資料が増えたが、古墳時代の倉庫群として群を抜いている点はかわらない。地域で最大規模をほこる前期の石川県七尾市万行遺跡（西群三棟、計六〇五平方㍍・東群三棟、計七一五平方㍍で両群は併存しない）や五世紀代の大阪府豊中市蛍池東遺跡（六棟以上、計約四六〇平方㍍以上）の倉庫群と比べ、少なくとも二〜三倍以上の総床面積になる。また、那津官家との関連が推定される後期の福岡市比恵・那珂遺跡の倉庫群のまとまり（比恵遺跡八・七二次の一〇棟、計二三二平方㍍）と比べても懸隔が大きい。さらに、葛城氏の本拠である奈良県御所市南郷遺跡群の井戸大田台地区の五世紀後葉の倉庫群（三棟以上、計一九五平方㍍以上）と比べても同様である。

比恵・那珂遺跡の例は、もっとも大規模で重要な屯倉の倉庫群の規模を、南郷遺跡群の例は、中央の大豪族の本拠の倉庫群の規模を表していると考えられる。これらの施設との大きな懸隔から、当初よりいわれたように、法円坂倉庫群の造営・運営主体は王権・国家であったと考えられる。

第二に、きわめて計画的な設計に則り、施工された点に特徴がある。五世紀以前で法円坂倉庫群ほどの規格性を有した建物群は知られていない。

真北を意識し、起点となる西群では真東西との誤差は、〇度一五分〜〇度三五分におさまる測量精度である。(3) 建物の配置と規模は、基準線、基準長、基準長を一辺とする正方形の対角線長等により、定規とコンパスで復元できるような設計に則っている（詳細は報告書）。これにより、用材の調達と準備↓測量・地業↓建築に至る分業・施工・監理がやり易くなった。また、同一の規模・構造の倉を二群二列に規則正しく並べることで、収容量の把握や、方角と順番による管理などもやり易くなったであろう。

第三に、「建物群はさかのぼっても五世紀中頃まで、五世紀後半代と推定される」と報告したが、年代についいては若干の修正が要る。近年の調査研究により、年輪年代法から導き出された初期須恵器の実年代が遡っている。古墳時代の区分、須恵器と埴輪の編年、大型古墳と陵墓、倭の五王の比定などを総合し、ＴＫ二一六型式は五世紀第２四半期、ＴＫ二〇八型式は五世紀第３四半期と考えられるようになった。(4) 前述のように、法円坂倉庫群の下限については、竪穴住居との重複からＴＫ二三〜ＴＫ四七型式より古い。一方、上限はＴＫ二一六〜ＴＫ二〇八型式の間にあると推定され、上限の年代は五世紀の第２四半期から第３四半期、あるいは五世紀中葉というべきである。より正確かつ慎重にいえば、「建物群の存続時期は五世紀第２四半期から五世後半の間のいつか」となる。

第四に、以降の調査により、倉庫群が設置された前後の時期の周辺のようすがわかってきている。二〇一〇年（平成二十二）、倉庫群の南南東六〇〇㍍（前期難波宮「朱雀門」付近）で初期須恵器の窯二基（上町谷窯）が発掘された(5)（図2）。窯は、上町谷とよぶ開析谷の谷頭の斜面にあり、さらに隣接して存在する可能性が十分ある。構造から百済地域の影響が考えられ、時期はＴＫ七三型式で、倉庫群より遡りそうである。胎土分析を駆使した出土須恵器との比較から、供給先が地元の上町台地北部であったことが判明しつつある（本書収録田中論考）。須恵器窯はほかに、難波宮三三次調査（一九六九年度）の後期難波宮の大極殿後殿の下において、床部のみ残っていたＳＸ三三八一がある。(6) 時期はＴＫ二一六型式で、緩い床面の傾斜が上町谷窯と似ている。

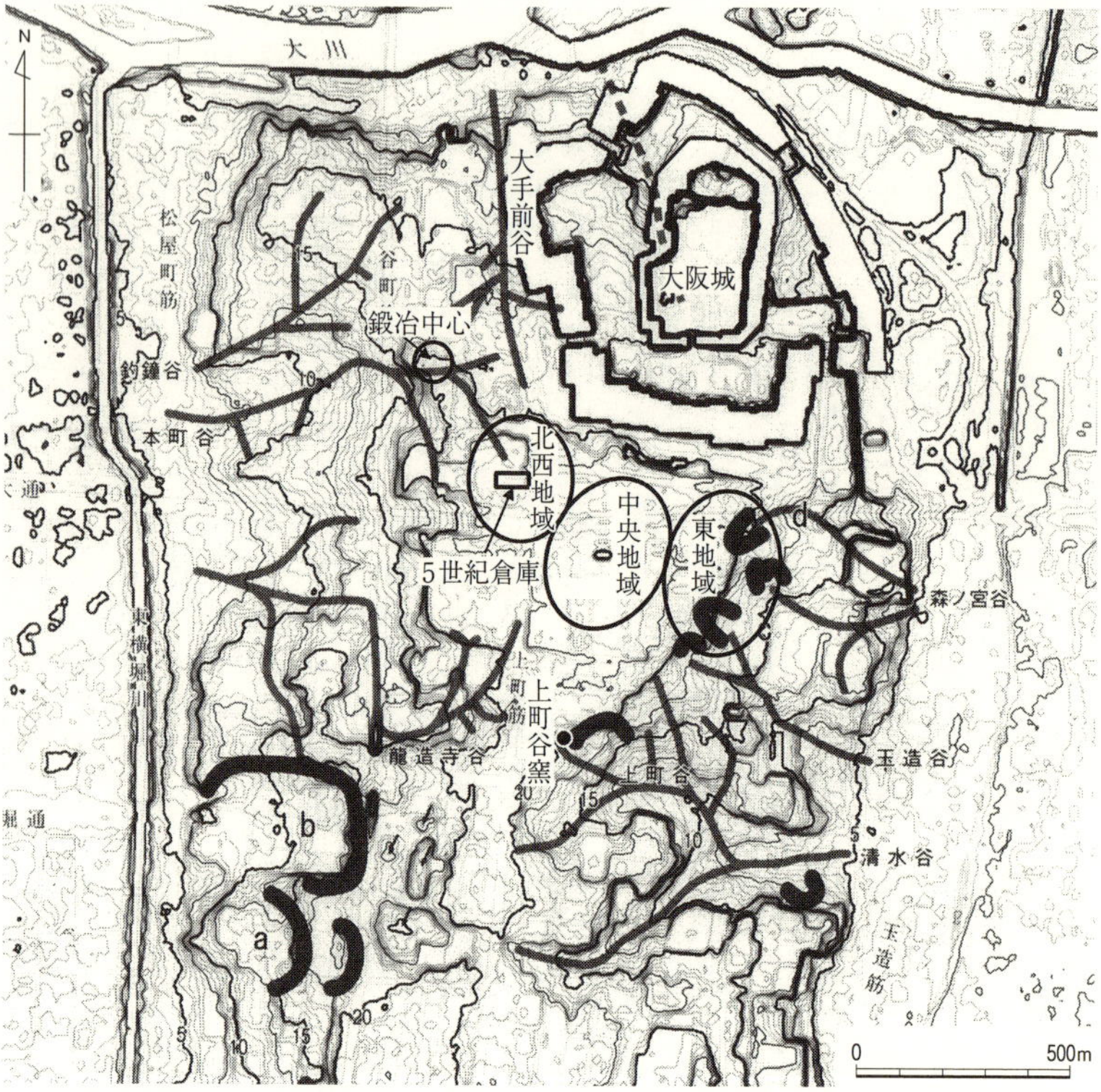

図２　難波宮下層遺跡の機能分化（地形・谷の復原は趙哲済・寺井誠による）

また、倉庫群から東南東四五〇㍍のNW八〇―九次調査では、TK二〇八〜TK二三型式の須恵器に共伴してガラス小玉鋳型が出土している。同種のガラス生産は、各種の金属器生産の中で行われている例が多い(7)。時代はくだるが、同じ台地東側の集落では、六世紀末〜七世紀前半に鉄器・ガラス・鹿角製品などの複合的な手工業が継続して営まれている。

以上のように倉庫群が設置されるころ、上町台地北端部には、すでに須恵器やガラス玉などの手工業製品を必要とする一定の数の人々が住んでいた。台地西側や西砂碓では、前期古墳の副葬品や川西編年Ⅳ期の埴輪が出土し、各地点で破壊された古墳があった(8)ことはこれを傍証する。港や堀江、交通路との関係はもちろんだが、上町台地北端部には倉庫群設置の下地が醸成されていた。

古墳時代前期から後期の各地域の事例を比較すると、法円坂例は、古墳時代倉庫群のヒエラルヒーの頂点に無理なくおさまるように見える。植木久氏をはじめ建築史の研究(9)を参考にすれば、当時のコメの収納形態は「穀」でなく「頴稲」で、法円坂の実寸復元倉庫の内法壁高が二・四七㍍であることを考慮すれば、収容量は当初の推測より低く見積もらなければならない。(10)また山中敏史氏や積山洋氏が指摘したように、その設計原理は、いくつかのタイプが累積していく後の郡衙正倉と異なり、宮に付属する大蔵などに近い。各地の倉庫の調査例と、近年の上町台地地域の調査・研究に照らせば、当時の「王権・国家を支える最重要の財政拠点」と考えるのが素直だろう。誇大に見せるためでない実用本位の施設であり、ことさらに臨時的・特殊な用途（例えば対外的な兵站基地など）を想定する必要はない。

この倉庫群で運営される施設がどこかにあると予測されるが、いくつもの急な谷が刻まれている上町台地では、分置されていておかしくない。道や占地においてこれらの谷が一部でも克服されるのは、前期難波宮の段階である。

二　難波宮下層遺跡の建物群

難波宮跡周辺では現在まで約二〇〇棟の建物跡が検出されている。そのうち竪穴建物は六～七棟で五％に満たず、大部分は掘立柱建物である。既調査面積の比率、豊臣期以降の開発で失われた部分、組み合わない柱穴などを考慮すると、復元数の数十倍の建物が本来は存在したのではないかと思われる。時期が明確な竪穴建物はＴＫ二三～四七型式の間で、六世紀前半には掘立柱建物のみに変わったと推定される。

周辺の谷や微地形を復元するとともに建物群を分析した木原克司氏は、地形に規制された方向の建物群が一般的だ

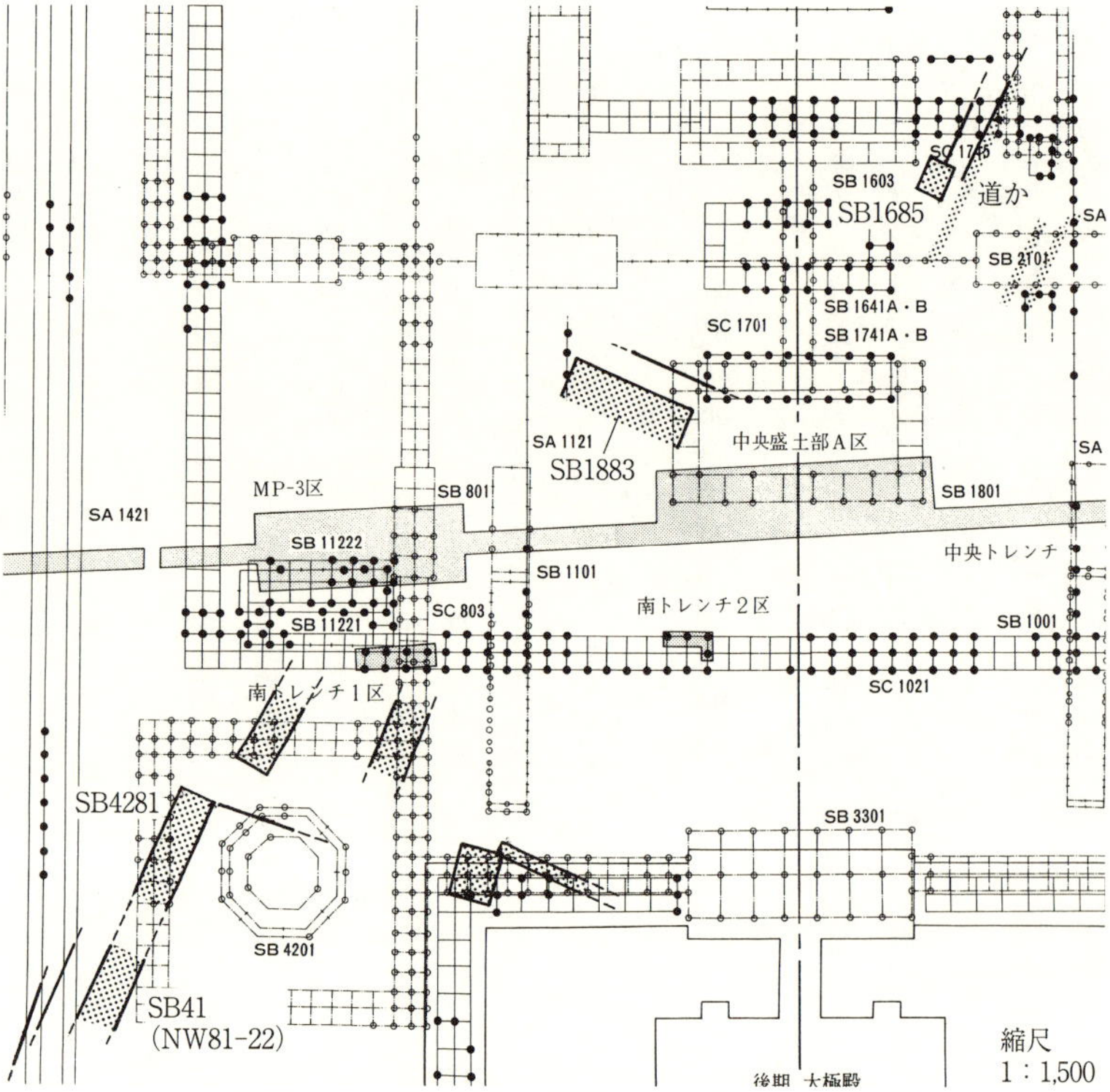

図3　中央地域中心部の建物群（東に振っているもの）

が、台地平坦部に方向が同一または直交する傾向の建物群が存在することを指摘した。[11] これを受け黒田慶一氏は、台地平坦部にN二〇度強Eで方向がまとまる、大型の東西棟・長い南北棟・塀などで構成される建物群が広がっていることを明らかにし、これを難波大郡と推測した。[12] 以降の研究により、難波宮下層遺跡の建物は場所によって傾向と特徴があることが明らかになりつつある。[13] 大略では、台地中央部には官衙的建物があり、北西地域では倉庫の比率が高い。一方、台地東側はこれらに比べて規模が小さめの建物で構成され、各種の手工業が営まれる。以下、この三つの地域に分けて概要を記したい。

〔**中央地域**〕（図3）　台地の真ん中には、方向が同じ建物群が長さ二〇〇㍍、幅一〇〇㍍程度に広がっている。前期難波宮の内裏前殿と重なっているSB一八八三は桁行一〇間（一八・三㍍）、梁行二間以上の大型の東西棟で、柱穴が一辺一・三㍍前後、柱痕跡が三〇㌢以上（図上計測）と大きい。SB一八八三は、現在検出されている難波宮下層遺跡の中でもっとも立派な建物といえる。この建物の北には同方向の塀がある。

SB一八八三から南南西へ五〇〜一〇〇㍍離れた場所には、SB一八八三と直交する方向の南北棟や塀がある。前期難波宮でいえば西八角殿院の一帯である。ここの建物は南北に細長く、柱間寸法が約二・五㍍と周辺の難波宮下層建物に比べて広い点が特徴である。SB四二八一（桁行六間〈一五㍍〉以上）とNW八一―二二次調査のSB四一（桁行四間〈一〇㍍〉以上）は、柱筋をそろえて南北に並んでいる二棟か、同一の建物と推定される。同一であれば桁行一五間（三七・五㍍）以上の長大な建物になる。周囲には南北方向や東西方向の塀などがある。

SB一八八三の北東五〇㍍には、建物や平行する塀・溝などがある。SB一六八五は桁行三間、梁行三間の総柱で、塀が取付いており、東にはこれと同方向の溝三条や塀がある。SB一六八五は門で、その東にN二〇度強Eの方向の道が存在した可能性がある。溝のひとつからは七世紀前半の須恵器が出土している。

以上の建物群は断片的だが、調査区が限られていることや、難波宮の遺構保存のために下層遺構まで調査が及ばないことも影響している。それでも、他の場所の難波宮下層の建物群と様相が異なる、官衙的な建物群が存在したことはまちがいなかろう。時期を示す遺物は乏しいが、六世紀後半以降、中でも七世紀前半の建物が多いと推測される。また、これらの建物群の東に、北でやや西に振れる方向の別の一群があり、中に一一間（二一㍍）以上に及ぶ回廊のような建物があることが注意される。

〔**北西地域**〕（図4）　台地高所の北西部、難波宮一四次調査地（大阪府農林会館）から大阪歴史博物館・NHK大阪放送局とその南の史跡指定地、阪神高速調査地などでは、三棟の竪穴建物を含む九六棟の建物が把握されている。北

図4　北西地域の建物群（西に振っているもの）

で西に振れる建物が多いが、中央地域のような広範囲での方向の統一性はなく、大型の東西棟や細長い建物はない。廃棄された土器からすると、竪穴建物の廃絶後も集落は続いたようだが、柱穴出土の須恵器はＴＫ四三型式以降で、掘立柱建物は六世紀後葉〜七世紀前半のものが多かったと推測される。この地域で重要なのは、倉庫が集中している場所があることである。(14)

大阪歴博・ＮＨＫ付近の東西一一〇㍍・南北五〇㍍程度の地域では、後世の攪乱で破壊されながらも四八棟の掘立柱建物が復元された。四八棟のうち一一棟は、総柱かつ正方形に近い平面形から倉庫であるが、ほか六棟も平面形の縦横が総柱一一棟とぴったり一致し、束柱が削平された可能性も含めて倉庫と推定される。比率は四八棟中、屋一八棟、倉一七棟、不明一三棟となる。とくに東側では、不明なものを除き、屋五棟に対し倉一一棟とさらに倉が密になる傾向がある（図5）。倉庫は三間×三間・三間×二間・二間×二間で、最大で床面積二三平方㍍、平均一六・二平方㍍と大きくない。同じ所に繰り返し建てられているものがあり、重複や後世の破壊、復元できない柱穴の数などから一時期に少なくとも四〜五棟はあったのではないかと推測される。これらの倉庫を切る七世紀前半の土壙ＳＫ二一八・二一九から、焼けた壁土が多数出土している。壁土は同所で出土した前期難波宮倉庫の焼壁と同類で、土壁の倉があったことがわかる。(15)

また北西地域では、大型の屋を含むことも特徴で、四八棟中三棟が床面積五〇〜六〇平方㍍代で、このクラスは東地域では四六棟中一棟しかない。出土する土錘から小規模な刺し網漁も行っていたとみられるが、本業ではない。

〔**東地域**〕　台地を少し東に降りた、旧大阪市青少年センター（三〇次調査）から旧大阪府青少年会館へ至る地域とその北側、阪神高速調査地などでは、竪穴建物三棟を含む四六棟の建物が把握されている。(16)旧大阪市青少年センターとその東側は、当地域の建物群の構成がよくわかる場所である。それによれば、六間×三間で六〇平方㍍を越える建

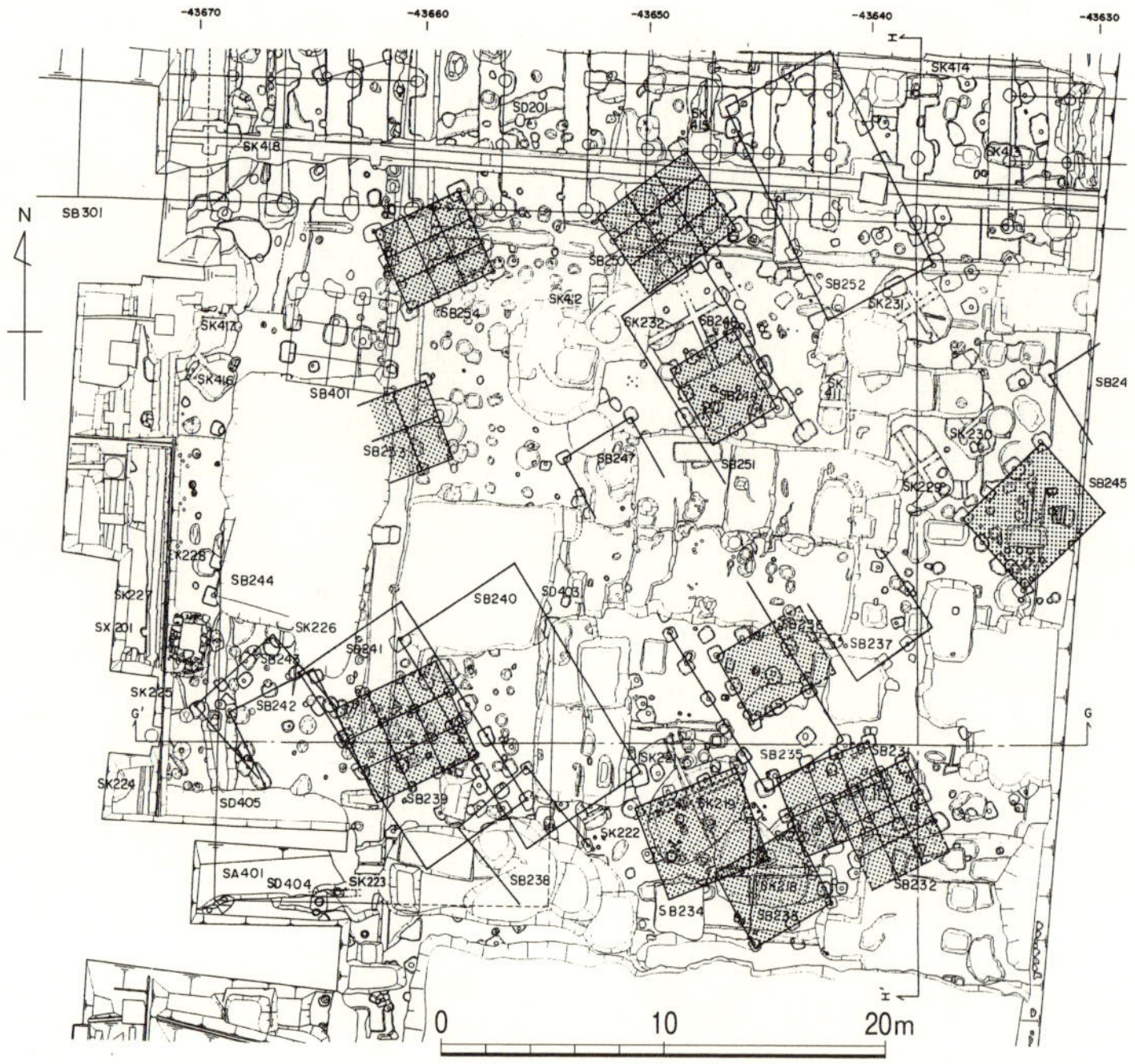

図5　北西地域の北東部（網掛は倉）

物があるが、これを除けば概して中央・北西地域と比べて建物規模はやや小さい。この地域にはいくつかの開析谷の谷頭があり、それらの出土遺物から各種の手工業が営まれていることがわかっており、工房が主体になっていたと推測される。建物群の変遷を明確にできないが、谷から出土した土器から、当地域の居住はＴＫ二〇八型式以降、継続しているように見える。

三　難波宮下層遺跡の手工業

〔**複合的手工業**〕　前述の東地域の手工業は、単品の多量生産でないことが特徴に見える。[17] まず、難波宮下層遺跡ではガラスの小玉・粟玉の鋳型が七点出土し、うち六点が東地域である[18]（図6上）。難波宮下層遺跡のガラス玉鋳型は、粘土板に多数の小孔をあけ、表面張力により球形をつくる開放型の鋳型である（「たこ焼き型鋳型」ともいう)。外形がわかるものでは、一点が東地域のNW八〇―九次調査で小型の竪穴建物の可能性もある土壙から、TK二〇八〜TK二三形式の須恵器と共伴し、もう一点は、その東になるNW一〇―四次調査地の「南谷」で、TK二〇八型式期の地層から出土した。これらは外周が弧を描き、型穴が直線配列されるタイプである。また、NW一〇―四次調査地の「北谷」(森ノ宮谷の谷頭)から三点の破片が出土し、時期は古墳時代中・後期と推定される。これらの出土地の南約一五〇㍍の玉造谷の谷頭(NW〇八―三次)からは、七世紀前半の土器とともに外形不明の一点が出土した。以上から、五世紀後半から七世紀前半の間、東地域でガラス玉の生産が続けられていたと推定される。日本や韓国の同種のガラス生産は金属生産の中で行われ、古墳時代の例は、朝鮮半島南部と関連する渡来系の遺物が出土する遺跡で見出されることが多い。

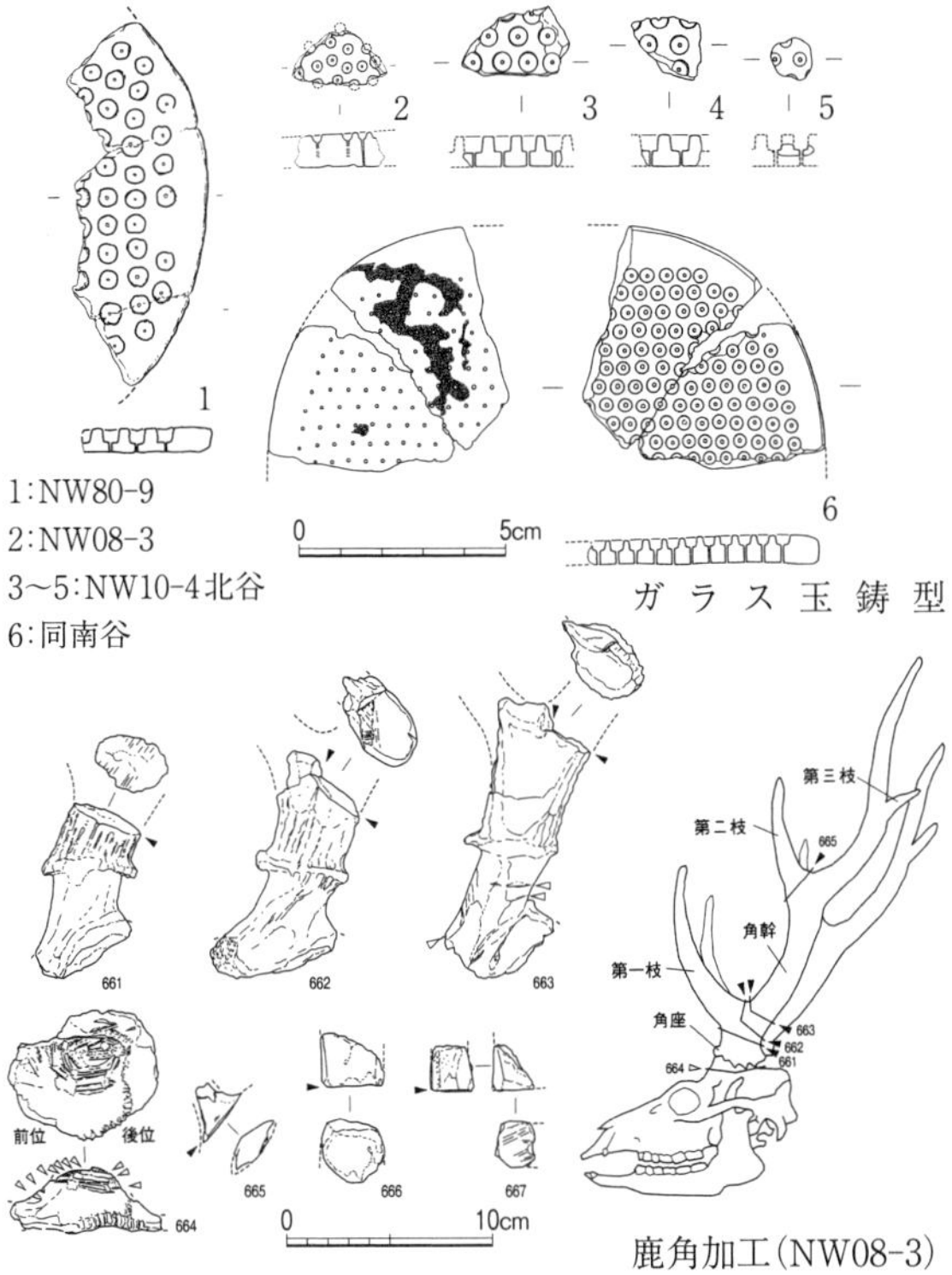

図6　東地域の手工業

ガラス玉鋳型が出土したNW〇八―三次調査の谷からは、六世紀末〜七世紀前半の地層から鞴の羽口と椀形の鉄滓が出土し、付近に鍛冶工房があったと推定される。鍛冶と関連するかはっきりしないが、木炭が出土している。また、同じ谷から加工痕のあるニホンジカの頭蓋骨と枝角が出土した。加工痕から復元された工程により、複数の職人によって、ニホンジカの解体から角を利用した工具柄などの製作が行われていたことがわかった(19)（図6下）。この谷からは、炭化物とみられる黒色物質が内面に付着した、六世紀末〜七世紀前半の須恵器杯Hが多く出土した。目的はよくわからないが、須恵器杯は内容物が入った状態で火にかけられていた。ほかに、前期難波宮期まで下る可能性があるが、漆の付着した須恵器杯や小壺がNW一〇一四次調査地の「北谷」で出土しており、接着材の可能性がある。

以上の遺物から、東地域では複数の手工業生産を小規模かつ複合的に行っていたことがわかる。それにより、地元である上町台地北部の人々の日常の需要に応えていたと考えられる。

〔鍛冶〕　難波宮下層遺跡では鍛冶が点々と行われていた。例えば、東地域以外に南の清水谷の支谷では、谷を埋めた地層から椀形滓一〇点以上が出土し、近隣に鍛冶工房があったと推測される(20)。これらの中でもっとも大規模なのが、大阪府文化財センターが調査した大阪府警北西部の例である(21)。前記の北西地域建物群の外側、本町谷の主谷の北斜面部で（図2）、鍛冶炉などの鉄器生産遺構とその関連遺物が集中して見つかった。新海正博氏の分析によれば、遺構群は近接した二つの時期に分けられ、下限は六世紀後半から七世紀初頭に比定できるという。検出した焼土坑一三基のうち鍛冶炉が八基で、五基が木炭焼成土坑と推定されている。これらの遺構群からは約六〇点の羽口、約三二キロの鉄滓、一四点の砥石と鍛造剝片や粒状滓が出土した。椀形滓中には精錬鍛冶滓の可能性があるものもあるが、刀子・釘などの工具生産を主とした鍛錬鍛冶作業を行っていたとされる。この斜面の上では掘立柱建物一〇棟が検出され、鉄滓や羽口が出土し、これらの遺構群との関連が指摘されている。また、椀形滓などの鉄滓や羽口は、調査区の広い範囲でかなりの量が出土しており、谷以外の台地部でも削平された多くの鉄器生産遺構があったと推測された。

本町谷の調査地点の鉄器生産は東地域と異なり、単一かつ規模の大きなものである。鍛冶は、宮造営期あるいは前期難波宮期にも南西の龍造寺谷で行われていた(22)。

以上の手工業は、難波宮下層遺跡の生産のほんの一端を示しているにすぎないと考えられる。ほかに土器生産でいえば、「難波型」といわれる特有の土師器が上町台地北部で自家消費的につくられ、六世紀末〜七世紀前半には、暗文の入る精製供膳の土師器を補完するように、やや粗い同種の土師器が近辺でつくられた可能性がある(23)。また、染料や薬材、油料になる多種の植物遺体や花粉が報告されており、生産と関連する可能性がある。

難波宮下層遺跡の建物と手工業の資料からは、台地の中央地域は役所的建物、北西地域は倉庫の比重大、東地域は複合的手工業と工房、といった機能分化がうかがわれ、それが継続する傾向がある点が重要である。佐々木憲一氏は、「さまざまな機能が別々に立地し、それらが有機的に結びついているような遺跡群」を都市と捉えたいとしたが(24)、七世紀前半頃の上町台地北端部の様相と共通する。

おわりに――初期都市の諸要素・課題――

本稿では、五世紀中葉以降の都市化を示すもっとも基本的な要素を示した。勿論、難波宮下層遺跡の人々の生活や生産はもっと多様で、触れえなかった発掘資料は多い。例えば、新羅・百済・伽耶土器や筑紫産須恵器などの遠隔地の遺物や、多様な動植物遺体の出土は交易(・市)と関連し、昆虫遺体からごみ処理や集住のようすが知れる。また、瓦・榛原石・凝灰岩切石などから寺の存在が推測され、溝や塀で囲まれた建物(OS九二―七次調査)など、豪族の宅との関連を思わせる遺構がある。

難波宮下層遺跡の都市化は、広く周縁部が支えていた。交易を支える難波津、農作物を供給する钁丁《くわよぼろ》などが耕した屯倉の田畠、畜力・皮革・乳等を供給する牧（大隅嶋と姫嶋の牛飼いの牧など）、薪柴・材を供給する森林（生国魂社など）、屋根材と燃料を供給する茅場、これらについても、発掘資料を活用した地形・植生復元などから迫ることが可能になりつつある。難波宮下層遺跡と初期都市の問題に対しては、さまざまな要素を複合的に考えなければならず、別稿に期したい。

近年、寺井誠氏らによる地形復元が進み、それと連動するように谷部の調査が行われ、難波宮下層遺跡や難波宮跡の調査は多様な資料と成果をもたらし始めている。後世の大開発にさらされた洪積台地高所（宮の中心部）では、建物跡と土器等の遺存し易いものを除き、当時の生活や生業を示す資料は乏しく、むしろ埋没谷と周辺にきわめて濃厚な都市遺跡の資料が集積して眠っている。ここに、他の地域の宮都遺跡と伍していく成果をあげる可能性があると思う。今後の課題として、フローティングなどを駆使した、直接、研究に繋がる調査方法の練磨が求められている。

註

（1）大阪市文化財協会『難波宮址の研究』九（一九九二年）や所収の考察（南秀雄「五世紀の建物群の検討」）、直木孝次郎・小笠原好彦編著『クラと古代王権』（ミネルヴァ書房、一九九一年）。

（2）一部は次に記している。南秀雄「倉・屯倉」（一瀬和夫・福永伸哉・北條芳隆編『古墳時代の考古学』六、同成社、二〇一三年）。ほかに積山洋「日本原始古代の大型倉庫群」（『史潮』新五八、二〇〇五年）。

（3）本稿をまとめるに際し、報告書掲載の「五世紀建物群西群南列・北列建物群の方向」（三〇七頁、表四四）に誤記があることに気づいた。当時使用されていた「公共座標第六系との差」は表の通りであるが、そこから計算される「真東西との差」は誤っており、以下が正しい。南列南側柱筋は、東で南へ〇度二七分六秒、同北側柱筋は、東で南へ〇度三五分一〇秒、北列南側柱筋は、東で北へ〇度二七分五秒、同北側柱筋は、東で南へ〇度一五分六秒。もちろん、真東西とわずかな差である点はかわらない。

(4)田中清美「初期須恵器生産の開始年代—年輪年代から導き出された初期須恵器の実年代—」(『韓式系土器研究』Ⅸ、韓式系土器研究会、二〇〇六年)、菱田哲郎「古墳時代とその区分をめぐって」(『古代日本国家形成の考古学』京都大学学術出版会、二〇〇七年)。
(5)市川創「上町谷一・二号窯」(『韓式系土器研究』Ⅻ、韓式系土器研究会、二〇一二年)。
(6)大阪市文化財協会『難波宮址の研究』一〇(一九九五年)。ほかに二一次調査のSX二一八五も窯の床面の可能性が指摘されている(同『難波宮址の研究』六〈一九七〇年〉)。
(7)京嶋覚「ガラス小玉鋳型出土の意義」(『古代学研究』一八二、二〇〇九年)、田中清美「「たこ焼き型鋳型」によるガラス小玉の生産」(『大阪歴史博物館研究紀要』六、二〇〇七年)。
(8)寺井誠「孝徳朝難波遷都に伴う古墳の破壊」(『大阪歴史博物館研究紀要』六、二〇〇七年)。
(9)植木久「古代日本における高床式建築の変遷—特に校倉構法の採用を中心として—」(『先史日本の住居とその周辺』同成社、一九九八年)、富山博「律令国家における正倉建築の機能」(『日本建築学会論文報告集』二一四、一九七三年)、同「正倉建築の構造と変遷」(『同』二一六、一九七四年)。
(10)最近も使用される法円坂倉庫群の収容量試算(都出比呂志『古代国家はいつ成立したか』岩波書店、二〇一一年)は、四倍以上、過大であると考える。その原因は、収容形態を頴ではなく穀としている点、積高を郡衙正倉と同等の四㍍を超える高さに仮定している点にある。倉の構造上この二つの仮定には無理がある。
(11)木原克司「上町台地北部の微地形と難波宮下層遺跡掘立柱建物」(大阪市文化財協会『難波宮址の研究』八、一九八四年)。
(12)黒田慶一「熊凝考—難波郡と難波宮下層遺跡—」(『歴史学と考古学　高井悌三郎先生喜寿記念論集』真陽社、一九八八年)。
(13)京嶋覚「大阪市域における七世紀前後の集落と交通」(『第六一回埋蔵文化財研究集会』二〇一二年)、大庭重信「最近の発掘成果からみた遷都前夜の難波」(『資料が語る日韓交流史を通じたミュージアム事業　古代新羅土器と近世薬種業を中心に　成果報告書』博物館国際交流拠点形成事業大阪市実行委員会、二〇一〇年)。
(14)前掲註(1)報告書所収の考察(南「難波宮下層遺跡の土器と集落」)で構成を分析している。
(15)旧大阪府青少年会館の谷に捨てられていた大量の焼壁の分析により、難波宮跡の壁の研究は飛躍的に進んだ(大庭重信他

『難波宮址の研究』一八、大阪市博物館協会大阪文化財研究所、二〇一二年）。

(16) 難波宮址顕彰会『昭和四三年度（第三〇次）難波宮跡調査報告書』（一九六九年）、大阪市文化財協会『難波宮址の研究』一二（二〇〇四年）。

(17) 大阪市文化財協会『難波宮址の研究』一六（二〇一〇年）、『同』一八（二〇一二年）等に詳しい。

(18) 最近、難波宮西方の国立病院機構大阪医療センター敷地の龍造寺谷支谷の谷頭で一点が出土した。同地点では釘隠し・鏃の「様《ためし》」などが出土し、難波宮建設との関連が推定されている（大阪市博物館協会大阪文化財研究所『難波宮址の研究』一九、二〇一三年）。

(19) 丸山真史氏の分析・研究による（前掲註(17)『難波宮址の研究』一六）。

(20) 大阪市文化財協会『大坂城址の研究』五（二〇〇二年）。

(21) 大阪府文化財センター『大坂城跡発掘調査報告書』Ⅰ（二〇〇二年）。

(22) 辻美紀「ＮＷ九九―一五次調査」（大阪市文化財協会『大阪市埋蔵文化財発掘調査報告　一九九九・二〇〇〇年度』二〇〇二年）。

(23) 前掲註(17)『難波宮址の研究』一六で認識され、土師器第三群と呼んだ。

(24) 佐々木憲一「国家形成と都市」（吉村武彦・山路直充編『都城　古代日本のシンボリズム』青木書店、二〇〇七年）。

前期・後期難波宮跡の発掘成果

高橋　工

この六〇年間に行われた難波宮に関する調査は約五〇〇件にのぼる。二〇〇四年度までの五〇年間の発掘調査においては、開発に伴う発掘で宮殿の周辺部を調査対象とすることもあったが、保存整備に伴う学術的な発掘調査の対象は一貫して宮殿中枢部にあった。つまり、宮の中軸線上に展開する前・後期の内裏と朝堂院の構造把握に向けられてきており、前・後期宮殿中枢部建物の配置・規模を明らかにしてきた。そして、この作業は前期の朝堂数の一点を除けば、二〇〇四年度調査で後期朝堂院東・西第四堂の配置を把握したことによって、基本的には完成をみたといってよいだろう。この間の成果は、中尾芳治氏『難波宮の研究』（一九九五年）、植木久氏『難波宮跡』（二〇〇九年）にまとめられており、調査報告書『難波宮址の研究』一二・『同』一三にも詳しい。一方、最近の一〇年間では、周辺部で建替えなどの開発が多く、東方の法円坂住宅敷地などが史跡指定地に追加されたことから、宮殿周辺部に関するまとまった成果が上がっている。このような事情から、本稿では一・三節で先行研究をもとに前・後期の中枢部（内裏・朝堂院・朝集殿院）の構造を簡単にまとめ、二・四節で最近一〇年間の成果をもとに周辺部の構造からみた新たな問題提起を行いたい。

一　前期難波宮中枢部の構造

前期難波宮の建物は、遺構の相対的な重複関係からは難波宮下層遺構より上位、後期難波宮の遺構よりは下位のもので、掘立柱建物からなり、瓦葺のものはなかったと考えられている。造営尺は〇・二九二㍍で、中軸線は内裏前殿〜宮城南門の中心で座標北より零度三九分五六秒東偏するとされている（『研究一三』）。この線上に外郭施設を伴って配された区画を他の宮殿にならって、北から内裏（南部は内裏前殿区画）、朝堂院、朝集殿院としている（図1・2）。内裏の平面形が甲字形を呈し、南辺が朝堂院に接続する点、接続部の東西に平面八角形の建物を配する（東・西八角殿）など、他の宮殿にはない構造も目立つ。以下、各区画の概要を記す。

〔**内裏**〕　内裏前殿区画より北側の構造はわかっていないが、全体として甲字形の平面形を呈し、外郭を複廊で画するものとみられる。東西複廊の間は一八四・九㍍である。複廊は梁行二間（一間七尺）で、桁行は基本的に一〇尺である。

複廊が前殿区画の後方三分の一から東西へ張り出した部分の中央には、東にSB二〇〇一、西にSB九〇一の五間門がある。内裏前殿区画はSB二〇〇一・九〇一棟通りの延長で一本柱塀（東SA一六〇二、西SA一六〇四）によって南北に分割される。東側の塀では、東に偏って桁行推定七間（二〇・四㍍）、梁行二間（七・一㍍）のSB二一〇一がある。西側にも同様な建物があるのであろう。区画の南面は桁行一〇尺、梁間八尺の複廊で朝堂院と画されており、その中央に内裏南門（SB三三〇一）がある（『研究一〇』）。SB三三〇一は桁行七間（三二・七㍍）、梁行二間（一二・三㍍）の総柱建物で、柱間寸法は桁行が一六尺（四・六七㍍）等間、梁行は二一尺（六・一㍍）等間、柱直径は七〇㌢前後である。宮殿の内裏正門としては藤原宮とならんで最大規模を測る門である。内裏南門の北には内裏前殿（SB一八〇一）がある（『研究六』）。全体が発掘されたわけではないが、桁行九間（三六・四㍍）、梁行五間（一九・〇㍍）と復元される前期難波宮最大の建物である。柱間は桁行の中央三間が一五尺、その左右が一四尺、端二間が一三尺、梁行は一三尺等間とされる。身舎の柱掘形は二・〇×二・五㍍、柱直径は七〇～七五㌢、側柱は掘形一・六～二・〇㍍、柱径は六〇～六五㌢である。各側柱外方には小柱穴がある。この建物の中心は内裏前殿区画対角線の交点に一致するとされる。内裏前殿の前面東西には南北棟の長殿SB一〇〇一（東側）、SB一一〇一（西側）がある（『研究四』）。桁行一六間（四六・八㍍）、梁行二間（五・九㍍）と細長い。北端から五間目に間仕切りがあり、これより南側には建替えの痕跡があって、最初の位置より一・二㍍南にずらした位置に建替えられている。これは当初桁行一六間で設計したものを、外側の複廊に門を設けたため、その位置に当る北側五間分を撤去し、残りの部分を南にずらした設計変更によるものとされている。外側の門は南北棟の五間門で、東側はSB七五〇一、西側はSB八〇一である。内裏前殿と後殿を連結するのは軒廊（SC一七〇一）で、桁行九間、梁行一間の建物である（『研究六』）。内裏前殿区画の後方を区画する先述の東西塀の北側は一一尺等間で内裏後殿との取り付き部を一二尺、南側は一〇尺等間で内裏前殿との取り付き部を七・五尺としている。ここでも施工時の設計変更があったとみられ、北側の一度立てた柱間の寸法を変更して立て直した形跡があるとされる。東西塀で画された内裏前殿院の奥寄りは内裏内部に食い込むかたちとなる。ここでは東西の区画施設は複廊の棟通りを延長した一本柱塀となり、北面はごく一部のみの検出であるが、複廊を採用しているようである。中央には内裏後殿（SB一六〇三）があり、東部のごく一部を検出したのみであるが（『研究六』）、内裏前殿を若干スケールダウンしたかたちで復元が行われている。SB二一〇二は内裏後殿の東にある南北棟の建物で、桁行八間（二一・〇㍍）、梁行四間（九・三㍍）で、柱間寸法は身舎部分が桁行・梁行ともに一〇尺、軒の出が六尺である。

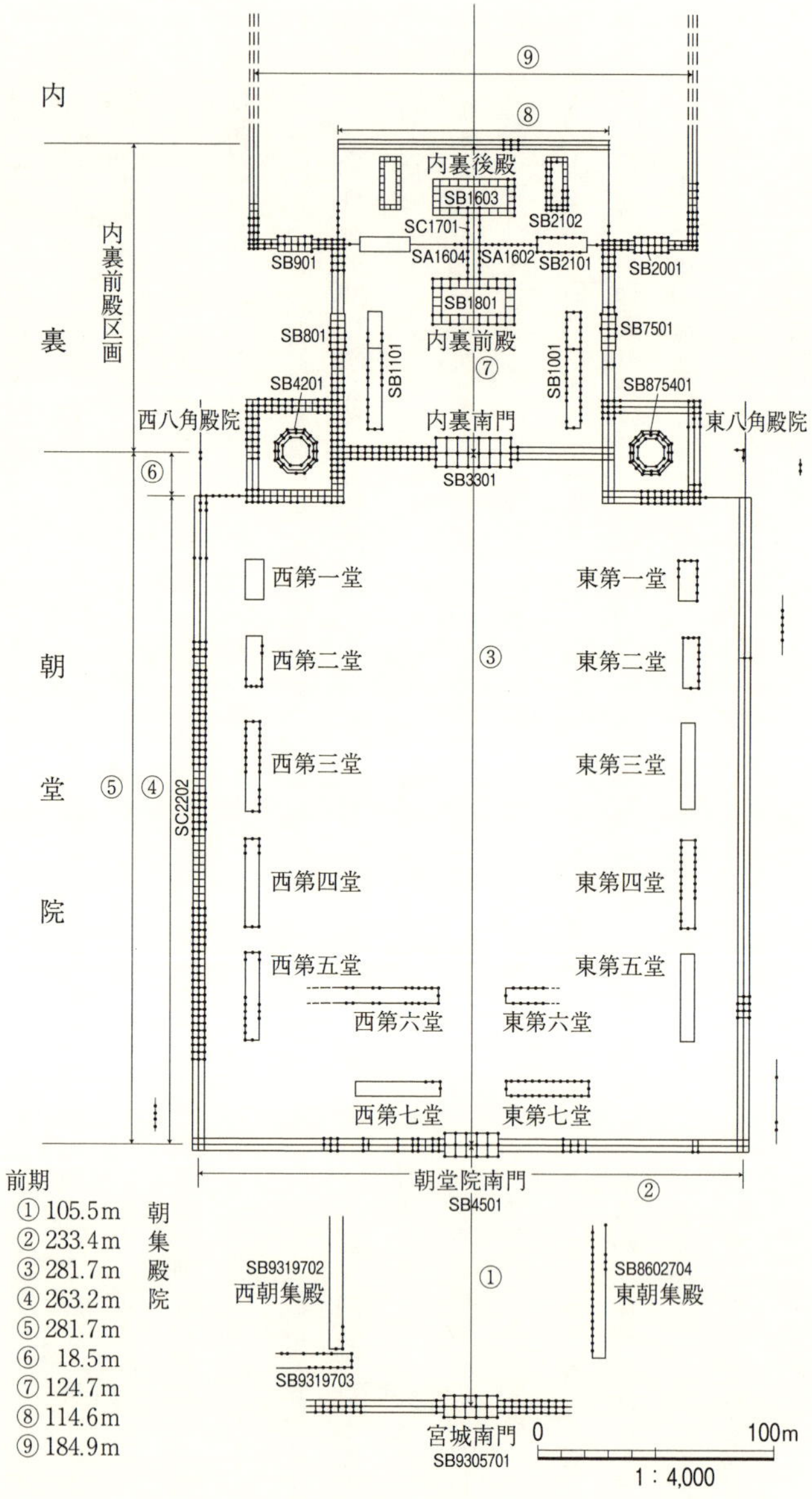

図1　前期難波宮の中枢部

西側にも同様な建物があることを想定できる。

内裏前殿区画の東西には二つの八角殿（東SB四二〇一、西SB八七五四〇一）がある（『年報七二』・『研究一三』）。区画施設は複廊で、東八角殿院では東西三六・八㍍、南北三六・七㍍のほぼ正方形を呈し、西八角殿院も等しい規模をもつ。

八角殿は三重の柱列を平面八角形に配置し、内周に八本、外周・最外周に一六本の柱を配する。最外周の対辺間は一七・四㍍、一辺は七・一㍍を測る。内周の柱掘形は長辺が三㍍にも及ぶものがあり、中心に向って細長く掘り拡げられているものがある。この部分の掘形内部は斜面となっており、長大な柱の基底をここに滑り込ませて立てるための斜路とされている。また、西八角殿では最外周の柱に角材（小平材）が使われていた。八角形建物は宮殿建築としては極めてまれなもので、機能としては、仏殿、鐘台、楼閣的な建物、鼓楼・鐘楼的な建物などがあげられているが、いまだ定説をみない。

〈**朝堂院**〉　朝堂院は南・東・西面を複廊、北面を一本柱塀で画し、東西の八角殿院南面回廊の棟に接続する。東西二三三・四㍍、南北二六三・二㍍を測る。複廊は西面のもの（SC二二〇二）が約二三〇㍍にわたって検出されており（『中間報告三』）、桁行の柱間寸法は一〇尺、梁行は九尺である。南面回廊の中央には朝堂院南門（SB四五〇一）が開く（『年報七二』）。南門は桁行五間（二三・四㍍）、梁行二間（八・八㍍）の五間門で、柱間寸法は桁行が一六尺等間、梁行が一五尺等間である。

朝堂は未発見のものを中軸線で反転して補完するかたちで、現在、一四堂があったと考えられている（『研究一三』）。朝庭の東西に南北棟が五棟ずつ並び、南側に東西棟が二棟ずつ並ぶ。東第一堂は桁行五間（二六・一㍍）、梁行三間（七・九㍍）である。柱間寸法は桁行が一一尺、梁行が九尺で、他の朝堂より一尺ずつ長くなっている。柱径は四〇〜四五㌢、柱掘形は二㍍四方あり、これも他の朝堂より少し大きめで、第一堂は他に比べて格上に造られているようである。第二堂は桁行七間（二〇・六㍍）、梁行三間（七・〇㍍）である。柱間寸法は桁行が一〇尺、梁行が八尺である。床束の可能性がある小型の柱穴が発見されており、床張りであった可能性がある。第三・四・五堂は同じ構造とみられ、桁行一二間（三五・四㍍）、梁行二間（五・九㍍）で、柱間寸法は桁行・梁行ともに一〇尺等間である。第六堂は第五堂の桁行中央に棟をそろえて建てられている。桁行一四間以上、梁行二間で、柱間寸法は桁行・梁行ともに一〇尺等間とみられる。第七堂は第六堂の南にあって、桁行一二間（三五・一㍍）、梁行二間（五・九㍍）で、柱間寸法は桁行・梁行ともに一〇尺等間である。妻は中軸線から五〇尺に位置し、第六堂の妻ともそろうので、東・西第六・七堂の間隔は一〇〇尺だったことになる。また、第七堂の外側には、第三・四堂間、第四・五堂間と同じ四〇尺離して第七堂と同規模の建物を想定した場合、ちょうど収まる空間がある。ここに第八堂があるかないかは未確認であり、これが存在したのであれば朝堂は一六堂になる。

〔**朝集殿院**〕　朝集殿院は南を複廊（外側では一本柱塀）によって画される区画で、南北幅は一〇五・五㍍（三六〇尺）である。

東朝集殿（SB八六〇二七〇四）は南北棟で、桁行一七間（四八・五㍍）以上、梁行二間（五・八㍍）と推定される長大な建物である（『研究一二』）。柱間寸法は桁行・梁行ともに一〇尺等間である。宮中軸線と朝堂院東面回廊棟通り線の中間に位置する。西朝集殿（SB九三一九七〇二）は南の妻部と東柱筋南部のごく一部が検出されただけであるが（『研究一二』）、位置が東朝集殿と対称の位置にあるため、同様な建物であったと考えられる。この建物の南には東西棟のSB九三一九七〇三がある。この建物は桁行七間以上、梁行二間で柱間寸法は桁行・梁行ともに一〇尺等間とみられる。この建物は西朝集殿に近接していることから同時には存在せず、西朝集殿が東西棟に建替えられたとする意見と、後期難波宮に属する仮設的建物とする意見がある。

宮城南門（SB九三〇五七〇一）は宮中軸線上に位置する所謂朱雀門である（『研究一二』）。その規模や門外が斜面となって下る地形からみて朝集殿院の門というよりはやはり宮城正門とする方が適当であろう。桁行五間（二三・五㍍）、梁行二間（八・八㍍）で、柱間寸法は桁行が一六尺等間、梁行が一五尺等間である。柱掘形は約一・八㍍、柱径は八〇

㌢ほどである。門の東西には複廊が取りつく「翼廊」形式で、複廊は桁行柱間寸法が一〇尺、梁行は九尺四分の一ないし九尺とされる。複廊は五〇㍍以上続くことがわかっているが、南門棟通りの東方延長上一三七・一㍍（約四七〇尺）では柱穴（SP〇四〇二〇一）が単独で見つかり、西方延長上約三〇〇㍍の地点では四基の柱穴が発見されている（SA九七〇二五〇一）ことから、外方は一本柱塀になっている可能性が高い。

これら一連の遺構の年代・宮号に関しては、多くの遺構で柱抜取穴に焼土を含むなど火災を受けた痕跡があり、『日本書紀』六八六年（朱鳥元）「難波大蔵失火、宮室悉焚」にみえるように天武朝に焼亡した宮殿であることは間違いないが、これが孝徳朝の難波長柄豊碕宮にまで遡るかについては疑問を呈する向きもあった。しかし、一九九九年（平成十一）に内裏西方官衙北方での「戊申年（西暦六四八年）」木簡の発見によって、遺構としての前期難波宮がすなわち孝徳朝の難波長柄豊碕宮であることが証明されたとみてよい。

二　前期難波宮周辺部の構造

宮殿中枢部分の周囲に展開する施設については、東方官衙、内裏西方官衙が知られてきた。東方官衙は東八角殿院の東で発見された遺構群で、一九六八年（昭和四十三）～一九八二年（同五十七）にかけて調査されていた（『研究一二』）。西方官衙は内裏西方に展開し、一九八七年（同六十二）～一九九〇年（平成二）と一九九一・一九九六・一九九七年（同三・八・九）に調査された（『研究九・一一』）。ここでは、その後の二〇〇五・二〇〇六年（同十七・十八）の調査でほぼ全貌が明らかになった東方官衙、二〇一二年（同二十四）の調査で朝堂院の西で新しく発見された一画、「朱雀

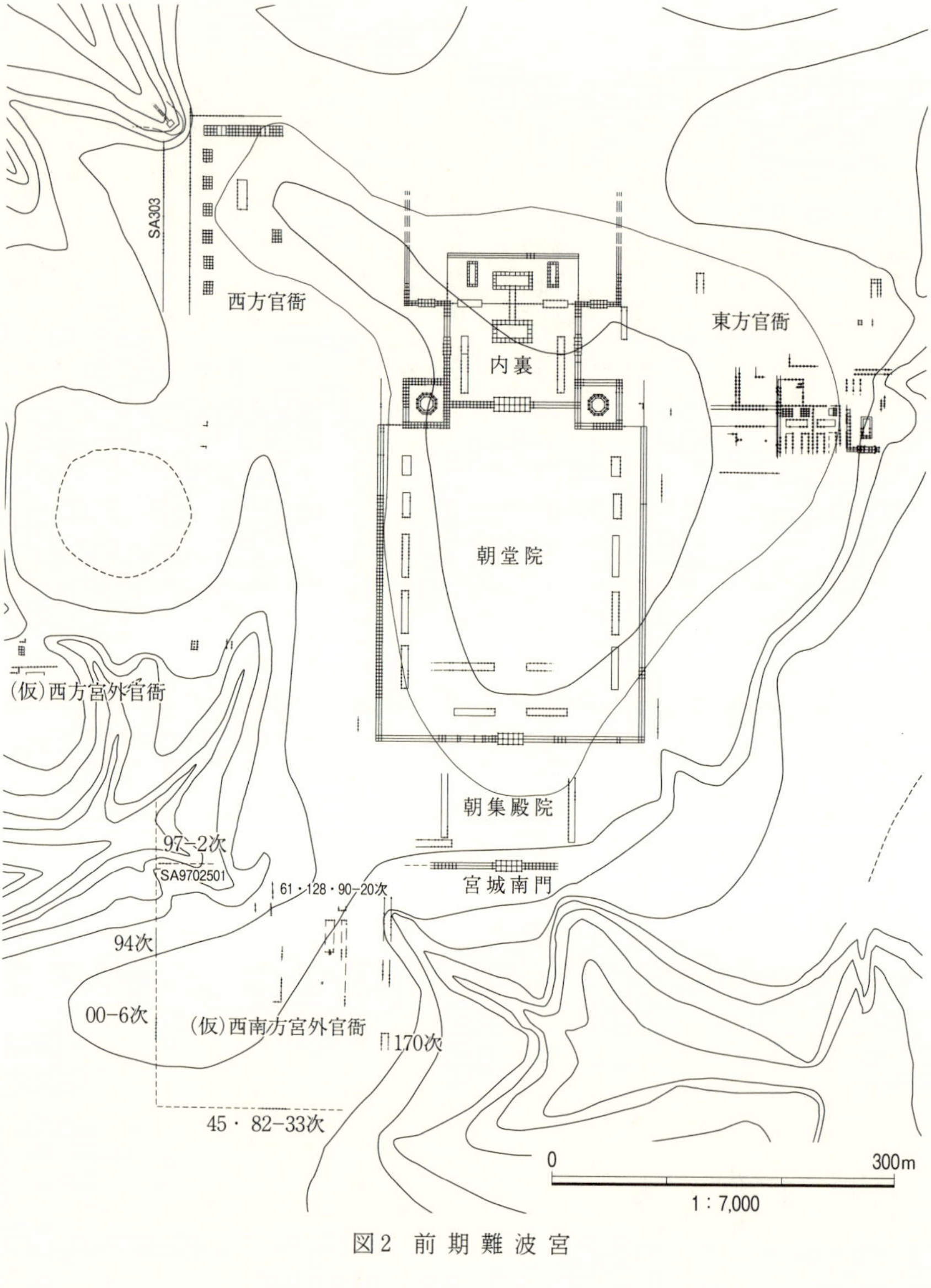
SA303
西方官衙
内裏
東方官衙
朝堂院
(仮)西方宮外官衙
朝集殿院
97-2次
SA9702501
61・128・90-20次
宮城南門
94次
00-6次
(仮)西南方宮外官衙
170次
45・82-33次
0
300m
1：7,000

図2　前期難波宮

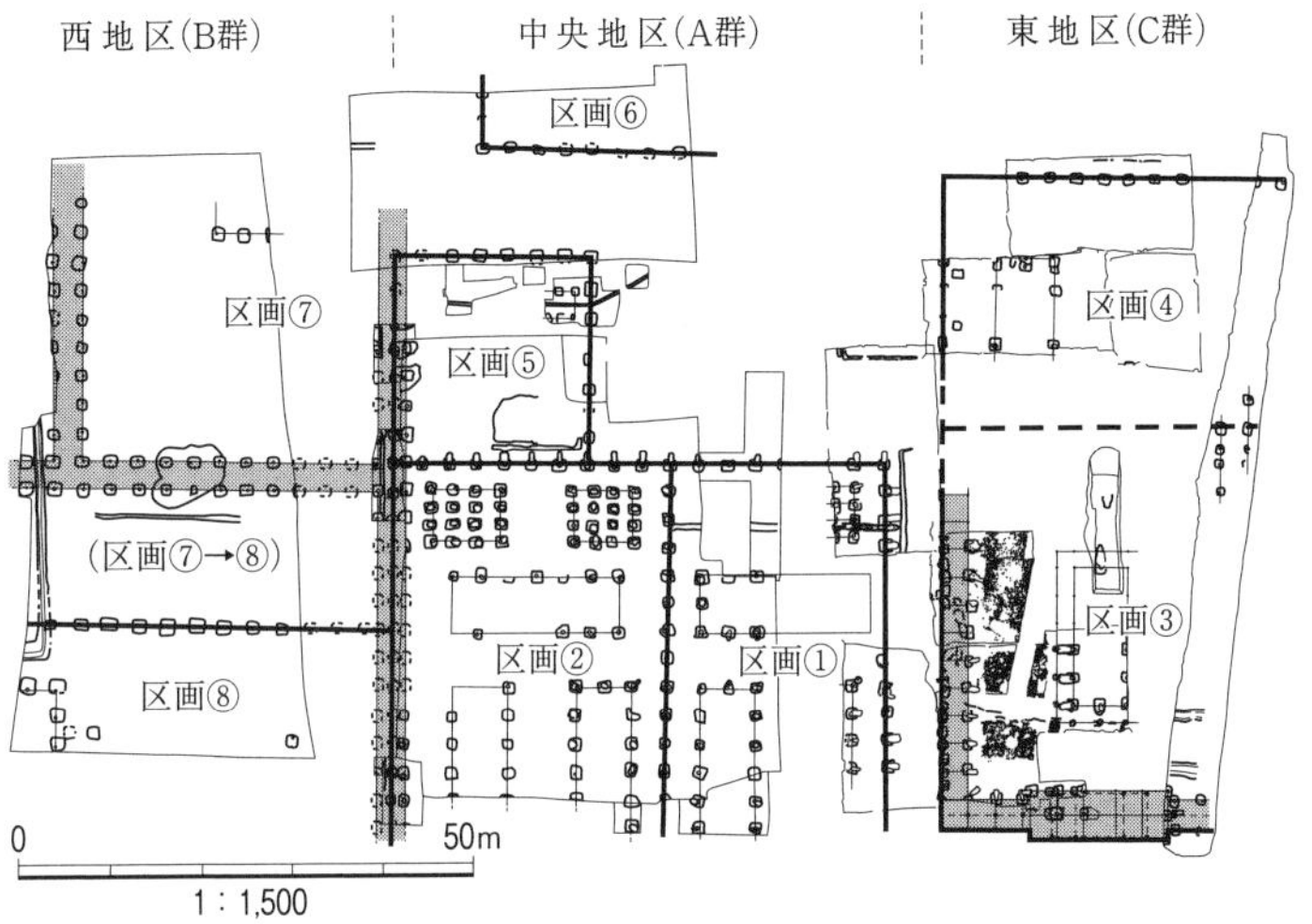

図3　東方官衙内の区画

門」南西に展開する官衙の可能性のある遺構群について紹介する（図2）。

東方官衙は次の三地区に大別が可能である。第三〇次調査が行われた西地区（一九六八年調査）、一九八〇年（昭和五十五）〜一九八二年に調査された中央地区、二〇〇四年（平成十六）と二〇〇五年に調査が行われた東地区である（『研究一五』）。西地区はT字に交わる単廊と東西方向の一本柱塀、調査区の南北に掘立柱建物が発見されている。中央地区では一本柱塀による区画が顕著で、北から、塀で囲まれた区画の西南隅部、その南に正方形区画と内部の小掘立柱建物、その南には東西に並列して南北に長い長方形の区画があり、それぞれの内部には、北から倉とみられる総柱の掘立柱建物、東西方向の側柱建物、南北方向の側柱建物が同じパターンで配されている。東地区は、一本柱塀の区画の南に、一本柱塀と八脚門、単廊と五間門の組み合わせの区画施設が重複し、内部に二間×五間（推定）で、小柱穴を巡らせた側柱建物が配されている。区画内部には石敷が施されていた。これらを全体としてみると、一本柱塀、ないし単廊で囲まれた区画（図3①〜⑧）が目立つ。区画の規模は全体がわかるものは少ないものの、一辺が約二〇〜四〇㍍ほどとみられ、概して小規模である。これらは主に一本柱塀で区画されるA群（①・②・⑤・⑥、中央地区）、単廊で区画されるB群（⑦・⑧、西地区）、格式の高い門をもつ③とその北方のC群（④、東地区）にわけることができる。A群は小区画内にコンパクトかつ規則的に建物が配され（①・②）、いかにも曹司に相応しい。B群もおそらく同様な性格の区画であろう。C群（特に南部）は八脚門・五間門、石敷からみて他とは破格の格式をもち、これらの造作が内裏や宮殿中軸線上の施設にしかみられないことから考えて、天皇が用いるような施設であったとみられる。つまり、曹司に隣接してこのような高い格式の区画が存在したということになるのである。しかも、③・④の東方は急激に地形が下がり、同時期の遺構は発見されていないことから、宮の東端に③が立地していることになる。

A・B群は区画施設が重複しており、かつてはA群がB群に建替えられたと考えられた。しかし、A・B群区画施設の重複部分で、両区画施設の柱穴が全く重複しないこと、①・②の区画施設や内部の建物には、柱抜取穴が二重に観察されるものがあり、先行する柱を引きぬいた穴に、再度柱を立てたと考えられることから、A群→B群へ建替えられたのではなく、やはり同じ建物が同じ位置で建替えられたものとみられた。全く同じ場所での建替えはC群の③では顕著で、中心建物のSB一四で検出された全ての柱穴で抜取穴が二重に観察された。区画施設は一本柱塀のラインと西面単廊外側の柱筋は一致しており、同じ位置を保ちながら建替えられていた。門は八脚門から五間門への建替えが明白であった。また、単廊との位置関係から石敷は建替えられた段階に付加されたものとみられた。つまり、A〜C群は全体がほぼ同じ位置で建替えられ、一本柱塀→単廊、八脚門→五間門、石敷の付加からみて格式を上げる意図が読み取れるのである。B群の単廊は内裏から③の門前へ向う動線上にあり、この経路を荘厳することが目的であった可能性がある。C群の③は正殿SB一四が南北棟で、東方に地形が急激に下がる位置にあることから、高床の建物を想定して、東方の眺望を楽しむ饗宴用の施設かとも考えられる。大津宮では天智とごく近しいものが琵琶湖を眺めながら宴席をもった「濱臺」があり、同様な施設だったのではないだろうか。

Ａ・Ｂ群は曹司とみてよく、藤原・平城宮の曹司と比べた場合、区画の大きさや建物自体も小規模であることが特徴的である。区画の配置も、藤原・平城の場合、条坊路とつながる宮内道路を中心に整然と配置されているが、東方官衙の場合、①・③の間、⑤・⑥の間などの空閑地が通路とみられ、L字形に曲がるなどして整然とはしていない。このような点に官衙施設としても古相が表出しているのではなかろうか。また、①・②については、東西棟の建物を正殿とみれば、その南に並列する南北棟の建物は脇殿となり、非常にコンパクトにまとめたコ字形配置をとっているように見える。同種の建物配置の初期の様相を示しているのではないか。

東方官衙の柱穴からは焼土が発見されておらず、六八六年（朱鳥元）の火災に被災していないとみられる。一方、宮殿中枢部は建替えられておらずに火災痕跡があり、東方官衙では火災痕跡がなくて建替えが行われている。このことを解釈すると、火災で焼亡した前期難波宮は建替えを行う寸前まで老朽化していたとも考えられ、その創建が天武朝ではなく、孝徳朝である蓋然性が高まるのである。

このほかに官衙と考えられる建物群を二箇所紹介する。一つは「朱雀門」南西に展開する遺構群である（図2左下）。この地域では南北方向に続く柱列が複数検出されており、それらの中には南北棟の掘立柱建物に復元可能なものがある（『研究一二』）。第九〇—二〇次・六一次調査では、梁行三間（約八㍍）×桁行推定一一〜一二間（約二七㍍）の建物が復元できそうである。その東にも約七㍍離れて平行する二条の柱列があり、第九〇—二〇次・一二八次調査などでその連続が追跡でき、延長は七〇㍍以上に達する。妻柱が発見されているのでこれらは側柱建物であることは間違いなく、一つの建物ではないにしても長舎建物が南北に配されているものと考えられよう。西側の建物とは北妻柱筋が揃い、同時に存在したものであろう。その東約三〇㍍でも約六㍍の間隔で南北に延びる二条の柱列があり、その連続は一二〇㍍以上にわたって追跡できる。第一七〇次調査では北妻柱が発見されているので、これも長舎建物が南北に配されているとみられる。これら長舎風建物群の西には一本柱塀（第九二次・第一三一―一次調査）が、その西側にも別の一本柱塀とみられる柱列が見つかっている（第八五―三二次調査）。当該地域は「朱雀門」の南ということで京域として捉える考え方もあるが、このように長舎建築を多用し、一本柱塀によって区画するという特徴は京内の邸宅というよりは官衙とした方が適当であろう。これらを囲む外郭区画施設と思われるものも見つかっていて、西は第〇〇―六次で見つかった一本柱塀が第九四次・第九七―二次のそれぞれ西端の柱を経由して北へ延びる。このラインは宮域の西を画するとされる西方官衙のＳＡ三〇三に一致し、さきの長舎建物群の西をも限るとみることができる。この塀はさらに南で屈曲して東へ向かい、第八二―三三・四五次調査地の一本柱列がその連続とみられ、南はこれによって画されるのであろう。最も東側の長舎列の外側では区画施設は未発見である。第九七―二次調査で見つかった東西方向の柱列は、「朱雀門」西回廊の棟通りの延長に一致し、北はこのラインで限られることになる。これらで限られる東西・南北約二一〇㍍四方が主に長舎で構成される官衙群とみられるのである。「朱雀門」の回廊が宮を画するラインとすれば、宮外南西に隣接する官衙ということになろうか。この一画を西南方宮外官衙と仮に呼ぶことにする。この区画は平坦地に立つが、その東側は上町谷が深く入り込み、所によっては二㍍を超える盛土を行って谷を埋めて造成している。「朱雀門」南面以東も埋立てでなだらかな起伏になってはいるが南と東に下がる斜面地になっていてこの部分では遺構は見つかっていない。つまり、宮の軸線の反対側に同様な施設はないのである。

もう一箇所の官衙とみられる地域は朝堂院の西、西方官衙の南西で、ＳＡ三〇三の西側約一〇〇㍍の地点に当る。二〇一二年の調査で東西に延びる一本柱塀とその南に二棟の掘立柱建物、北に二棟の総柱掘立柱建物が発見された（『研究一九』）。地形との関係からみれば、塀は龍造寺谷に東・南・西を画されて南に瘤状に突出する地形の付け根部分を東西に閉塞する位置にあり、この突出部に立地する施設を囲繞する北面塀とみられる。とすると、塀の南の建物は区画内のものということになる。塀で区画した中にコンパクトに建物を納めた様子は東方官衙に共通するものがあり、官衙と考えられている。これを仮に西方宮外官衙と呼ぶ。塀の北の二棟はやや軸線が異なり、時期が異なる可能性が指摘されている。

このようにしてみると、難波宮の縁辺部には、谷が深く入り込んだ地形に規制されながらも、限られた平坦地を最大限利用して周辺施設が設けられていることがわかる。その多くは官衙とみられるが、天皇が出御するような饗宴用と考えられる施設も含まれ、前期難波宮の段階からかなり充実していた状況がうかがえる。特に、官衙遺構については、後代のものに比べて配置が不規則であったり、区画や建物が小規模であったりと様相を異にする部分が多い。こうした面に、当時の官僚機構の未成熟が表出したとすれば、孝徳朝で完成された朝堂院が存在することに疑問を呈し、天武朝にまで年代を下げようとする立場は成り立たなくなるのではないだろうか。

三　後期難波宮中枢部の構造

後期難波宮の建物は前期難波宮の遺構より上位のもので、内裏は掘立柱建物であるが、大極殿院・朝堂院の建物は瓦葺・礎石立ちとなる。区画施設には築地塀も採用されるようになる。造営尺は〇・二九八㍍で、中軸線は大極殿〜朝堂院南門の中心で座標北より零度三二分三一秒東偏するとされている（『研究一三』）。この線上に外郭施設を伴って、北から内裏、大極殿院、朝堂院が並ぶ。朝堂院の南には朝集殿院があった可能性がある。内裏は大極殿院からは分離されている。これらの遺構は聖武天皇が『続日本紀』七二六年（神亀三）「以式部卿三位藤原宇合、為知造難波宮事」

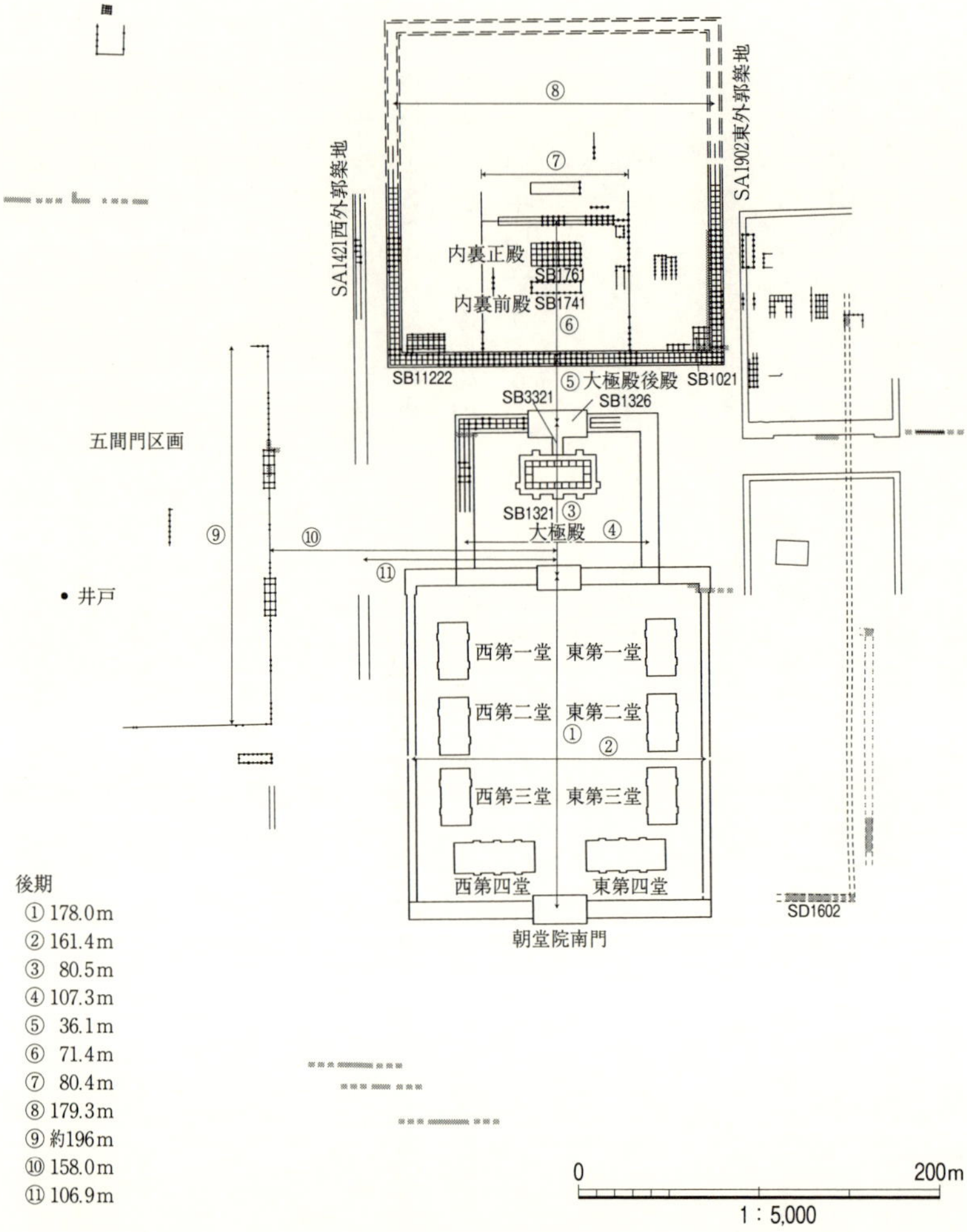

後期
① 178.0m
② 161.4m
③ 80.5m
④ 107.3m
⑤ 36.1m
⑥ 71.4m
⑦ 80.4m
⑧ 179.3m
⑨ 約196m
⑩ 158.0m
⑪ 106.9m

図4　後期難波宮

として再建を始め、七三二年（天平四）頃にはほぼ造営が一段落していたとされる難波宮であることに間違いはなかろう。以下、各区画の概要を記す。

〈内裏〉　外郭は掘立柱の複廊で取り囲まれており、その東西幅は一七九・三㍍（約六〇〇尺）で、南北の長さはまだわかっていない。複廊の柱間寸法は桁行が一〇尺、梁行が八尺である。従来、後期難波宮中枢部の外郭施設は東西の築地塀（西外郭築地SA一四二一『研究五』、東外郭築地SA一九〇二『中間報告二』）と考えられてきたが、後に述べるとおりこれらは別施設の外郭施設と考えられる。内裏区画内には中央の南に偏り、南面回廊に接して東西を一本柱塀、北を複廊で区画した一画がある。この区画は内裏正殿区画と呼ばれており、東西八〇・四㍍、南北七一・四㍍を測る。東・南面回廊内側には雨落ち溝があって、南面のものは内裏外へ排水される。

内裏正殿（大安殿SB一六四一）は区画の中央奥の建物で、桁行九間（二六・八㍍）、梁行四間（一一・九㍍）、四面に庇を巡らせる（『研究六』）。内部に束柱が見つかり、床張りであったとみられる。内裏前殿（SB一七四一）は正殿の妻と柱筋をそろえ、三〇尺の間隔をおいて前面に建つ（『研究六』）。桁行九間（二六・八㍍）、梁行二間（五・九六㍍）の建物である。正殿と前殿はともに柱穴掘形が二重に掘られるなどしており、同じ位置で建替えが行われていた。また、正殿・前殿周辺では小石敷が認められている。内裏内部の東・西の隅角部には、複廊に重複してそれぞれ建物が建つ。東がSB一〇二一、西がSB一一二二である。SB一〇二一は南北五間、東西四間の総柱建物に復元され、SB一一二二は桁行五間、梁行二間の身舎の東西に庇、北に庇・孫庇がつくものと復元されている。柱穴の重複から回廊より新しく、回廊の隅角部が建物に改造されたものとする説、回廊撤去後に築地が設けられてその内側に設けられた楼閣状の建物とする説、宮廃絶後の建物とする説などがあるが、評価は定まっていない。

〈大極殿院〉　大極殿院は内裏回廊から三六・一㍍（心々間約一二〇尺）離れて北面回廊となる。回廊の規模は心々で東西一〇七・三㍍（三六〇尺）、南北八〇・五㍍（二七〇尺）である。北面回廊は中央で大極殿後殿（SB一三二六）に接続する。後殿の南、三四・三㍍（心々間一一五尺）には大極殿（SB一三三一）が建ち、両者を軒廊（SC三三三一）が結ぶ。各建物は地覆石の抜取り穴、雨落ち溝によってその位置が知られる。南面回廊中央には閤門があったはずだが、後世の破壊によって遺存していなかった。回廊内部には広く小石敷が施されていた。

回廊は基壇幅八・九㍍で北面西・西面回廊上で発見された礎石抜取穴から、桁行一二・五尺、梁行八・五尺の複廊とみられる。北面西回廊内側の雨落ち溝は西面回廊を暗渠で横断し、西外方へ延びる。北面東回廊内側の溝はその延長上の院外で連続するとみられる溝が見つかっており、宮内道路の側溝となっている。大極殿後殿は壇正積基壇上に建ち、基壇は東西約三二・五㍍、南北一三・七㍍で桁行七ないし九間、梁行二間の建物の復元案が示されている。軒廊は基壇の東西幅約六㍍（二〇尺）、南北長九・五㍍（三二尺）で、柱位置は特定できなかったが、桁行三間、梁行一間に復元されている。大極殿は壇正積基壇をもち、東西四一・七㍍（一四一尺）、南北二一・二㍍（七一・五尺）である（『研究一〇』）。南面に三箇所、北面に二箇所、側面に各一箇所の階段が取りつく。基壇内部の盛土は最大八〇㌢が残っていたが、階段の出幅から、本来の高さは二・一㍍と推定されている。基壇上の礎石等は遺存していなかったが、壇正積基壇では階段の耳石が柱筋と一致することを手掛かりに、桁行九間、梁行四間の建物に復元されている。柱間寸法は中央間は一五尺、両脇間が一四尺、次の二間が一三・五尺、隅間は一一尺とされている。

〈**朝堂院**〉朝堂院は北・南面を回廊、東・西面を築地塀で画されると考えられており、東西一六一・四㍍（約五四〇尺）、南北一七八・〇㍍（約六〇〇尺）を測る。朝堂は八堂であることが確定しており、東・西第一〜三堂は南北棟、同第四堂は東西棟で、こうした配置は長岡宮に共通する（『研究一三』）。南面中央には朝堂院南門が開く。

北面回廊は大極殿院南面回廊がそのまま東西外方へ延長される。北面回廊から東・西築地塀への取り付き部分は両方とも発掘されており、東側を参考にすると、北面回廊から南へ折れた部分の基壇幅は約六㍍で、その幅で七〜八㍍続いた後、幅を四㍍に減じて続くとみられる。この部分は築地塀であろうが、幅広の部分の構造は具体的にはわからない。また、東面北側では、このやや幅広の部分を暗渠で横断して院内から外部への排水溝が設けられていた。南面東回廊では基壇の幅が七・九㍍と判明しており、その幅は北面に近いことから回廊を想定することができる。また、ほぼこの延長上の院外で検出されたSD一六〇二は東面北側の暗渠排水個所と同じように外部への排水溝であろう。このように区画の隅角部から東西の外方へ排水する方法は内裏・大極殿院とも共通している。朝堂の位置は地覆石の抜取溝・瓦堆積などから知られ、基壇をもつ礎石立ち瓦葺建物と考えられるが、その規模を確定できたものはない。唯一、東第四堂（SB八六二八〇三）は仮設足場柱穴や階段痕跡を援用して基壇東西幅三五㍍以上、南北幅一六㍍の推定値を得ている（『研究一三』）。その他は、西第一堂（SB二二四一）基壇の西側と北西部の階段が検出された。東第二堂では基壇の痕跡とみられる地山の高まりを検出し、東西推定幅一四・八㍍を得ている。東第三堂（SB九六一九〇二）は地覆石抜取溝から基壇の幅一六・〇㍍を得、東西の階段の位置を確認した。西第三堂（SB九四一五〇一）は基壇西側の地覆石抜取溝と階段の一部を確認した。西第四堂（SB〇三〇八〇一）では基壇南東隅部の地覆石抜取溝を確認した。朝堂院南門（SB〇〇一一二）は北側の地覆石抜取溝を検出し、基壇の東西幅約二七・〇㍍を把握することができた。中央には幅約一三・五㍍の階段に相当する突出があり、その出幅は〇・九㍍であった。基壇上にはかろうじて礎石の抜取穴とみられる窪みが残っており、長岡宮の同門を参考に桁行五間（約二二㍍）、梁行二間（約八・八㍍）で、柱間寸法は桁行・梁行ともに一五尺等間の五間門を復元している（『研究一三』）。

朝堂院の南には、朝集殿院の存在を示す遺構は見つかっていない。しかし、『続日本紀』七四四年（天平十六）に「中外門」がみえ、これを外門（＝朱雀門）の中にある門として、朝集殿院南門を指すとする考え方がある。その場合、朝堂院南門から南に八九㍍（約三〇〇尺）のラインを挟んで東西方向の石組溝と溝が見つかっており、両溝は一一・四㍍の間隔で平行するので、これを回廊などの区画施設の雨落ち溝とみればこのラインが朝集殿院の南限と捉えることも可能である。その場合、さらに南に宮城門があったことになるが、その存在を具合的に示す発見はまだない。

四　後期難波宮周辺部の構造

二〇〇五年（平成十七）に第七次指定として、所謂難波宮公園の東側の約二三五〇〇平方㍍が史跡地に追加され、この範囲の市営住宅は順次、解体・撤去された。この地域こそは、六〇年前に難波宮の発掘調査が開始された地域に当る。直接に発掘の契機となった鴟尾は法円坂住宅一三号棟の建設中に発見され、第一～四・七次調査はその周辺で行われた（『研究一・二』）。これら最初期の調査では長大な瓦堆積や石敷を発見し、大いに耳目を集めた。しかし、これらの遺構の性格については評価が定まらないまま、調査の主眼は前・後期の宮殿中枢部の追求へと移っていくことになったのである。こうした経緯を踏まえ、二〇〇九年度以降の史跡整備に伴う発掘調査は、最初期の発掘で見つかっていた瓦堆積・石敷や土壇などの性格を把握し、難波宮の変遷の中に位置付けることを目的に行ってきている。以下、最近の成果と最初期の成果を相互に補完させながらわかってきたことを記す（図5）。

まず、最初期の成果に特徴的な遺構として瓦堆積がある。第二次調査D・E地点ではそれぞれ一条ずつ、帯状の稠密な瓦堆積が検出されている。いずれも東西四〇㍍以上にわたって延び、限界は確認されていない。両地点とも瓦堆積の南に、地山土を用いた高さ三〇㌢ほどの土壇があり、その上には瓦はほとんど分布しない。瓦の堆積は、軒丸・軒平瓦が屋上に葺かれた位置関係のまま、建物を解体するときに屋根瓦を滑り落した状態を遺していると考えられる。

とすれば、瓦の分布範囲の内側に建物があったことが想定可能で、第二次調査の場合、土壇は建物に伴うものと考えられるのである。二〇一二—六次調査では土壇の南北幅八・九㍍を確認したので、第二—E次調査地を東西に貫く、幅約九㍍、東西四七㍍以上の建物があったことになる。また、土壇上面にはやや小型の礎石が複数据えられており、

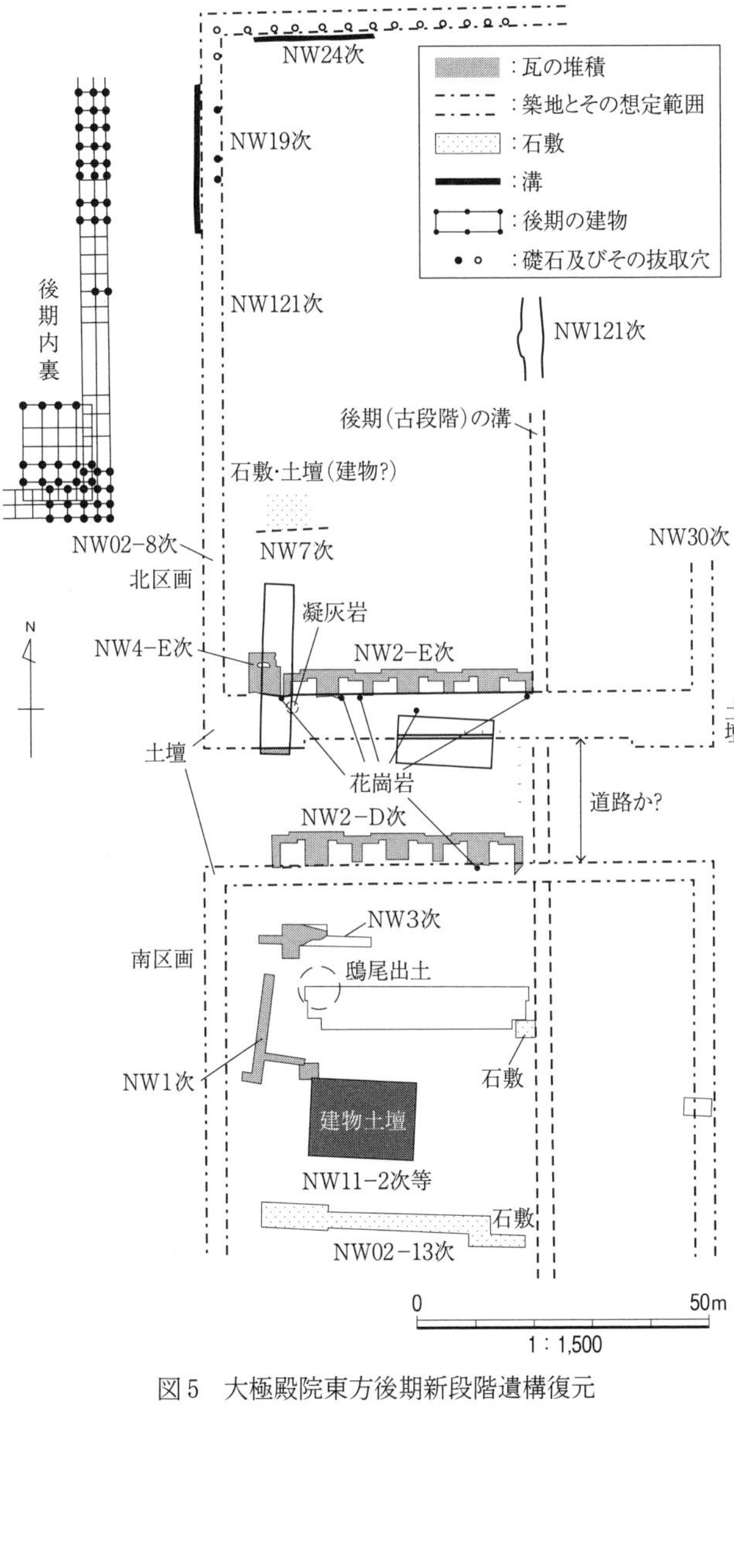

図5　大極殿院東方後期新段階遺構復元

瓦葺の建物であったことが知られる。これらの特徴からみて、建物の構造は未解明ではあるものの、これが区画施設であったことは明白で、土壇の幅からみて回廊であることが想定される。この区画施設の連続は西および北方へ追跡することができ、二〇〇二―八次調査では、幅二・四㍍で南北方向の土壇とその両側に瓦の分布が検出され、築地の跡と考えられている（『研究一三』）。この連続は五〇㍍北の第一九・七五・一二二次調査（『研究七』）で見つかっており、土壇を挟んで東・西に心々間距離五・九㍍で雨落ち溝とみられる南北溝が発見されている。土壇の東端には礎石列が並んでおり、築地塀の内側に庇が付く築地片庇廊であったとみられる。この一連の南北方向の築地は、従来、大極殿院・朝堂院の東を画する東外郭築地とされていたものであり、宮殿中軸線を挟んで西へ折り返した側にも、第一四・二二次調査などで西外郭築地が検出されている。さらに北側の第二四次調査では、築地の基礎とみられる土壇と礎石（抜取穴）列の続きが発見され、東へ折れて約五〇㍍以上にわたって延びているのが確認されている（『中間報告五』）。つまり、区画施設の南・西・北面を追跡できるのである。東面は土壇など明確な遺構は発見されていないものの、第三〇次調査の調査区西端では多量な瓦の堆積があったと報告されており（『昭和四三年度報告書』）、この西側に東面部分を想定することが可能である。つまり、区画施設は東西約八五㍍、南北約一二〇㍍の規模をもって囲繞せられ（北区画）、北面・西面は築地片庇廊、南面の構造は未解明ながら、約九㍍の土壇幅は大極殿院回廊のそれとほぼ同規模なので、より格式の高い形式（築地回廊や複廊など）を採っていたと推測されるのである。この区画内部の建物などはまだほとんどわかっていないが、第七次調査L地点では、石敷を伴う高まりが発見されており、これは建物の基壇である可能性が考えられよう。

一方、南側第二次調査D地点にも同様な東西方向の区画施設が想定されるが、その連続（東・西面）は未検出である。しかし、その南側では、やや西に偏して、東西一九・五㍍、南北一四・一㍍、高さ〇・三㍍の土壇があり、その周りでは瓦が堆積し、凝灰岩片が散在しており、これも建物の基壇跡と考えられる。その南には稠密な石敷遺構が発見されている。難波宮発掘の直接の契機となった鴟尾片が出土したのは建物基壇の一五㍍ほど北で、ここに鴟尾を上げる建物があった可能性も考えられよう。鴟尾・石敷など、かなりの格式を備えた施設がここに展開していたとみられ、これらを囲む区画施設がここにもあったと考えられるのである（南区画）。南・北両区画の間は幅二〇㍍ほどの空閑地になっていたとみられるが、これを東へ約一五〇㍍延長した辺りでは、この空閑地の南北に沿って後期段階の溝が検出されている。これらを道路側溝とみると、両区画の間が宮内道路になっていたとみられるのである。

両区画の遺構群の特徴については、回廊、石敷、鴟尾の出土などから考えて、相当に格式の高い一画であったということができるであろう。内裏・朝堂院の東方という位置関係からみて重要な官衙とする意見もあるが、平城宮で太政官ともされる磚積基壇官衙でさえ回廊は巡らせておらず、やはり天皇に関係する施設と考えたい。

区画の遺構の年代について、遺構の重複関係から考えてみると次のようになる。二〇〇二―八次調査地で瓦片を含み後期とみられる建物を撤去して築地が設けられている。南区画の石敷は、南北方向へ二〇〇㍍以上連続する後期の溝SD一二一二一を埋めてから敷設されている。これらから、後期難波宮でも新しい段階に位置づけることが可能である。また、土壇や瓦堆積を覆う古土壌には中世の遺物が含まれることから、解体後は中世まで放置されて建替えられていないとみられ、後期難波宮でも最終段階の遺構群ともいえるであろう。

ちなみに、SD一二一二一（『研究七』）は朝堂院西方の五間門区画（『研究一三』）東面を宮殿中軸線で東へ折り返したラインに掘られており、後期の一時期、宮殿の東を画する役割をもっていたと考えられる。その溝を埋めて二つの区画を設けているのであるから、後期の新しい段階に宮殿東方の広い範囲を対象とした造替えがあったことになる。したがって、後期難波宮は、宮殿東方の遺構群からみると、SD一二一二一の古段階、南・北区画の新段階の少なく

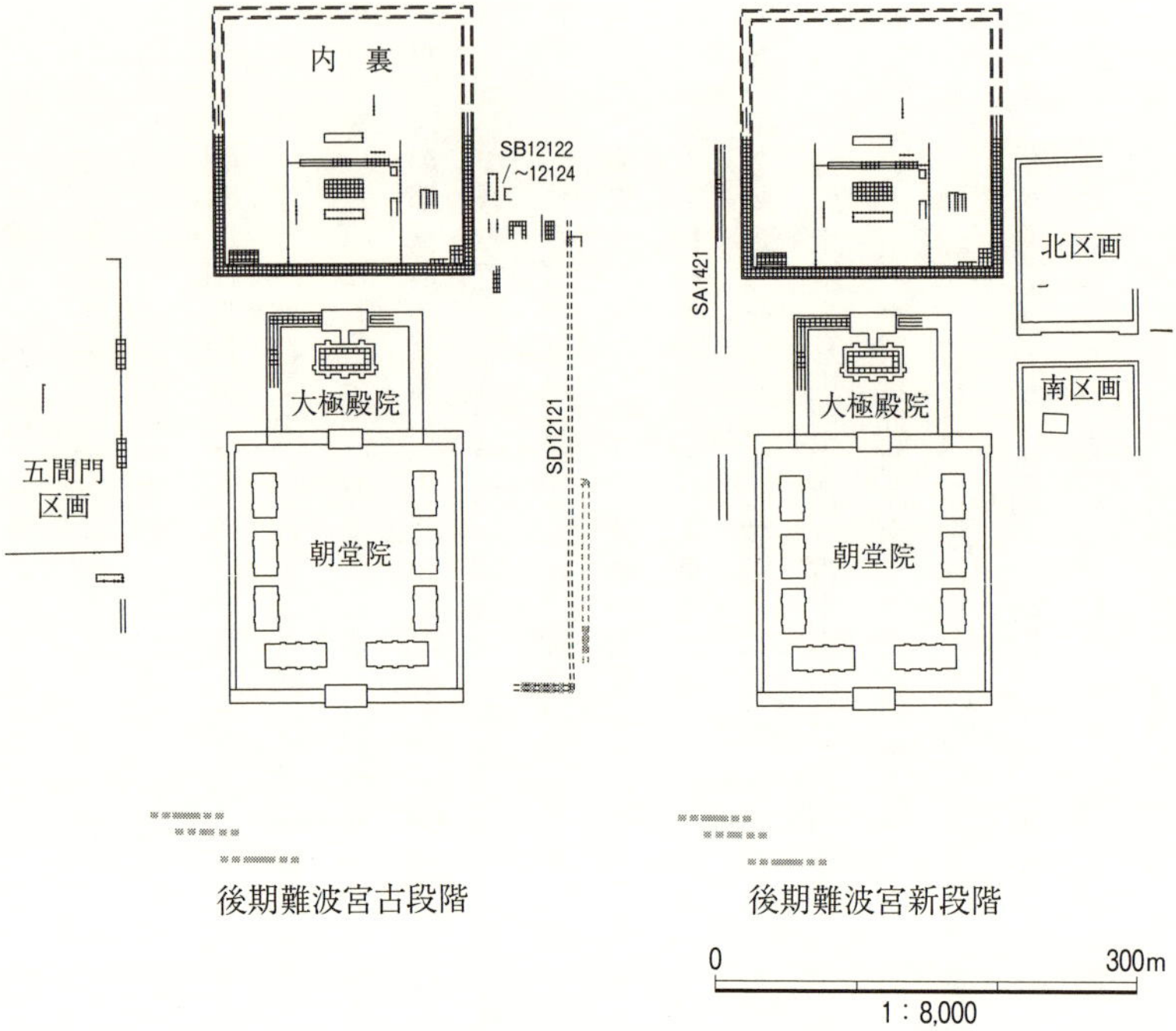

図6　後期難波宮の新・古段階

とも二つの段階に分けて考えることができる（図6）。さらに、第一二一次調査では、ＳＤ一二一二一に切られるＳＢ一二一二四とその西方の総柱建物ＳＢ一二一二三、少なくとも三面に庇を巡らせるＳＢ一二一二二があり、方位・配置の面で調和的に存在していることから同時期のものとみてよいであろう。これらが報文のとおり、後期の建物であるならば、古段階の前にさらにもう一段階があったことになる。これらについては、前期難波宮消失後、聖武朝の再建までの間、持統・文武などが行幸した難波宮、所謂中期難波宮の遺構である可能性もあろうか。西方の五間門区画についても、李陽浩氏が述べるとおり、五間門→南北溝（築地か）へ造替えがされており、東方と同じような大規模な造替えが行われたようである（『研究一三』）。後期難波宮の周辺部におけるこうした大規模な造替えは、その意味の解明もふくめて、今後も注目すべき課題であろう。

最後に、後期新段階とした南・北二つの区画の性格について考えてみたい。前述したように、その格式の高さは天皇に関連する施設とみても大過はないであろう。なおかつ、後期難波宮でも新しい段階に属するとなると、文献から候補となる二つの施設が考えられる。一つは、七四四年（天平十六）に難波を皇都と定めたときのものである。この年聖武天皇は元正太上天皇と難波宮に入っている。すでに恭仁宮では聖武と元正は別の宮を営んだとみられており、難波でも聖武は内裏に入ったであろうから、元正のための宮として造られたのが南・北二つ（あるいは一方）の区画とする考えである。もう一つは、『続日本紀』七五六年（天平勝宝八）二月二十八日、孝謙天皇難波行幸の記事「是日行至難波宮。御東南新宮」の「東南新宮」とする考えである。「東南」は内裏からみた両区画の位置に合致し、「新宮」は新しく造成された施設に相応しい。「御する」は宮中の施設に出御する場合に使われることが多い表現であろうから、内裏・朝堂院に隣接する位置関係とも合致するのである。現在の発掘成果ではいずれにも決しがたいが、決定的な証拠の発見を将来に期待する。

（付記）本稿では紙幅の都合で詳細な文献註をつけることができず、代表的なものだけをあげている。引用文献は本文中に『　』に書名を以下の要領で略記した。『難波宮址の研究第一』→『研究一』、『難波宮址の研究中間報告Ⅰ』→『中間報告一』、『昭和○年度難波宮調査報告書』→『昭和○年度報告書』、『難波宮跡研究調査年報一九七二』→『年報七二』。これら書名を参考に「付録4　難波宮跡関連の調査報告書・おもな図書」で検索願いたい。

難波地域の土器編年からみた難波宮の造営年代

佐藤　隆

はじめに

筆者が初めて現在のようなかたちで難波地域の土器編年案（以下、「難波編年」と呼ぶ）を提示したのは、二〇〇〇年（平成十二）刊行の『難波宮址の研究』第一一の考察篇として掲載した「古代難波地域の土器様相とその史的背景」(2)においてである。それ以前にも断片的なかたちでは流れを示していたが、五世紀から九世紀初頭までの土器の変遷について、当時の段階で得られていた代表的な資料を挙げながら難波Ⅰ〜Ⅴという変遷を述べた。これは上町台地の開発が始まり、後期難波宮が長岡京遷都によって廃絶するまでの時期におおむね対応する。

はじめにおことわりしておきたいのは、上記の内容は、五世紀から幕末までを対象として大阪の土器・陶磁器の流れを把握する作業の一環、と筆者が位置づけているということである（資料が薄い部分は周辺のもので補って進めている）。こうしたフィールドは都市遺跡としては希少である。比較対象としては京都の編年(3)があり、土師器によって八世紀後葉から十九世紀までの変化が述べられている。大阪は土師器が多く見られるときとそうではないときがあるが、むしろその多寡をも特徴とみれば、他の要素の変化からわかることも多い。さらに古い五世紀という時代からたどることができるのも特徴である。他の地域に目を向けると、奈良の飛鳥地域は七世紀、平城宮・京域は八世紀にほぼ限定されてしまう。奈良町は資料がまだ断片的なものにとどまっている。江戸は近世については精緻な編年案があるが、やはり時代が限定される。

土器編年は単なる時代の〝モノサシ〟ではなく、地域の動態を知るうえでの重要な手がかりである。政権の所在地であった時期だけが重要なわけではなく、そうでなかった時期の政権との距離感も地域の歴史を考えるためには欠かせない情報となる。こうした一連の流れのなかで、始まりの時代に当たるのが難波編年である。

本稿ではこの難波編年について、研究の現状をはじめに紹介し、その成果が難波宮という宮殿遺跡を理解するためにどう活かせるか、について述べたい。

一　研究史

難波地域の土器の研究史については先に挙げた論考ですでにまとめたことがあるので、詳しいところはそちらを参照いただきたい。画期となる重要な研究としては、まず中尾芳治氏の論考がある(4)。難波宮整地層やその下位の竪穴から出土した土器を法量や調整手法から分類し、一続きの変遷のなかで前期難波宮の造営に関わる型式を位置づけた。ここで述べられた前期難波宮＝難波長柄豊碕宮という考え方は一定の評価を得て、その後のいくつかの研究においても引用されることとなった。しかし、前期難波宮の造営を天武朝と考える研究者は依然として多く、土器の研究者からも当時の編年研究ではそれを否定する決定的なデータはない、という評価が出された(5)。こうした状況をうけて、京嶋覚氏・南秀雄氏が相次いで編年の研究を行った(6)。中尾氏論文の段階からは資料も増加しており、これまでと大きく異なるのは、難波長柄豊碕宮であるという比定をひとまず保留して、飛鳥など他地域の資料との比較をとおして土器群を検討している点である。この結果、難波宮下層遺跡の廃絶が七世紀中頃であり、まだわずかであった前期難波宮の遺構出土土器の様相も合せて、前期難波宮＝難波長柄豊碕宮という位置づけがあらためて行われた。

筆者の研究もこの延長上にある。ただし、先行研究ではいずれも前期難波宮の暦年代が大きなテーマになっているのに対して、さらに時代を遡って上町台地で人々が開発を始めた時期である五世紀の資料や、後続する八世紀から九世紀初頭までの資料を含めて、一続きの理解を示す目的で編年案を提示した。その後も大きな枠組みでの変更はまだ迫られていないと考えるが各時期の資料は増加しており、そうした成果を取り入れることによって編年の内容を充実させていく作業はたえず必要である。

編年案の提示後に得られた大きな成果としては、まず、NW〇八―三次調査の谷第八―六層から出土した難波Ⅱ新段階に位置づけられる土器群(7)をはじめとして、いくつかの良好な一括資料が加わったことが挙げられる。次に、二〇〇三年（平成十五）以来進めている大阪府陶邑窯跡群の須恵器編年の再検討によって、難波Ⅲにおける底部に高台の付く須恵器杯（奈良文化財研究所分類の杯B、以下同じ）の出現期の様相を明らかにできたことや(8)、難波Ⅴの暦年代について詳細な絞り込みが可能になってきたことなども重要な成果と考えている(9)。以下では、編年の概要を述べるなかで、現段階で代表例と言える土器群をあらためて提示して、それぞれの資料から導かれた成果を紹介する。

二　編年の概要と代表的資料

〈難波Ⅰ〉　上町台地において本格的な開発が始まり、大倉庫群（法円坂遺跡）が造営される時期である（図1右）。法円坂倉庫群以外にはまとまった遺構が見つかった例はまだない。代表的資料には、ＮＷ一〇―一次上町谷一・二号窯[10]、ＮＷ八〇―九次ＳＫ二〇一・二〇二[11]の土器群がある。上町谷一・二号窯が発見された成果は大きいが、まだ細分して検討するほどの資料の蓄積はない。陶邑窯跡群の須恵器編年では、田辺昭三氏による（以下、田辺編年）ＴＫ七三型式～ＴＫ四七型式[12]、筆者による編年の陶邑Ⅰ（細分は未検討）～陶邑Ⅱ新段階までに対応する。おおむね五世紀代から六世紀初頭にかかる暦年代を想定しておく。

〈難波Ⅱ〉　倉庫群が廃絶した後、集落が営まれた時期である。土師器では食器類から煮炊具までをナデ・ユビオサエで調整する「難波型」と呼ばれる土器が現れ、主体を占めるようになる。須恵器では古墳時代から続いて製作される蓋杯（杯Ｈ）の法量が最大に達する。これらの様相から古・新段階に細分する。

古段階は、土師器の「難波型」が現れてハケ調整の煮炊具と共存した後、しだいに多数を占めるようになる。この段階の代表例にはＮＷ八七―二〇次ＳＢ二一四[13]の資料がある。この竪穴建物は上述した倉庫の柱穴を切っており、建物としての機能を失った後に塵芥処理の穴として多量の土器が廃棄されていた。南氏の編年では床面直上および埋土下層を一期古相、埋土上層を同新相としているが、陶邑窯跡群の須恵器編年の検討をとおして資料を見直した結果、細分の方向性が整理されてきた[14]。現段階では、床面直上の資料と建物廃絶後の埋土との間に様相差があると考えている。須恵器は、田辺編年ではＭＴ一五型式～ＴＫ一〇型式、筆者の編年では陶邑Ⅲ古段階～中段階に対応する。須恵器の年代観から六世紀前半に当たると推定される。

新段階は、土師器では「難波型」が盛行する。須恵器では前段階で法量が最大に達した杯Ｈが縮小に向かい、調整に省略が見られるようになる。この段階の代表例には、ＮＷ第一四次東地区竪穴[15]、ＮＷ第九三次ＳＫ九三四三[16]、ＮＷ

○八—三次谷第八—六層の資料がある。NW○八—三次谷第八—六層の資料には、次の難波Ⅲ古段階で定型化する暗文を施す半球形の土師器杯（杯C）の原初的なものや、天井部につまみをもち口縁部にかえりのある蓋とそれに伴う杯（杯G）の祖型と考えられるもの（つまみはまだない）が少数ながら見られる。この資料が得られたことによって、牧野古墳[17]など飛鳥時代の古墳資料と飛鳥Ⅰ（古宮遺跡SD○五○[18]）との接点が見えてきた。詳細は別稿において述べるが、土師器杯Cや須恵器杯Gの出現時期を考えるうえで重要な資料である。須恵器は、田辺編年ではTK四三型式～TK二○九型式に対応する。筆者の編年では、TK四三号窯資料は陶邑Ⅲ新段階のなかでも後続する陶邑Ⅳ古段階に近い様相をもつと考えている。したがって、現段階ではNW○八—三次谷第八—六層資料を他と区分して段階設定することは行わないが、この資料を新段階の後半に位置づけておく。暦年代は六世紀第4四半期から七世紀第1四半期と推定され、それぞれ前半は古いほう、後半は新しいほうへ寄った年代をもつ。また、古段階の資料との間には距離があり、良好な資料が得られれば中段階の設定が可能になるであろう。その場合、須恵器では筆者の陶邑Ⅲ新段階の資料の大半が含まれると考えられる。

〈**難波Ⅲ**〉　難波宮下層遺跡において建物数の増加や規模の拡大が見られ、四天王寺の造営やそれに続く前期難波宮の造営など、上町台地を中心とした人々の動きが活発となる時期である。土器もそれに合せて大きく変化する。土師器では暗文をもつ精製の食器類やハケ調整の煮炊具が主体となり、須恵器では古墳時代以来の伝統を引く杯Hに加えてつまみをもつ蓋を伴う杯Gや底部に高台の付いた杯Bが現れる。土師器では杯Cの法量の変化、須恵器では杯Hと新たな器形である杯Gの比率およびそれらの法量の変化をおもな指標として、古～新段階に細分する。

古段階は、土師器では定型化した精製の杯Cが主体となり、煮炊具には先述の「難波型」がまだ残る。須恵器の食器類は杯Hが大半で、杯Gはまだわずかである。この段階の代表例には、NW第六六次方形土壙[19]、NW○八—三次谷第八―四層[20]の資料がある。NW九〇―七次谷第八a層[21]もこの段階に含まれる。これらは難波宮造営前の資料で、後に難波宮が造営される地域のうち、北側では薄く、南側に資料が多く分布する傾向がある。四天王寺の創建瓦を焼いた楠葉平野山窯の須恵器の大部分がこの段階に当たり、同寺の造営年代を示している。[22]陶邑Ⅳ中段階におおむね対応する。飛鳥地域では山田寺下層出土資料[23]にほぼ並行する。暦年代は七世紀の前半、六二〇年代から六四〇年代の頃と考えられる。

中段階は、定型化した精製の土師器に皿が加わり、煮炊具はハケ調整のものが主体となる。須恵器の食器類では杯Gが多くなるものの杯Hの比率がまだ大きい。この段階の代表例には、難波宮下層遺跡の最末期の資料であるNW第一〇〇次SK一〇〇四三[24]、NW八八―一次SK二二三[25]などや、前期難波宮の造営期に埋め立てられた谷埋土の資料であるNW九〇―七次第七b二・一層[26]、NW九七―三次水利施設第七層[27]の資料などが挙げられる。暦年代は七世紀中頃、六五〇年代を中心とする頃と考えられる。この段階の様相については、前期難波宮の造営年代を検討するうえで重要であり、あらためて後で詳しく述べることとする。

新段階は、土師器の食器類として平底から体部・口縁部が直線的に立ち上がる杯Aが現れる。須恵器の食器類では杯H・Gがともにもっとも縮小する。中段階からこの段階までのうちに杯Bが現れている。この段階の代表例には、DB九一―一次SD八〇一[28]、OS九〇―五〇次SK五〇二[29]、大阪府文化財センター調査谷一六層他[30]の資料がある。これらの他、難波宮で初めて出現期の杯Bの存在を認識したOS九九―一六次谷第五層[31]や、近年報告されたOS一一―一六次SD六〇一b[32]も中段階からこの段階までにおさまる資料である。後に挙げた二資料を含めて、出土分布範囲が宮域周辺を越えて広がっていることに注目しておきたい。上述した中段階とともに陶邑Ⅳ新段階に対応する。飛鳥地域では水落遺跡貼石遺構出土資料[33]にほぼ並行する。暦年代は六六〇年代を中心とする頃と考えられる。

〔難波Ⅳ〕　上町台地上での人々の活動が見えにくくなり、資料は縁辺部の調査地でおもに出土している。土師器では定型化した杯Aが現れ、杯Cの形態が浅くなる（図1左）。須恵器では杯A・Bが主体となり、杯B蓋のうち、かえりのない形式が増えていく。前代までの主要器形であった杯H・Gが減少していく。こうした動きの進み具合によって古・新段階に細分する。

古段階では、土師器の食器類に定型化した杯Aが現れるが、杯Cがまだ主体である。杯Cはかなり浅くなって皿に近い形態となる。須恵器の食器類は杯Gが主体で、杯A・Bがしだいに多くなる。杯Hはわずかに残る程度である。杯B蓋はかえりをもつ形式がほとんどである。この段階の代表例には、OS〇三—一三次SK九〇一・九〇二・SD九〇一[34]、MR九四—八次SD七〇一[35]、UH〇八—九次SE一〇五[36]から出土した土器群がある。陶邑Ⅴ古段階に対応する。暦年代は七世紀第４四半期と考えられる。

新段階では、土師器杯Aが杯Cに替って主要器形となる。須恵器の食器類は杯A・Bが主体で、杯B蓋はかえりのない形式が大半を占める。杯Gは減少する。この段階の代表例としてはOS九二—七四次Ⅲ八b層[37]から出土した土器群がある。次の段階である難波Ⅴ古段階と比べて資料数が少ない。陶邑Ⅴ中段階に対応する。暦年代は八世紀第１四半期であろう。

〔難波Ⅴ〕　前代は資料の数が少なく、かつ上町台地の縁辺部での資料が多かったのに比べて、ふたたび、難波地域の広範囲にわたって資料が増加する。杯Aをはじめとする土師器食器類に在地色が見られるようになり、他の都城遺跡とは異なった土器へと変化する。須恵器食器類では、杯A・Bと皿が主体となる。特に杯B蓋の口縁部の屈曲が変化の指標としては有効であり、決定的ではないが杯Bの高台の付く位置が内側から底部外端へ移っていく傾向もある。土師器食器類の在地色の顕在化の度合いや須恵器食器類における形態の変化をもとに古・中・新段階に細分する。

古段階では、前代に定型化した土師器杯Aが内面の暗文はほぼ保ちながらも口縁部が折れ曲がるように外反するなどの特徴をもち、在地色を帯びてくる。須恵器食器類については特に杯B蓋の口縁部が屈曲しないもので占められている点が大きな特徴である。この段階の代表例としては、NW第三〇次SK三〇四八(38)、OS九〇—五〇次SD五〇一、OS九一—三二次SK五〇一(39)から出土した土器群がある。後期難波宮の七尾窯産蓮華文・唐草文軒瓦（六三〇三型式—六六六四型式A・B種）や重圏文軒瓦の主要な一群はこの段階に製作されたものであり、造営年代を検討する際に深く関連する。陶邑Ⅴ新段階に対応し、平城宮土器Ⅲの前半にほぼ並行する。暦年代は八世紀第2四半期と考えられる。

中段階では、土師器食器類の在地化が進む一方で、平城宮ではすでに施されなくなった内面の暗文が簡略化されて一部に残る。須恵器杯B蓋で口縁部が屈曲するものが多く見られるようになる。この段階の代表例としては、OS八七—二九次SE五〇三(40)、OS一一—一六次SD六〇一a(41)、大阪府文化財センター調査溝一(42)から出土した土器群がある。陶邑Ⅵ古〜中段階に対応し、平城宮土器Ⅳ〜Ⅴにほぼ並行する。暦年代は八世紀後葉と考えられる。陶邑窯跡群の須恵器編年と対比した結果として、上記の土器群と先行する古段階に属する資料との間には少し空白期が生じる可能性が考えられた(43)。UH〇九—二次小宮谷下層(44)の土器群のなかに移行期のものが含まれている可能性があるが、確実な一括資料ではないことから今後の調査成果を待つこととしたい。

新段階では、土師器食器類の大半が在地化して同時期の都城遺跡の土器と大きく異なるものになる。中段階の在地型杯とは、一回り小さな口縁部径一二セン代の一群が見られることで識別が可能である。須恵器杯Bの高台が底部外端に寄って付くものが多くなる。黒色土器A類杯が見られる土器群があり、最末期では緑釉陶器や灰釉陶器が含まれる例がある。この段階の代表例としては、OS九〇—五〇次SE五〇二(45)、ST九六—四次SE〇一(46)、OS九七—一次SK一〇一(47)から出土した土器群がある。陶邑Ⅵ中〜新段階に対応し、長岡宮・京跡や平安宮・京跡の初期（平安京一—

難波Ⅰ
難波Ⅱ古段階
難波Ⅱ新段階
難波Ⅲ古段階
難波Ⅲ中段階
難波Ⅲ新段階
0
30cm

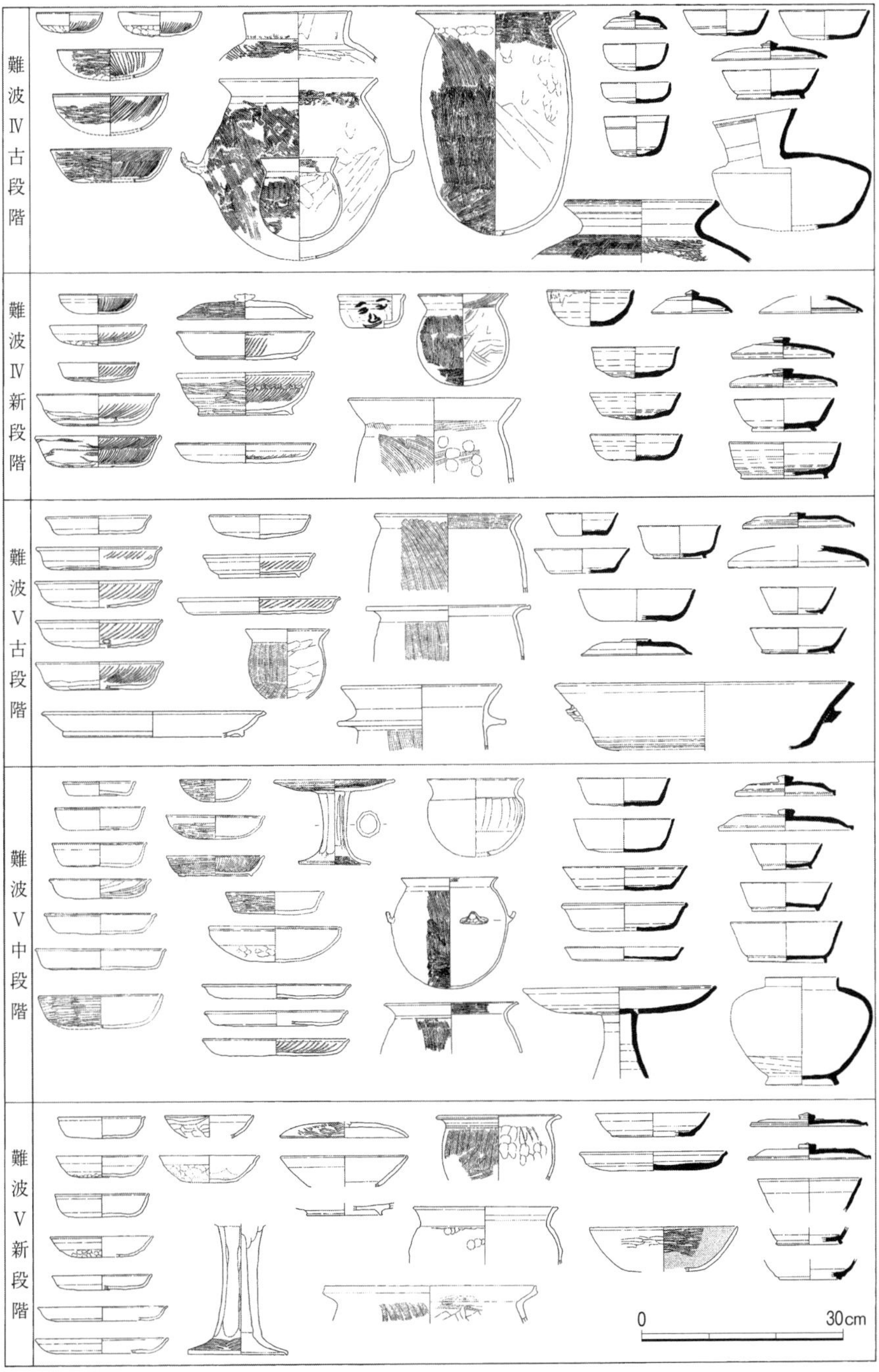

図1　難波地域の土器編年（佐藤註2文献より）

B〜C)[48]の資料と並行する。暦年代は八世紀末から九世紀初頭と考えられる。この段階以後は良好な資料がなくて断片的に河内系の土器が見られる状況となり、大きな画期が存在する。長岡京遷都に伴って難波宮が解体されたことが要因と考えられる。難波宮が置かれた上町台地北端部ではこれに後続する時期の遺構・遺物は中世までほとんど途絶えてしまう。おそらくは、人々の活動の中心が大川沿いの難波津周辺と四天王寺周辺とに移ったと考えられる。今後、そうした地域で良好な一括資料が得られる可能性はある。

三　前期難波宮の造営年代について

これまで、難波地域における五世紀から九世紀初頭までの土器の変遷について述べてきた。古代の畿内において大和地域と並ぶ重要な地域であった難波地域は、常に歴史の動向と密接なつながりをもっていたと考えられる。なかでも都が二度にわたって営まれたことはその重要性を物語っている。ただし、前期難波宮の造営年代では難波長柄豊碕宮であるか否かについての議論がまだ存在しており、後期難波宮では宮殿内の施設の比定について検討すべき問題がある。

ここでは前期難波宮の造営年代について、近年発表された白石太一郎氏の論文[49]に関わって難波Ⅲ中段階の様相や年代論をあらためて詳しくみていきたい。

白石氏論文の論点を整理すると以下のとおりである。

〔**論点一**〕　飛鳥地域の須恵器資料について、山田寺下層→甘樫丘東麓SX〇三七[50]→飛鳥池谷SD八〇九灰緑色粘砂[51]→坂田寺池SG一〇〇[52]→水落遺跡貼石遺構の順に変化すると考えてそれぞれに暦年代を割り振っている。山田寺下層の資料は六四一年（舒明十三）頃、甘樫丘東麓は六四五年（大化元）頃、飛鳥池谷は六五五年（斉明元）前後、坂田寺池は六六〇年代の早い段階、水落遺跡は六六〇年代中〜後半である。

〔論点二〕　難波宮整地層の土器のうち、中尾氏が掲げたもっとも新しく見える個体を水落遺跡段階と位置づける。また、NW九七―三次水利施設第七層の土器が坂田寺池段階としても、六五二年（白雉三）完成の難波宮整地層にこうした年代の土器があるのはおかしいとする。

以上の論点から、前期難波宮整地層の土器は六六〇年代であり難波長柄豊碕宮とは考えられない、という結論が導かれている。

白石氏が示した飛鳥地域の須恵器資料の組列については妥当な見解であると考えられる。七世紀の宮殿や寺院などの遺跡を検討するうえで従来の飛鳥Ⅰ・Ⅱ……といった枠組みでは細かい議論ができず、具体的な一括資料の比較が有効である。また、もともと筆者は難波Ⅲ中段階の暦年代について七世紀中頃や六四〇年〜六六〇年といった暦年代推定をしてきており、仮に六六〇年に近い年代であったときには難波長柄豊碕宮であるという結論にはならない。ただし、これは土器という遺物がもっている資料的限界であると考え、あくまでも『日本書紀』の記載によれば、という表現を常に用いてきた。白石氏が述べるようにもっと細かい暦年代が付与できるのかどうかは、提示されている土器群に立ち戻って再度検討しておく必要があろう。

提示された資料をあらためて実見すると、組列のなかで隣り合う土器群には個体ではどちらに帰属させるべきか判断の難しいものが含まれているのがわかる。このように、重なり合う要素をもちながら群全体としては古・新にずれて見えるように変化していくのが土器の一括資料のあり方である。加えて、重なり方の度合いも均一ではない。こうした観点で言えば、たとえば山田寺下層と甘樫丘東麓の資料はきわめて近い様相をもっており、特に甘樫丘東麓は土師器が飛鳥のなかでも特異で、土器群としての新旧の比較が微妙なところまでは難しいという印象を受ける。また、飛鳥池谷と坂田寺池の資料も重なる要素が見られ、前者が土師器杯Cにやや深手のものを含むこと、須恵器杯H・Gの法量がやや全体に大きく、杯Gの底部がケズリ調整されているものが多いことが両者の違いである。奈良文化財研究所の分析結果[53]でも同様の変遷が示されている。土器群による組列ではそれぞれの要素がまったく別のものに替るわけではないことをここでは確認しておきたい。

一方、難波地域の資料については、以前に難波Ⅲ古段階から新段階にかけての変遷を須恵器食器類の法量を比較することによって述べたことがある（図2）[54]。やはり、重なる部分をもちながら古段階から新段階へ移行している。加えて、以下では同じ段階に属する資料でも埋没した状況で様相が異なって見える事例を紹介しておく。

図3は、NW九〇―七次調査の谷第七b二層①・第七b一層②およびNW九七―三次調査の水利施設第七c層③・第七a層④から出土した多数の土器のうち、須恵器食器類の法量を比較したものである。いずれも土師器杯Cの法量や須恵器に杯Gが一定数含まれるといった器形の構成から難波Ⅲ中段階の範疇におさまる[55]。NW九〇―七次谷はまず第七b二層、次いで第七b一層で埋め立てられており、前期難波宮造営時の整地とされている。NW九七―三次水利施設は谷頭を第七c層で埋め立てた後に巨石を用いた泉施設や暗渠を構築し、第七a層で上面の整地を行っている。①と②、③と④を比較すると、それぞれ同一調査地で層序の上下関係にある場合は上位層の資料の法量が縮小していることが見て取れる[56]。しかし、①・②と③・④の法量は全体に前者が大きく、一見するとこれらが同時期に埋没したとは考えられない結果となっている。ここで注意しておきたいのは、NW九〇―七次谷第七b二層の下位には難波Ⅲ古段階の土器を含む第八a一層が存在するのに対して、NW九七―三次調査の水利施設第七c層の下位の第八a層からは古段階の土器があまり出土していなかったことである。おそらくは、NW九〇―七次谷の埋め立てにあたって下

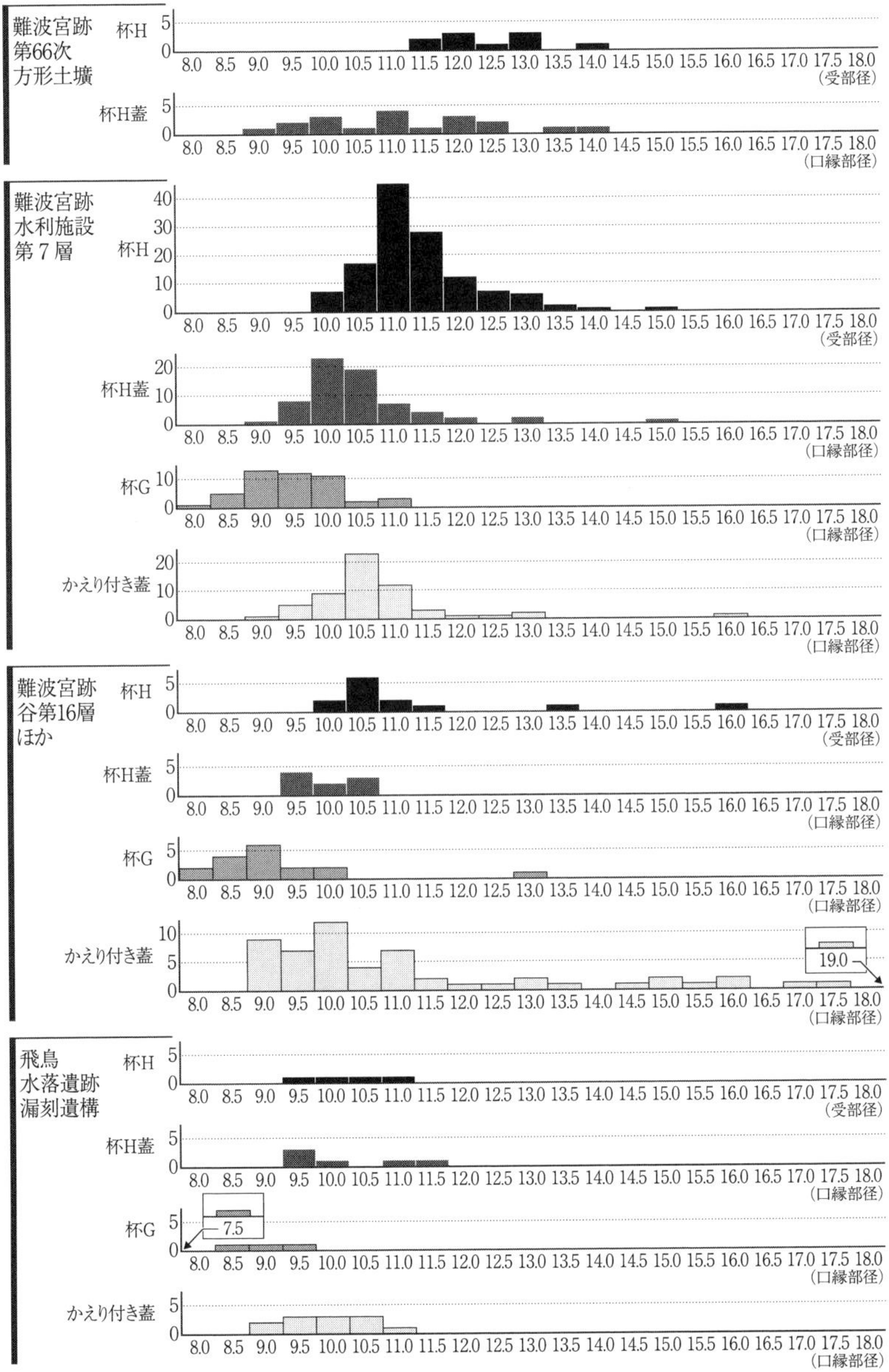

図2　須恵器食器類の法量比較（佐藤註54文献より，一部改変）

位の第八ａ一層が攪拌されたか、周辺に古段階の土器を含む遺構や遺物包含層があってそれらが谷の埋め立てに用いられたか、といった状況が想定できる。[57] つまり、①・②と③・④との様相差は、下位層や周囲に存在する古い段階の土器の多寡に影響を受けて生じた可能性を否定できない。宮域の縁辺部においてどの地区の整地作業から着手して進めていったのかを地層や遺構から読み取るのは不可能である。前期難波宮においてもこれだけの様相差があるなかで、飛鳥地域の地点の異なった土器群との比較によって細かい時期差を見出すのは難しいのではないかと考える。また、飛鳥地域と難波地域とでは土師器や須恵器の生産地が異なる可能性があり、その差も加味する必要がある。

　こうしてみてくると、白石氏は坂田寺池＝難波宮水利施設第七層とするが、難波宮下層遺跡の資料も含めて難波Ⅲ中段階の幅はもう少し取って飛鳥池谷と坂田寺池の資料との間にまたがらせるくらいで位置づけるのが現段階では穏当かと考える。また、中尾氏が論文で掲載した土器を水落遺跡段階と位置づける点については、少数の土器では様相が絞りきれず、土器様式が一定の幅をもっていると考えれば、もっとも新しく見える資料（個体）のみを対象とすると、その土器群を実態よりも新しく捉えてしまう危険がある。

　さらに、白石氏が付与した暦年代についても再検討が必要となってきた。

かえり付き蓋

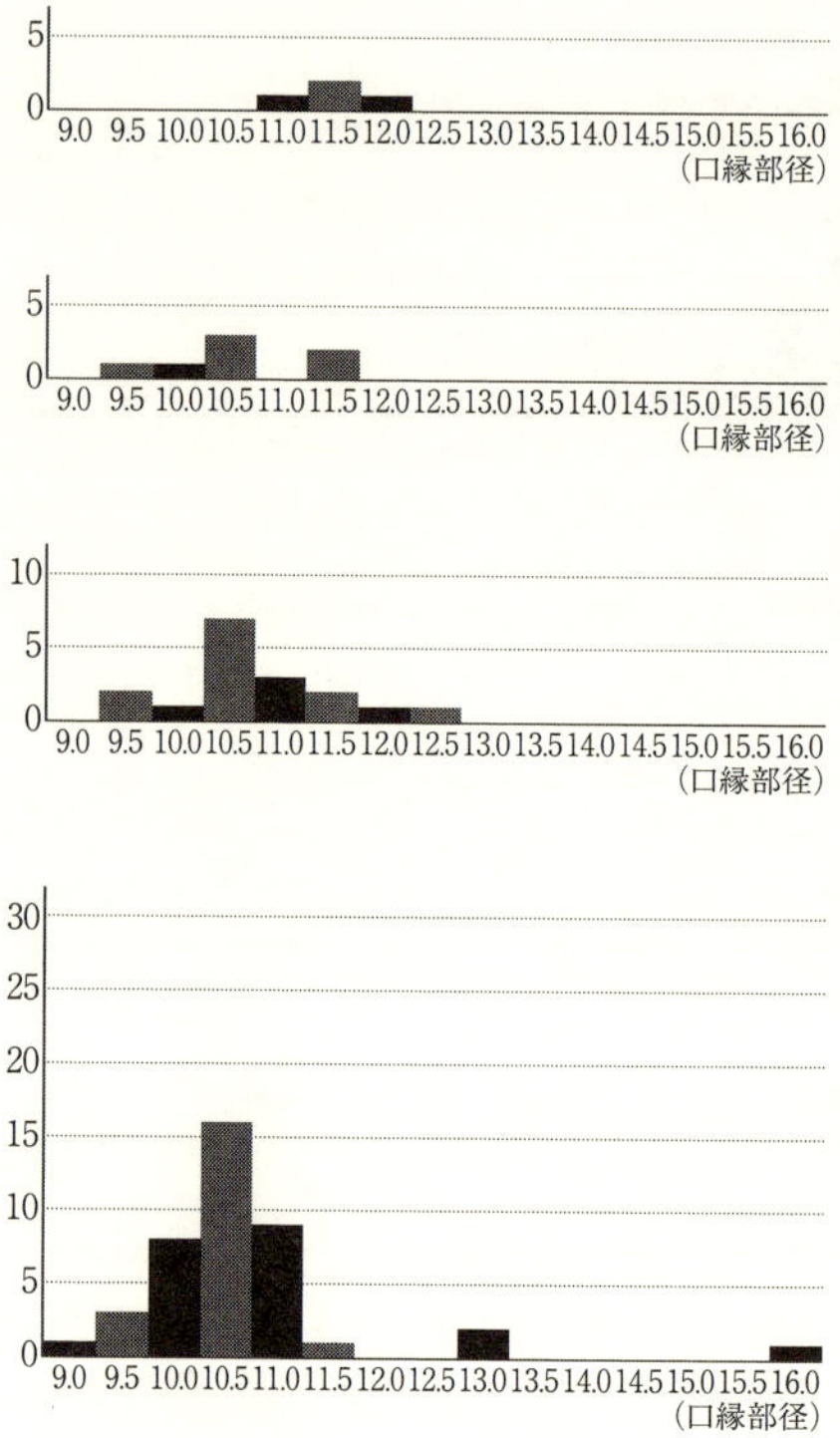

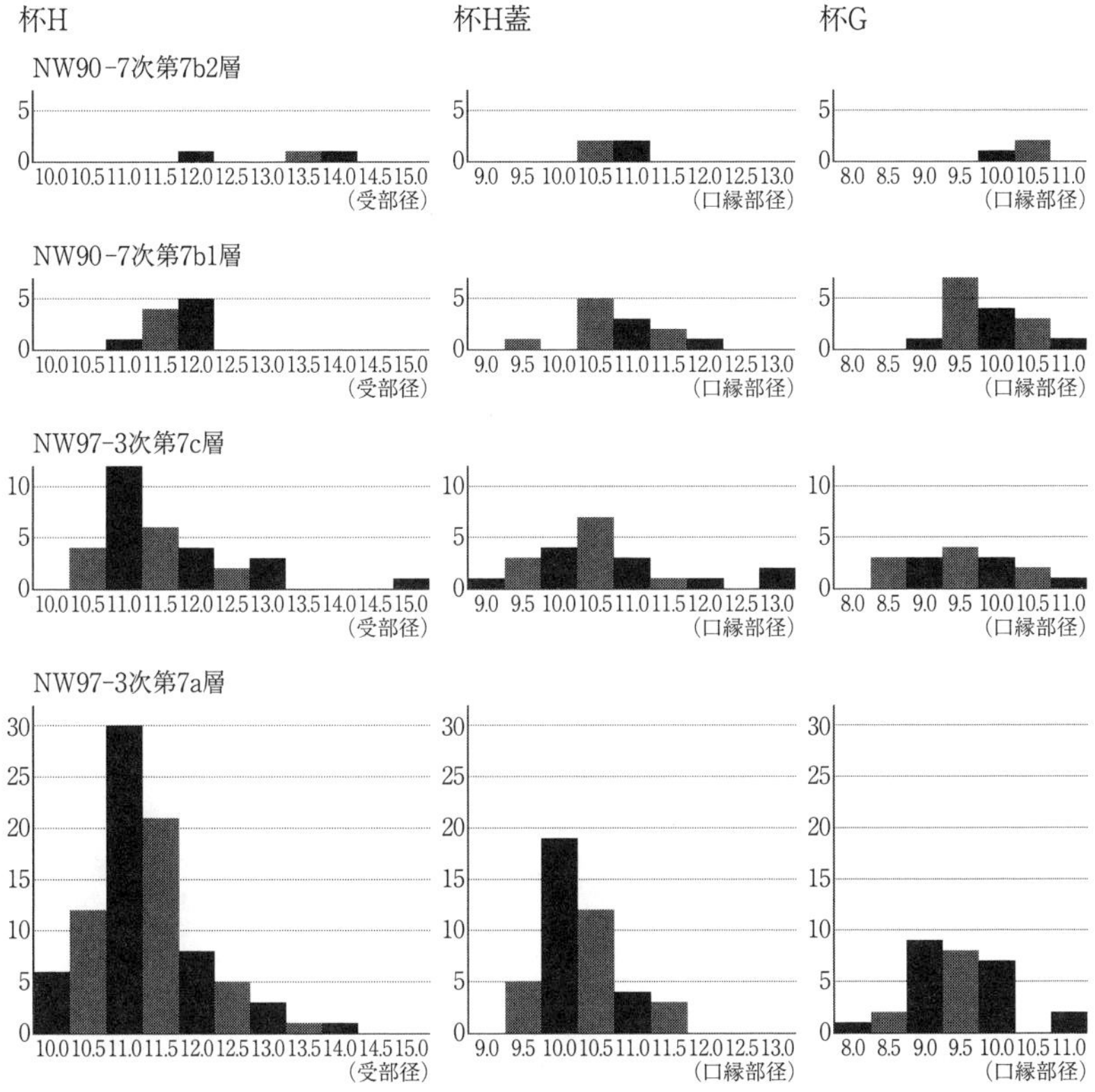

図3　ＮＷ90–7次・ＮＷ97–3次出土須恵器の法量比較

甘樫丘東麓ＳＸ〇三七の焼土は、最近の調査成果では六四五年の乙巳の変によるものではなく、工房が存在した可能性が報告されている。[58] この暦年代が疑わしいとすれば、飛鳥池谷の資料を中大兄皇子の飛鳥引き上げに結び付けて六五五年前後とする根拠も失われる。それに連動して坂田寺池の資料を六六〇年代まで降らせる必要もなくなる。結局のところ、甘樫丘東麓・飛鳥池谷・坂田寺池の資料は山田寺下層と水落遺跡との間、すなわち六四〇年頃より新しく六六〇年代より古いという、従前と変わらない暦年代に落ち着きそうである。したがって、前期難波宮の造営期を含む難波Ⅲ中段階もこの三資料の後半寄りの六五〇年代を中心とする年代となる。

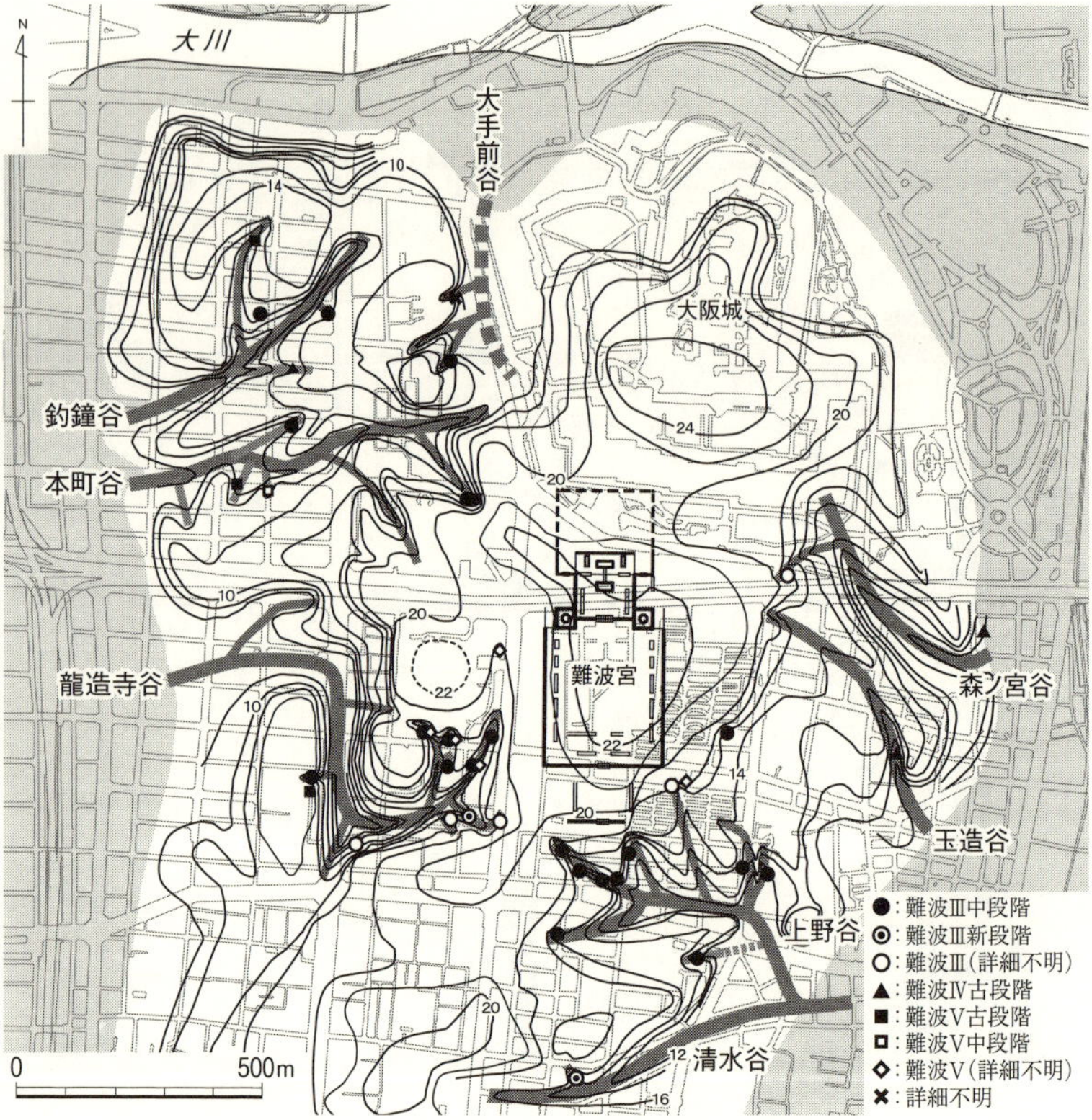

図４　難波宮周辺の地形と整地の時期（佐藤註60-2010年文献より）

それでは六五二年の宮殿完成記事とは整合しないのでは、という疑問が出されるかもしれないが、そもそも、白石氏をはじめとする多くの研究者が、この六五二年に拘る理由が筆者にはよく理解できない。『日本書紀』の記載を素直に信じれば、難波Ⅲ新段階は中大兄皇子が飛鳥へ戻り、難波地域は都ではなくなっているはずである。しかし、実際は近年も同段階の資料が増えており、難波Ⅲ中段階に始まる開発が宮域からさらに外側へ発展している（図４）。大阪府文化財センター調査谷一六層他の資料には東海地方から搬入された漆容器が多く含まれていることがわかっており、こうした求心力を難波地域が保っていたことは興味深い。

飛鳥地域において、「飛鳥Ⅱ」に位置

づけられる土器群が坂田寺池と水落遺跡の資料以来増えていないこととは対照的である。前期難波宮の造営が細部においてどのような工程で進んだのか、どの段階で完成と言えるのかが全くわかっていない状況のなかで、六五二年の記事によって、難波長柄豊碕宮かどうかを議論することが重要であるとは筆者には思えない。前期難波宮は七世紀中頃に造営された宮殿であり、それを『日本書紀』を編纂した八世紀前葉の人々が、「難波長柄豊碕宮」と記した、ということである。以前から表明してきたように、(59)『日本書紀』の記述に縛られず、七世紀中頃に難波地域に造営されたこの宮殿をどう評価して歴史のなかに取り入れていくかについて、あらためて問題提起を行いたい。

むすびにかえて

以上、難波編年の概要や現段階における代表的資料について述べた後、前期難波宮の造営年代について白石氏の論点に答える形で少し詳しく検討した。ここで取り上げたことは単に前期難波宮＝難波長柄豊碕宮か否か、ということにとどまらない。土器編年はどこまで細分でき、暦年代を付与することができるのか、史料の記載とはどう向き合えば良いのかといった、歴史考古学の方法論に関わる根本的な問題であると考えている。そうした観点から、本来であればもう一つの宮殿である後期難波宮の年代についても触れるべきであったが、紙幅の関係から詳述することはできない。こちらの宮殿は瓦を使用していることや、基壇や整地層から良好な土器の資料が得られていないことから、所用瓦の年代観が重要である。これまでの出土例では難波Ⅴ古段階の土器と伴出するものがもっとも古く、造営年代を知るうえでの手がかりとなっている。すでに発表した論考を参照いただきたい。(60)同段階は次の中段階との間の空白期をどう考えるかといった課題もあり、今後も検討を進める必要がある。

註

（1）大阪市文化財協会『難波宮址の研究』一一（二〇〇〇年）。
（2）佐藤隆「古代難波地域の土器様相とその史的背景」（大阪市文化財協会『難波宮址の研究』一一、二〇〇〇年）。
（3）京都市埋蔵文化財研究所『平安京左京四条二坊十四町跡』（二〇〇三年）、小森俊寛『京から出土する土器の編年的研究』（京都編集工房、二〇〇五年）。
（4）中尾芳治「難波宮遺跡における土器編年の問題」（難波宮址顕彰会『難波宮址の研究　研究予察報告』五―二、一九六五年）。次いで、同「前期難波宮をめぐる諸問題」（『考古学雑誌』五八―一、日本考古学会、一九七二年）。
（5）内田好昭「『前期難波宮』とその下層の須恵器」（『古代文化』四〇―六、古代学協会、一九八八年）。
（6）京嶋覚「『難波宮下層』土器の再検討」（『大阪市文化財論集』大阪市文化財協会、一九八九年脱稿、一九九四年刊行）、南秀雄「難波宮下層遺跡の土器と集落」（大阪市文化財協会『難波宮址の研究』九、一九九二年）。
（7）大阪市文化財協会『難波宮址の研究』一六（二〇一〇年）。
（8）佐藤隆「難波地域の新資料からみた七世紀の須恵器編年―陶邑窯跡編年の再構築に向けて―」（『大阪歴史博物館研究紀要』二、二〇〇三年）、同「七・八世紀陶邑編年の再構築と都城出土資料の様相」（『大阪府文化財センター・日本民家集落博物館・大阪府立弥生文化博物館・大阪府立近つ飛鳥博物館　二〇〇五年度共同研究成果報告書』、二〇〇七年）。
（9）佐藤隆「八世紀の須恵器編年と難波宮・平城宮の並行関係―陶邑窯跡編年の再構築に向けて・その二―」（『大阪歴史博物館研究紀要』三、二〇〇四年）、同前掲註（8）二〇〇七年文献。
（10）大阪市教育委員会・大阪文化財研究所『大阪市内埋蔵文化財包蔵地発掘調査報告書　二〇一〇』（二〇一二年）。
（11）大阪市文化財協会『難波宮址の研究』一二（二〇〇四年）。
（12）田辺昭三『陶邑古窯址群』Ⅰ（平安学園考古学クラブ、一九六六年）、同『須恵器大成』（角川書店、一九八一年）。
（13）大阪市文化財協会『難波宮址の研究』九（一九九二年）。
（14）佐藤隆「六世紀における須恵器大型化の諸様相―陶邑窯跡編年の再構築に向けて・その三―」（『大阪歴史博物館研究紀要』六、二〇〇七年）。
（15）難波宮址顕彰会『難波宮址の研究　研究予察報告』五―二（一九六五年）。

(16) 大阪市文化財協会『難波宮址の研究』七（一九八一年）。
(17) 奈良県立橿原考古学研究所編『史跡牧野古墳』（広陵町教育委員会、一九八七年）。
(18) 奈良国立文化財研究所『飛鳥・藤原宮発掘調査報告』Ⅰ（一九七六年）。
(19) 難波宮址顕彰会「第六六次発掘調査概報」（『難波宮跡研究調査年報　一九七四』一九七六年）、京嶋覚前掲註(6)文献。
(20) 大阪市文化財協会前掲註(7)文献。
(21) 大阪市文化財協会前掲註(11)文献。
(22) 佐藤隆「四天王寺の創建年代―土器・瓦の年代決定をめぐって―」（『大阪の歴史と文化財』三、大阪市文化財協会、一九九九年）。
(23) 奈良文化財研究所『山田寺発掘調査報告』（二〇〇二年）。
(24) 大阪市文化財協会前掲註(16)文献。
(25) 大阪市文化財協会前掲註(13)文献。南氏の編年で四期とされている同次ＳＫ二一九の資料も、この段階の古い様相を示している可能性がある。
(26) 大阪市文化財協会前掲註(11)文献。
(27) 大阪市文化財協会前掲註(1)文献。
(28) 大阪市文化財協会『住友銅吹所跡発掘調査報告』（一九九八年）。
(29) 大阪市文化財協会前掲註(11)文献。
(30) 大阪府文化財調査研究センター『大坂城址』Ⅱ（二〇〇二年）、大阪府文化財センター『大坂城址』Ⅲ（二〇〇六年）。
(31) 大阪市文化財協会『大坂城跡』Ⅴ（二〇〇二年）。
(32) 大阪文化財研究所『大坂城跡』XIV（二〇一二年）。
(33) 奈良国立文化財研究所『飛鳥・藤原宮発掘調査報告』Ⅳ（一九九五年）。
(34) 大阪市教育委員会・大阪市文化財協会『大阪市内埋蔵文化財包蔵地発掘調査報告書　二〇〇二・〇三・〇四』（二〇〇五年）。
(35) 大阪市文化財協会『森の宮遺跡』Ⅱ（一九九六年）。

(36)大阪文化財研究所『上本町遺跡発掘調査報告』Ⅳ（二〇一二年）。
(37)大阪市文化財協会『大坂城跡』Ⅵ（二〇〇二年）。
(38)大阪市文化財協会前掲註(11)文献。
(39)大阪市文化財協会『大坂城跡』Ⅶ（二〇〇三年）。
(40)大阪市文化財協会前掲註(39)文献。
(41)大阪市文化財協会前掲註(32)文献。報文では後続する難波Ⅴ新段階とされているが、筆者が再検討した結果、この段階に属すると考えた。
(42)大阪府文化財センター『大坂城跡発掘調査報告』Ⅰ（二〇〇二年）。
(43)佐藤隆前掲註(9)文献。
(44)大阪文化財研究所『上本町遺跡発掘調査報告』Ⅰ（二〇一〇年）。
(45)大阪市文化財協会前掲註(39)文献。
(46)大阪市文化財協会『大阪市埋蔵文化財発掘調査報告　一九九六年度』（一九九九年）。
(47)大阪市文化財協会『大坂城跡』Ⅳ（一九九九年）。
(48)京都市埋蔵文化財研究所前掲註(3)文献。
(49)白石太一郎「前期難波宮整地層の土器の暦年代をめぐって」（『大阪府立近つ飛鳥博物館館報』一六、二〇一二年）。
(50)奈良国立文化財研究所「甘橿丘東麓の調査」（『飛鳥・藤原宮発掘調査概報』二五、一九九五年）。同概報の時点では「橿」と表記されているが、この後は「樫」の字が用いられている。
(51)奈良国立文化財研究所「飛鳥池遺跡の調査（飛鳥寺一九九一―一次調査）」（『飛鳥・藤原宮発掘調査概報』二二、一九九二年）。
(52)奈良国立文化財研究所「坂田寺の調査」（『飛鳥・藤原宮発掘調査概報』三、一九七三年）。
(53)深澤芳樹「山田寺下層の土器について」（『山田寺発掘調査報告』奈良文化財研究所、二〇〇二年）。
(54)佐藤隆「土器の編年研究からみた前期難波宮の暦年代」（『東アジアにおける難波宮と古代難波の国際的性格に関する総合研究』科学研究費補助金研究成果報告書、二〇一〇年）。

(55) 詳しい検討内容は、大阪市文化財協会前掲註(11)文献を参照いただきたい。
(56) ③と④についてはわずかな違いであるが、土師器杯Cの法量や須恵器杯Gの底部調整の変化も整合的である。
(57) 難波宮造営直前と考えられるNW第一〇〇次SK一〇〇四三やNW八八―一次SK二二三の資料は、NW九七―三次水利施設第七層と大差がない。NW九〇―七次谷第七b二・一層よりもむしろ新しく見える。
(58) 奈良文化財研究所「甘樫丘東麓遺跡の調査―第一七一・一七七次―」(『奈良文化財研究所紀要 二〇一三』、二〇一三年)。
(59) 佐藤隆「出土した万葉仮名文木簡の年代観」(『都市文化創造のための比較史的研究(重点研究報告書)』大阪市立大学大学院文学研究科都市文化研究センター、二〇〇八年)および前掲註(54)文献。
(60) 佐藤隆「後期難波宮の造営過程と〝副都説〟の再検討―奈良時代都城における新たな位置づけのために―」(『条里制・古代都市研究』二五、二〇一〇年)、同「難波宮の重圏文系軒瓦―型式設定の補遺・製作技法・年代論について―」(『古代瓦研究』Ⅵ―大宮大寺式・興福寺式・鴻臚館式軒瓦の展開― ―重圏文系軒瓦の展開―、奈良文化財研究所、二〇一四年)。

難波宮の建築

植木　久

はじめに

難波宮跡の発掘調査が始まっておよそ六〇年になる。それにより上町台地の最北端を占める大阪市中央区馬場町、法円坂の一帯に、飛鳥～奈良時代にかけて二つの宮殿が造営されていたことが明らかにされた。そのうち前期難波宮とよぶ先行する宮殿は、孝徳天皇が白雉元年（六五〇）ころから造営をはじめた難波長柄豊碕宮であることがほぼ確実となり、一方、後期難波宮とよぶ新しい宮殿は聖武天皇が神亀三年（七二六）より造営を開始した難波宮であることがわかっている。長年にわたる発掘調査により画期的な発見も幾度となくなされ、わが国の都城制研究に大きな影響をおよぼしてきた。

一方、わが国の建築史研究においては、飛鳥時代は実物の建築が残っていないことから、研究は十分にはすすんでいないのが現状である。発掘調査成果が重要な意味をもつことになるのであるが、発掘調査でみつかった建築遺構から建物の上部構造について明らかにできることは多くはなく、基壇、礎石建ての建築の場合、基壇上部が削平されている場合は、柱位置や柱の太さをはじめ上部構造については推測に頼らなければならない。

これに対して前期難波宮跡はすべての建築が掘立柱形式であることから、当時の生活面が多少の削平を受けても地下の柱穴は残っており、平面的な柱の配置や太さ、それを埋め込むために掘った柱穴の深さ、大きさなどについては、明確な数値を求めることができる。これらは各建物の相対的な格式や、個々の建物においては各柱の構造上の重要度などと相関関係のあることが推測され、建物の上部構造を考えるための重要な資料となる。

本稿の目的は、これらの形状、数値等を整理、検討することにより、前期難波宮の全体計画や建築計画の特徴に言及しようというものである。また後期難波宮においては、大極殿、朝堂院などの中心部の配置計画等を同時期の宮殿遺構と比較することにより、いくつかの興味深い点を指摘できる。それらの検討をとおして後期難波宮の特徴を考えるものである。

一　前期難波宮

1　前期難波宮の建築と配置計画

前期難波宮の建物はすべて掘立柱形式であり、屋根には瓦は用いず植物性の材料、おそらく板材で葺かれていたとおもわれる。造営に用いられた基準尺として、一尺二九・二〓前後が考えられる。宮域の中軸線上に、北から内裏、その南に朝堂院を配する。内裏の中心的殿舎である内裏前殿を中心とした区画を「内裏前殿区画」と呼ぶこととするが、この区画は内裏から南側に突出し、朝堂院との間を繋ぐ形になっていて、両者は連続している。そのため内裏前殿は、朝堂院の正殿としての機能も備えていた。

前期難波宮の中枢部の配置計画を検討すると、高度な全体計画に基づいて造営がなされていることがわかる。殿舎配置図をもとに、全体の配置計画および個々の建築計画、施工計画について特徴を述べる（図1、2）。

朝堂院は東西が回廊心々で八〇〇尺であり、南北は同じく回廊心々で九〇〇尺である。内裏前殿区画は東西三九二尺、南北は四二七尺であり、東西・南北ともに朝堂院の概ね二分の一の寸法で計画されている。八角殿院は一辺が一二六尺で、これは内裏前殿の桁行き総長一二五尺とほぼ等しい。またこの数値の三倍が内裏前殿区画の東西幅（回廊の内々距離三七六尺）に等しい。内裏前殿区画は南面回廊から二八七尺のところで東西方向の一本柱塀で南北二つの区画に分けられているが、この寸法は内裏前殿区画の対角線の長さの二分の一の寸法である。内裏前殿は内裏の対角線の交点つまりこの区画の中心に位置し、内裏後殿も同じく北区画の対角線交点に配置されている。

一方、朝堂の各建物は朝堂院回廊の内側柱筋より六〇尺のところに側柱が位置するように配置されており、また第一堂と第二堂、第二堂と第三堂の間隔を五〇尺とするが、それ以外の朝堂の間隔は四〇尺とされている。東・西の第六堂は中軸線を挟んで一〇〇尺の間隔をあけるが、この第六堂は桁行きが一五間以上一七間以下であることがわかっており、仮に一六間とすると第五堂との間隔がちょうど一〇〇尺となり、朝庭の南側に東西棟の東・西第六堂が等間隔に並ぶという配置になる。朝堂院南面回廊から朱雀門までは心々三六〇尺であり、そのなかにあって東・西の朝集殿は、中軸線から朝堂院東面・西面回廊の内側柱筋の正しく中央に配置されている。

このようにみてくると、前期難波宮の各建物の配置計画および個々の建物の設計には小尺が用いられており、また内裏前殿、八角殿、朝堂などの配置は周囲をめぐる回廊の内側柱から距離を測定して位置が決められていることがわかる。

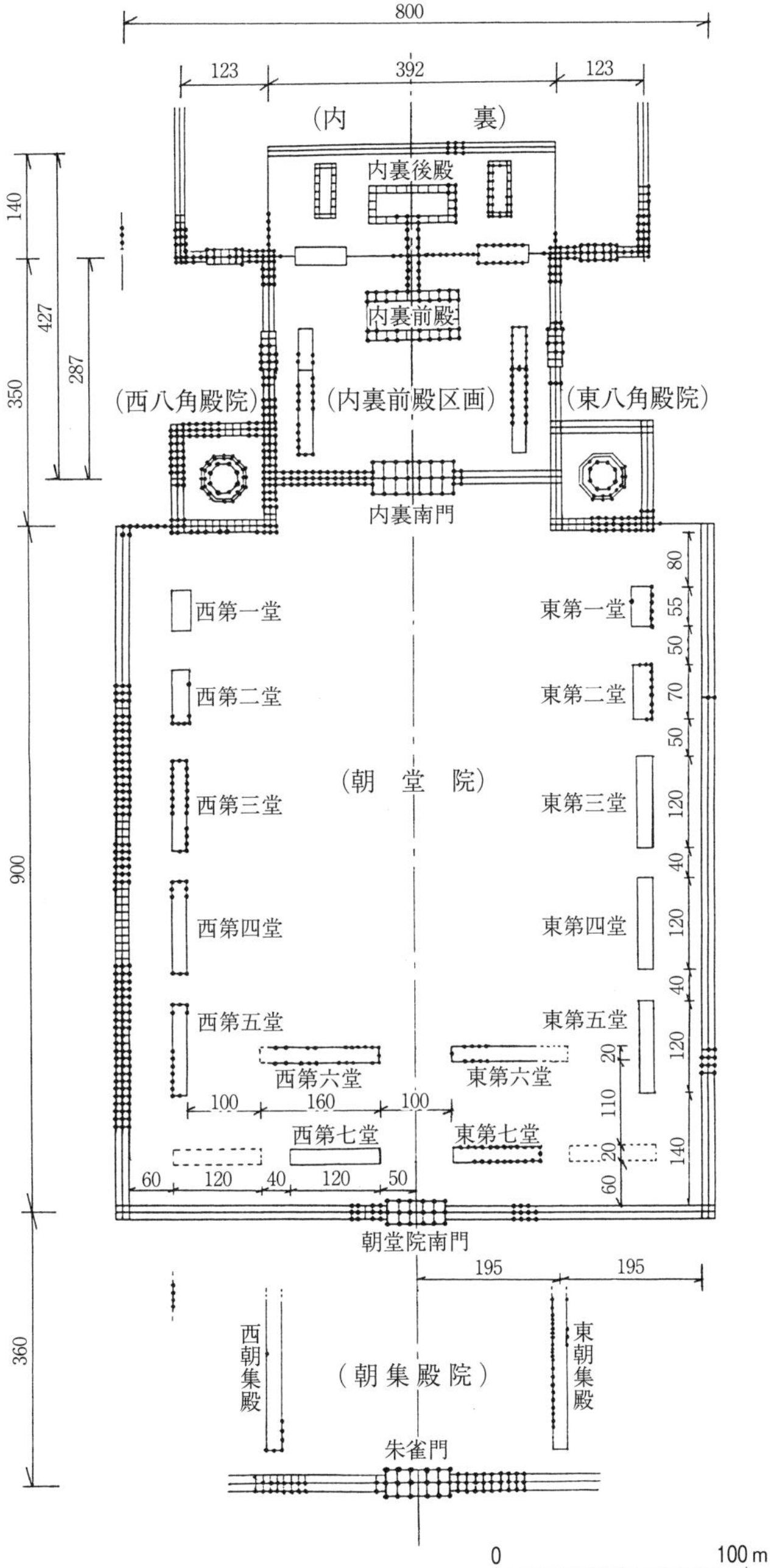

図1　前期難波宮全体計画図（単位：尺）

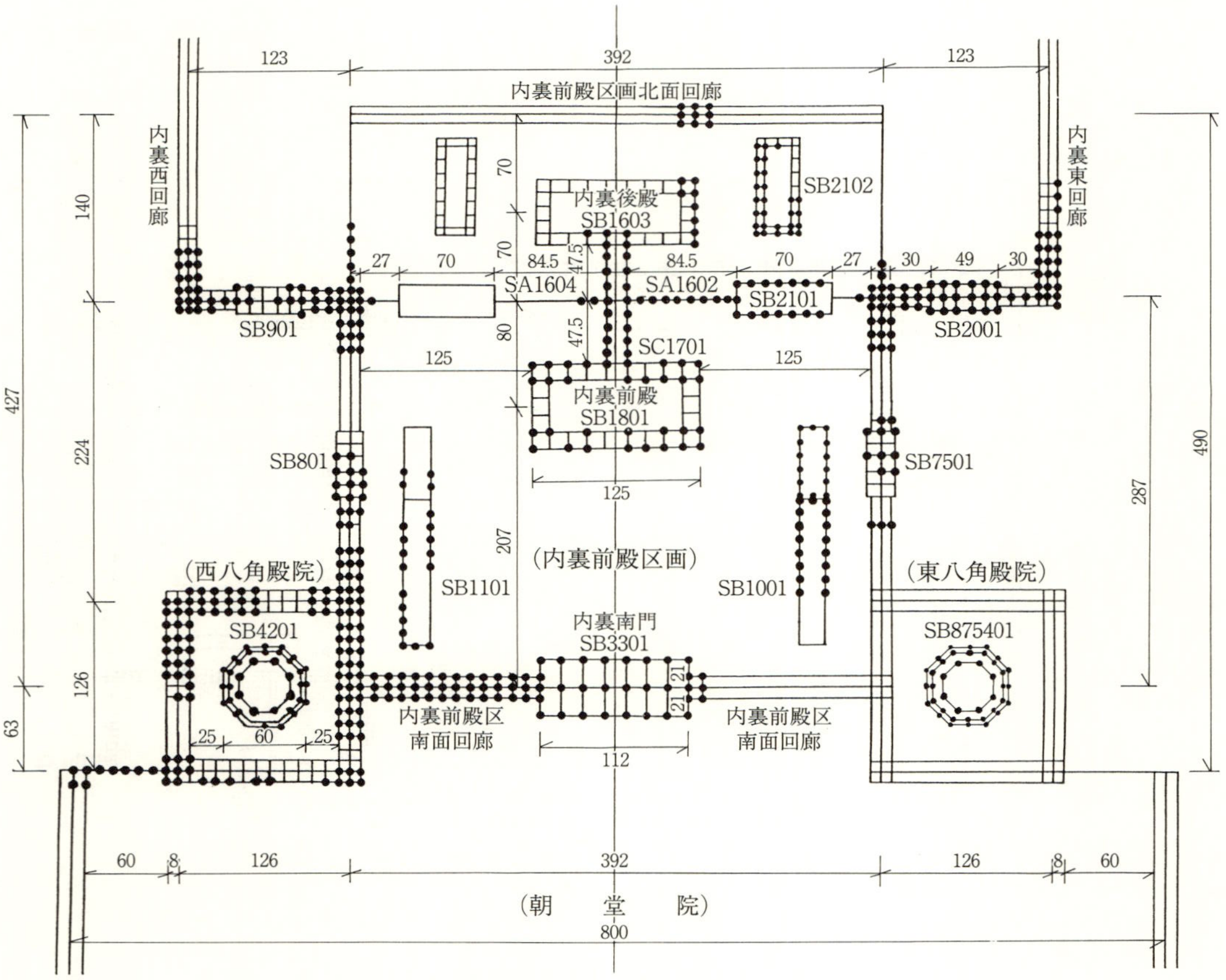

図２　前期難波宮内裏部分拡大図（単位：尺）

2　個々の建築計画について

個々の建築計画についても高度な計画性が窺える。まず全体計画があり、そのなかで重要度に応じて個々の建物の設計がなされたということについて、以下に述べる。まず中枢部の回廊の梁行柱間寸法に規則的な法則がみられることについて。回廊は朝堂院から内裏にかけて曲折しながら南北に連続しているが、これの梁行き寸法をみると、朝堂院部分が九尺、八角殿院および内裏前殿区画南面部分が八尺、それ以北が七尺、内裏前殿区画北面回廊が六尺というように、各区画の重要度に合わせて、回廊の規模、特に梁行き寸法に差がつけられており、意図的なランク分けがなされていることである。ところがこれと異なり桁行柱間については塀の部分も含めてほとんどが一〇尺に統一されている。また隣棟間隔も一〇尺の倍数とされることが多い。そのようにした理由として、多くの建物の桁行を一〇尺に統一することで施工時の大量の用材調達を機能的かつ容易にすることができ、また現地での施工にあたって柱穴を掘る際に機械的な割付けで位置を決めてゆくことができ、施工にミスが少なく時間短縮と省力化を図ることができるといったことなどの理由が考えられる。

中枢部の殿舎では、個々の建築計画についても興味深い点を指摘することができる。それぞれの建物は重要度に応じていくつかのランクに分けられ、その重要度により、柱の太さや柱間寸法などが区別されているということである。まず柱の太さが七〇～七五㌢クラスの建物として、内裏前殿・内裏南門・八角殿・朝堂院南門・朱雀門があげられる。続いて五〇～六〇㌢のものに内裏後殿、四〇～四五㌢のものとしてSB二一〇一・朝堂院第一堂、そして上記以外の建物や回廊は三〇～四〇㌢程度の柱の太さとなる。柱間寸法についても、建物によって明確な差がつけられている。朝堂院第一堂は桁行きを一一尺としているが第二堂以下はすべて一〇尺とし、前者を優位に置き、また第一堂と第二堂を比較すると梁行きは同じ三間であるが柱間は第一堂が九尺であるのに対して第二堂は八尺として前者を優位に置いている。これらは僅か一尺の差であり、朝庭に立ってこれらの建物を眺めた場合、まず認識できるものではない。設計時の意図的なランク分けによるものと考えるべきであろう。

このように建物の重要度にあわせて意図的に規模、形態に差をつけ、また統一した計画手法のもと合理的に設計、施工することは、中国の建築技術書として著名な『営造法式』にみられる、建物を等級分けして機能的に計画・造営を行う手法に通じるものがあると筆者は考える。『営造法式』は十二世紀初頭にまとめられたものであるが、それ以前の中国の建築技術等を集大成したものといわれている。前期難波宮の全体計画および個々の建築計画、施工計画には、中国大陸もしくはその影響を受けた朝鮮半島の進んだ宮殿造営思想および技術が反映されていると考えられる。

さてここで留意すべきは、前期難波宮の建築は掘立柱形式であり、屋瓦は用いられていないという旧式ともいうべき建築様式が用いられているということである。前期難波宮においてこのような手法をとったのは、当時のわが国には大量の瓦を製造する体制がなかったことや、建築技術や施工技術が未熟であったことなどの理由が考えられる。ただしそれ以外に、大陸の建築様式が新式の様式として主に寺院建築に用いられたことに対して、居住をともなう宮殿建築には、わが国古来の伝統的な宮殿建築の様式（材料、構法、特に柱を掘立柱式とすることと屋瓦を用いず植物性の屋根葺材を用いること）を用いることを意図したと理解すべきと考える。藤原宮以降の宮殿においても、朝堂院や大極殿院などの中枢部の建築に大陸式の様式が採用されても、内裏の建築には掘立柱式で屋根を瓦葺きとしないわが国の宮殿建築の伝統様式がかたくなに守られることからも、このような意識があったことを窺うことができよう。

3　「小柱穴」と木製基壇

前期難波宮の内裏、朝堂院の主要建築には、同時代の他の宮殿遺跡や寺院建築にもほとんど例をみない特徴がある。建物本体の周囲に一回り小規模な柱穴、小柱穴が取り付くことである。どのような構造的役割をもつものか明確にすることができず、前期難波宮の建築を復元するうえで大きな問題となっていた。そのため改めて遺構に則して、特に柱穴の太さ、掘形の大きさ、深さといった特徴を再検討し、筆者はこれが木製基壇の支柱であると考えた。(1) ここでは小柱穴木製基壇説の概要を記し、若干の加筆を行うものである。

小柱穴が付属する建物は、内裏南門（SB三三〇一）、内裏前殿（SB一八〇一）、内裏後殿（SB一六〇三）、軒廊（SC一七〇一）、SB二一〇一、SB二〇〇一、東・西八角殿、朝堂院東・西第一堂および第二堂、内裏正殿区画南面回廊および八角殿院回廊であるが、これらは内裏および朝堂院の主要な建物ということである。それらに取り付く小柱穴に共通する特徴として次のことがあげられる。まず本柱との重複関係であるが、小柱穴の掘形が本柱の掘形を切って掘られていることから、施工の順序としては、建物本体の柱が立てられ掘形が埋め戻された後に小柱穴の掘形が掘られたこと。また建物本体の柱の抜き穴と同様に、小柱穴の抜き穴にも焼土が混入していることから、焼失時に両者ともに存在していたことがわかる。建物本体の柱穴との距離は、大規模な建物で柱心々で一・六㍍、小規模な建物や回廊で〇・八㍍程度である。

以上のような特徴をもつ小柱穴の構造については、これまでにいくつかの復元案が検討されている。それらは概ね、①足場穴説、②軒支柱説、③裳階説、④縁束説、⑤木製基壇説、に分けることができる。これらについて個々に検討を加え、⑤木製基壇説であれば、先にあげた遺構の特徴を合理的に説明することができると考えた。これは小柱穴が土留めのための支柱となり横板を支持し、これによって基壇内部の盛土部分の荷重を支えるとともに、支柱の外側には化粧材（板）を取り付け基壇外装とするというものである。

小柱穴は柱穴としてみた場合決して小規模なものではなく、取り付く建物の本柱に劣らないほどの規模のものさえあり、相当な力に抵抗できるだけのものであったとおもわれる。基壇土の築成時だけでなく竣工後も恒常的な土留めとして用いる場合にはその支柱には継続的な力がかかり、したがってそれに耐えるだけの柱径および深さが必要となる。木製でありまた地面に接しているため湿気等の影響を受けやすく、風雨等による痛みがすすみやすい。基壇として外観を飾るために必要な体裁を整えるためにも、支柱にはある程度以上の太さが必要であったとおもわれる。先述の小柱穴の深さおよび柱径は、これに耐えるだけの規模であったとおもわれる。(2)孝徳朝には唐の礼制を採用し、従来の匍匐礼《ほふくれい》から中国式の立礼に改められたが、これなどは中国式の基壇建築の採用と一連の関係にあるのかもしれない。

宮殿建築に大陸式の建築様式が採用されるようになるのは、藤原宮以降である。前期難波宮の宮殿は、新たな政治理念と中央集権体制を体現できるだけの壮麗にして雄大な外観が必要であった。そのため個々の建築の構法や材料はわが国古来の宮殿様式にこだわりながらも、処々に新しい大陸式の建築様式の手法を採用したものとおもわれる。木製基壇の採用も、その一つと理解したい。前期難波宮の建築は、大陸式の建築様式がわが国の宮殿建築に導入されてゆく過渡期の建築様式として、極めて興味深い例といえよう。

4　出土遺物から推測される建築形態

近年の発掘調査で、前期難波宮跡の建築の外観を推測できるいくつかの出土遺物がみつかった。(3)この調査地は難波宮跡の中心部からおよそ二五〇㍍ほど東側で、ここに南西方向から入り込む谷地形があり、それを埋めた地層に多くの焼土等が混入していた。焼土はほとんどが焼壁であり、そのうちの多くに表面に白土が塗られていた。また榛原石と呼ばれる平たく加工した石材が出土し、さらに鉄釘も出土した。これらのことから前期難波宮を構成する建築の具体的な姿の一端、特に大陸式の進んだ建築技術が用いられていた状況を窺うことができる。以下に概要を述べる。

前期難波宮は朱鳥元年（六八六）の火災により焼け落ちたことがわかっている。その後の焼け跡処理にあたって、壁土等の残骸を宮殿東側の窪地に投棄したものとおもわれる。それらは位置関係から主に内裏の中心部の建物に使用されたものと考えられている。壁の表面が残るもののなかで七割は荒壁・中塗りの二層からなり、残りの三割は白土塗りである。これまでの調査でみつかっている焼土の出土状況（位置）から、内裏周囲の回廊などの大多数の建物は白土塗りでない通常の土壁であると考えられており、内裏前殿などの一部の中心建物が白土塗りの白壁であったと考えられる。

鉄釘はこれまでの調査で出土していたものと合わせて二点ある。釘頭が二・八チセン×二・四チセンで、復元すると三〇チセンほどとなり、現存するものでは唐招提寺金堂の地垂木止釘に近いという。

榛原石は正確には流紋岩質溶結凝灰岩といい、奈良県西部の室生地域で産出する。端面を丁寧に打ち欠いて直線的に加工し、二〜三チセンの厚みに平たく整形している。残存する長辺が一〇チセン以上のものが二五点ある。奈良地域では古代寺院の基壇や敷石に使用されており、前期難波宮でも類似の使い方がなされていた可能性が高いが、使用部位は明確でない。このほかに磚も出土している。

前期難波宮は全体の計画から個々の建築の設計、施工計画にいたるまで、高度な計画性がみられ、中国大陸もしくはその影響を受けた朝鮮半島の進んだ造営思想、設計手法、技術が反映されていることを先に述べた。それらを具体的に示す資料として、上記の出土物は興味深いものと言える。

二　後期難波宮

1　後期難波宮の殿舎配置の特徴について

前期難波宮よりも層位的に後出することの明らかな一連の遺構を、後期難波宮と呼んでいる。伴出の遺物や建築的な特徴から、聖武朝の難波宮であると考えられている。大極殿院や朝堂院などの中心部の建物は大陸式の建築様式で飾られている。前期難波宮と同様に、北に内裏、その南側に大極殿院、朝堂院を置く。その南側には朝集殿があったとおもわれる。以下、各区画の規模、形態、建物配置等の特徴をまとめ、形態の類似する平城宮東区上層遺構との比較をとおして、後期難波宮の性格、位置付けについて考察する（図3、4）。

発掘調査により明らかとなった後期難波宮の形態は、平城宮東区の上層遺構と類似点が多い。内裏の規模に関しては全く同寸法であり、場所によっては柱間数まで同じというところがある。ただ構造は一様に難波宮の方が簡略化、もしくは小規模化したものとなっている。具体的には以下の点があげられる。

内裏の東西幅、および内裏正殿区画の東西・南北幅は、いずれも平城宮東区上層遺構と全く等しい寸法で計画されているが、平城宮の場合、東・西面を画するのは単廊であるのに対して難波宮は一本柱の塀とされている。内裏正殿の桁行柱間数はともに九間であるが、梁行は平城宮が五間であるのに対して難波宮は四間と小規模である。難波宮ではその南側に前殿を置いているが、平城宮など他の王宮跡にはこのような形式はみられず、むしろ伯耆、下野、肥前などの地方国衙の正庁にみられる形態である。大極殿院および大極殿も難波宮の方が一様に小規模であり、また朝堂の数は平城宮が一二堂であるのに対して難波宮は八堂と少ない。

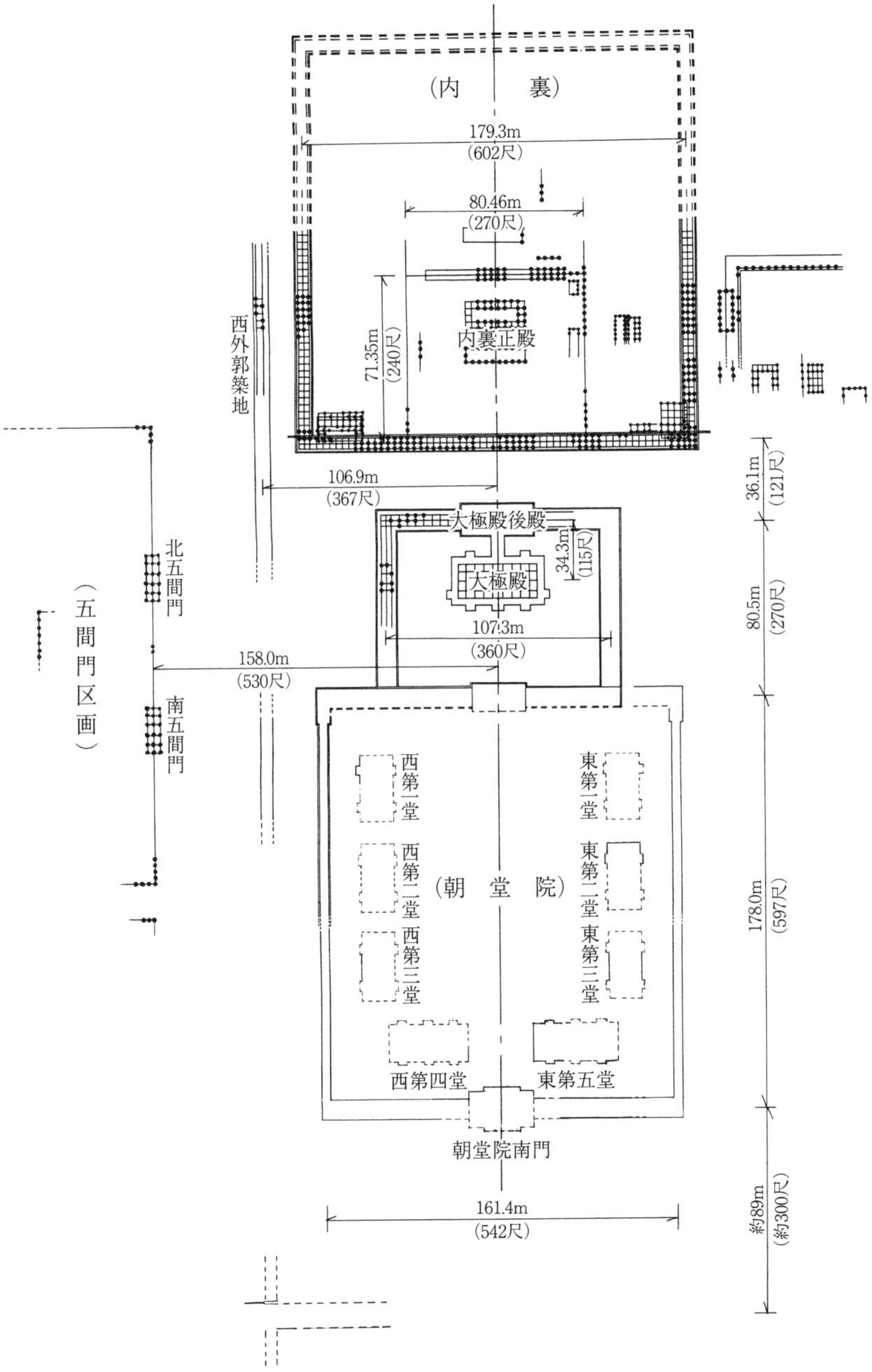

図3　後期難波宮殿舎配置図

一方、両大極殿院はともに東西に長い長方形を呈するのであるが、このような形はわが国の宮殿で初めて採用される形態である。また大極殿と後殿が軒廊で結ばれ、後殿の両妻に回廊が直接取り付くという形もそれ以前の宮殿には例がない。

朝堂院の西方には、桁行五間、梁行二間の門を二ヵ所に配した南北約一九六㍍の区画がある（以下これを五間門区画とよぶ）。五間門とは、古代においては通常宮殿の中枢部の最重要区画や宮殿最外郭のいわゆる宮城一二門などの、限られた場所にのみ用いられる極めて格式の高い形式の門である。この区画内で検出された奈良時代の井戸から後期難波宮の重圏文軒瓦が多量に出土しており、この場所にあった建物が瓦葺きであったことが窺える。この五間門区画がどのような性格であったかを考える際に、平城宮の中枢部のあり方が参考になる。平城宮の中枢部には二つの朝堂院が並置する。東側に実務、政務を行う一二朝堂を、中央に国家的儀式、饗宴等を目的とした四朝堂を置いていた。後期難波宮朝堂院西側の五間門区画も、その格式の高さ、建築形態（特に瓦葺の建物であったこと）などから、同様に儀式、饗宴等を目的とした施設であったと推定することに無理はないと

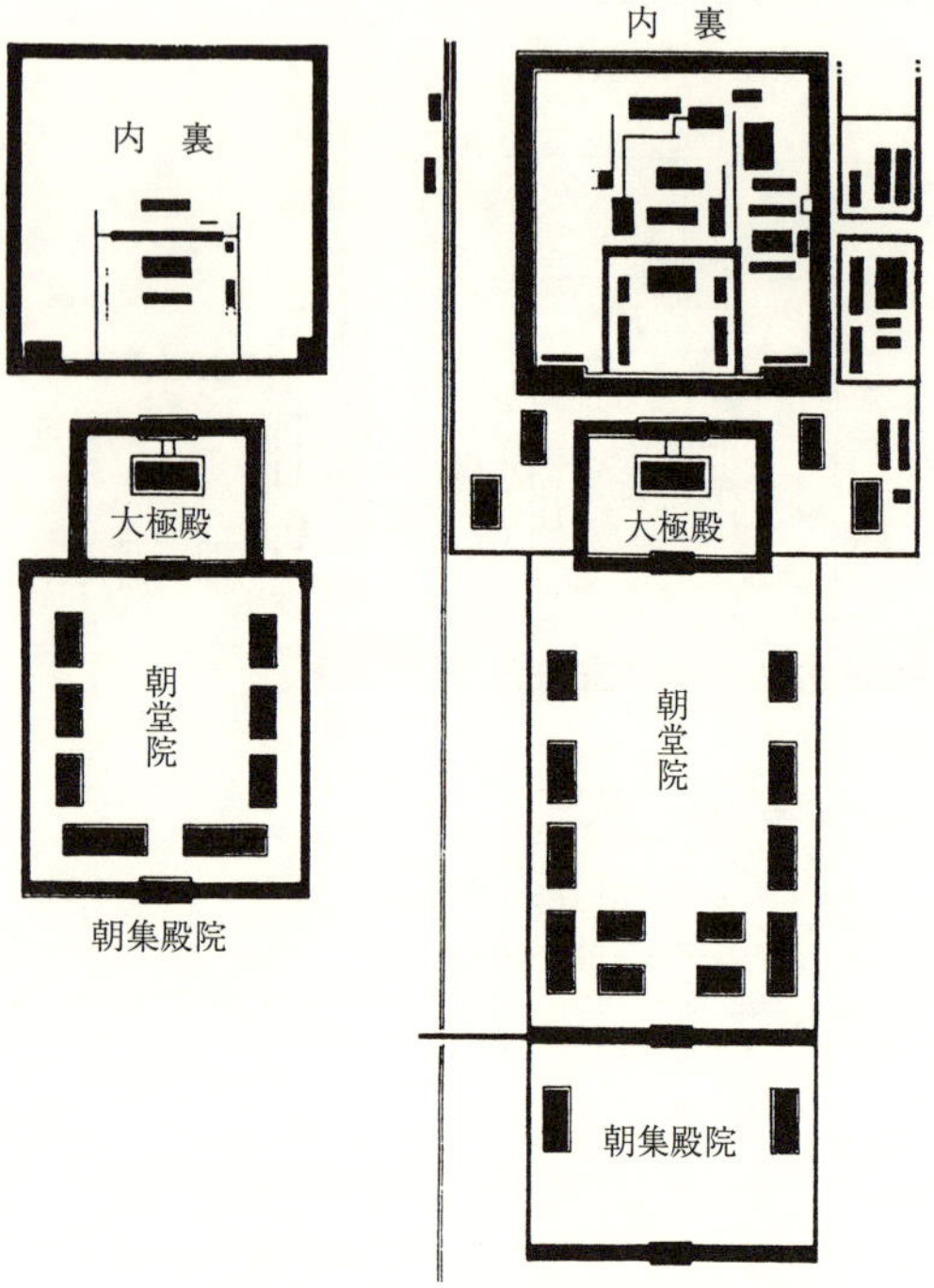

図4　後期難波宮㊧と平城宮東区上層遺構㊨

おもわれる。

このように、後期難波宮と平城宮東区上層遺構の内裏・朝堂院をみた場合、両者は類似の形態をとり、そのなかにはわが国の宮殿としては初めて採用された形もあることを紹介した。一方両者の規模を比較した場合、その規模・構造は、一様にまた意図したように難波宮の方が小規模もしくは簡略化したものであることがわかった。続いて後期難波宮をこのような形態とした理由を考える。

2　後期難波宮の位置付けについて――平城宮東区上層遺構との比較から――

以上のように、後期難波宮の朝堂院西側には五間門区画が存在し、その性格は、儀式、饗宴等を目的とした平城宮の中央区四朝堂区画と同様のものである可能性が高いことを述べた。そしてこのような形態は、平城宮、平安宮にもみられるものであり、奈良〜平安時代初期を通して宮殿の中枢部に共通してみられるものであることが理解された。また先述のように、後期難波宮が形態の整った内裏、大極殿院と、八堂形式とはいえ朝堂院をもち、また朝集殿を備えていたことは改めて注意する必要がある。これらの状況を考えると、後期難波宮には主都平城宮が持っていた主要施設はほぼ備わっていることが理解される。後期難波宮は必要なときには主都としての機能を代替できるように計画されていたと考えることが可能であろう。難波宮の完成後ほどなく、天平六年（七三四）九月、有位の官人に対して難波京の宅地が班給されたこともこの推定を助ける。

一方、後期難波宮の形態およびその造営年代と、平城宮中枢部の変遷のうち特に聖武即位にまつわる造営や、恭仁京からの遷都後の改修の内容を比較した時、両宮の関連性について興味ある点に気付く。そして後期難波宮の造営にまつわる当時の状況を探る手掛かりを得ることができる。

後期難波宮は聖武天皇が神亀三年（七二六）より造営を始め、天平四年（七三二）ころにおよそ完成した宮殿である。一方、平城宮は中央の朱雀門北側に大極殿院を置き、その南側の朝堂院区画は基壇建築の四朝堂が建てられる計画であったが、この四朝堂区画の建設は遅れ、創建当初は広場のままであった。東区は、当初掘立柱式の正殿と一二の朝堂であったものが、恭仁京からの遷都後、天平十七年（七四五）からの改修により大極殿がこちらに移され一二朝堂の正殿となり、また一二朝堂は瓦葺・基壇建てとされた。

このような中枢部の変遷をみると、中央区の大極殿院は当初の造営意図が中国式の宮殿を意識したものであり、またこれが宮殿の中央に置かれていることからも、東区の掘立柱式の一二朝堂院よりも重要視されたと判断することに問題はないであろう。これが恭仁京からの遷都後、大極殿が東区に移され、また一二朝堂院が瓦葺、基壇建てとされたことから、中枢部の重要性は実質的に中央区から東区へ移ったとみることができる。

この間の経緯において、後期難波宮との関係を考えるうえで以下のことに留意すべきと考える。天平十七年以降に行われた平城宮への遷都に伴う改修、つまり上層遺構へ建て替えを行ったことは、すなわち東区の優越性を認めこれに対応した改修を行うということであるが、実はこれに先駆けて、後期難波宮において大極殿を八（一二）朝堂の正殿として宮殿の中央に置き、その西側に儀式・饗宴施設である五間門区画を置くという中枢部の構造がすでに実行されていたということである。また当初は広場のままであった平城宮中央区の朝堂院区画に四朝堂が造営された時期として、神亀・天平頃とする考えが有力であるが、神亀・天平年間というと後期難波宮が造営されたまさにその時にほかならない。平城宮において、聖武即位にむけて当初の計画による造営が継続される一方、難波宮においてはこれを改めた新たな思想による新宮殿の造営がすすめられていたという、非常に興味深い状況を窺うことができるのである。

3　後期難波宮大極殿の構造について

さてこれまでの後期難波宮の建築、特に大極殿の構造については、澤村仁氏の考察をもとに記述を行ってきた。氏の復元する大極殿は単層で屋根は寄棟造であるが、これに対して、大極殿であるから（副都の位置付けとはいえ）重層とすべきであり、また屋根構造はわが国で最上級とされる入母屋造とすべきではないかという意見がある。澤村氏がこのような復元としたのは、わが国の古代建築に及ぼす中国の影響をより強いものと考えることによるものであるが、これについての考え方の違いは概ね以下のとおりである。

中国では古代以降、宮殿の中心的な建物は単層であり、屋根構造は寄棟造りとする。これに対してわが国では切妻造が寄棟造よりも重要と考えられたことから、一般的には切妻造から発展した入母屋造の方がより重要度が高いと考えられている。単層か重層かという問題については、わが国では飛鳥時代以降、主たる寺院建築の金堂は重層である場合が多く、奈良時代には興福寺中金堂や東大寺大仏殿のように単層である場合でも裳階をつけ外観を重層にみえるようにしている。そのため大極殿という宮殿内で最重要な建物であれば重層と考えるべきというものである。

屋根形式が入母屋造か寄棟造かについては、平城宮第一次大極殿の復元にあたり様々な検討がなされ、わが国では飛鳥、奈良時代の大寺院の金堂に入母屋造が多いこと等の理由からこの形式が採用された。ただし寄棟造を否定するものではないとされている(4)。

澤村氏が単層、寄棟造と考えたことについては、わが国の古代建築に対する中国の影響を、七世紀末期以降はより強いものと位置付けたことによるものである。これをどのように考えるか意見の分かれるところであろうが、難波宮大極殿の屋根形式を寄棟造と考えることに有利な次のような意見もある。わが国の古代建築は身舎の桁行柱間を等間

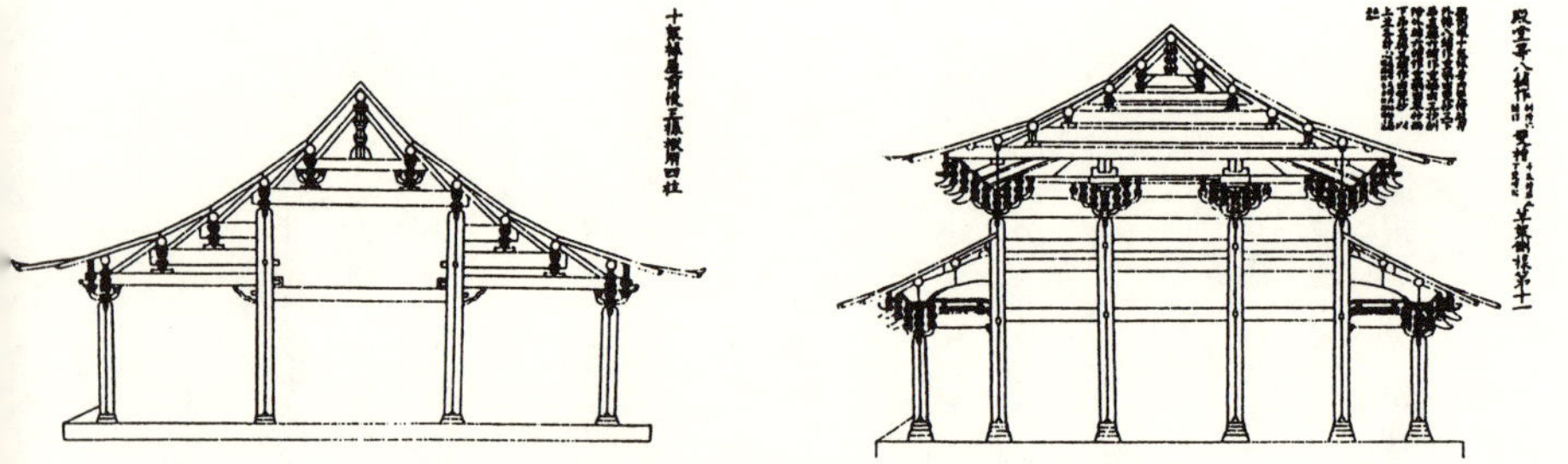

図5 『営造法式』に記された「庁堂」(左)と「殿堂」(右)

隔とするものが多いが、後期難波宮大極殿の桁行き柱間は、階段耳石の位置等の理由により、中央間を広くとり端にいくほどに短くするという平面であったと考えられている。これは正面観を引き締めるという効果を求めたものであるが、その他に桁行きの中央間を広くとった場合でも、身舎の桁行き端間を狭くすることにより、隅木の内側端を支える位置に身舎の柱筋を揃えるということがやりやすくなり、構造的にも有利となるなど、寄棟造に適している柱配置であるという意見である。[5]

後期難波宮の大極殿の構造を復元するにあたり、中国からの影響がより大きなものであった可能性を窺わせる材料として、もうひとつ別の事柄をあげることができる。身舎柱と庇柱の高さを同じ高さに考えることである。澤村氏はわが国の古代建築の構造を考える場合、中国の建築書である『営造法式』巻三一、「大木作制度図様」に記載のある「殿堂」、「庁堂」を考慮すべきであるとされた。殿堂は大規模で格式の高い建築に用いられる構造であり、身舎柱と庇柱を同高とし裳階つきとする。一方、庁堂は庇柱に対して身舎柱を庇の垂木勾配分だけ高くしたもので、規模の小さい建築に用いられることが多い（図5）。わが国では古代〜中世の建築は現存する例では法隆寺金堂と興福寺東金堂以外はすべて庁堂形式であるため、これらは例外的なものであり、わが国には殿堂形式の構造は採用されなかったとするのが一般的な解釈であった。これに対して澤村氏は、わが国に殿堂形式がみられないのは、現存する建物が第一級の寺院金堂ではなく中規模以下の建物であるため、庁堂だけが残っているとも解釈できる。興福寺中金堂や薬師寺金堂は殿堂形式であった可能性も考えておく必要があるとする。(6) これまでに氏が公表されている後期難波宮大極殿の復元断面図は、身舎柱と庇柱が同高とされていて（図6）、殿堂形式の特徴を示している。わが国の古代建築にも大規模で格式の高い建築にはこの形式が採用された可能性があるという考えを早くから示されていたが、大勢の同意を得るにはいたっていなかったように思う。

一方で平城宮跡の整備事業の一環として、第一次大極殿の復元計画がすすみ、具体的な構造計画の検討が行われてきた。いくつかの案を作成し、構造診断等を行ったところ、庇柱を低くした構造では上層の荷重を身舎柱のみが受けることになり、構造に無理が生じることがわかった。両柱の高さを揃え、三手先組物で柱上部を繋ぐことにより、屋根荷重を無理なく庇柱に伝えることができることがわかり、復元大極殿にはこの形式を採用することとなった。『営造法式』にある殿堂と庁堂とは、澤村氏の考えとは異なり三手先組物と単純組物を用いるものとの違いこそが本質的なものであり、また第一次大極殿の復元にあたり両柱を同高としたのは三手先組物の使用を含めた総合的な判断によるものであることなどの見解が述べられているが、(7) 早くより、わが国の古代建築においても身舎柱と庇柱を同高とする建築形式の存在を考慮すべきであるとされた澤村氏の見識の高さは再評価されるべきであろう。

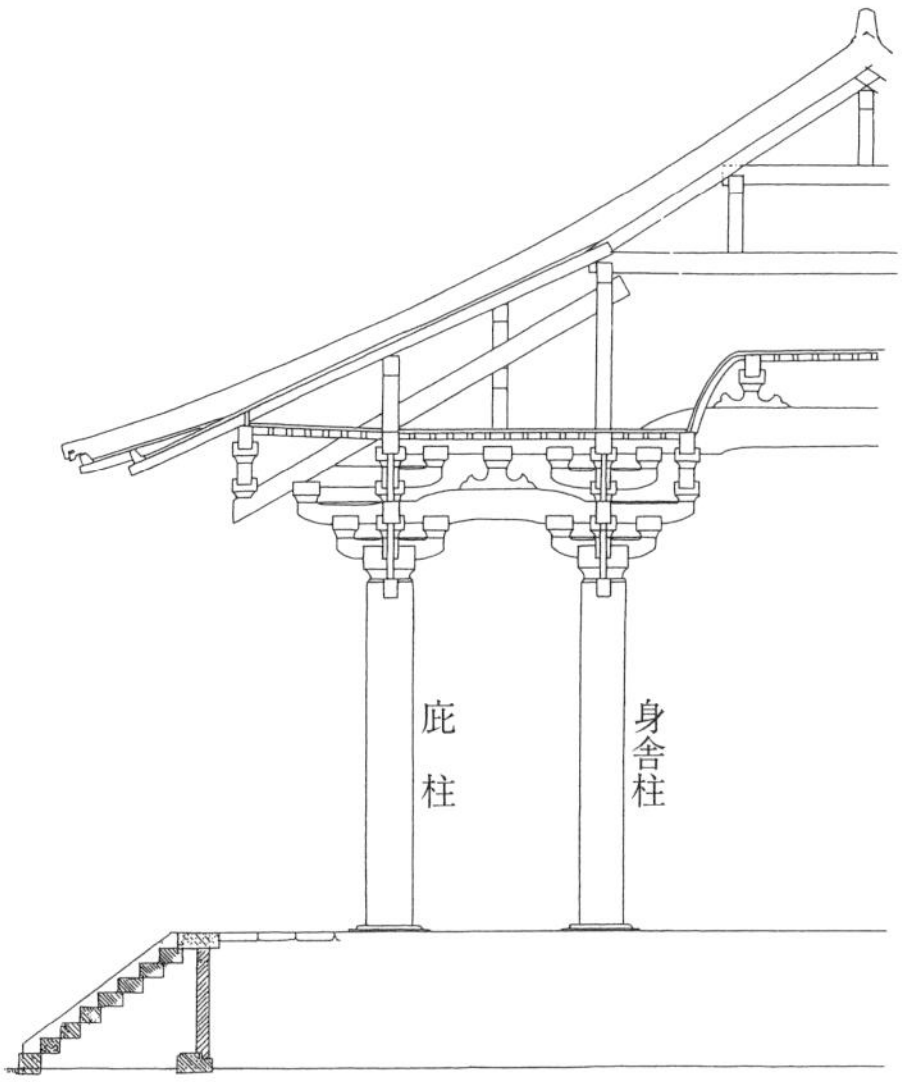

図6　後期難波宮大極殿復元断面図

後期難波宮の大極殿の復元案に示されたこれらの要素から、

中国の建築が及ぼしたわが国古代建築への影響を、もう少し大きく考えることも必要ではないかと考えるのである。

註

（1）植木久「大和への玄関　難波津」（『新版古代の日本』六、角川書店、一九九一年）、同「前期難波宮の遺構にみる建築的特色―特に小柱穴を中心として―」（『大阪市文化財協会研究紀要』二、一九九九年）など。

（2）築地の版築を行う時に用いる堰板を支えるための柱穴は小規模なものが多く、土留めのためだけならば前期難波宮にみられる小柱穴ほどの規模は必要ないのではないかという意見がある（李陽浩「前期難波宮の小石敷きをめぐって」〈『郵政考古紀要』五二、二〇一一年〉）。築地の版築を行う場合は、堰板とそれを支える添柱で一単位（三〜五㍍程度）ごとに枠を組んで築土を行ういわば型枠工法である。部材を相互に固定し、また一時的な使用であるから、それほど太い柱を用いる必要はない。山城の土塁でも基本的には同様である。基壇の場合は築地とは基本的に異なり、木製基壇に用いられている支持柱は柱径も太く、羽目板のみの構造である場合も含めて深く彫り込まれている例が多い。新潟県横滝山廃寺や三河国分寺跡、遠江国分寺跡、陸奥横手廃寺、近江国庁東隣接地建物など、これまでに各地で発見されている木製基壇にそのような例をみることができる。そのほかにも小柱穴木製基壇説についていくつかの疑問点が示されているが、すでに予定の枚数を越えているため、それらについての筆者の意見は別稿に譲る。

（3）大阪市博物館協会大阪文化財研究所『難波宮址の研究』一八（二〇一二年）。

（4）奈良文化財研究所『平城宮第一次大極殿の復元に関する研究』二、木部（二〇一〇年）。

（5）同右。

（6）澤村仁『日本建築史基礎資料集成』四、仏堂Ⅰ（中央公論美術出版、一九八一年）、同「後期難波宮大極殿の建築ほか二・三の問題」（『難波宮址の研究』一〇、大阪市文化財協会、一九九五年）。

（7）奈良文化財研究所前掲註（4）。

後期難波宮の屋瓦と大阪府下出土の同笵瓦

八木久栄
宮本佐知子

一　後期難波宮の屋瓦

後期難波宮は聖武天皇が神亀三年（七二六）十月、式部卿従三位藤原宇合を知造難波宮事とし造営した難波宮をいう。聖武朝難波宮ともいい、その宮殿の屋瓦について述べたい。なお、聖武朝難波宮は桓武天皇延暦三年（七八四）に長岡宮造営のために解体・運搬され再建されていて、屋瓦も再利用されている。[1]

1　後期難波宮跡出土瓦の概要

〔**二系列の瓦類**〕　出土瓦には重圏文系と蓮華・唐草文系の二系列がある。瓦類には軒瓦、丸・平瓦、熨斗瓦、面戸瓦があり、重圏文系には鴟尾や鬼瓦に隅木蓋瓦が加わる。

〔**型式番号**〕　年代・種類・製作技法等によって分類し、四桁の数字で表わす。奈良国立文化財研究所の瓦類型式分

図1　蓮華・唐草文軒瓦（6303–6664B）㊧と重圏文軒瓦（6015A–6572A）㊨　大阪文化財研究所所蔵

類システムを準用し、難波宮独自の数字をつけたので、平城宮跡の型式番号とは一致していない所がある。[2] 例えば軒丸瓦六〇一二、軒平瓦六五七二などである。

〔**型式数と出土数**〕　分類された主な型式数は重圏文系では軒丸瓦一九、軒平瓦一八、鴟尾三、鬼瓦四型式で、蓮華文軒丸瓦は二、唐草文軒平瓦は四型式である。[3] 報告された軒瓦の出土数は約一〇〇〇点を超え、重圏文系が七九・四％、蓮華・唐草文系が二〇・六％で、重圏文系が五分の四を占める。出土数の多い型式は重圏文軒丸瓦が六〇一二、六〇一四、六〇一五A、六〇一六、同軒平瓦が六五七二A・D、六五七三A、六五七四B・C・Dで、蓮華文軒丸瓦六三〇三、唐草文軒平瓦六六六四Bである（図3・4）。重圏文軒平瓦六五七三Aを除いて難波宮創建期の瓦と考えられる。

〔**軒瓦の文様**〕　軒瓦の文様は木製の笵型によるとみられる。難波宮と平城宮とは同型式の文様でも同笵瓦はなく、難波宮創建期に他所から搬入した瓦もみられない。

重圏文軒丸瓦の文様は全て三重圏文で、中央の珠文は無い。外縁は直立縁かそれに近い傾斜縁で高い。圏線は細いが断面はやや高い半円形である。型番番号には六〇〇八〜六〇一一A・B、六〇一二〜六〇一五A・B、六〇一六〜六〇二三があり、六〇一五Aの中央には「右」逆字の陽刻、六〇一三には「右」正字の陽刻がある（図3・4）。後出の瓦には圏線が太くなるもの、断面が台形状になるものがある。瓦当径は一三・一〜一九・八㌢である。

重圏文軒平瓦は外縁の中に配する弧線の数と形、瓦当幅で分類する。六五七一は外縁の中に弧線が一本、六五七三は弧線が二本、六五七二は二本の弧線が両脇で縦線と繋がる、六五七四は六五七二の内側にもう一本の弧線をいれる、三本の弧線が脇の外縁に繋がる六五七六の五種類がある。さらに弧線の形や瓦当幅の大小によって六五七二はA〜H、六五七三と六五七四はA〜Dに細分する（図3・4）。弧線の断面は六五七二A〜H、六五七三B、六五七四A〜Dは半円形で、六五七三A・C・Dは台形に近い。難波宮重圏文軒平瓦で特徴的なのは六五七二で、弧線が瓦当の中央で厚く高く左右の脇にいくに従い薄く低くなることである。六五七三A・C・Dは断面形が六五七二とは異なるにも拘らず中央部の弧線が厚い。六五七二Aと六五七四Aには瓦当のほぼ中央で弧線の間に「＋」の陽刻がある。外縁は六五七二と六五七四A・Bは高くて厚く、六五七三と六五七四C・Dは弧線とほぼ同じである。重圏文軒平瓦の瓦当幅は二一・六〜三〇・七㌢である。六五七三A〜D、六五七二Hは製作技法から後出の瓦とみられる。

蓮華文軒丸瓦には六三〇三と六二四一がある（図3・4）。

軒丸瓦六三〇三は複弁八葉蓮華文で、中房には1＋6の蓮子を配し、蓮弁は線刻、間弁は連続する間弁B系統[4]である。外区外縁は内行斜縁に一九の線鋸歯文を配し、内縁には二本の界線の中に二一個の蓮珠を廻らす。六三〇三は弁区と中房が大きく盛上がっている。瓦当径は一六・一㌢である。

軒丸瓦六二四一は複弁八葉蓮華文で杓子状の間弁がある。中房は大きく1＋4＋8の蓮子を配し、外区外縁は直立縁で内縁は二本の界線の間に一六個の蓮珠を廻らす。瓦当径は一六・六㌢である。

唐草文軒平瓦には六六六二、六六六四A・B、六六七三がある（図3・4）。

軒平瓦六六六二は出土数が少なく瓦当文全体は不詳である。

軒平瓦六六六四A・Bは文様構成が同じ均整唐草文で、中心飾りは花頭形の垂飾りで基部の端はわずかに開き上外区界線には接しない。三葉からなる唐草文は三回転して第三単位の主葉が脇区界線に取り付く。六六六四AとBの主な違いは上下外区の珠文数と瓦当の大きさで、Aの珠文は一五個で瓦当幅は三〇・七チセン、Bの珠文は一九個で瓦当幅は二八チセンである。共に短かい段顎である。

軒平瓦六六七三は中心飾りが木葉状の垂飾りで、唐草文は巻き込みのある主葉と垂飾りと同様の輪郭線で表わした木葉状のものとからなる。外縁にはその内外に小突起線を巡らし、上外区と脇外区には杏仁形珠文を、下外区には線鋸歯文を配する。曲線顎で下外縁は半ば削られている。木葉状文は軒丸瓦六二四一の間弁と同様の表現である。

〔鴟尾〕　難波宮跡発掘調査の契機となった大型鴟尾片が出土した大極殿院東方地区からはその後も鰭や珠文が、大極殿院回廊南西隅からは小さな珠文が、朝堂院西第四堂跡からは拒鵲鴟尾の頂部片が出土している。宮北西部からは葡萄唐草文の一部が出土し、先の大型鴟尾片と合わせて葡萄唐草文鴟尾の復原をしている。

〔鬼瓦〕　外形は裾広がりのアーチ形で、文様はアーチ形に沿って三重の凸線を巡らし、中央に縦三本の凸線を配する。下端中央は半円形に刳りをいれて両側を脚部とする。笵型による製作である。中央の縦突線に上下二か所の固定用の釘穴をあける。難波宮の鬼瓦は重圏文で軒瓦と文様を統一している。鬼瓦突線の断面は頂上部が丸みのある山形の六九二〇、六九二一と、台形に近い六九二二、六九二三とがあり、前者が創建期のものと思われる。最大の鬼瓦六九二〇は総高三九・四チセン、最大幅四四チセンで、最小の六九二二は焼成後、下辺部を打欠いて使用していて、残りの大きさは高さ約一七チセン、最大幅二六・五チセンである。(5)

2　瓦の組み合わせと瓦窯

重圏文系瓦の組み合わせ

〔六〇一五A―六五七二A〕　軒瓦の組み合わせは早くから検討されていたが、第一四次内裏西方外郭築地調査で大きく進展した（図2⑦）。南北に長い片庇廊の東側屋根瓦がそっくり裏返しに落ちた状態で、幅約三㍍長さ約二六㍍にわたって検出された[6]。この瓦堆積の整理によって次の一括資料を得た。

瓦の組み合わせは軒丸瓦六〇一五A―軒平瓦六五七二A、丸・平瓦は六一六一B―六五六一C、面戸瓦六九七〇などである（図3⑦）。軒丸瓦六〇一五Aと面戸瓦六九七〇は丸瓦六一六一Bを原体として作り、軒平瓦六五七二Aは平瓦六五六一Cを原体としており、熨斗瓦もこの平瓦を半截したものであろう。出土状況から軒丸瓦は三〇㌢に一個の割合に並んでおり、軒丸瓦六〇一五Aと軒平瓦六五七二Aの屋上での状態が推定できる[7]。

〔六〇一二―六五七二D〕　第二一次調査、内裏内郭東一本柱列に伴う瓦類である（図2・3⑥）。軒丸瓦六〇一二―軒平瓦六五七二Dに丸瓦六二六一B・C、平瓦六五五一B、面戸瓦六九七六の組み合わせである[8]。

〔六〇一四―六五七四〕　内裏南面回廊と東面回廊南半部の出土瓦は、第一四次のように型式が集中しない。軒瓦の約五〇％が軒丸瓦六〇一四、軒平瓦六五七四であるのでこれを組み合わせとみている[9]（図2⑤、図4）。

蓮華・唐草文系瓦の組み合わせ

〔六三〇三―六六六四A・B〕　SB一〇〇二一に伴う瓦群である（図2・3⑧）。蓮華文軒丸瓦六三〇三―唐草文軒平瓦六六六四A・Bの組み合わせに、丸瓦六一六二A・B・C、平瓦六五六二A・B、六五五二、面戸瓦六九七一B、六九七七などの一括資料である。軒瓦・道具瓦は丸・平瓦を原体として作る。丸瓦は粘土紐巻き上げ作りで、平瓦も

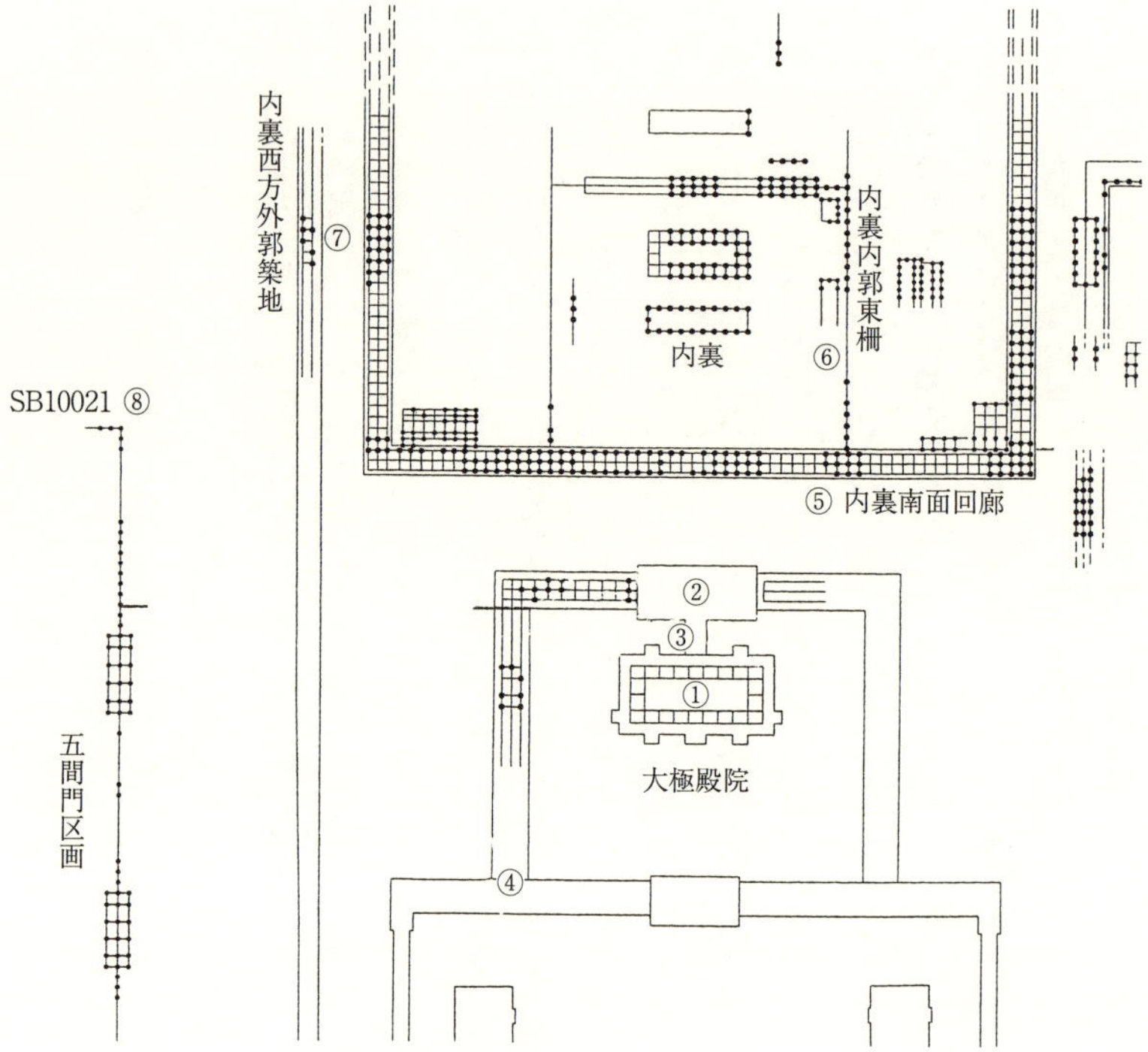

(a)後期難波宮遺構配置と主要瓦出土地点

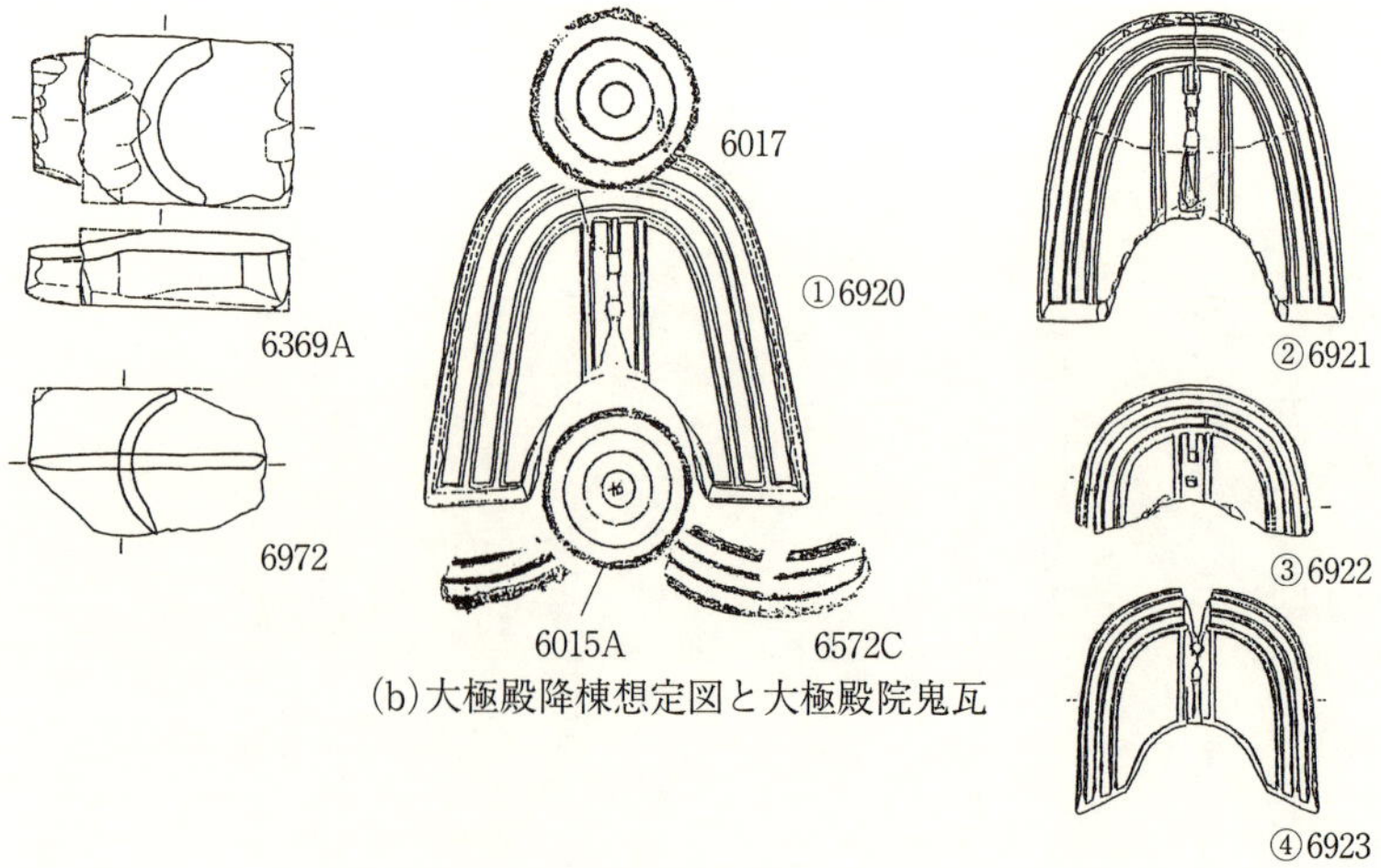

(b)大極殿降棟想定図と大極殿院鬼瓦

図2　後期難波宮遺構と出土瓦

その可能性がある。[10]

〈**その他の組み合わせ**〉　蓮華・唐草文瓦の出土は内裏・東方官衙・西方官衙と広域にみられる。多くは重圏文系瓦との共伴で両者の屋上での状態はよく分っていない。吹田市七尾瓦窯産である。[11]

瓦窯跡

〈**重圏文系瓦の瓦窯跡**〉　難波宮跡の東方から森の宮遺跡にかけての上町台地東斜面で、焼歪み瓦、融着した瓦、焼壁等瓦窯の存在を窺わせる資料が約一〇ヵ所から出土している。軒平瓦六五七二・六五七四の歪み瓦もあり、この一帯が候補地の一つである。[12]

〈**七尾瓦窯跡**〉　吹田市岸郡北五丁目一〇他。[13]後期難波宮の蓮華文軒丸瓦六三〇三、唐草文軒平瓦六六六四A・Bと丸・平瓦、面戸瓦、熨斗瓦、塼等一式を生産した瓦窯群と工房の跡である。六世紀〜七世紀前半には須恵器の生産地であった。難波宮跡からは北方約一二キロにあり、製品の運搬は水運によったのであろう。

3　大極殿院に葺かれた重圏文系屋瓦

大極殿院の屋瓦

〈**瓦類出土の状態**〉　大極殿院地域は第一三・一五・一七次の確認調査と難波宮跡環境整備のための第三三〜三七・三九次調査をした。[14]

大極殿跡は基壇周辺の小石敷上に幅数メートルの瓦散布帯があり、瓦片は基壇側が密で外方は疏であった。この状態は難波宮が延暦三年に長岡京造営のために解体され、瓦類も搬出した後の状態に近いと思われる。後世の攪乱壙や削平も難波宮跡としては非常に少ない状態であった。

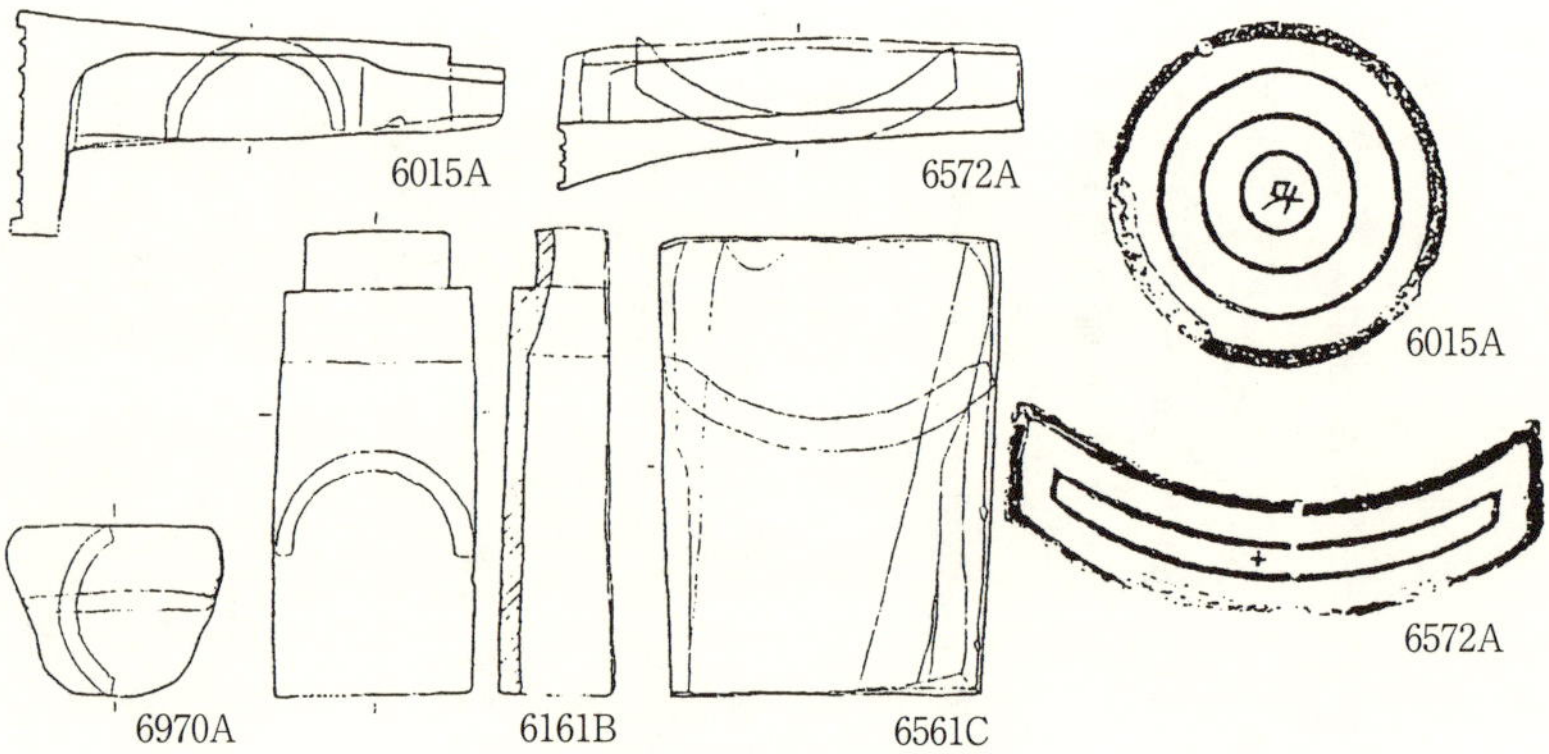

⑦内裏西方外郭築地（第14次）

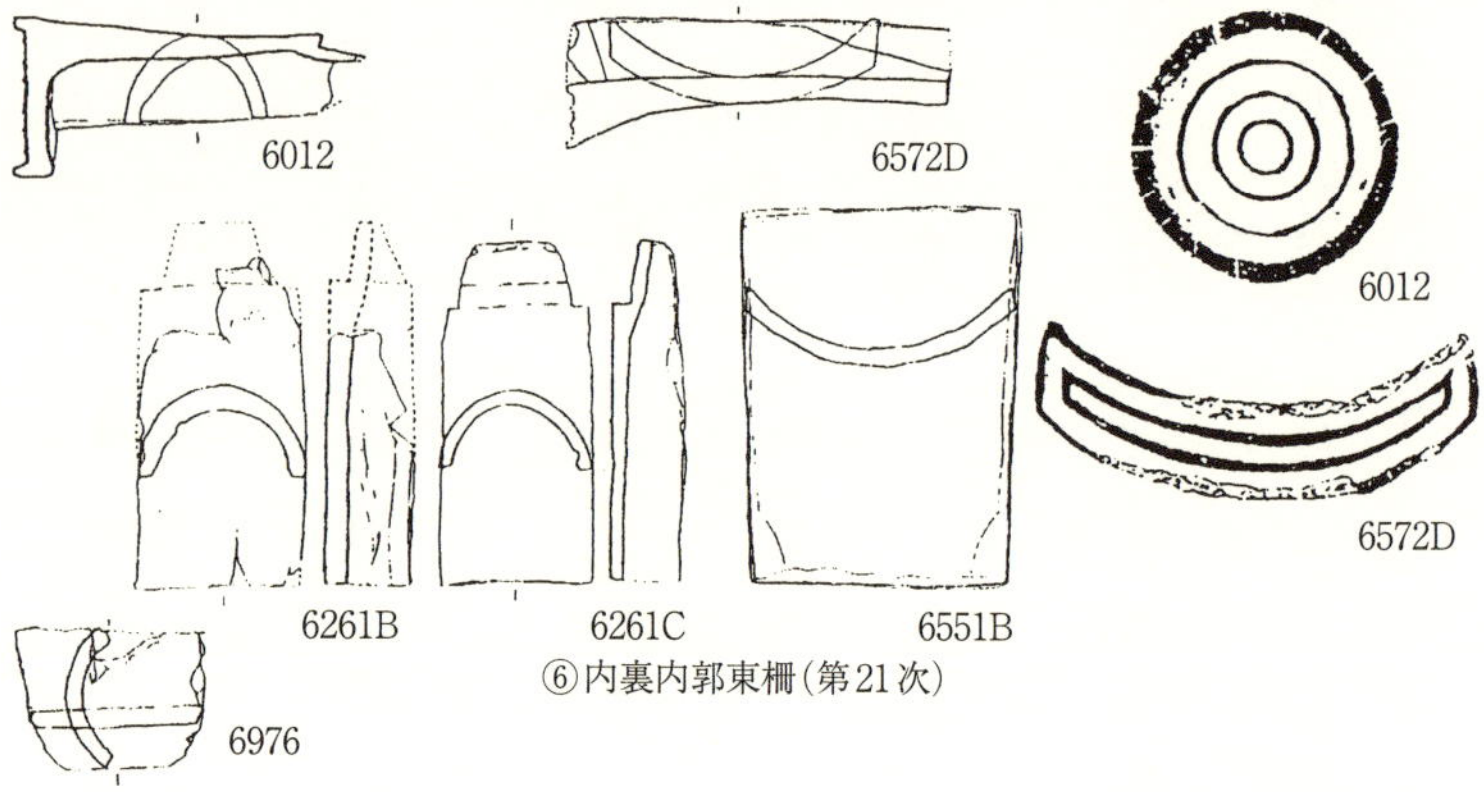

⑥内裏内郭東柵（第21次）

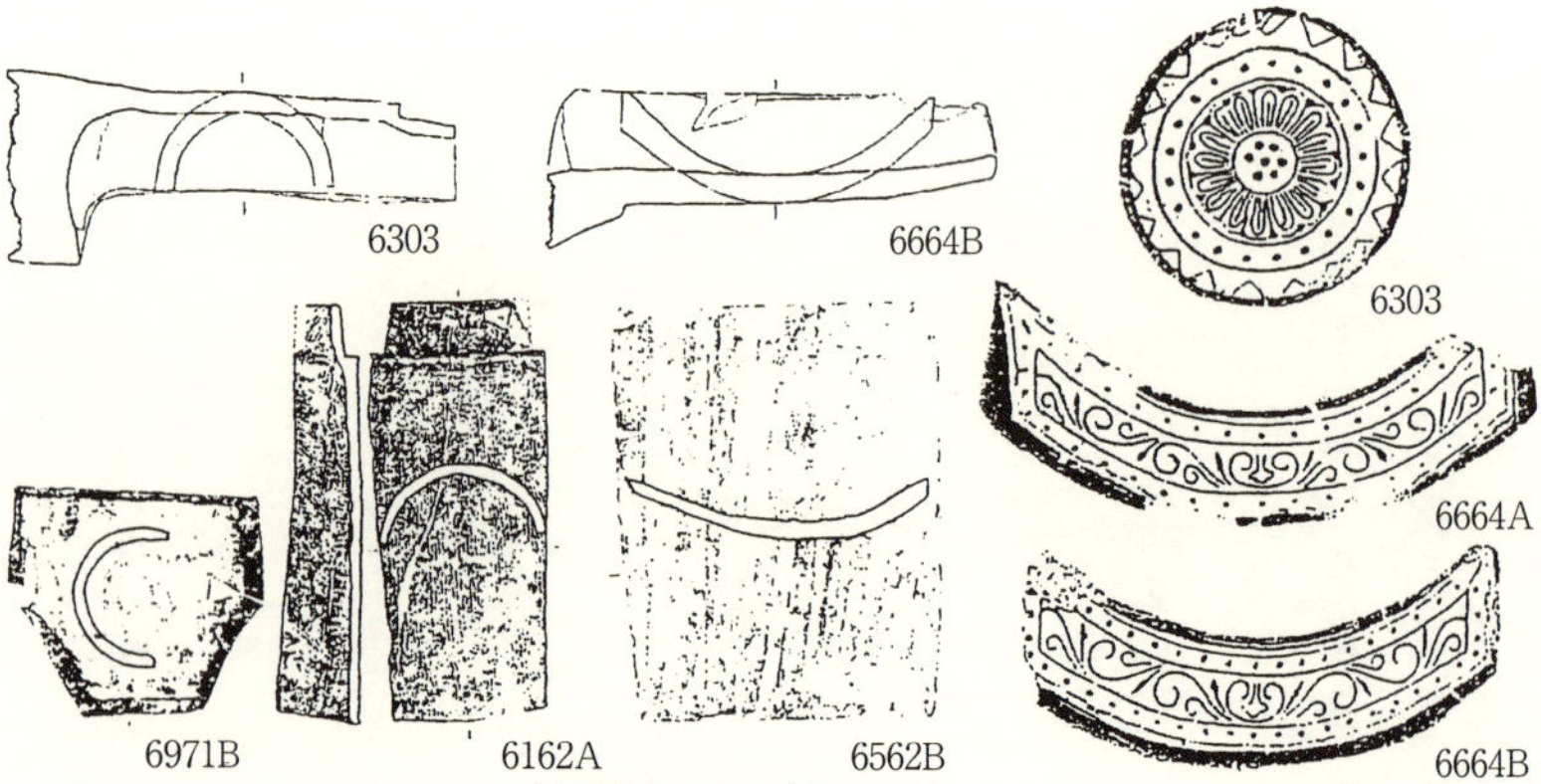

S＝1：12　⑧建物SB10021（第100次）　S＝1：8

図3　後期難波宮主要瓦の組み合わせ

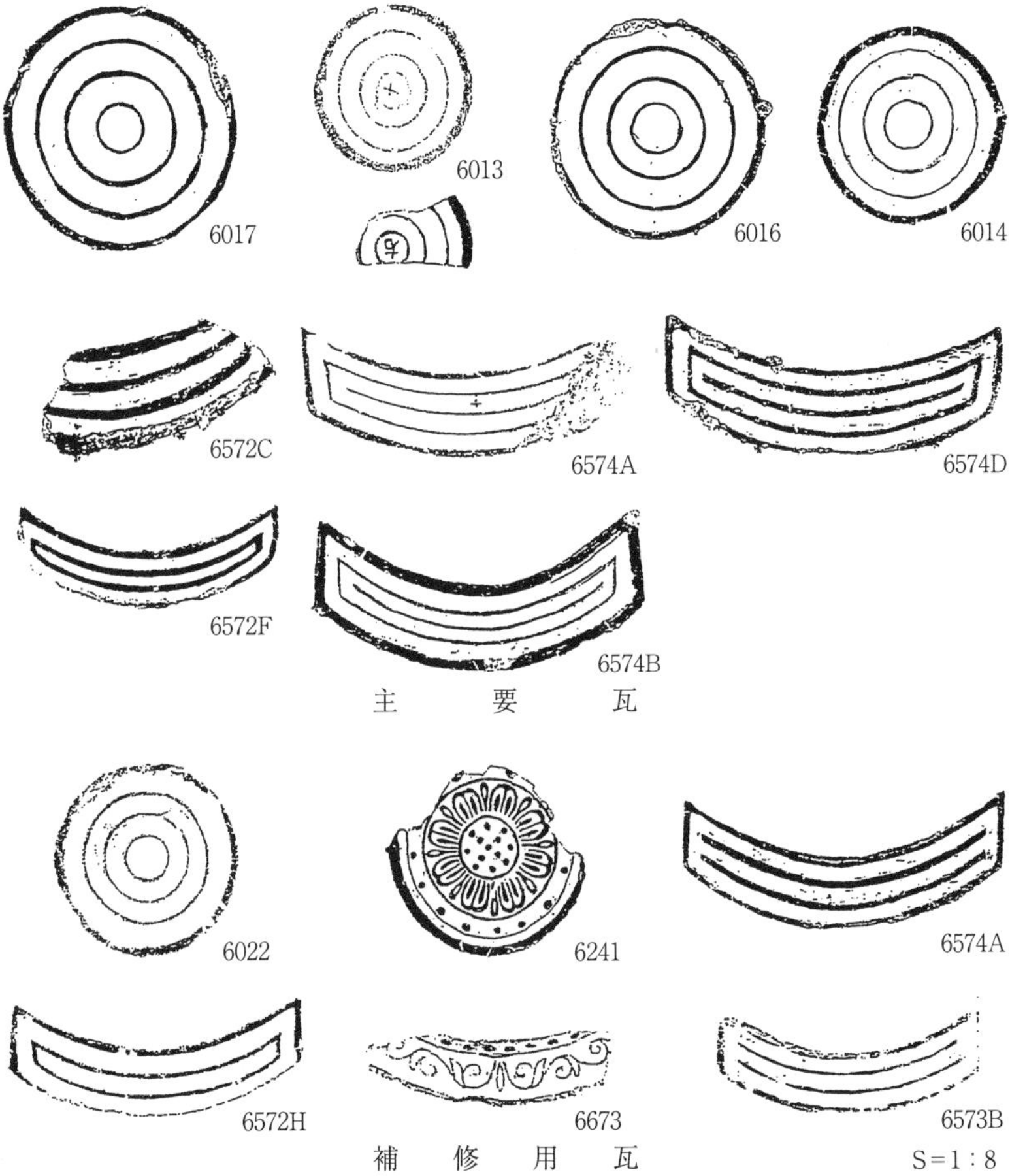
6013
6017
6016
6014
6572C
6574A
6574D
6572F
6574B
主　要　瓦
6022
6241
6574A
6572H
6673
6573B
補　修　用　瓦
S＝1：8

図4　主要瓦と補修用瓦

〔大極殿院は重圏文系屋瓦〕　大極殿院の瓦類は重圏文系で統一されていたと考えられる。出土した一一三点の軒丸瓦のうち蓮華文系が二点、軒平瓦一〇三点のうち唐草文系が四点あるが、これらは解体時の混入であろう。鬼瓦は一一点全てが重圏文である。

〔補修の瓦〕　後期難波宮は神亀三年の造営開始から延暦三年まで存続していた。大極殿院跡から出土した瓦類は出土数の割に型式数が多いこと。製作技法に相異があること等から少くとも創建期の一群と後出のものとがある。後出の軒丸瓦は六〇二〇、六〇二二、六〇〇九、六〇一一B、六〇一〇a・b、軒平瓦は六五七二H、六五七三A〜D、鬼瓦は六九二二、六九二三である（図2―b、図4下段）。全てが重圏文系で、聖武朝難波宮は創建から奈良時代を通して重圏文系瓦を踏襲している。

主要建物の屋瓦　大極殿院では大極殿・後殿・回廊は基本的に大型瓦(15)を用いている。軒丸瓦六〇一五A・六〇一六（瓦当径約一八センチ）―軒平瓦六五七二A・B、六五七四A〜D（瓦当幅約二八センチ）とこれに組み合わせになる丸・平瓦、道具瓦類である（図3⑦、図4）。次に建物毎に特徴のあるものを述べる。

〔大極殿〕　大型よりも大きい瓦の一群があり、降棟用と推定している。降棟には棟瓦六三六九（幅一八センチ）、熨斗瓦（六五六一A・Bの可能性）と面戸瓦六九七二（幅二五〜二八センチ、恐らく鰹面戸）を使い、棟端には最大の鬼瓦六九二〇（股上高約二六センチ）を、鳥衾用には軒丸瓦六〇一七（瓦当径約二〇センチ）を用いる。軒先の四隅には軒平瓦六五七二Cを使った可能性がある（図2―a・bの①）。

〔軒廊〕　小規模な建物からは中・小型瓦が出土している。軒丸瓦は六〇一四、六〇二二（瓦当径約一五センチ）や六〇一二・六〇一三（瓦当径約一三センチ）でこれに合わせた軒平瓦や丸・平瓦、道具瓦である。後殿側の東と西からは小型の鬼瓦六九二二（股上高約一二〜一三センチ）と小型隅軒平瓦六五七二F（瓦当幅約二一・六センチ）二点とが出土しており、宮の最終段階では降棟と螻羽の存在を示している（図2—a・bの③）。

〔**後殿**〕　鬼瓦は大極殿よりやや小さい六九二一（股上高約二三㌢）が三点出土しており、降棟用であろう。尚、既報告では後殿の南東外方出土の鬼瓦六九二〇を大極殿用としたが、[16] 後殿の大棟用鬼瓦の可能性もある（図2—a・bの②）。

〔**回廊**〕　難波宮中軸線から西半部の要所を発掘した。南面回廊と南門跡は大坂本願寺期の大規模なV字溝によって遺構の大半が失われていた。採集瓦からは大型瓦を葺いていたとみられる。

回廊南西隅には回廊用大型瓦の他に、小型の鬼瓦六九二三（股上高約一五㌢）三点、鴟尾の小さい珠文、小型の軒瓦類が出土している。後出の軒瓦が混在しており鬼瓦とも合わせて宮の創建よりは後に、小規模な何かが付設された可能性がある（図2—a・bの④）。

朝堂院地域の屋瓦　重圏文系瓦である。個別の調査報告はあるが、この地域全体の瓦整理・報告が俟たれる。西第四堂辺から拒鵲鴟尾[17]の頂部が出土しており、朝堂の大棟には拒鵲鴟尾が飾られていたことが分る。

4　難波宮屋瓦、二・三の問題

難波宮重圏文系瓦の特徴

〔**建物と瓦との関係**〕　大極殿院地域の屋瓦は重圏文系の大型瓦を中心にして全体を作り、小規模建物の軒廊には中・小型瓦を用いている。鬼瓦は大極殿と後殿とでは後者をやや小さくするなど使いわけがある。このように大極殿院全体について建物の規模や格式に応じて屋根瓦の大きさを決めている。当然美しさを計算してのことであろう。朝堂院も同様であろう。

内裏地域では、正殿や前殿跡から重圏文系と蓮華・唐草文系の瓦が出土して、檜皮葺き屋根の甍棟用かと考えられている。内裏回廊や内裏内郭東一本柱列には重圏文系瓦が使われている。内裏回廊の軒瓦は中型—大型、内裏内郭東一本柱列は小型—中型と大極殿院と同様建物の規模に合わせた瓦を使っている。

内裏西方外郭築地は大型瓦の組み合わせで片庇廊に復原されている。[18]

内裏回廊、内裏内郭東一本柱列、内裏西方外郭築地は区画施設である。大極殿院、朝堂院の他に区画施設にも重圏文系瓦が用いられている。しかし全ての区画施設が重圏文系瓦ではなく、先にみたＳＢ一〇〇二一や内裏東方外郭築地（第一九次調査[19]）では蓮華・唐草文系も出土しており、地層や遺構と合わせた検討が必要であろう。

蓮華・唐草文系瓦と建物との関係は区画施設だけでなく宮域全体がまだ分っていない。

〈**軒瓦の大きさと文様**〉　難波宮で中心となる軒丸瓦六〇一五Ａ・六〇一六（瓦当径約一八㌢）—軒平瓦六五七二Ａ・Ｂ、六五七四（瓦当幅約二八㌢）は、平城宮の軒瓦編年第Ⅰ～第Ⅱ—１期（和銅元年〈七〇八〉～天平初頭頃）の中心的な軒瓦と比べて、軒丸瓦の直径も軒平瓦の瓦当幅も一～二㌢大きい。瓦当の大きさの差は僅かのようではあるが、地上からみた軒瓦の文様をより明確にみせるためではなかろうか。

難波宮軒丸瓦の三重圏文は簡素だが、圏線は力強く高い外縁との対比で瓦当文は鮮明になる。軒平瓦も同様である。瓦当の大きさに加えて文様もより効果的に作っているといえよう。

〈**蓮華・唐草文系と重圏文系**〉　難波宮蓮華文軒丸瓦六三〇三は平城宮式で、間弁が繋がる間弁Ｂ系統である。間弁Ｂ系統は藤原宮六二八一Ｂから平城宮六二八二Ａへと継承されて、宮と官立大寺にのみみられる文様である。[20]難波宮唐草文軒平瓦六六六四Ａ・Ｂは中心飾・唐草文・外区の珠文等基本的な文様構成が平城宮軒平瓦六六六四と同型式である。平城宮軒平瓦六六六四は平城宮軒瓦編年第Ⅰ期～第Ⅱ—１期の主要瓦で、Ａ～Ｒ一六種のうち一三種が平城宮、

Aが大安寺、Dが平城薬師寺から出土しており、軒丸瓦の間弁B系統と同様に宮と官立大寺の文様であることが分る。残る六六六四Rは難波宮六六六四Bと同笵で、小治田宮跡から出土している。[21] このように難波宮蓮華・唐草文軒瓦は格式の高い平城宮式であり、かつ文様（瓦笵）は難波宮のために作られたものである。

難波宮重圏文系瓦はどうか。宮の瓦としての位置づけは、軒丸瓦六三〇三の間弁B系統が藤原宮軒丸瓦六二八一に繋がることから、重圏文は藤原宮の重孤文鬼瓦、重孤文隅木蓋瓦にその祖型があると考えている。藤原宮重孤文鬼瓦→難波宮重圏文鬼瓦→難波宮重圏文軒瓦への展開も一案であろう。[22]

難波宮屋瓦の製作年代

〈**蓮華・唐草文系瓦の製作年代**〉　難波宮軒瓦六三〇三―六六六四A・Bは平城宮軒瓦編年第Ⅱ―1期に比定され、藤原宇合が知造難波宮事であった神亀三年〜天平四年（七三二）に創作・製作された瓦であると認められる。

〈**重圏文系瓦の製作年代**〉　昭和二十九年（一九五四）の発掘開始当初から難波宮重圏文系瓦については問題視されてきた。[23] 昭和四十七年（一九七二）中尾芳治氏は十数年にわたる発掘調査を基に、重圏文系瓦が型式も多く出土数も大半を占めること等から、重圏文系瓦は聖武天皇神亀三年〜天平四年の難波宮造営を契機として新たに案出されたデザインであって、蓮華・唐草文とは系譜を異にするものであるとされた。[24] 一方平城宮跡の調査からは、平城宮・京出土軒瓦の再編年によって難波宮の重圏文系瓦は蓮華・唐草文系よりも製作がやや後出する可能性が強いとみられている。[25]

その後、難波宮跡の調査では難波宮大極殿院地域の瓦類の整理から、宮の中枢部である同地域が鬼瓦も合わせて重圏文系瓦で統一されており、重圏文系瓦は創建当初からのものと考えられている。[26]

〈**大極殿の造営時期**〉　宮殿の造営はどこからはじめるのか。藤原宮では軒瓦の研究から、第一段階は宮の大垣特に東面大垣周辺から着手し、第二段階で宮中枢部の大極殿、朝堂院第一・二堂の造営が開始され、第三段階へとつづくことが分るという。[27]平城宮では回廊出土の紀念銘木簡などから第一次大極殿院が完成したのは和銅八年（七一五）の朝賀の儀式からといわれ、[28]遷都の詔からは七年が経っている。

両宮とも造営は大垣からはじめて大極殿院はその後であり、年月もかかるようである。難波宮では大垣の遺構や大極殿の年代を示す遺物は現状では検出されていない。具体的な資料は得られないが、藤原宇合が知造難波宮事であった神亀三年十月から天平四年四月の間が妥当ではなかろうか。

〈藤原宇合〉　藤原宇合は藤原不比等の三男である。神亀三年に知造難波宮事になるまでの経歴は、養老元年（七一七）遣唐副使として渡唐していること、養老三年（七一九）には常陸守で安房国等の按察使となり、神亀元年（七二四）には蝦夷の反乱に持節大将軍となって勲位を受けている。文才があり武事に優れた人といわれる。遣唐使には学識・教養・容姿に優れた人が選ばれたという。養老の遣唐使は唐朝の文物の本格的な輸入を企画したといわれ、長安では孔子廟、寺院、道観などの参拝をしている。留学生には吉備真備、阿倍仲麻呂、留学僧の玄昉、請益生の大和長岡がいて、帰路には前回の遣唐副使坂合部大分、留学僧道慈らがいる。[29]優れた人々から得たものは大きかったであろうし、帰国後も交流は続いており、[30]宇合は人脈にも恵まれていた人といえる。

聖武天皇が難波宮を復興するにあたり、藤原宇合を知造難波宮事とした理由には彼が唐や長安城を実際に知る人であり、人脈も豊かな人であったことにあると思われる。一方平城宮の造営には養老五年（七二一）から長兄の中納言従三位藤原武智麻呂が造宮卿となり、神亀三年頃は中納言正三位兼知造宮司事で推進している。[31]難波宮の瓦類からは蓮華・唐草文は平城宮式であり、重圏文系は新しい文様をとり入れたが、難波宮単独で製作する組織をすぐに作るのは困難で、平城宮との協力関係が十分考えられる。知造難波宮事従三位藤原宇合以下仕丁已上に物を賜ふという天平四年三月頃には、難波宮は大極殿はじめほぼ出来上っていたと考えられる。その理由として聖武朝難波宮は前期（孝徳朝）難波宮の跡につくったので、藤原宮や平城宮のように大規模な造成工事はいらないし、両宮に比べて宮の規模が小さいこともあったといえよう。

「八世紀の瓦づくりⅡ—重圏文系軒瓦の展開—」のシンポジウムが平成二十五年（二〇一三）二月に奈良文化財研究所で開催された。全国から出土した重圏文系瓦が展示され、発表され討議された。重圏文系瓦は難波宮式といわれることもあるが、難波宮式は少数で、多くは平城宮式であろうと思われた。難波宮の発表者佐藤隆氏は、製作技法について細部の観察を行い、製作年代は共伴する土器から迫ろうとしている。瓦の研究は製作技法や年代観をより細密で新しい視点からの観察を繰り返し行うことが必要である。また、瓦類は地域毎に纏めて大局的に観なければならない。難波宮の瓦類の整理・研究の重要性を認識し、その環境づくりも合せての進展を期待してやまない。（八木久栄）

二　大阪府下出土の難波宮同笵瓦

後期難波宮で使用されていた瓦は重圏文と蓮華・唐草文である。その内、瓦窯が明らかなのは蓮華文軒丸瓦六三〇三型式と、唐草文軒平瓦六六六四A・B型式を供給した吹田市七尾瓦窯である。

難波宮跡から出土する瓦の大多数である重圏文瓦の窯は見つかってはいないが、難波宮近辺の上町台地の東側の傾斜地で、焼け歪んだり、スサが付いた重圏文の瓦が出土しているので、宮周辺にあると推測されている。

難波宮使用瓦が難波宮以外で出土することについては網伸也氏の論文がある(32)が、その後わかった資料とあわせて、今回は大阪府下での同笵瓦が出土する大阪府下の遺跡を各々のまとまりごとに報告する。[33]

1　難波宮の同笵瓦の分布

〔摂津一〕　豊中市では、低地にある上津島遺跡・上津島南遺跡[34]・利倉西遺跡・島田遺跡と、高所にある金寺山廃寺である。

低地の四遺跡からは、難波宮とよく似た作り、胎土の大小の重圏文軒瓦が出土している。重圏文軒丸瓦六〇一三・六〇二〇・六〇二一（図5①）と、直径一八㌢を超える重圏文軒丸瓦や型式が不明の重圏文軒丸・軒平瓦がある。上津島南遺跡の一〇点を筆頭に各遺跡から一・二点の重圏文瓦の出土が報告されている。他に利倉西遺跡では、唐草文軒平瓦六六六四B型式が一点出土している。段顎で、作りや胎土は難波宮とよく似ている。低地に位置する四遺跡は寺院の可能性も検討されているが、大規模な倉や井戸も検出されて、港湾の管理のための建物と考えられている。主として多く出土する重圏文瓦を中心に葺かれたものと思われる。

金寺山廃寺は、四天王寺と同笵

性格	型式 重圏平 不明	重圏平 六六六四B	重圏平 六六六三D	重圏平 六六六三D	重圏丸 不明
瓦窯					
寺跡					
港湾施設					
港湾施設	○(11)				○(10)
港湾施設					
港湾施設	○				○
寺跡					
寺院					
寺跡					
地域の拠点		○			
地域の拠点		○			
地域の拠点					
地域の拠点				○	
行宮推定地					
寺跡					○
寺跡					
寺跡					
国府推定地					
寺跡					
寺院					
寺跡					
寺跡				○	
港湾施設			○		
寺跡					○

(9)8点　(10)6点　(11)2点

表1　難波宮と同笵瓦の出土遺跡

出土遺跡	所在地	軒瓦の									
		六三〇三蓮華丸	六二四一蓮華丸	六六六四A唐草平	六六六四B唐草平	六〇一二重圏丸	六〇一三重圏丸	六〇一五B重圏丸	六〇二〇重圏丸	六〇二一重圏丸	六〇二二重圏丸
七尾瓦窯	吹田市	○(1)		○(4)	○(6)						
金寺山廃寺	豊中市				○(7)						
上津島遺跡	豊中市						○				
上津島南遺跡	豊中市								○	○	
利倉西遺跡	豊中市				○		○				
島田遺跡	豊中市										
芥川廃寺	高槻市			○(5)							
四天王寺	大阪市		○(2)								
細工谷遺跡	大阪市					○				○	
長原遺跡	大阪市							○			
喜連東遺跡	大阪市										
久宝寺南遺跡	八尾市										○
久宝寺遺跡	八尾市										
青谷廃寺	柏原市	○									
太平寺廃寺	柏原市		○(3)								
高井田遺跡	柏原市									○	
船橋廃寺	柏原市	○									
国府遺跡	藤井寺市	○			○						
林遺跡	藤井寺市				○						
西琳寺	羽曳野市									○	
法通寺址	東大阪市					○(8)					
神並遺跡	東大阪市					○					
船橋遺跡	枚方市										
百済寺跡	枚方市									○(9)	

出土点数　(1)10点以上　(2)3点　(3)数点　(4)数点　(5)10点以上　(6)10点以上　(7)4点　(8)3点

の白鳳期の瓦などが出土しているが、難波宮の唐草文軒平瓦六六六四B型式（図5②）が四点出土している。この瓦は難波宮のものと同笵であるが、顎が直線顎で、胎土も砂粒を多く含み、難波宮で出土する瓦とは異なっている。

〔摂津二〕　高槻市では芥川廃寺がある。[35]芥川廃寺は正式の発掘調査は行われていないが、埋設管の立会い調査や採集された瓦の中に難波宮の唐草文六六六四A型式の軒平瓦がある（図5③）。この瓦も難波宮使用瓦は段顎であるが、芥川廃寺出土のものは直線顎で、胎土も難波宮のものと比べて細かく緻密であり、色調も異なっている。難波宮跡から出土の六六六四A型

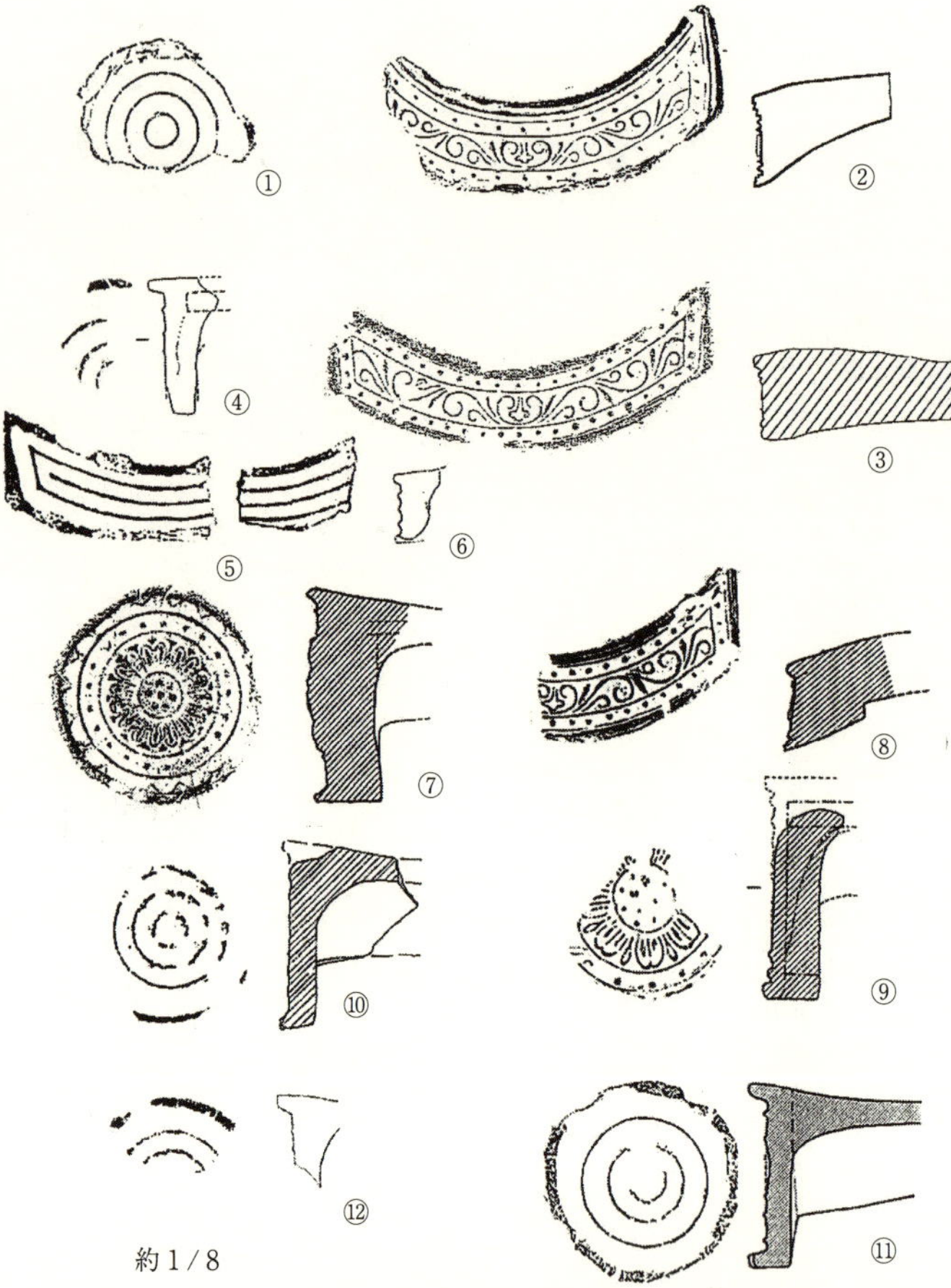

図5　各地出土の難波宮同笵瓦

式の瓦は一〇点余りであるのに対し、発掘調査がされていないにもかかわらず、芥川廃寺でははるかにそれを超す数の瓦が見つかっている。この寺は、川原寺式の複弁蓮華文軒丸瓦と重弧文軒平瓦が創建の瓦とされ、平城宮式の重圏文軒丸瓦も出土している。(36) 新しくは「西寺」銘のある瓦があり、九世紀初頭まで続いたと推測できる。難波宮で使われた瓦笵を使って六六六四A型式の軒平瓦がいつ作られたかは不明だがこの寺のために新たに作られたものと考えられる。

〔摂津三〕　大阪市の四天王寺と細工谷遺跡がある。四天王寺は飛鳥時代から続く古刹で、推定難波京朱雀大路の西側に位置している。難波宮六二四一型式の蓮華文軒丸瓦が講堂跡から三点出土している。点数も少なく補修用に搬入されたものであろうか。

細工谷遺跡は推定難波京朱雀大路東側に近接しており、四天王寺創建の蓮華文軒丸瓦が三点出土し、白鳳期の瓦が多くを占めている。(37) 平安時代初頭ころの瓦が出土し、このころまで続いた遺跡であると考えられる。ここからは「百済尼」と書いた墨書土器が出土し、百済尼寺に比定される。難波宮と同笵の瓦は重圏文軒丸瓦が二点出土している。六〇一二型式と六〇二一型式である。直径が一三㌢余りの難波宮では小型の瓦である。他に難波宮とは異なった重圏文の軒丸瓦や軒平瓦が出土している。重圏文軒瓦で屋根を葺いた建物が建てられたものであろう。

〔河内二〕　大阪市長原遺跡・喜連東遺跡と、八尾市久宝寺遺跡・久宝寺南遺跡がある。奈良時代に難波宮が造られたころ、これらの遺跡を含む河内平野の開発が行われ、(38) 周辺に水田が広がっていった。発掘調査の結果、それぞれの調査地点では規模の大きい数棟の掘立て柱建物や、近辺に大規模な建物跡を検出している。それらは地域の中心となる建物群を形成し、出土遺物には帯金具や硯などがみられることから、官人がいたことをうかがわせる地域の管理を行う建物と思われる。難波宮と同笵の瓦は重圏文軒丸瓦・軒平瓦で、軒丸瓦六〇一五B（図5④）・六〇二二型式は直径が一四～一五センチ余りの難波宮では中型の瓦である。軒平瓦六五七二D・六五七四B（図5⑤・⑥）は上弦幅が二四センチ足らずの中型と二七センチを越える大型の瓦である。

〔河内二〕　柏原市は青谷遺跡・船橋廃寺、藤井寺市は国府遺跡・林遺跡がある。青谷遺跡は寺や集落ではなく行宮と考えられている。ここでは八世紀中ごろから後半の瓦葺の建物が建てられている。他の三遺跡は近接しており、河内の国府と寺跡と考えられる。青谷遺跡からは、難波宮の蓮華文軒丸瓦六三〇三型式が一点出土し、国府遺跡からも同軒丸瓦六三〇三型式（図5⑦）と唐草文軒平瓦六六六四B型式（図5⑧）が各一点出土している。林遺跡でも同軒平瓦が出土している。これらの軒瓦の胎土や作り方などは難波宮出土のものとよく似ている。

〔河内三〕　柏原市は太平寺跡・高井田遺跡がある。太平寺跡と高井田遺跡は河内六寺の中の知識寺と鳥坂寺に比定されている。聖武天皇が難波宮行幸の折に訪れる各所である。特に太平寺跡出土の蓮華文軒丸瓦六二四一型式（図5⑨）は、瓦笵の彫り直しが行われてから難波宮に供給されている。この瓦の難波宮での出土数は七点と少なく、大極殿・内裏など、中心部でも大多数の重圏文の瓦と共に一点だけが出土している。太平寺跡からは重圏文軒丸瓦も出土しているが型式などは不明である。高井田遺跡は寺院の中心部ではなく、寺院外の集落から重圏文軒丸瓦六〇二一型式（図5⑩）が一点出土している。

〔河内四〕　東大阪市では法通寺跡・神並遺跡がある。両遺跡は式内社の石切剣箭神社の境内及び隣接地で、法通寺では天武朝ごろに神社に並んで寺を建てたという伝承がある。[39] 法通寺跡からは難波宮と同笵の重圏文六〇一二型式（図5⑪）の軒丸瓦が三点出土し、神並遺跡からも六〇一二型式の軒丸瓦と六五七二D型式の軒平瓦が各一点出土している。

〔河内五〕　羽曳野市は西琳寺がある。奈良に繋がる幹線道路である竹之内街道と、東高野街道の交わった所に位置し、交通の要所にある西琳寺は飛鳥時代創建で、現在まで続く河内最古の寺である。多くの蓮華・唐草文軒瓦の中に焼成が良好で、胎土が難波宮出土のものと似ている重圏文六〇二一型式の軒丸瓦が一点寺域の北半から出土した。

〔河内六〕 枚方市には百済寺跡と船橋遺跡がある。百済寺は百済氏が難波から河内に本拠地を移した平安時代中ごろに成立したとされている。発掘調査は昭和七年（一九三二）に行われ、同十六年（一九四一）に特別史跡に指定され公園化された。最近再発掘が行われて、敷地内にいくつかの家政機関である院を持つ本格的な寺院構成であることが明らかになってきている。(40) 敷地内の北西の院の区画の中で直径一三㌢余りの重圏文軒丸瓦六〇二一型式が八点と、それより第三圏と外縁の幅の狭い破片が一点出土している。これらの瓦当の接合方法や瓦当裏面の調整が難波宮跡出土のものに似ている。表面は表皮の残りの悪いものが多く色調などは難波宮出土のものと異なるものが多い。他に以前の調査で報告されている軒丸瓦（図5⑫）が一点ある。一方船橋遺跡は低地の遺跡で、淀川を往来する船の管理の役所と考えられる。(41) ここでは飛鳥時代から平安時代の瓦が出土し、周辺に寺院があるとも推測されている。出土したのは難波宮六五七三D型式の軒平瓦が一点である。

2 後期難波宮と同笵の瓦が出土する遺跡のまとまり

以上みてきたように大阪府下で難波宮と同笵の瓦の出土が判明している遺跡は、行宮とされる青谷遺跡を除き、寺跡・地域の拠点・港湾施設の三タイプである。寺跡では、摂津一・二の金寺山廃寺と芥川廃寺で、共に奈良時代以前からある寺跡で、難波宮で使われた瓦笵を使って新たに瓦を作っている。

難波京の百済尼寺跡、河内の百済寺跡、知識寺跡、鳥坂寺跡、西琳寺、法通寺跡が重圏文を使っている。中でも重圏文の軒丸瓦と軒平瓦が出土する神並遺跡を含む法通寺はある時期に重圏文で屋根を飾った建物を建てた可能性があ

図6　小型鴟尾と小型丸瓦　大阪歴史博物館所蔵

る。軒丸瓦だけが出土するところは補修用に使われたものであろうか。しかし一〇点弱も同じ種類の軒丸瓦が出土する百済寺は補修用ではなく、特定の院で軒丸瓦に重圏文を使用したものと考えられる。

川を管理する港湾施設と考えられる摂津一の四遺跡では重圏文瓦の出土が多く、大小の軒瓦が使われている。他に唐草文六六六四Bの出土もあり、難波宮との関係の深い特異な地域であると思われる。港湾の管理は摂津職の管轄なので、河内六の船橋遺跡と共に重圏文瓦の供給があったのであろうか。

河内平野の開発に伴い河内一の長原・喜連東・久宝寺・久宝寺南遺跡は、地域の開発の基点となるところに管理の役所が置かれ、難波宮の瓦が与えられシンボル的に屋根を飾ったと思われる。大型の瓦を葺く建物や、別の建物では小型の瓦を葺く小規模な建物があったのであろうか。

河内の行宮や国府、その周辺数ヵ所で難波宮の蓮華唐草瓦が使用されたというのは、この地域が平城宮とは異なり、難波宮圏内の一部であることを表わしているのではないだろうか。

後期難波宮で使われた大半の重圏文軒瓦が長岡宮で使われたことが明らかである中で、難波宮の同笵瓦が出土する遺跡があることの意味が明らかになればと考えて整理をした。それらが有力寺院であったり、地域の管理のための中心的な施設であったり、港湾施設であったりすることが明らかとなった。

最後に前期難波宮について述べる。前期難波宮では宮殿の屋根に瓦は使われていない。しかし前期の遺構に伴って出土した瓦で、小型鴟尾と小型丸瓦があり（図6）、宮内に瓦葺の小建築があったものと考えられる。[42]（宮本佐知子）

註

（1）小林清『長岡京の新研究』（一九七〇年）。

（2）難波宮址顕彰会『難波宮址の研究』四（七九～八七頁、一九六一年）。

（3）型式、型式数は『難波宮址の研究』四～一四（一九六一年～二〇〇五年）と『四天王寺旧境内遺跡発掘調査報告』Ⅰ（一九九六年）を中心に紹介する。軒瓦については佐藤隆「難波宮の重圏文系軒瓦―型式設定の補遺、製作技法、年代論について―」（『古代瓦研究会シンポジウム記録　古代瓦研究』Ⅵ、二二七～二五〇頁、奈良文化財研究所、二〇一四年）も参照されたい。

（4）奈良国立文化財研究所『平城宮発掘調査報告』ⅩⅢ（二五一～二五三頁、一九九一年）。

（5）鴟尾、大阪市文化財協会『難波宮址の研究』一一（二六六～二六七頁、二〇〇〇年）。鬼瓦、八木久栄「後期難波宮の屋瓦をめぐって」（『東アジアにおける難波宮と古代難波の国際的性格に関する総合研究』一一一～一二三頁、大阪市文化財協会、二〇一〇年）。

（6）難波宮址顕彰会『難波宮址の研究』五―一（一九六四年）、同『同』五―二（一九六五年）。

（7）この瓦堆積層は瓦の原位置が分る良好な一〇㌢弱を樹脂で硬化保存処置をして埋戻している。

（8）難波宮址顕彰会『難波宮址の研究』六（一九七〇年）。

（9）大阪市文化財協会『難波宮址の研究』七（一九八一年）。

（10）ＳＢ一〇〇二一は後に五間門地域の北東隅の外郭施設と分った。この遺構の南方では重圏文系瓦も出土しており、五間門地域の広範囲な遺構・瓦の検討が俟たれる。

（11）吹田市教育委員会「吹田市岸部北五丁目　七尾瓦窯跡の発掘調査」（一九七九年七月一五日現地説明会資料）。一九八四年～一九八六年度の発掘報告。『史跡七尾瓦窯跡環境整備報告』（一九九二年）。一九九八～一九九九、二〇〇八年の工房跡の報告がある。

(12) 森の宮遺跡調査団『森の宮遺跡第一・二次調査報告』（一九七二年）、大阪市教育委員会『難波宮跡八四―五五次調査概報』（一九八六年）他。
(13) 前掲註(11)に同じ。
(14) 大阪市文化財協会『難波宮址の研究』一〇（一九九五年）。
(15) 難波宮跡出土瓦、特に重圏文系瓦について、便宜上、大型・中型・小型に分類している。軒丸瓦の大型は瓦当径が約一八㌢、中型は同一五㌢、小型は同一三㌢大で、軒平瓦は瓦当幅は大型が二八㌢前後、中型が二四～二五㌢大、小型が二一㌢余である。難波宮造営に当たり建物の規模や屋上での配置に合わせて、軒瓦をはじめ丸・平瓦、道具瓦の大きさを決めていたと推測できる。この規格は補修用瓦にも継承されている。
(16) 前掲註(14)に同じ。
(17) 中尾芳治「難波宮出土の「拒鵲」鴟尾について」（『小林行雄先生古稀記念　考古学論考』平凡社、一九八六年）。
(18) 前掲註(6)に同じ。
(19) 難波宮址顕彰会「第一九次調査」（『難波宮址の研究　中間報告Ⅱ』一九六五年）。
(20) 花谷浩「平城宮初期軒丸瓦の紋様をめぐって」（『奈良文化財研究所紀要』四四～四五頁、奈良文化財研究所、二〇〇二年）、八木久栄前掲註(5)に同じ。
(21) 奈良国立文化財研究所「山田道第二・三次調査」（『飛鳥・藤原宮発掘調査概報』二一、四〇～五二頁、一九九一年）、奈良国立文化財研究所『平城京・藤原京出土軒瓦型式一覧』（一〇三～一〇六頁、一五四～一五五頁、一九九六年）。
(22) 重孤文、重圏文の弧線の断面形から、藤原宮重孤文鬼瓦の山形を継承した難波宮重圏文鬼瓦はその頂部が丸みのある山形になり、軒瓦は瓦当に合わせて半円形状に作ったとみるのである。この形は奈良時代後半は台形状に変っていく。
(23) 難波宮址研究会『難波宮址の研究』一（一九五六年）、藤沢一夫「摂河泉出土古瓦の研究―編年的様式分類の一試企―」（『佛教考古学論叢』考古学評論第三輯、東京考古学会、一九四一年）。
(24) 中尾芳治「重圏文軒瓦の製作年代と系譜についての覚書」（『難波宮跡研究調査年報一九七一』三五～三九頁、難波宮址顕彰会、一九七二年）。
(25) 奈良国立文化財研究所「平城宮・京出土軒瓦の再編年」（『平城宮発掘調査報告』XIII、二六六頁、二九四～二九五頁、三三一九〜三四〇頁、一九九一年)。

(26) 前掲註(14)に同じ、一七五〜一八四頁。

(27) 石田由紀子「藤原宮における瓦生産とその年代」(『文化財論叢』Ⅳ、三一八〜三四四頁、奈良文化財研究所、二〇一二年)。

(28) 渡辺晃宏「平城宮第一次大極殿の成立」(『奈良文化財研究所紀要』一八〜一九頁、奈良文化財研究所、二〇〇三年)、林正憲「軒瓦からみた第一次大極殿院地区の変遷」(『平城宮発掘調査報告』XVII、三〇七〜三一二頁、奈良文化財研究所、二〇一一年)。

(29) 『続日本紀』二(新日本古典文学大系一三、岩波書店、一九九〇年)、東野治之『遣唐使』(岩波新書、二〇〇七年)。

(30) 利光三津夫「奈良朝官人の推挽関係」(『律令制とその周辺』慶應義塾大学法学研究会叢書一七、一九六七年)。

(31) 「平城宮年表」(『平城宮発掘調査報告』XIV、一八八〜一九一頁、一九九三年)、「軒瓦の組み合わせ」(『平城宮発掘調査報告』XIII、三四二〜三四三頁、一九九一年)。

(32) 網伸也「後期難波宮と古代寺院」(『古代』九三、一九九二年)。

(33) 和泉でも信太寺から重圏文の軒丸・軒平瓦が出土しているが難波宮と同笵ではなく、難波宮の瓦は摂津と河内からは出土するが、和泉までは行っていない。

(34) 府営上津島住宅遺跡調査団・府営上津島住宅第二期調査団『上津島南遺跡—難波津推定地・「古代河尻域における集落遺跡の発掘調査」』(二〇一二年)。

(35) 隣接する嶋上郡衙跡の調査でも同軒平瓦が出土しているが両遺跡の詳細が明らかでないので芥川廃寺としてまとめる。

(36) 島谷稔「摂津芥川廃寺の研究」(『大阪文化誌』九、一九七七年)。

(37) 大阪市文化財協会『細工谷遺跡発掘調査報告書』Ⅰ(一九九九年)。

(38) 京嶋覚「水田遺構と古代の長原」(大阪市文化財協会『長原・瓜破遺跡調査報告書』一三、二〇〇五年)。

(39) 東大阪文化財協会『法通寺—石切剣箭神社穂積殿建設工事に伴う調査—』(一九八五年)。

(40) 枚方市教育委員会『特別史跡　百済寺跡平成二十四年度確認調査概要』(二〇一三年)。

(41) 西田敏秀「河内国交野郡素描」(『網干善教先生古希記念考古学論集』下、一九九八年)。

（42）　大阪市文化財協会『難波宮址の研究』一二（二〇〇四年）。

（付記）　宮本担当分の報告を書くに当たり各地の調査機関の方々に遺物を見せていただいたりお話しを聞かせていただきました。お名前を記して御礼を申し上げます（敬称略）。

井原稔、大竹弘之、岡戸哲紀、狩野美那子、下村晴文、高野学、中西克宏、原田昌則、樋口薫、藤井文子、三宅正浩、安村俊史、若松博恵

難波宮跡北西部出土木簡再考

栄原永遠男

はじめに

難波宮跡周辺地域では、これまでに七か所で合計五七点の古代の木簡が出土している（表1）。点数ではそれほど多くはないが、七世紀中葉前後という古い木簡が多いという特徴がある。そのころは、『日本書紀』以外にほとんど史料がないため、一点一点の木簡が、『日本書紀』を相対化し、歴史の実像を明らかにするために重要な意味を持っている。

そうした観点から、難波宮跡周辺地域で出土した七世紀台の木簡の全体を見わたして検討したものに、古市晃氏の研究がある。(1)この研究では、これらの木簡から導きだせる多くの問題を検討しており、付け加えることのできる点はあまりない。しかし、ごくわずかであるが、なお考えるべき点も残っているように思う。本稿では、そのうち平成十一年（一九九九）二月〜十一月に行われた大阪市中央区大手前三丁目の大阪府警察本部の新庁舎建設工事にともなう発掘調査で出土した「木簡群」を取り上げたい。

表1　難波宮跡周辺出土の古代木簡

調査次数	出土地	調査年	木簡点数	備考
難波宮第66次	広小路公園	1974～75	9	宿世…、削屑
難波宮第100次	高速大阪東大阪線橋脚MP-2区	1976～77	2	□□尓ァ
NW97-3次	泉施設、石組み溝	1997	3	奴我罷間…、山ァ王
	大阪府警察本部新庁舎1期	1999	33	戊申年…、王母前…
NW02-13次	難波宮東方	2003	1	日子
	大阪府警察本部新庁舎2期	2003～04	8	□家君委尓十□久因支…
NW06-2次	朝堂院南西方	2006	1	皮留久佐…
合計			57	

木簡は、東西方向にのびる谷の底部の一六層から三三点出土した。[2]これまで難波宮周辺で出土した木簡の点数ではもっとも多い。また年紀木簡を含んでいたため、大いに注目された。この谷は、推定幅六〇㍍以上、古代の段階での深さ約八㍍の大規模なものである。

この層からは、木簡のほかに絵馬一点、斎串状木製品、木製のマリオネット式側面全身人形代、男根状木製品、横櫛、土馬二点などの祭祀的色合いの濃い遺物や、多量の土師器・須恵器、加工木片が出土している。

わたくしは、これらの木簡について、幸いにも詳細に実見・検討する機会を得ることができ、その成果を発表したことがある。[3]その際に、私見も併せて述べた。しかし、その時点では「速報」はまだ刊行されていなかったので、参照できなかった。また言及できなかった点や不充分な点があるので、この機会に再度考えてみたい。

一　「木簡群」の一括性

「速報」によると、(1)～(26)については、「東西約一五㍍、南北約一〇㍍の範囲でほぼ一定のレベルからまとまって出土」（九ページ）したとされており、それぞれの出土地点が図示されている。これに対して(27)～(32)の六点は、「一六層から取り上げた大量の木片を赤外線カメラによって確認する作業によって見いだしたものであり、したがって厳密な意味では出土地点を特定することはできない」（三三～三五ページ）という。また㉝は墨痕が確認できないが、切り込みをもつ付札状木簡に酷似し、同じく「観察する作業過程で抽出したものである」（三五ページ）という。

これによると、㉗～㉝の七点は、⑴～㉖とまとまった一群をなすかどうかは、必ずしも明らかでない。そこで、本稿では、考察の対象を⑴～㉖に絞りたい。以下、「木簡群」と称するのは、この二六点である。なお、㉗～㉝の七点で釈読できた文字は一字もない。

「速報」では、この二六点について、出土位置を微視的に見ると、A～Dの四群にグルーピングすることが可能であるとし、その出土分布図を付している。そこで最初に前提として、この四群に分かれる出土状況に何らかの意味があるのかどうか、検討しておく必要がある。

まず⑵⑿⒅の三点に注目したい（木簡番号、釈文、法量、型式番号、上端の形状、下端の形状、グループ）(4)。

⑵ 「＜支多比」 一〇七×一七×四 〇三二 平頭 平頭 B

⑿ 「＜宍」 一二五×一六×三 〇三二 圭頭 圭頭 A

⒅ 「＜伊加比」 一四六×二八×三 〇三二 圭頭 圭頭 C

これらは、食品名のみを片面に記す点や、〇三二型式でやや小型であることなどが共通し、贄の貢進荷札である可能性が指摘されている(5)。ところがこれらは、それぞれABCの各グループに分かれて属している。

次に⑺⒄㉑を取り上げる。

⑺・「大□〔拙カ〕□ （六八）×二二×四 〇五一 D

・「□

⒄　□□□□　（一二六）×（一六）×四　〇八一　C

㉑・□不得」

・□有

□□□」〔三枝アカ〕　（四一）×二七×四　〇一九　C

これらはいずれも側面から刀子を入れてから折って廃棄している点や、荷札ではない点で共通している。(6) しかし⑺はDグループに、⒄㉑はCグループに属する。

この点からすると、ABCおよびCDのグループでは、グループをまたいで共通する要素が含まれており、ひいてはA～Dグループが共通要素でつながっていることになる。したがって、出土位置はA～Dに分かれているのは、埋没の過程でたまたまそうなったと判断される。グループごとの特色と意義を見出すことはむずかしく、⑴～㉖は一群の「木簡群」と見なすことができる。以下ではA～Dを区別せずにあつかうこととする。

この「木簡群」については、前稿では、表裏の整形の程度、廃棄のための作業の仕方、形状、墨書などから検討した。今回もこれを踏襲しながら、荷札木簡に注目してあらためて考えたい。

二　荷札木簡の検討

この「木簡群」の特色のひとつは、荷札木簡が多く含まれている点にある。上記⑵⑿⒅の三点以外に、「集成」は、つぎの四点を荷札木簡として取り上げている(7)（図1234）。

⑴　秦人凡国評」　（一〇四）×二三×五　〇一九　「集成」二五三

図1　木簡(1)

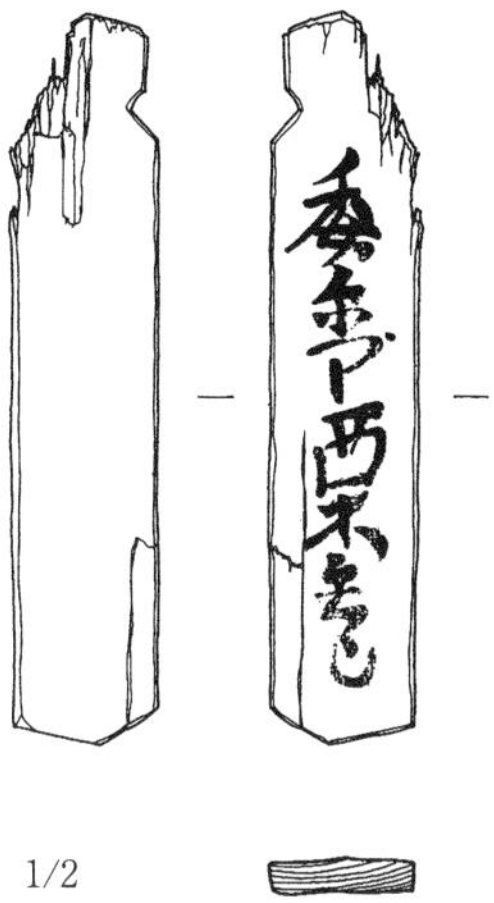

図2　木簡(4)

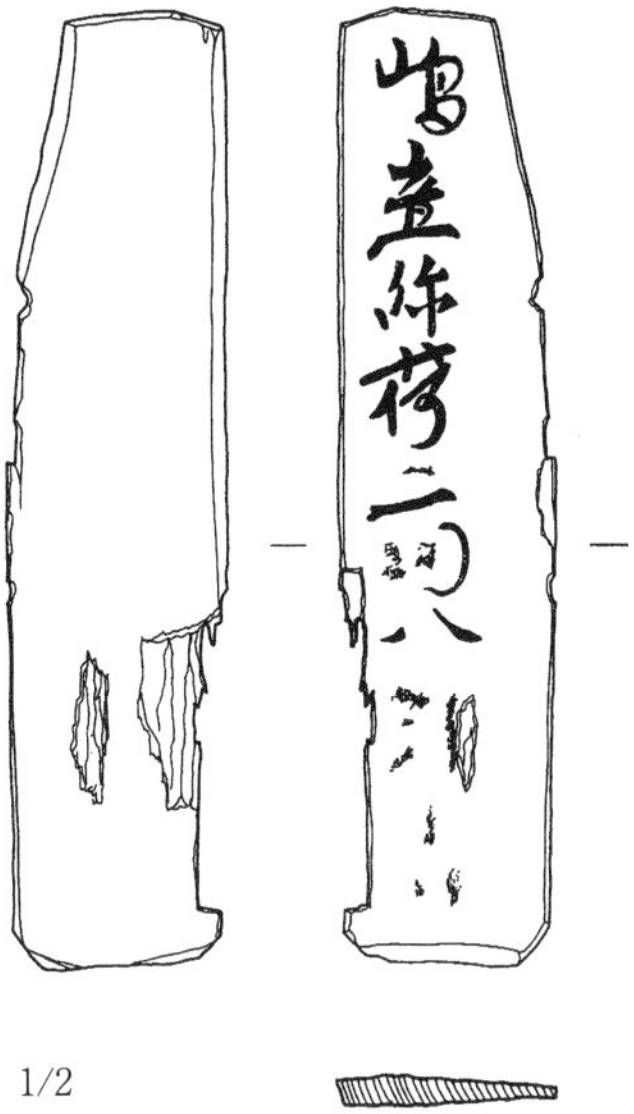

図3　木簡(8)

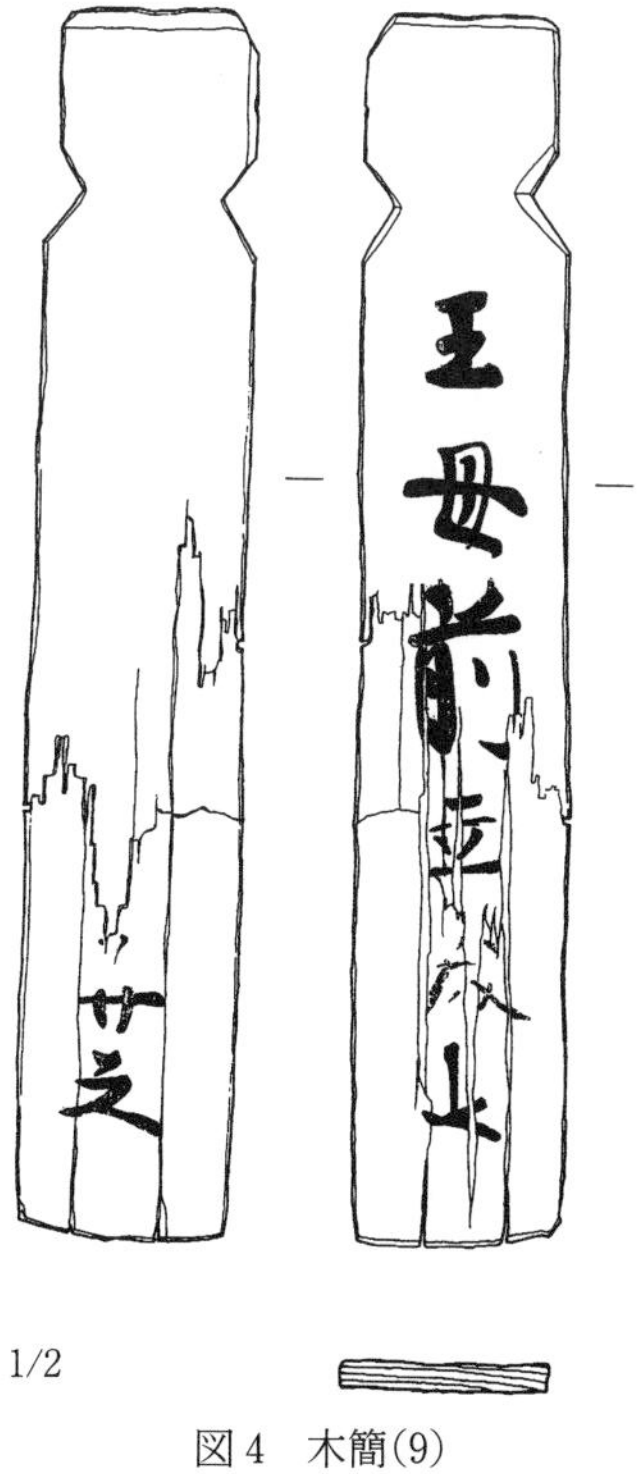

図4　木簡(9)

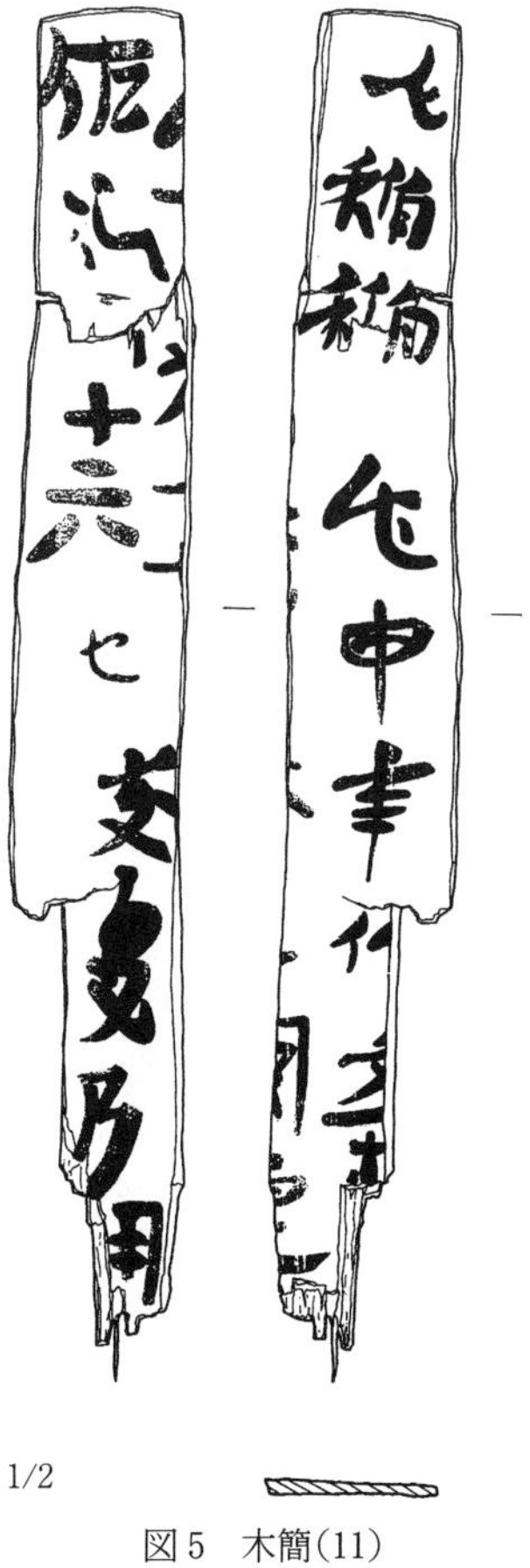

図5　木簡(11)

(4)　「<委尓ァ栗□□」　九六×二〇×四　〇三二　「集成」三二一

(8)　「嶋意弥荷□□八［　　］」　一二五×三〇×四　〇一一　「集成」三〇四

(9)・「<王母前□〔立カ〕□□□〔六カ〕」

・「<［　　］井□□」　一六六×二八×五　〇三一　「集成」三〇三

「集成」は、(1)について「記載内容から荷札木簡とは断定できない」とし、(8)について「積極的に貢進荷札に分類するだけの根拠にかける」としている。しかし、同じ遺構から複数の荷札や付札が出土していることにもとづいて、また(8)についてはこれに加えて「荷」の文字を重視して、ともに「便宜上」荷札としている。だが、これだけでは(1)(8)を荷札とする根拠は薄弱である。

(4)は、〇三二形式で上部に切り込みを持ち、上下端とも圭頭に整形している。形状からすると(12)(18)と同じであり、荷札の可能性がある。「集成」は(4)を「人名のみを記載した荷札木簡」とするが、不自然である。四文字目の「栗」は人名の一部ではなく、物品としての「栗」ととらえてはどうか。つまり「委尓ァ」という人間集団に続けて物品名が書かれていると見るのである。

この見方が妥当であるとすると、(8)も基本的には同じ構造の記載として理解できることになる。「嶋意弥」は「嶋臣」でよいと考えるが、そうすると人間または人間集団に続けて「荷」と書かれていることになる。「荷」の具体的内容は不明であるが、何らかの物品である。

こうして(4)と(8)の記載内容は、基本的に同じ構造であると把握できることとなった。(4)が荷札であることに異論はなかろうから、(8)も荷札と見てよいことになる。これに対して(1)は、単に同じ遺構から荷札や付札が出土しているというだけでは、ほかに荷札ではないと思われる木簡も出土しているのであるから（(7)(21)その他）、荷札とすることはむずかしい。(1)を荷札とする積極的な根拠はないのではないか。

以上のほか、次の三点も荷札と考えられる。

(5)「<□□<」　八六×一九×三　〇三一

(15)「<□□□」　一三四×二七×三　〇三二

(20)「<□□」　六六×一九×三　〇三三

これらはいずれも上端または両端に切り込みをもっているので、荷札か付札であろう。このうち(15)は、片面のみに三文字（判読できない）が書かれ、上部左右に切り込みをもち、上端平頭は(2)と共通し、下端圭頭は(12)(18)と共通する。また法量はこれら三点に近い。これらから見て、(15)も(2)(12)(18)の三点と同類の贄の貢進荷札である可能性が高い。この「木簡群」のなかには、付札であることが明瞭なものはないので、(15)とともに(5)(20)も荷札と見てよかろう。

以上によって、全二六点のうち(2)(4)(5)(8)(9)(12)(15)(18)(20)の九点が荷札であると考えられた。約三分の一である。これ以外のものの中にも荷札が含まれているかも知れない。荷札の比率の高い一群と言えよう。これに加えて、荷札ではないが刀子を入れてから折って廃棄したものが複数含まれていることから見て、この「木簡群」は一括性が高いと判断できる。すなわち、どこかでまとめて廃棄された「木簡群」が谷に一括投棄されたと考えるのである。出土位置が谷内の南よりであるので、地形的に見て、投棄は谷の南側からなされたとみるのが妥当であろう。

そこで問題は、この「木簡群」を廃棄した組織が何であるかという点である。前稿では、荷札もしくは付札状の切り込みをもつものの中で、(9)のみにあて先が書かれているので、この「木簡群」は「王母」にあてられ、そこで廃棄された可能性があること、差し出し側も同じであることを指摘した。しかし、この議論はやや性急な点があり、もう一度丁寧に検討することが必要である。

さきに荷札と考えた九点を通覧すると、差し出し側やあて先について問題となるのは⑷⑻⑼の三点である。このうち⑷の「委尓ア」、⑻の「嶋意弥」があて先か差し出し側かは、これらの木簡のみでは決めがたい。「集成」も、⑻についてで両方の可能性を指摘している。

この点についてでは、⑼を参考にする必要がある。⑼には「王母前」とあるが、「前」の文字を重視すると、「王母」をあて先とみるのが妥当である。これに対して、⑷の「委尓ア」と⑻の「嶋意弥」をあて先とみると、あて先が複数となるので、この「木簡群」の一括性にそぐわない。したがって⑷⑻は差し出し側と見るのがよい。この「木簡群」の荷札は「王母」にあてられたものであり、「王母」側でまとめて廃棄され一括投棄されたと考えられる。

ただし、差し出し側も同じとする前稿の考えは、再考を要する。あて先、差し出し側に関する右記の私見が認められるとすると、むしろ差し出し側の多様性が注意されることになる。⑷の「委尓ア」は部民集団、⑻の「嶋意弥」は個人または氏の集団からの進上の荷札ということになる。これに加えて⑵⑿⒂⒅からは、いわゆる「贄戸系」の集団からの貢納が考えられる。(8)「王母」に対して、これらの多様な集団や人間から物資が進上されていたのである。

以上によると、これらの荷札群は、あて先の「王母」側で廃棄され、南側から谷に一括投棄されたと見られる。すなわち谷の南側には、「王母」にかかわる何らかの組織が存在したと考えられることになる。なお、谷の南側については、必ずしも内裏西方官衙と考えているわけではない。(9)内裏西方官衙から前期難波宮の内裏付近にかけての一帯のどこかを想定している。

三　廃棄と投棄の時期

この「木簡群」が、「王母」をあて先として集まってきたものが「王母」側で廃棄され、谷に一括投棄されたものとすると、そこから、物資進上の性格その他いくつかの問題が派生する。そのなかで当面重要なのは、この「木簡群」はいつごろ廃棄・投棄されたのか、という点である。この点について前稿では、⑾の実物観察の結果をふまえて次の①〜⑨のように考えた（図5）。

⑾・『戊』（異筆1）『稲稲』（異筆2）戊申年□□□
　　□□□□□□〔連カ〕
　・『□□□□』（異筆3）
　　佐□□十六□　　　支□乃□　　　　（二〇二）×（二七）×三

①本来は大ぶりの木簡に大ぶりの文字で二行以上書かれていた。②「戊申年」の書き出しの位置は低いように見えるが、もとの形態を考えると、必ずしも不自然ではない。③「戊申年」の「戊」「年」は古い字体で書かれている。④表裏に異筆1、2、3がある。⑤帳簿または伝票の可能性は否定しきれないが無理がある。文書の書き出し部分であると見るのが自然である。[10] ⑥最初に異筆部分以外の「戊申年」などの部分が書かれて（⑾古段階）差し出され、受け取り側ですぐに廃棄されずにある期間保持され、その間に異筆書き込みが何回か行われ（⑾新段階）、しかる後に廃棄された。⑦「戊申年」を大化四年（六四八）とすることは動かない。

さらに前稿では「木簡群」全体について、これらの⑾の所見や他の木簡の書風などから、次のように考えた。⑧⑾は、古段階より遅れた時期（新段階より後）に、「木簡群」とともに廃棄された。⑨その投棄の時期は、この「木簡群」と伴出した土器の年代が、六六〇年前後を中心とする七世紀第3四半期のもので、第4四半期にくだるものはな

いとされている点が参考になる。(11)

以上の前稿の考えは、現時点でも変更の必要はないと考える。これによると、「木簡群」の廃棄や投棄の時期は、孝徳朝にしぼりこむことは簡単にはできず、斉明朝や天智朝までくだる可能性も考慮に入れておかなければならない。『日本書紀』によると、白雉四年（六五三）に皇太子・皇祖母尊・間人皇后・皇弟等・公卿大夫・百官人等が、孝徳天皇の反対を押しきって倭飛鳥河辺行宮に移った後、白雉五年（六五四）十月、孝徳天皇は病により「難波宮」で伏せていたが、その正寝で崩じた。また、斉明六年（六六〇）十二月には、斉明女帝が百済救援軍を率いて「難波宮」に幸し、諸軍器を備えている。

中大兄皇子等が飛鳥に去って以降も「難波宮」は存続しており、軍器などがその一画に貯蔵されていたとみられる。この「難波宮」が難波長柄豊碕宮であり、それが天武十五年（朱鳥元年、六八六）に焼失したと考えられる。このように、この「木簡群」が廃棄・投棄された七世紀第3四半期に「難波宮」は存続しており、そこに「王母」(12)にかかわる何らかの組織が存在したことは十分にありうる。

以上のように「木簡群」の廃棄・投棄の時期を考えることができるとすると、次に問題となるのは(1)である。これについては、荷札とする積極的根拠は見当たらないことは、前述したとおりである。また帳簿・伝票と考える根拠もない。荷札、帳簿、伝票などではないとすると、文書である可能性を考慮する余地を探ってみたい。

(1)は、前稿でも指摘したが、下端、左右側面は原形を保っているが、上端は折れている。したがって、もとの長さは不明である。また、これも前稿で指摘したが、表裏面とも同程度にきれいに整形されているので、表裏に文字を書く予定であったとみられる。

そこで、この木簡の本来の姿から現在までの変化を想定すると、表面側の本来の上端から書きはじめて下端にまで到達したあと、裏面に移り、その上端から続きを書いたが、途中で終わり、その下部で折れ、その下端側が残ったと見ることもできる。このような推測が成りたつとすると、⑴を文書木簡と見ることは、あながち無理な推定ではなかろう。

そうすると、「秦人凡国評」は、文書の文脈の一部分であることになる。「集成」は、⑴を荷札と見る立場からであるが、「秦人／凡国評」と区切っている。文書の文脈の一部としても、「□□秦人／凡国評□□」のように区切ることはありうる。

次に、⑴は孝徳朝の評の史料として注目されている。[13]なかには評が大化・白雉にはじまることが確かめられるとする意見もある。[14]これについて前稿では、⑾古段階の文字との書風の違いに注目して、⑴をもって「戊申年」ごろの評の問題を論じることには慎重であるべきであると注意を喚起した。

この認識は現在でも変わらないが、それに加えて本稿で検討したように、⑴も二六点の「木簡群」の一つとして一括して廃棄・投棄されたとする観点を加味する必要がある。これによると、簡単に右のようには理解できず、孝徳朝から斉明・天智朝までを視野に入れる必要があるということになる。

また、この「木簡群」の投棄は、前期難波宮の北限の問題とも関連する。すでにこの点については、「速報」が次のように指摘している（一〇ページ）。第一に、難波宮造営に際して東西方向の深い谷を整地して積極的に利用することはなかった。第二に、この谷に規制される形で難波宮が造営された可能性がある。

わたくしは、これらの指摘は妥当であると考える。その上で、本稿で考えたように、「木簡群」の谷への投棄の時期は、孝徳朝にしぼりこむことは簡単にはできず、斉明朝や天智朝までくだる可能性があること、また伴出した土器の年代が、六六〇年前後を中心とする七世紀第３四半期のものであることに注意する必要がある。これらからすると、その時期までこの谷は開いていたことになる。

この谷は、大規模な自然地形の谷で人工的な掘削によるものではないので、前期難波宮造営後に掘削された可能性はなく、前期難波宮造営時にも開いていたはずである。これによると、前期難波宮の北限は、内裏西方官衙の北を画する一本柱列とこの谷との間にあった可能性は、ますます高くなる。

おわりに

本稿では、難波宮西北部で出土した「木簡群」を取り上げた。この「木簡群」については、出土当時に検討を加える機会があった（前稿）。それから一五年近くを経て、再度検討を行う機会がめぐってきた。しかし今回は、実物について検討することができず、「速報」、以前の調査時のメモ類、写真類などによる検討にとどまった。この点で弱点をかかえている。今後機会を得て、実物に即した再検討を行う必要がある。

註

（1）古市晃「難波宮出土木簡の諸問題」（大阪歴史博物館『共同研究成果報告書』二、二〇〇八年）、同「難波宮出土木簡の諸問題」（大阪市立大学大学院文学研究科都市文化研究センター『都市文化創造のための比較史的研究（重点研究報告書）』二〇〇八年）。また、直木孝次郎「難波宮と木簡」（『直木孝次郎古代を語る一〇　古代難波とその周辺』吉川弘文館、二〇〇九年）も、難波宮跡周辺出土の古代木簡の概観を行っている。なお、筆者もかつて大坂城周辺出土の古代から近世の木簡を集成して検討を加えたことがある。栄原永遠男「現大阪城周辺出土の木簡」（追手門学院校地学術調査委員会編『大坂城三の丸』一九八二年）。

（2）発掘調査ならびに木簡の形状や墨書そのものの調査にかかわるものには、以下のものがある。大阪府文化財調査研究センター『大阪府警察本部棟新築工事に伴う大坂城跡の発掘調査』（一九九九年）、同『難波宮跡北西の発掘調査―大阪府警察本部新庁舎新築工事に伴う大坂城跡（その６）発掘調査速報―』（二〇〇〇年、以下、「速報」）、栄原永遠男「難波宮跡北西部出土木簡の諸問題」（『大阪の歴史』五五、二〇〇〇年、以下、前稿）、江浦洋「難波宮西北部の発掘調査と木簡の出土」（『東アジアの古代文化』一〇三、二〇〇〇年）、同「大阪・難波宮跡」（『木簡研究』二二、二〇〇〇年）。なお「速報」は、各木簡の材の加工状況がうかがえるように、必要に応じて上下端などの斜め位置の写真を掲載している。これは、木簡の検証にとって有効である。編集者の意図に賛意を表したい。

（3）前掲註（2）拙稿および栄原永遠男「難波宮跡西北部出土の木簡について」（『東アジアの古代文化』一〇三、二〇〇〇年）。

（4）法量、型式番号については、「速報」と『木簡研究』二二で異なる場合があるが、前者による。ただし(2)の長さについて、前者は丸括弧で（107）とする一方、上端とともに下端についても原形が保たれていることを認め、釈文にも「　」を付している。わたくしも下端はキリオリと観察している。これらから、長さは一〇七ミリで原形の長さとしておく。また(21)は、上端は左右から刀子で切り込みを入れて折り、左側面はワリのあとケズリ整形、下端は側面ケズリによる整形、としている。釈文では、下端についてカギ括弧を付けるべきである。長さと幅について丸括弧で包んでいないのは、二次的整形と判断したからと思われる。幅については妥当であるが、上端は廃棄のための刀子入れと考えられるので、厳密には二次的整形とは言い難い。そこで長さは丸括弧としておく。

（5）樋口知志「難波宮跡西北部出土の食料品付札木簡をめぐって」（『東アジアの古代文化』一〇三、二〇〇〇年）。

（6）前掲註（2）拙稿では、(15)(33)についても刀子を入れてから折って廃棄したとした。(33)については、廃棄にともなうものであるとは断定できないので、保留する。(15)については、「速報」は、古い段階の行為である可能性を認めつつ、調査段階で生じた折損の可能性も示唆しているので、除外しておく。

（7）奈良文化財研究所『評制下荷札木簡集成』（奈良文化財研究所史料七六、二〇〇六年、以下「集成」）。森公章「七世紀の荷札木簡と税制」（『木簡研究』二八、二〇〇六年）もこの四点を荷札として考察を加えている。なお、図1～5は「速報」から転載した。

（8）前掲註（5）樋口論文。

（9）前掲註（1）古市論文では、わたくしが、内裏西方官衙を「王母」に関連した施設とする見解を取っているとするが、私見は本文に記したとおりである。

(10)　前掲註(1)古市論文では、年号記載と裏面の十六という数量記載により、⑾の用途を帳簿と推定している。帳簿は複数の事務担当者によって書き継がれることがありうるし、同じ事務担当者の場合でも時間差をおいて書き継ぐことがありうるので、「戊申年」と「十六」とが異筆であることはそれで説明できる。しかし、「戊申年」の下の文字は判読がむずかしいが、月日を記したものである可能性は低いので、帳簿とは言いきれないと考える。

(11)　前掲註(2)江浦論文。

(12)　「王母」については、道教の仙女である西王母、孝徳天皇の母である吉備姫王（ともに鈴木靖民「難波宮木簡をめぐる二、三の視角」（『東アジアの古代文化』一〇三、二〇〇〇年）、皇極前女帝（前掲註(7)森論文）などにあてる意見が出されている。荷札木簡の荷の内容がわかるのは、⑿「宍」、⑵「支多比」、⒅「伊加比」、⑷「荷」、⑻「栗」であるが、これらからは祭祀的要素は感じられないので（厳密には⑷「荷」は不明だが）、西王母については考えにくい。

(13)　前掲註(12)鈴木論文。

(14)　直木孝次郎「難波長柄豊碕宮と最近出土の木簡」（『東アジアの古代文化』一〇三、二〇〇〇年）。

難波京の復原と難波大道

積　山　　洋

はじめに

難波京の歴史は、おおよそ三時期に分期することができる。孝徳朝に始まるⅠ期（初期難波京）と天武朝からのⅡ期（前期難波京）は前期難波宮の段階に属し、聖武朝からのⅢ期（後期難波京）は後期難波宮の段階に属する。京域の復原は、難波宮の造営軸線の方位を基準とする極座標上に道路側溝など正方位の遺構を位置づけ、それをもとに方格地割を復原することから始まる。この場合、難波宮の軸線方位とは前期難波宮のそれである。難波京Ⅲ期の地割も、未完に終わったⅡ期の造営を踏襲しているため、後期難波宮の軸線方位とは一致しないからである。(1)

本稿では、このような古代難波の都城建設を概観し、併せて都城建設の基準となる難波宮南門大路（朱雀大路に相当）とその南進道路である「難波大道」についても、述べることとしたい。

一　難波京Ⅰ期

大化元年（六四五）、乙巳の変で即位した孝徳は、十二月に難波遷都を断行する。同三年（六四七）、小郡宮が造営され、次いで白雉三年（六五二）には難波長柄豊碕宮が完成する。しかし白雉四年（六五三）、中大兄皇子ら皇族・官人たちが孝徳の意に反して飛鳥へ引き揚げ、五年（六五四）に孝徳が難波宮で没すると、飛鳥還都となった。以下、初期難波京の様相について述べる。(2)

1　難波宮の東西――空閑地と牛馬解体工房――

難波宮の周囲では、起伏に富んだ地形が各所でみつかっている（図1）。まず宮の東方をみると、難波宮下層段階や奈良時代の遺構は点在するが、豊碕宮と同時期の遺構はみつかっていない。同様に、宮の西方でも、難波宮の西限の塀SA三〇三の北部西側では西へ二〇〇㍍余の現谷町筋まで降っても、京域の遺構はみつかっていない。難波宮の東西には一定の範囲で空閑地が設けられていたようである。

ただ、SA三〇三の南部西側で二〇一二年度に検出された正方位の塀と五棟の建物群（図1―16）は宮域の一部との見方があるが、北方は空閑地なので、宮外官衙とも考えられる。後者ならば、三つの可能性が想定される。第一は、この地の東側の「龍造寺谷」で大量の牛馬骨が出土し（図1―2・3）、動物解体処理・皮革生産工房の存在を示すようである(3)が、それは難波宮完成時には整地層で埋まる短期間に限られる。五棟の建物群はそうした工房を含みつつ難波宮建設工事に関わる現場実務を管掌していたのかもしれない。第二は、この建物群の南西二〇〇㍍余、龍造寺谷の

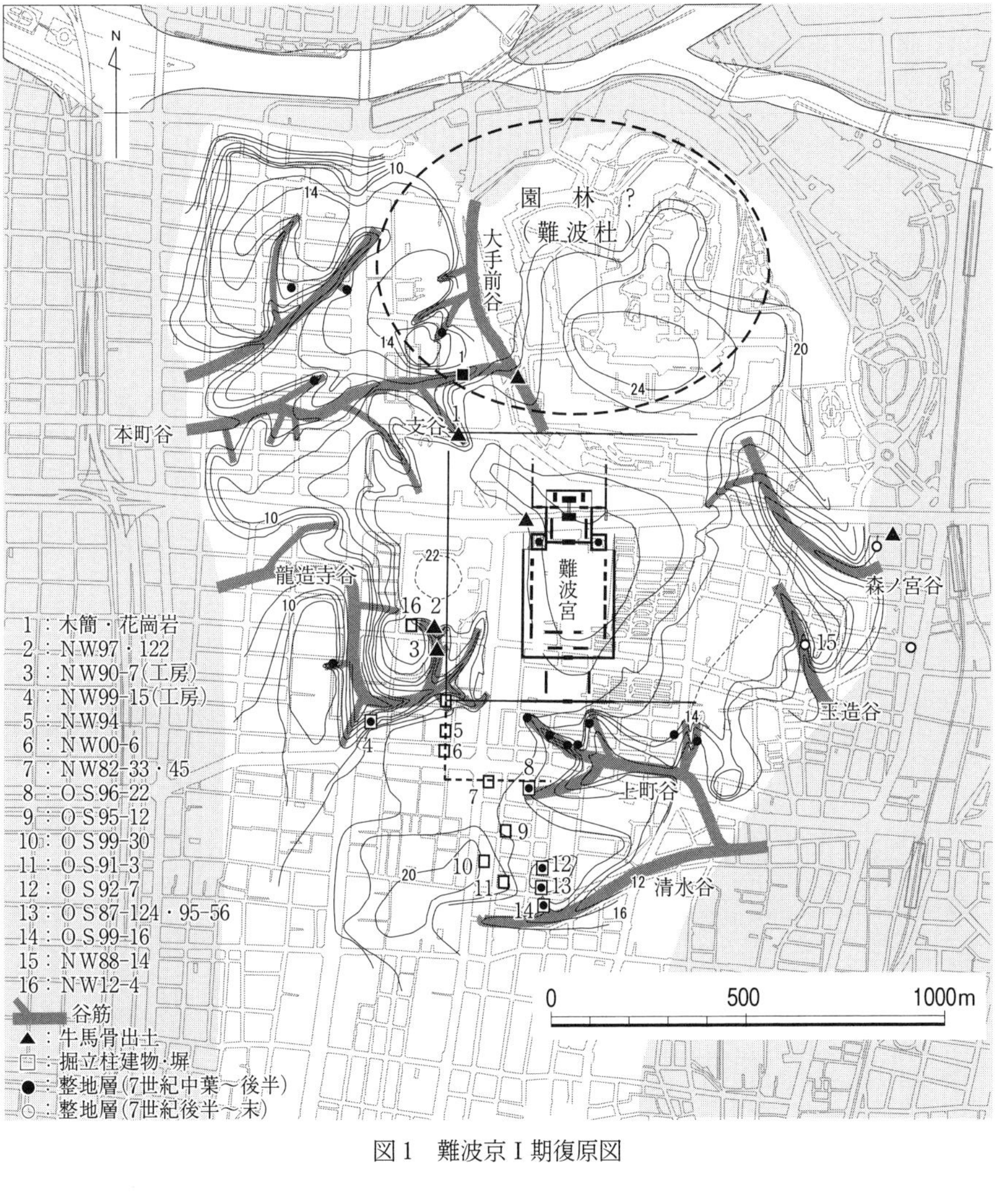
N
園　林　?
（難波杜）
大手前谷
本町谷
支谷
龍造寺谷
難波宮
森ノ宮谷
玉造谷
上町谷
清水谷
10
14
20
22
24
12
16
0
500
1000m
1：木簡・花崗岩
2：ＮＷ97・122
3：ＮＷ90-7(工房)
4：ＮＷ99-15(工房)
5：ＮＷ94
6：ＮＷ00-6
7：ＮＷ82-33・45
8：ＯＳ96-22
9：ＯＳ95-12
10：ＯＳ99-30
11：ＯＳ91-3
12：ＯＳ92-7
13：ＯＳ87-124・95-56
14：ＯＳ99-16
15：ＮＷ88-14
16：ＮＷ12-4
谷筋
▲：牛馬骨出土
□：掘立柱建物・塀
●：整地層(7世紀中葉～後半)
○：整地層(7世紀後半～末)

図１　難波京Ｉ期復原図

斜面で発見された金属器工房（図1―4）に関わっていたという想定である。この場合、金属器工房は難波宮完成後に年代の一点があるから、建物群の年代も七世紀後半まで降ることになる。第三は、右にあげた第一・第二の両方に連続して関わっていたという見方である。いずれにせよ、詳細な年代が不明なので慎重かつ幅広く考えておくべきであろう。

2　難波宮の北方――園林と生国魂社――

難波宮の北側、現大阪城の高台に難波宮の園林（禁苑）が設けられていたことは、早く山根徳太郎が指摘したところであり[4]、現大阪府庁の南側で発見された「本町谷」の知見を得て、筆者がこの見解を継承している。

本町谷では谷底の滞水環境を示す粘土層から、西日本各地より集められた大小の花崗岩が出土した。苑池の護岸用石材であった可能性がある。一方、大阪城の一帯は王権の国土神であり、難波の守り神でもあった式内大社生国魂社の杜であった[5]。園林の機能に鳥獣飼育があるが、『日本書紀』には推古六年（五九八）四月、新羅の鵲二隻を「難波杜に養はしむ」とある。白雉元年（六五〇）二月、穴戸（長門）国から献上された白雉は一度「園に放た」れ、六日後に再捕獲されて孝徳の前に運ばれ、大赦、改元にいたる。この「園」こそ、推古朝以来の生国魂社の杜（難波杜）の系譜をひくものであろう。元々王権が祀ってきた神域を難波宮の園林として保護・崇敬したものと思うのである。

3　難波宮の南方――宅地開発――

難波宮の南方にも自然地形の起伏はあるものの、Ⅰ期段階とみられる建物群の検出が相次いでいる。

このうち、ＯＳ九一―三次調査（図1―11）で発見された七世紀中ごろの建物群は柱穴の規模、形状、建物方位、切り合い関係などから、Ⅰ群（八棟の建物群）と、これに後続するⅡ群（四棟で正方位が多い）とに分かれる。Ⅱ群の建物群には倉や厠付という建物の機能分化と計画的配置が認められ、官人や有力氏族らの居宅であったらしい。また、NW九四次、NW〇〇—六次調査（図1—5・6）では難波宮西限のSA三〇三と柱筋をそろえた一本柱の塀、NW八二—三三・四五次調査（図1—7）では東西正方位の塀が発見され、両者が京域の方格地割をなす可能性が想定される。前者は難波宮造営軸線から西へ三〇八・五㍍（一〇五〇尺）、後者は難波宮南門から南へ二一〇・四㍍（七二〇尺）の位置にあり（東西・南北の規模はおよそ三対二）、方一八〇〇尺等の条坊地割とは異なるものである。

以上の代表的な例から、難波宮の南方で発見される建物群は七世紀中ごろに正方位を志向すること、建物群には官人や有力氏族の居宅が含まれていたらしいこと、それは宮域の外郭塀と柱筋をそろえており、王宮の地割（南北ライン）を宮外に拡大していること、さらに条坊制とは異なる方格地割の痕跡がみられること、などがわかる。しかしこれらの建物群はみなその後に継続しない。地点によっては土地造成だけで終わったらしい例もある。先述した飛鳥への還都によって都づくりが頓挫したものと考えるのが妥当なようである。

二　難波京Ⅱ期

ここでは天武朝下の前期難波京の様相を述べる。(6)

1　複都制の詔

『日本書紀』によれば、天武六年（六七七）十月十四日、「内大錦下丹比公麻呂を摂津職大夫と為す」とある。天武八年（六七九）十一月には、「初めて関を龍田山、大坂山に置く。仍りて難波に羅城を築く」とある。河内との国堺に近い大和側の二地点での関の設置と難波の羅城建設とは、難波から大和へいたる交通体系、それと一体であった難波と飛鳥の防衛体系の確立を構想したものであろう。そして天武十二年十二月には、「凡そ都城宮室は一処に非ず、必ず両参造らむ。故、先ず難波を都とせむと欲す。百寮は各往きて家地を請え」という複都制の詔にいたる。

ところで、天武はその五年（六七六）、藤原京（新城）の建設に失敗するが、十一年（六八二）三月、「小紫三野王及び宮内官大夫らに命じて新城に遣し、其の地形を見しむ。仍りて都つくらむとす」と、造営を再開する。複都制の詔はその翌年十二月である。さらに四ヶ月後の十三年（六八四）三月には「天皇、京師に巡行きたまひて宮室の地を定めたまふ」となる。このように、副都難波は、首都藤原の建設と一連のものとして構想されたのである。そして私は、天武八年の難波羅城のころには副都制が事実上始動したのではないかと考えている(7)。

しかし、難波宮は火災に遭い、焼亡してしまう。朱鳥元年（六八六）正月十四日、「難波の大蔵省に失火して、宮室悉くに焚けぬ」と、『日本書紀』は伝えている。難波宮の罹災とは京建設の核心的拠点を失うことであった。そのうえ、同年九月九日には、複都制を推進した天武自身が没してしまう。難波宮の火災と天武の死、このふたつを物理的要因として、難波京の建設は未完に終わる。いうまでもなく、藤原京の建設も再び頓挫したであろう。

2　未完の条坊地割

発掘調査でみつかった道路側溝の遺構から条坊制地割の有無を探ってみよう。前期難波宮の正殿である内裏前殿を基点とする造営軸線を基準方位として九〇〇尺方眼の極座標に個々の遺構を乗せてみた結果は以下のとおりである(8)。

前期難波宮南門から南へ四五〇尺（条坊一町）の位置に東西大路を想定し、右に述べた極座標の仮原点としておく。

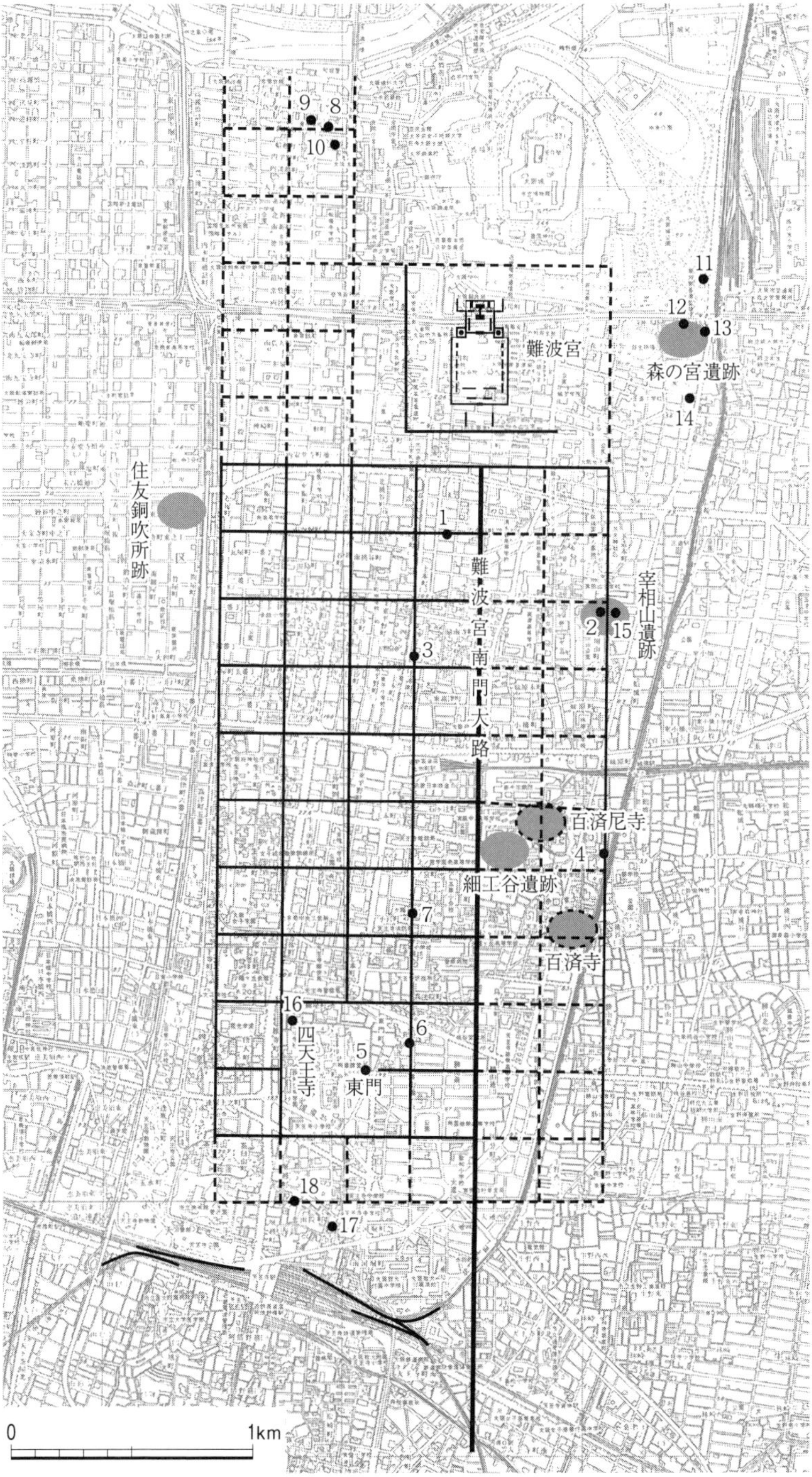
9
8
10
11
12
13
難波宮
森の宮遺跡
14
住友銅吹所跡
1
難波宮南門大路
宰相山遺跡
2
15
3
百済尼寺
4
細工谷遺跡
7
百済寺
16
四天王寺
6
5
東門
18
17
0
1km

図２　難波京Ⅱ期復原図

すると、三ヶ所の飛鳥時代の遺構が九〇〇尺の方眼に一致する（図2—1・3・5）。そのひとつに四天王寺東門（図2—5）があり、この門は四天王寺の諸門より遅れて条坊計画線上に建設されたことがわかる。難波宮南門大路（のちの朱雀大路）の西九〇〇尺のライン上でも、七世紀のうちに埋まる南北溝が発見され（図2—3）、その南進ライン上では難波Ⅳ古段階に埋められる井戸（図2—7）もみつかっている（難波京Ⅲ期にはこの井戸の南隣で条坊の橋脚が発見され、道路の存在が立証された）。このほか、細工谷遺跡で難波京Ⅲ期の条坊に一致する南北大溝の下層で発見されている大溝も、この時期に遡る可能性を示す（図2—4）。以上の五例は、不確実な一例（図2—4）を除いても難波宮の南方で比較的広範囲に散らばっており、条坊街区の建設が一定の進展をみたことを示す。

問題は、四天王寺の北西、直近の位置で、上町台地と同じ方向（北で東に一〇度ほど振れる）の地割を示す南北溝が、少なくとも七世紀末にはまだ存在し、埋まるのが八世紀に降ることである（図2—16）。これは、復原京域の全域に条坊道路が施工されていたわけではないことを端的に示す例である。

難波宮の北西方面でも、道路側溝は未発見ながら、この時期の建物群が発見されており（図2—8〜10）、それらの棟方位は正方位から五度ほど東に振れている。微妙な方位であるが、難波京Ⅲ期にはこの地にも条坊道路が施工されることから、四天王寺北西の事例と同様に、Ⅱ期にもその計画はあったものの、未施工に終わったものと想定される。

また、京域東部は起伏に富んだ自然地形が卓越し、方格地割の施工は困難だが、七世紀前半以来の細工谷廃寺（のちの「百済尼寺」）や、七世紀後半の堂ヶ芝廃寺（のちの「百済寺」）などがあり、条坊の有無に関わらず京域と認識されていたであろう。その東側、上町台地の東裾の南北溝（図2—4）の下層溝までが想定できる京域の最大規模とみられ、その東の森の宮遺跡では条坊痕跡などはまったく認められない。それは京域の西方も同様であり、上町台地西裾の東横堀川以西の低湿地には、やはり条坊痕跡はない。

こうして復原されるⅡ期の京域は、東西六坊で一六〇〇㍍弱、南北は一〇～一一条で二六五〇～二九〇〇㍍余[9]であるが、難波宮北西方面が計画域にあったとすれば、最大一七条で四五〇〇㍍余となる。いずれにせよ、過去の難波京復原案のどれよりも小規模な復原案である。難波京Ⅱ期における条坊地割の施工は、確実には難波宮の南方地域に限られ、またその地域内でも「まだら模様」の限定的なものであったことがわかる。

三　難波京Ⅲ期

『続日本紀』は聖武朝の神亀三年（七二六）十月、難波に行幸した聖武天皇が「式部卿従三位藤原朝臣宇合を以て知造難波宮事と為す」と、難波宮の再建に着手したことを記す。天平四年（七三二）三月条には「知造難波宮事従三位藤原朝臣宇合ら已下、仕丁已上に物を賜ふこと各差有り」とあり、このころには難波宮の再建が一段落したとされ、その年九月には「正五位下石川朝臣枚夫を造難波宮長官と為す」と新たな人事が発令された。おそらく造営の主たる現場が京域に移行したものと思われ、天平六年九月、「難波京の宅地を班給す。三位以上は一町以下、五位以上は半町以下、六位以下は一町を四分するの一以下」と京域の宅地班給にいたっている。

1　難波京の条坊単位

昭和四十五年（一九七〇）、澤村仁氏が難波京の条坊復原を初めて図示した当時は[10]、岸俊男氏による藤原京の復原[11]とともに、難波京の条坊区画も方九〇〇尺とされていた。その後、藤原京の条坊遺構は岸説の復原範囲を大きく越えて広がり、藤原京の条坊単位は平城京と同じく方一八〇〇尺と考えられるようになった[12]。

そこで、難波京の地割も再検討が必要となっている。右にあげた聖武朝の難波での宅地班給記事と、『日本書紀』持統五年（六九一）十二月八日の藤原京の宅地班給記事から、天武十四年（六八五）制定の冠位と大宝令の官位で同格の大参と五位の宅地を比較すると、藤原では一町、難波では半町以下、また勤と六位以下は、藤原では戸口により一町以下、難波では四分の一町以下である。難波で班給される宅地は藤原のそれよりかなり小規模であった。

一方、発掘調査の結果、今では難波京域は相当狭小であり、上町台地上の東西一・二町、約一・六キロを越える可能性はかなり小さいことが判明している。難波京の宅地班給規模が小さいのはそれに由来する。

以上の検討からみると、やはり従来通り、難波京の条坊区画は一八〇〇尺（四町）四方というより、面積比四分の一の九〇〇尺（二町）四方とみるのが妥当であろう。

2　条坊地割の施工

難波京Ⅲ期（奈良時代）の条坊制地割の施工[13]をみると、方九〇〇尺とその二分の一の地割に一致する道路側溝の検出例は一〇件と、Ⅱ期段階より大幅に増えている。内訳は京域北部で三件（図3―1・2・6）、中央部で二件（図3―7・10）、南部で五件（図3―11～15）である。

北部では、Ⅱ期段階では可能性にとどまっていた条坊地割が、Ⅲ期において確実に施工されたことがわかる。この結果、難波京は京域の中央北に宮室を置く平城京や平安宮の北闕型とは異なる独特のスタイルをとり、それは長安城とは異例の隋唐洛陽城に似るものともいえる。中央部と南部では、難波宮南門大路の西九〇〇尺の道路側溝が相次いで検出された。この道路はⅡ期段階で施工されていたが、Ⅲ期においては小さな侵食谷に架橋された橋脚なども発見された（図3―11）。京域南部では、古くから注目されてきた四天王寺東方の方格地割（方九〇〇尺）が、少なくとも

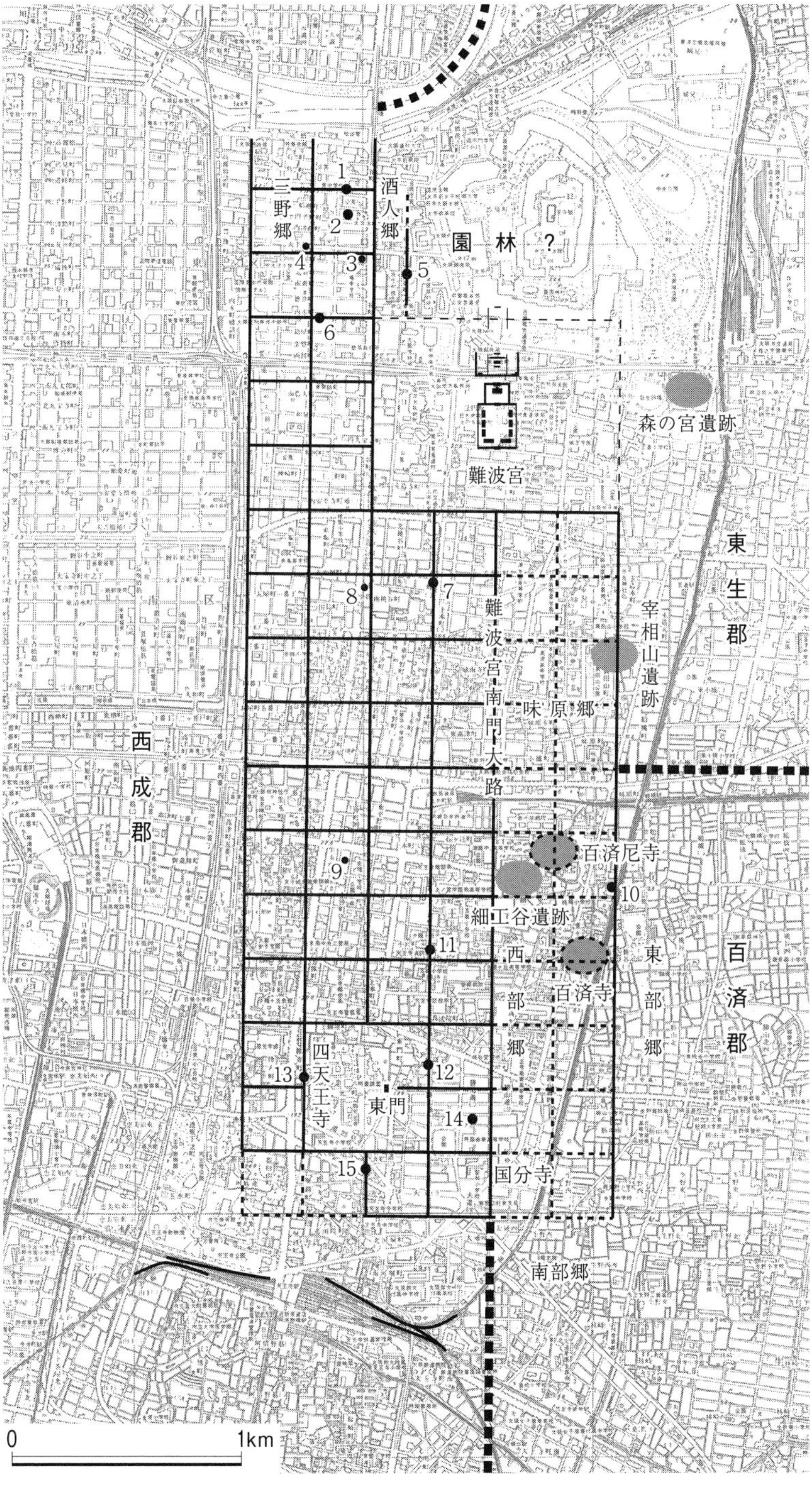
三野郷
酒人郷
園林？
森の宮遺跡
難波宮
東生郡
幸相山遺跡
難波宮南門大路
味原郷
西成郡
百済尼寺
細工谷遺跡
西部郷
百済寺
東部郷
百済郡
四天王寺
東門
国分寺
南部郷
0
1km
1
2
3
4
5
6
7
8
9
10
11
12
13
14
15

図３　難波京Ⅲ期復原図

奈良時代までは遡ることが確認できる（図3―11・12・14・15）。またその西方にも条坊地割が及び（図3―13）、奈良時代の四天王寺の西限を画すことが判明した。京域東部には前期・後期を通じて起伏に富んだ自然地形がかなり残り、条坊地割の施工は困難であるが、台地東裾の低地で南門大路から一八〇〇尺の位置にて南北溝が検出された（図3―10）ことから、そこまでを条坊街区の有無に関わらず、京域ととらえることができる。

以上から復原されるⅢ期の京域は方九〇〇尺の地割が東西に六坊・一六〇〇㍍弱、南北は一六～一七条・四二五〇～四五〇〇㍍余となった。(14) 全体にⅡ期段階より大幅に条坊地割の施工が進展したことは確かである。そしてこの条坊地割は難波京Ⅱ期の地割を踏襲・拡大したものであった。

四　難波宮南門大路と難波大道

難波京のメインストリートは難波宮南門大路であった。これまで京域においてその道路跡は検出されていないが、前期難波宮の造営軸線（N―〇度四〇分〇二秒―E）を難波宮の南方約一〇㌔まで正確に南進した地点で幅約一八㍍の道路跡が発見されており、「難波大道」と命名されている。そのため、京域にもこの道路が通じていたことが高い確度で想定される。(15) 天王寺区細工谷遺跡で発見された「百済尼寺」（軒瓦は法隆寺西院伽藍系で、七世紀末のもの）が南門大路の東に隣接していることも、その可能性を高めるものであろう。

これに対して近年、難波京に南門大路はなかったとする見解が出ている。(16) それは、細工谷遺跡の調査により、南門大路に至近の地で深い埋没谷が検出されたことによる。しかし、その調査地から南門大路までの六〇㍍余の間に谷地形が終息しないとはいえないこと、谷が南門大路に及んでいたとしても、地形の高低に従って直線道路を通すのはごく自然であること、それができないほど深い谷ならば、架橋すればよい（難波にも先述の例がある）との反論がある。[17]

難波大道（図4）について、その存在を初めて指摘したのは岸俊男氏である。それは難波宮の軸線上に見いだされる近現代の地割・地境から復原した古道であるが、その建設年代は明言されていない。[18] ただ、当時は前期難波宮の建設年代も未確定であり、難波宮が「朱鳥元年（六八六）正月に焼失した天武朝難波宮からいつまで遡りうるかによって、この古道の設置年代の上限が決定できるとみた方がよいかも知れない」と述べていたことは注意される。

これに反して、近年は、この道路の建設が六世紀後半に遡るとの見解[19]が出ている。しかしこのような想定にはきちんとした根拠が明示されておらず、例えば東住吉区の山阪神社に隣接する地点（大道想定ラインの西隣）で発見された

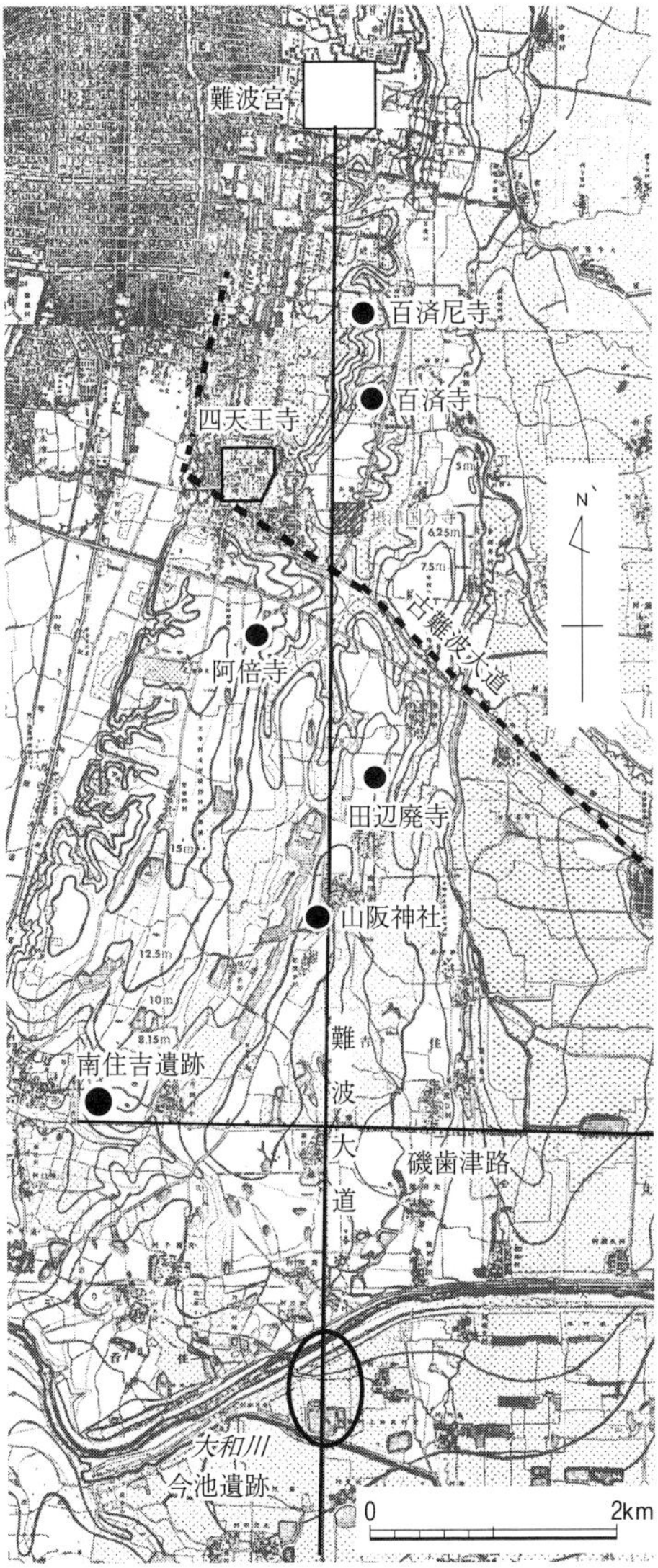

図4　上町台地と難波大道復原図

六世紀後半の集落跡[20]の建物方位が正方位とは無関係であったことを無視するものといわざるをえない。また、藤原宮、平城宮では先行する正南北の道路跡が検出されているが、難波宮の一帯でこれに先行する正南北道路は片鱗すらみつかっていない。難波宮下層遺跡の遺存状態から察すると、「先行道路はあったが後世の削平で失われた」とするのも難しい。『日本書紀』推古二十一年（六一三）十一月条に「難波より京に至るに大道を置く」とある大道（の河内側）を丹比道とみなし、「竹内街道一四〇〇年記念」と称した平成二十五年（二〇一三）のイベントも根拠のないものであった。

正方位の難波宮先行道路がない以上、難波大道の設置年代は右にあげた岸説にもとづいて検討せねばならないが、ひとまず、前期難波宮が造営された孝徳朝に上限を求めることができる。すると、『日本書紀』白雉四年（六五三）六月条に、百済使、新羅使の来朝記事に続いて「処々の大道を修治す」とあるのが目をひくが、道路の建設年代については沿線の遺跡の動向を探り、いつ、どのような画期が見いだせるかというオーソドックスな検討が必要である。[21]

大道の東方約〇・四キロに位置する東住吉区田辺廃寺の軒丸瓦は複弁七葉蓮華文（図5―1）であり、類例はないが、一点出土している法隆寺式軒丸瓦（小片）とともに七世紀後半に下る。[22]軒平瓦も同様で、田辺廃寺の創建瓦が孝徳朝に遡るとするのは難しい。

大道の西方約〇・六キロと、やや離れて位置する阿倍野区の阿倍寺廃寺では一点ながら、四天王寺Ⅱ期の軒丸瓦Ⅱa式[23]（単弁八葉蓮華文）が出土している（図5―9）。この瓦は大和吉備池廃寺から、孝徳朝に四天王寺に継承されたものである。[24]大化五年（六四九）三月に難波で没した左大臣阿倍内麻呂は四天王寺の塔に仏像四軀を安置するなど孝徳朝の仏教政策に深く関与した（『日本書紀』大化四年〈六四八〉二月条）から、阿倍氏が大和の本拠地の安倍寺だけでなく、四天王寺南方の阿倍野の地にも氏寺を建設した可能性はある。ただ、一点しかないので、当初は小規模な仏堂程度で

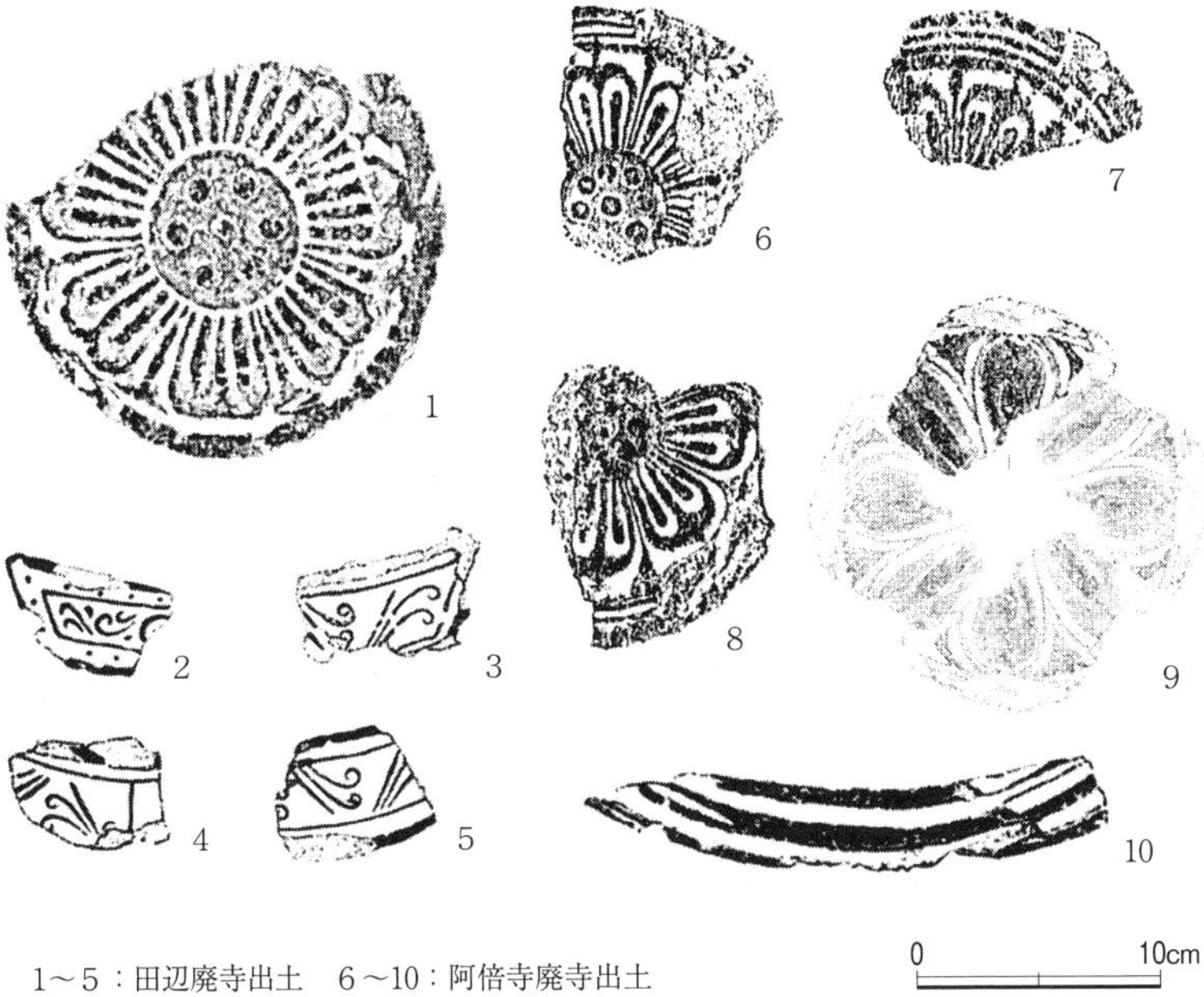

1～5：田辺廃寺出土　6～10：阿倍寺廃寺出土

図5　田辺廃寺と阿倍寺廃寺の軒瓦

あり、外縁に重圏文を施す複弁蓮華文（図5―6～8）が主流を占める七世紀後半～末ごろが伽藍整備の画期であろう。

もうひとつ取り上げたいのは、難波大道と直交し、一連の道路網を形成したとされる東西道路「磯歯津路」（『日本書紀』雄略十四年正月条、『万葉集』巻六、九九九など）である。この道路の北約一〇〇㍍で行われたMN八五―三七次調査では七世紀後半（飛鳥Ⅳ）のころに建物の方位が正方位を志向するという変化がみられた。

このように、難波大道の沿線およびその関連遺跡では七世紀後半に変化がみられることから、孝徳朝に道路だけが建設された可能性は残るものの、天武朝により大きな画期があったものとするのが自然であろう。

それでは、推古二十一年の大道とはいかなる道路だったのであろうか。上町台地で難波宮造営以前に正方位の道路を通す理由がない以上、それは地形に即した斜行道路であったとするのが妥当であろう。[25] それがどこまで直線的であったかとなると多少の疑問はあるが、難波津から四天王寺へ向かい、曲折して大和川（平野川）の旧自然堤防（国道二五号線）上を通過したというのは理にかなった発想である。私はこれを「古難波大道」として理解すべきと考える。

おわりに

難波京と難波大道について、ごく簡単に述べてきた。その大要は以下の通りである。

孝徳朝に始まる難波京Ⅰ期においては、主に前期難波宮の南面に官人・百姓らの居住地が設けられた。そこには正方位の方格地割が設けられていたようだが、それは方九〇〇尺の条坊地割とは異なるものであり、また飛鳥還都により首都建設は未完に終わった。天武朝に始まる難波京Ⅱ期には、藤原京とともに副都の建設が進み、条坊制に則った地割が出現してくる。難波大道も孝徳朝以後、遅くともⅡ期には建設された。しかし京域の建設は難波宮の火災と天武の死という物理的要因によって頓挫した。聖武朝以後の難波京Ⅲ期になると、かなり広範囲に条坊地割の痕跡が認められるようになる。それはⅡ期の計画を踏襲し、東西に六坊・一六〇〇㍍弱、南北は一六～一七条・四二五〇㍍弱～四五〇〇㍍余の規模であり、また中央北端に宮室を置く、いわゆる北闕型とは異なるものであった。

また、推古紀二十一年（六一三）十一月条の難波を起点とする「大道」を、難波宮から南下する難波大道に先立つ斜行道路ととらえ、古難波大道と考えた。

本稿では三時期にわたる難波京の建設を、考古資料に基づいて記述することに終始した。それをどう歴史的に解釈するかという点は、別稿[26]で詳述した。併せて参照されることを願いつつ、擱筆したい。

註

（1）積山洋「難波京条坊研究の課題と方法」（『古代の都城と東アジア』清文堂、二〇一三年）。

（2）難波京Ⅰ期の詳細は、積山洋「初期難波京の造営」（『古代の都城と東アジア』清文堂、二〇一三年）。

（3）積山洋「牛馬観の変遷と日本古代都城」（『古代文化』五九―一、二〇〇七年）。

（4）山根徳太郎『難波王朝』（学生社、一九六九年）。

（5）二宮正彦「難波生国咲国魂神社」（『式内社調査報告』五、皇学館大学出版部、一九七七年）。

（6）難波京Ⅱ期の詳細は、積山洋「前期難波京の造営」（『古代の都城と東アジア』清文堂、二〇一三年）。

（7）積山洋「前期難波宮と複都制」（『日本の古代宮都と東アジアの複都制』青史出版、近刊予定）。

（8）なお、難波京の造営基準尺は藤原京と同じ〇・二九五㍍である。

（9）前掲註（6）積山洋「前期難波京の造営」では南北約二九〇〇㍍とした。それは四天王寺の南方にあと一坊を想定したことによるが、その地の発掘調査により、東西の復原条坊ライン上に難波京Ⅱ期の建物群（屋敷地）が検出され、該地に条坊道路はなかったことが判明した（図2―18）。ところが、その東方にて、私の復原南限ラインに向う南北道路の側溝がみつかる（図3―15）など、やや雑雑である。市川創「大型建物群の評価」（『北河堀町所在遺跡発掘調査報告』大阪文化財研究所、二〇一三年）、平田洋司「四天王寺南方で見つかった難波京条坊跡」（『葦火』一六八、二〇一四年）。

（10）澤村仁「難波京について」（『日本古代の都城と建築』中央公論美術社、一九九五年、初出一九七〇年）。

（11）岸俊男「緊急調査と藤原京の復原」（『日本古代宮都の研究』岩波書店、一九八八年、初出一九六九年）。

（12）小澤毅「古代都市「藤原京」の成立」（『日本古代宮都構造の研究』青木書店、二〇〇三年）。

（13）難波京Ⅲ期の詳細は、積山洋「後期難波京の造営」（『古代の都城と東アジア』清文堂、二〇一三年）。

（14）前掲註（9）の事情により、一六～一七条としておく。

（15）積山洋「難波大道と難波京」（『東アジアにおける難波宮と古代難波の国際的性格に関する総合研究』大阪市文化財協会、二〇一〇年）。

（16）高橋工「細工谷遺跡周辺の古代における谷の開発について」（『細工谷遺跡発掘調査報告』Ⅱ、大阪市文化財協会、二〇〇七年）。

(17) 前掲註(1)積山洋「難波京条坊研究の課題と方法」。
(18) 岸俊男「古道の歴史」「難波―大和古道略考」(『日本古代宮都の研究』岩波書店、一九八八年、いずれも初出一九七〇年)。
(19) 森村健一「堺市発掘の難波大道と竹ノ内街道」(『季刊考古学』四六、一九九四年)、近江俊秀「七道駅路成立以前の道路遺構」(『古代国家と道路』青木書店、二〇〇六年)。
(20) 積山洋「東住吉区山坂で見つかった古墳時代の集落跡」(『葦火』六二、一九九六年)。
(21) 以下、詳細は前掲註(15)積山洋「難波大道と難波京」。
(22) 積山洋「飛鳥時代難波の宗教環境」(『都城制研究』七、奈良女子大学古代学学術研究センター、二〇一三年)。
(23) 四天王寺の瓦の分類と編年は、網伸也「四天王寺出土瓦の編年的考察」(『堅田直先生古稀記念論文集』真陽社、一九九七年)。前掲註(22)積山洋「飛鳥時代難波の宗教環境」にてこの瓦をＮＭⅡｃ式としたのはⅡａ式の間違いであり、訂正する。
(24) 花谷浩「出土瓦をめぐる諸問題」(『大和吉備池廃寺発掘調査報告』奈良文化財研究所、二〇〇三年)。
(25) 安村俊史「推古二一年設置の大道」(『古代学研究』一九六、二〇一二年)。
(26) 積山洋『古代の都城と東アジア』(清文堂、二〇一三年)。積山洋「前期難波宮と複都制」「後期難波宮と複都制」(『日本の古代宮都と東アジアの複都制』青史出版、近刊予定)。

第Ⅱ部　難波宮をめぐる政治と文化

古代難波地域の渡来人

――五～六世紀を中心に――

田中清美

はじめに

上町台地の北部では近年の発掘調査で五～六世紀の難波宮下層遺跡の具体的な状況が徐々に明らかになってきており、百済・加耶・新羅など朝鮮三国時代の軟質土器や陶質土器およびそれに酷似した韓式系土器の研究も従来に比べて進展し、朝鮮半島南部から難波に渡った渡来人の動向についても東アジア史的な広い視野に立って検討されるようになってきた。このような中で二〇一〇年（平成二十二）四月に大阪市中央区上町一丁目において発掘調査された五世紀第2四半期頃の上町谷一・二号窯跡は、古代難波地域の渡来人の生業と密接に関わる貴重な遺構として注目されている[(1)]。

一方、『日本書紀』仁徳天皇紀十四年条には、難波堀江（現在の大川）の開削により河内湖水の排水が進んだことで沖積低地の耕地化が進み生産力が飛躍的に拡大したとの説話があるが、このような倭王権の主導による大規模な耕地の開発には最新の土木技術を携えてきた渡来人が関係したことを上町台地ならびに河内湖岸に分布している韓式系土器が如実に示している。(2) さらに、史料によれば難波で活動した渡来人の中には五〜六世紀に新羅から渡来したという吉士集団のように六世紀の中葉から七世紀の前葉にかけて中央貴族である阿部氏のもとで外交や交易、屯倉の管理などにおいて力を発揮し、八世紀には有力氏族に成長した渡来人もいたという。(3) しかし、韓式系土器などの考古資料のみでは渡来人の出自や難波における彼らの生業および生活の具体像について明らかにすることは資料的な制約もあって難しいといわざるを得ない。本節では上町台地北部およびその周辺から出土している五〜六世紀の韓式系土器や渡来人と関わりのある遺構・遺物を抽出するとともに、文献史学の成果も引用して難波の渡来人の実像に迫ろうと思う。

一　上町台地北部および周辺遺跡出土の韓式系土器と渡来人

ここではまず、上町台地を前・後期難波宮の中心域である内裏・朝堂院のある地域を(i)難波宮中部地区、(ii)難波宮北部地区、(iii)難波宮南部地区、(iv)難波宮東部地区の四つの地区（図1）に区分して、各地区におけるおもな韓式系土器の系譜や特徴について整理しておきたい。

(i)難波宮中部地区　本地区は難波宮北部地区から南に開く大手前谷より西方に派生した谷筋を隔てて拡がる台地の平坦面に該当する（図1）。ここには五世紀中葉の一六棟の倉庫群が整然と並ぶ一画(4)（法円坂遺跡）があり、韓式系土器は倉庫群が廃絶した後に建てられた竪穴建物SB二一四の竈および炉の周辺から出土している。それは百済南部地域の軟質土器や陶質土器に類似した平行タタキや格子タタキが施された甕や広口壺のほか、廃絶後の埋土から出土した平底鉢（図2）、格子タタキが施された広口壺や長方形タタキが施された平底の壺、螺旋状沈線や環状の把手のあ

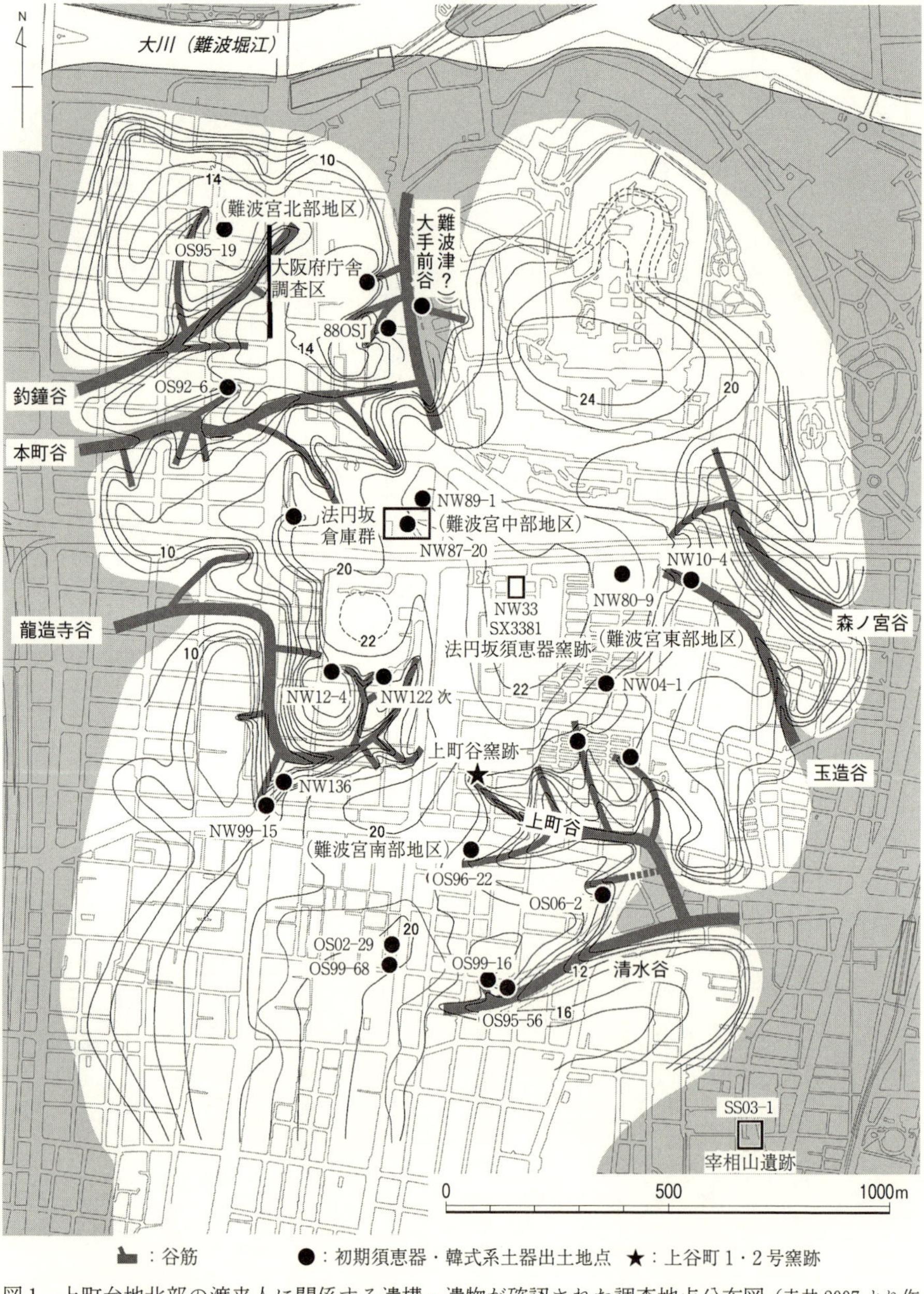

：谷筋　●：初期須恵器・韓式系土器出土地点　★：上谷町1・2号窯跡

図1　上町台地北部の渡来人に関係する遺構・遺物が確認された調査地点分布図（寺井2007より作成，一部改変）

る壺などである。[5]　SB二一四ではTK二三型式およびMT一五型式の須恵器が多量に出土したが、これらのうち建物が機能していた時の韓式系土器や須恵器は五世紀後葉のTK二三型式に属するものであり、六世紀初頭のMT一五型式の須恵器や土師器は建物が廃絶した後の窪地内に投棄されたものであった。したがって、難波宮中部地区にSB二一四を含む一連の竪穴建物や掘立柱建物からなる集落が形成されたころには百済南部地域の渡来人もここに居住しており、彼らは近隣の渡来人とともに倭王権による一大プロジェクトであった河内湖岸の沖積低地の開発や難波津を介しての朝鮮半島南部地域との交易、手工業生産の振興など、倭王権の経済強化を目指す諸政策に関与したものと理解される。

(ii)難波宮北部地区　難波堀江を北に臨む上町台地の北端および難波堀江から南に入りこむ大手前谷を東に臨む台地の平坦面が該当する。ここには大阪府庁舎調査地・八八―OSJ調査地・NW八七―二〇次調査地があり、五～六世紀の韓式系土器が出土している（図1）。なかでも大阪府庁舎調査地では、五世紀中葉～後葉に属する格子タタキや縄蓆文タタキが施された甕・甑・移動式竈などの韓式系土器をはじめ、長方形タタキや鳥足文タタキがみられる百済南部地域（全羅南道）との関係の深い陶質土器の壺や甕が出土している[6]（図2）。府立大手前高校の校舎の建替えに伴って行われた八八―OSJ調査でも百済南部から栄山江流域の軟質土器に酷似した甕・甑・平底鉢などの韓式系土器をはじめ、縄蓆文タタキ・細筋の平行タタキ・長方形タタキが施された百済の陶質土器に類似したものが出土している[7]（図2）。これらとは別に慶尚南道南西部にも分布している平底で蒸気孔が三角形あるいは台形の甑のほか、天井部に櫛描列点文や直線文を施し、中央にやや扁平な宝珠状のつまみのある有蓋高杯の蓋は高霊池山洞古墳群など[8]、大加耶地域やその周辺でみられることから、難波宮北部地区には大加耶西部地域の渡来人もいた可能性がある（図2）。このほか、口縁部が二段に開く直口壺や立ち上がりを折り込技法で成形した有蓋高杯、口縁端部の下方に一条の突帯

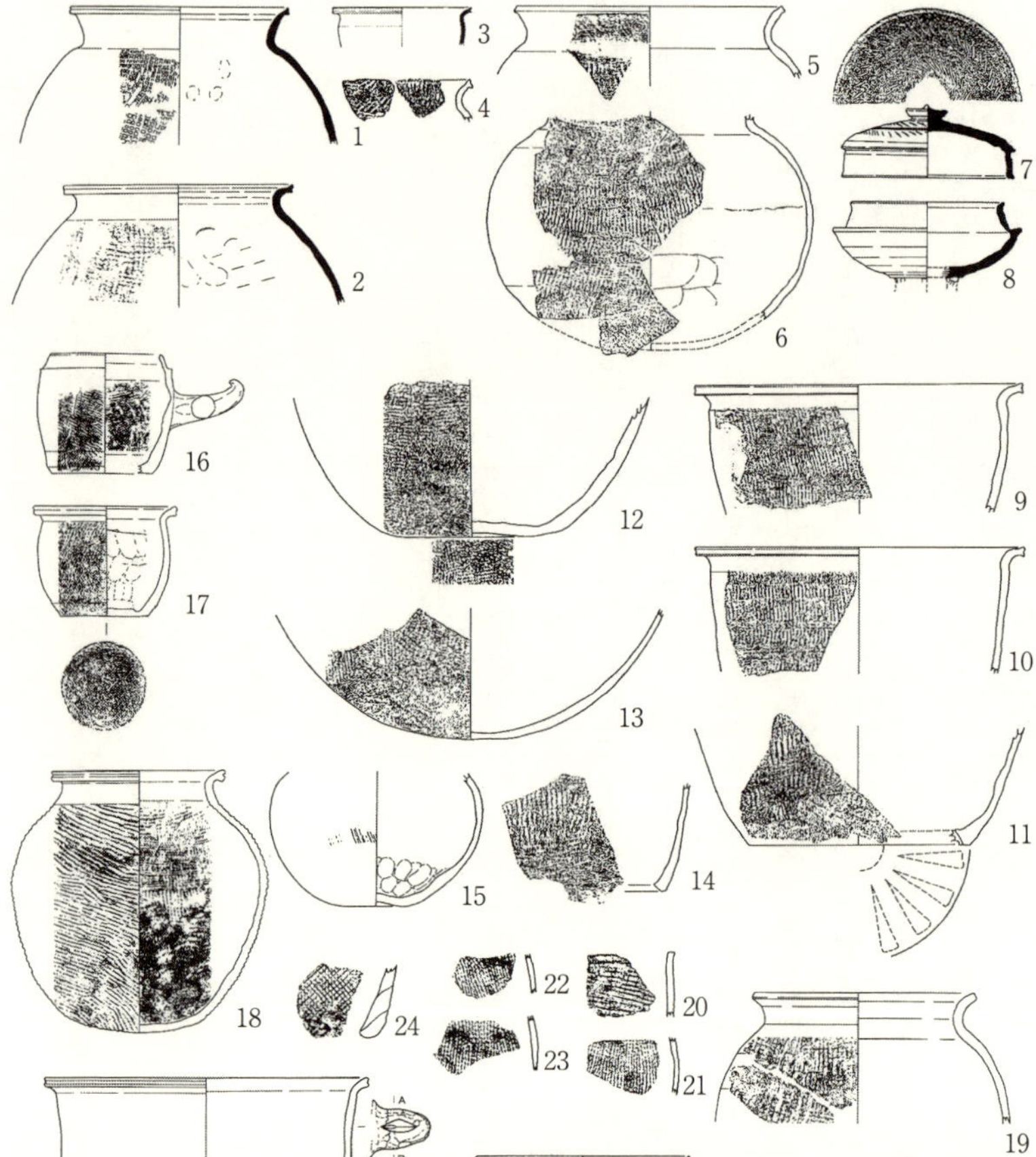

1〜3：法園坂倉庫群，4〜15：88OSJ，16：OJ92-1，17・18：AZ87-1，
19〜28：大阪府庁舎調査区，29：大阪城公園西側歩道，30：OS06-2

図2　上町台地北部出土韓式系土器他実測図

が巡る口径六五㌢の大型の甕など、肉眼観察ではあるが胎土が上町谷一・二号窯跡の初期須恵器に酷似したものも確認されている。なお、折り込技法は百済の陶質土器にもみられる製作技法であり、陶邑古窯址群ではON二三一号窯跡[9]・濁り池窯跡[10]・赤禿池窯跡など[11]、大野池地区の初期須恵器で散見される。後述するように上町谷一・二号窯跡も窯の構造や出土遺物の一部にON二三一号窯跡と共通するものがあることから、大野池地区の工人と関係があったと理解してさしつかえないと考える。このほかにも渡来人に関わる資料としては、大阪城公園西側の歩道工事の際にTK二三型式の須恵器有蓋高杯や𤭯に伴出した注口付壺(図2)があるが[12]、これについて寺井誠氏は慶尚南道山清郡の生草一〇号墳の注口付壺や底部の形態が陜川郡の苧浦里D地区Ⅱ―一石室出土の広口壺の底部に類似することから加耶の陶質土器とみている[13]。

一方、台地北西の難波堀江の近く、大阪市中央区伏見二丁目に位置するOJ九二―一次調査地では、六世紀前半頃の慶尚南道北部から同北西部にかけてみられる軟質土器の把手付鉢が、中央区高麗橋一丁目のAZ八七―五次調査地でも古墳時代の遺物を含む河成層から体部外面を平行タタキで、内面には上半に平行文の当具痕が、下半に同心円当具痕のある軟質土器の甕と、器高が八・七㌢で、体部外面を平行タタキで整形した小型の軟質土器の平底鉢が出土している[14](図2)。ともに口縁部の端面が凹線状を呈しており、色調や胎土も似ていることから加耶南西部地域で製作された可能性が高いものである。

(ⅲ)難波宮南部地区　本地区は難波宮中部地区の南側にある周囲を谷地形に取り囲まれたような島状の平坦面から東方の上町谷に至る台地上に当る(図1)。島状の平坦面の北端から東に開く谷地形にかけて位置するNW二〇一二―二次調査地では、MT一五型式の須恵器に共伴して百済南部地域(全羅南道)でみられる陶質土器の直口壺に酷似したものや、格子タタキを施した韓式系土器の長胴甕が出土している(図3)。また、時期は確定しがたいものの、ガ

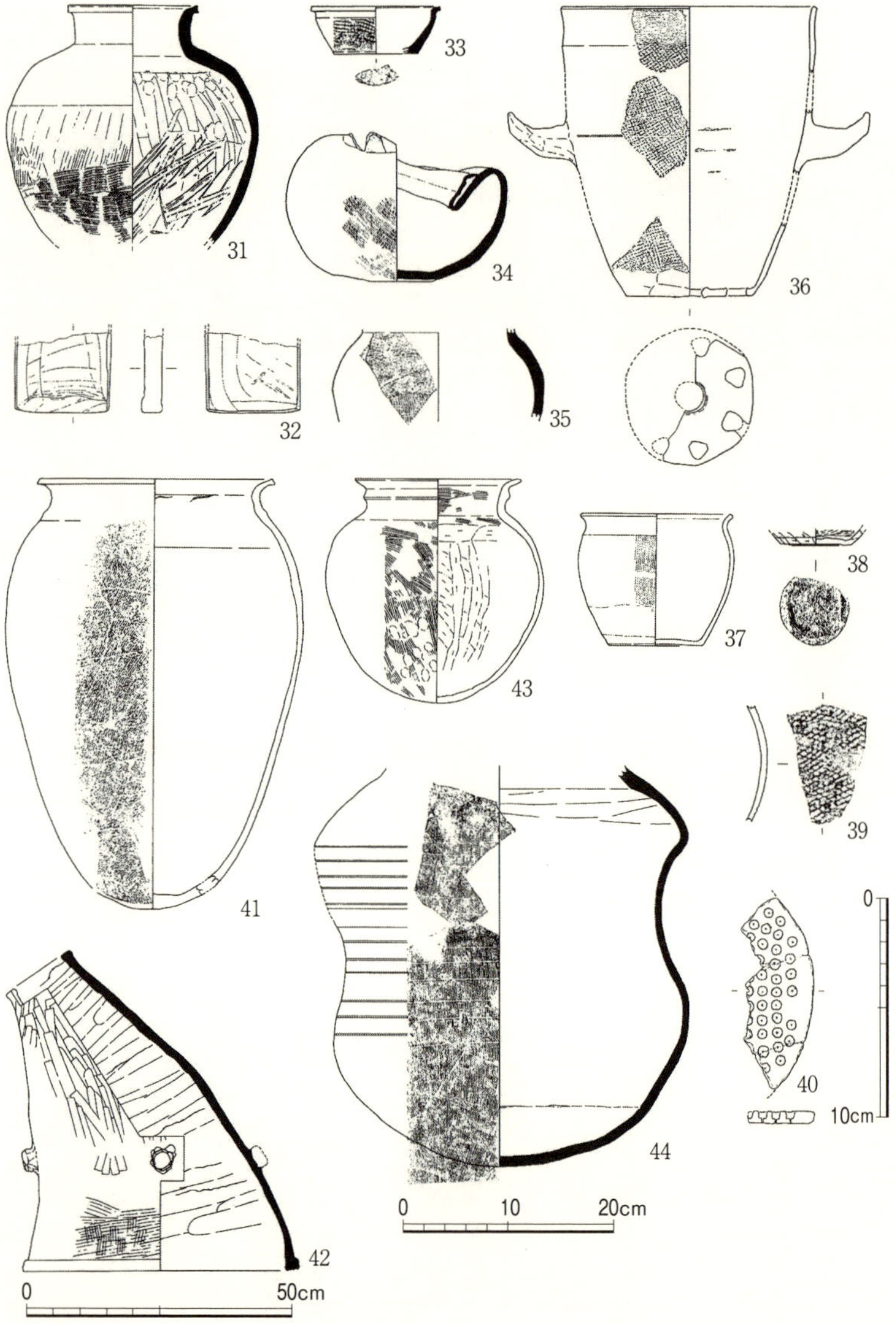

31・32：NW12-2，33〜36：OS99-16，37・40：NW80-9，38・39：NW08-3，
41・42：SD96-1，43・44：SD97-1

図3　上町台地北部および細工谷遺跡出土韓式系土器他実測図

ラス小玉の土製鋳型やインド・パシフィックビーズである赤褐色の不透明ガラス小玉（ムテイサラ）が出土している。(15)一般にムテイサラと呼ばれるガラス小玉は渡来人の装身具であることが多いことや、(16)列島で出土している五〜六世紀のガラス小玉を製作した土製鋳型の系譜も朝鮮半島の百済地域に求められることを考慮すると、(17)NW二〇一二―二次調査地におけるガラス小玉の鋳型や陶質土器など五世紀末〜六世紀初頭に属する一連の資料は、ここにも後述する難波宮東部地区と同様のガラス小玉の工房や鍛冶工房があって、工人の中には百済南部地域を故地とする渡来人工人がいたとみられるのである。

一方、東西に延びる開析谷の谷頭に近い上町谷の北斜面に築かれた上町谷一・二号窯跡は地下式掘り抜き式窯から半地下式天井架構式窯に改修されており、四回の操業の後、天井の崩落により廃棄されていた。窯は窯体の長さに対して幅が広く、床面の傾斜角は六〜一一度と陶邑古窯址群のON二三一号窯跡の傾斜角（一二度）に近い。ともに灰原が調査範囲外であったため、焼成された初期須恵器の器形に占める割合など正確な数値は不明であるが、TK七三型式に属する無蓋高杯・高杯形器台・筒形器台・壺・甑・把手付椀および大型の甕を焼成しており、量的には後者が圧倒的に多かったようである。また、窯跡の周辺から出土した韓式系土器には百済地域の軟質土器に類似するものを含むほか、竈の焚口枠とみられるU字形土製品も確認されており、窯の構造を含めてON二三一号窯跡との共通点が多い。(18)したがって断定はしがたいものの、先述したように上町谷窯の操業に当っては陶邑古窯址群の大野池地区で初期須恵器の生産に従事した百済系の工人集団あるいは彼らと関係の深い工人が加わっていたことが考えられる。なお、上町台地北部から出土している上町谷一・二号窯跡の初期須恵器の可能性のあるものについて岡山理科大学の白石純氏に依頼して胎土分析を行ったところ、OJ九九―一六次、OS九三―一六次、NW二〇一二―二次、宰相山遺跡SS〇三―一・二次調査地など、上町谷一・二号窯跡から北約一キロ、東南約一・五キロの範囲に初期須恵器が供給されたことが判明した。[19] これは上町谷一・二号窯で生産された初期須恵器の過半数を占める貯蔵や運搬に適した大型の甕の供給先が上町台地の北部であった可能性が高いこと、当時の初期須恵器は一般集落では普及していなかったことを考慮すると、百済や加耶の渡来人が集住した上町台地の北部は倭王権の特別な施設が置かれた可能性が高く、ここが上町谷一・二号窯跡の初期須恵器のおもな供給先であったことを示唆している。

ところで、清水谷にあるOS九九―一六次調査地では谷を埋めた整地層から、慶尚南道西部から全羅南道地域に分布している格子タタキを施した軟質土器の甑に酷似した韓式系土器、全羅南道地域に多い口縁部を短く折り曲げた陶質土器の浅鉢や壺をはじめ、TK七三型式やTK二一六型式に属する焼け歪んだ直口壺や縄蓆文タタキを施した広口壺などが出土していることから（図3）、ここが上町谷一・二号窯跡を含めて近隣の窖窯で初期須恵器を生産した工人の集落の可能性がある。[20] さらに、鉄斧・鉄刀の残欠・鉄釘・椀形滓・砥石など鉄製品を生産した鍛冶工房があったことを物語るものが出土しており、ここでは百済南部および加耶南西部地域の渡来人と倭人の工人が混住した状況であったことを示しているように思われる。このような難波宮南部地区でみられる状況がすべてではないにしろ、上町台地北部に集住した五～六世紀の渡来人の中には須恵器生産・土製鋳型によるガラス小玉の生産・金属器の生産などに従事した渡来系工人がいたことは確かなようである。

(iv)難波宮東部地区　後期難波宮大極殿地域のNW三三次調査（一九六九年度）で検出されたON四六段階の初期須恵器を焼成した窯跡とみられる遺構（SX三三八一）[21] のある東方の台地縁辺部に点在するNW八〇―九次・NW〇八―三次・NW一〇―四次調査地では五世紀中葉以降のガラス小玉や金属器を生産した工房に関わる遺物とともに出土量はさほど多くはないが韓式系土器や陶質土器が出土している。このうちNW八〇―九次調査地では土壙から平行タタキや格子タタキが施された平底鉢や甕などの韓式系土器とともにTK二〇八型式の須恵器およびガラス小玉の土製鋳型が出土しているほか、[22] NW〇八―三次調査地では谷内からTK七三型式やTK二一六型式に属する初期須恵器とともに平底底鉢や斜格子タタキが施された韓式系土器および陶質土器の破片とガラス小玉の土製鋳型、金属器の断片・鞴羽口などが出土している。[23] さらに、NW一〇―四次調査地でも北谷内から前期難波宮以前とみられるガラス小玉の土製鋳型が、南谷でもTK二〇八型式の須恵器とともにガラス小玉の土製鋳型や棒状土製品、鞴羽口などが出土していることから、[24] 難波宮東方地域では遅くとも五世紀中葉にガラス小玉や金属器生産に関わる工房が営まれ、その後も工房は六世紀末~七世紀初頭頃まで長期に渡って生産を行っていた可能性が高く、ここでも加耶南西部地域や百済南部地域出身の渡来系工人が生産に携わっていたものと思われる。

二　百済の渡来人の成長と細工谷遺跡

難波宮中部地区から南に約一・八キロ離れた上町台地の東縁部に位置する細工谷遺跡は、百済の渡来人との関係が深い遺跡として知られており、ここでは一九九六年（平成八）から一九九七年（同九）にかけて難波片江線の工事に伴う調査（SD九六―一・九七―一次）の際に谷を埋める地層から五世紀後半の縄蓆文タタキを施した韓式系土器の長胴甕や七世紀末頃の鍛冶炉に伴う大型の煙筒形土製品（煙突）が出土している。[25] さらに当地区から北に一〇〇メートルばかり離れた場所では、溝の中からTK七三型式の高杯形器台とともに細筋の縄蓆文タタキの後、螺旋状沈線を巡らせた焼け歪みの著しい陶質土器の壺や口頸部の形態が全羅南道地域でみられる袋状をなす広口壺に類似した土師器の甕が出土している。[26]

この甕は体部の調整がハケメやヘラケズリであることから、倭人が百済南部地域の土器を模倣したものとみられる稀な資料である（図3）。

以上の土器が出土した調査地の近隣には百済の渡来系氏族である百済王氏の氏寺と考えられている百済寺や「百済尼寺」の推定地があることから、細工谷遺跡には五世紀中葉以降に百済南部地域を故地とする渡来人が集住した拠点があった可能性がある。なお、百済寺および「百済尼寺」は七世紀の後半には建立されたものと想定されているが、百済寺の所在地は、現在の堂ヶ芝一丁目豊川閣観音寺付近の堂ヶ芝廃寺とみられている。「百済尼寺」の所在地については難波片江線の調査地から「百済尼」および「尼寺」と記された墨書土器や木簡が出土したことから、この近くに「百済尼寺」が存在するものと想定され、調査区の北側にあった高台を「百済尼寺」の場所とみたが、発掘調査の結果後世に地山が大きく削平されており寺院の存在を裏付ける遺構は検出されなかった。寺院跡は発見されなかったものの、これまでの調査成果からみて、百済から渡来した有力な渡来系氏族である百済王氏はこの地に根付き権力を伸張したことは間違いないであろう。

百済王氏は奈良時代の後半になると河内国交野郡へ移って、河内百済寺を建立しているが[27]、難波にも引き続き百済寺および「百済尼寺」を残していることや、百済寺（堂ヶ芝廃寺）は平安時代の末期まで、「百済尼寺」についても奈良時代の後半以降も存続していたとの指摘[28]もあることから、二寺とも長期に渡って法灯を保っていたことがわかる。いずれにせよ百済寺および「百済尼寺」は百済王氏のみならず五世紀代に上町台地の北部に渡来した百済系渡来人を祖とする氏族の拠所となっていたようであり、難波で倭人社会に同化した彼らは七世紀の後半に有力な渡来系氏族であった百済王氏のもとで氏寺を建立し、氏族の繁栄を懇願したに違いない。以上のように古代難波地域に五〜六世紀に定着した渡来人の中でも新羅系の難波吉士と同様に百済系渡来人の活動が活発であったことを百済寺や「百済尼寺」は物語っているのである。

三　文献史料からみた上町台地北部の渡来人の動向

これまで上町台地北部および周辺の韓式系土器を整理しながら五〜六世紀の渡来人の動向について概観した。ここでは文献史学の成果や地形復元なども加えて、古代難波の渡来人の役割についてみることにする。

先に難波宮北部地区では五〜六世紀の百済南部地域および加耶南西部地域の軟質土器やこれに系譜が求められる韓式系土器をはじめ、陶質土器などが少なからず出土していることを指摘した。これは当地が難波堀江を北に臨む位置にあって、堀江から南に延びる大手前谷の地形そのものが土地利用に適していたことによるものではないかと考えられた。つまり、大手前谷の南端には五世紀中葉の一六棟の倉庫群が建つ難波宮中部地区があり、ここは六世紀前葉以降も掘立柱建物が集中することから倭王権の重要な施設が置かれた特別な場所であった可能性が高く、大手前谷は難波堀江から難波宮中部地区に至る進入路に当っていることがみて取れる。難波宮北部地区には先述したように五〜六世紀の百済南部地域や加耶西南部地域の陶質土器や軟質土器に系譜の辿れる韓式系土器が分布していることから、堀江沿いに想定されている難波津に関係した渡来人が集住する交易の拠点であるとともに大手前谷は堀江から南に延びたいわゆる船溜りのような港湾施設を置く場所としても適地であったと考えられる。難波堀江については大方の意見の一致をみており異論はないが、難波津の位置になると上町台地西方の砂州に形成されたラグーンに当る現在の大阪市中央区三津寺町付近とする千田稔氏の説(29)や堀江沿いの現在の高麗橋付近に難波津の中心があったとする日下雅義氏の説(30)があり意見が分かれている。難波津の位置についてはそれを確定しうる港湾施設などの遺構が確認されない以上、堀江に沿った範囲と考えるのが適切であろうが、ここでは堀江から大手前谷にかけての範囲も難波津の推定地の一つとして掲げておきたい。

一方、難波と呼ばれた上町台地の北部は六世紀以降にはどのような場所であったのであろうか。五～六世紀の難波に運ばれた加耶・新羅・百済の土器の集成と検討を加えた寺井誠氏の見解を引用しながらみておこう。寺井氏は難波におかれた倭王権の外交施設について、六世紀以降の文献を資料にして検討する際に、まず直木孝次郎氏の見解[31]にしたがったうえで加耶に系譜が求められる土器を検討し、難波の五～六世紀の渡来人像について論述している[32]。それによると難波には「難波大郡」や「館」と呼ばれた外交関連施設が置かれており、前者は外国の使者を迎えて饗応儀礼や使者の貢納する「調」を検閲した五六一年が初出の施設とみている。「難波大郡」は「難波郡」とも表記されているが、「難波小郡」ではなく正しくは「難波大郡」であるという。また、「館」は外交使節の宿泊や休憩所の可能性が高く、「高麗館」・「三韓館」「百済客館堂」などと表記されており、難波に所在した「小郡」や「難波屯倉」は外交とは直接関係のない施設であったと指摘している。「難波大郡」や「館」といわれた施設が堀江に近い上町台地の北部に存在したか否かについては、今のところそれにふさわしい建物遺構などは見つかっていないが、堀江を眼下に望む難波宮北部地区にあるOS九九―七二次およびOS九〇―五〇次調査地では統一新羅の印花文・台付長頸壺の優品が出土していることから、今後の調査が期待されるところである。

孝徳朝長柄豊碕宮とみる前期難波宮の整地の時期ならび造営時期に関わる新羅や百済の陶質土器についても少しふれておこう。寺井誠氏によればNW九〇―七次調査地の百済土器は前期難波宮の整地層から完形に近い状態で出土したことからその埋没年代を六四五年（大化元）～六五〇年（白雉元）に限定し、これらは『日本書紀』にみられる六三〇年（舒明二）是歳条「難波の大郡及び三韓の館を修理する」、六三二年（同四）十月辛亥条「唐国の使人高表仁等、難波津に泊まれり」などの難波の外交関連記事に対応するものと捉えて、新羅および百済の渡来人が七世紀中葉に難波で活動した証とみている。[33]これは前期難波宮期のみならず五・六世紀に難波や河内湖岸に渡った百済や新羅の渡来人の中にはその後定住した者やさらに別の地域に移り住んだ者がいたことを示唆している。

次に本稿の冒頭で触れた五〜六世紀に新羅から難波に渡ったと伝わる渡来系氏族の難波吉士について吉田晶氏の見解を参照しながら述べておきたい。[34]

難波東成郡に所在する『延喜式』に記載された難波坐生国咲国魂神社・比売許曾神社・阿遅速雄神社の三社のうち、比売許曾神社の祭神は『古事記』応神記によれば新羅の王子である天日矛の妻で、新羅から逃げて難波の地に留まった阿加留比売であるという。これとは別に『日本書紀』垂仁紀二年是歳条では、加羅国の王子の都怒我阿羅斯等のもとから去った童女が祭神という説もあり、これらの伝承が事実か否かについては筆者には決しがたいが、吉田晶氏が指摘しているように新羅・加羅など朝鮮半島南部地域と関係の深い女神を祭神としているのは、東成郡に朝鮮半島南部地域を故地とする渡来系氏族が居住していたことと関係があるようである。また、東成郡内は八世紀になると難波忌寸氏を大領、日下部忌寸氏を小領とする氏族関係に移行したことが指摘されているが、両氏の氏姓はもと草香部吉士であり、「吉士集団」を構成していたという。吉士は元来新羅の氏姓制度といわれており、新羅の官位が整備された六世紀中葉には一七等の中の第一四位に定められていた。つまり、吉士という姓を称する氏族は、五世紀末から六世紀初頭に新羅から難波に来た渡来人の可能性が高く、その後、六世紀中葉から七世紀の前葉にかけて東成郡の吉士は西成郡の吉士とともに吉士集団を形成し、有力な在地氏族である阿部氏のもとで、朝鮮半島や大陸との海上交通や外交、難波屯倉の管理に当ったと解釈されているのである。

一方、直木孝次郎氏は難波津と渡来人について、「正倉院文書」(『大日本古文書』四・六八)に記載された東生(成)郡および西成郡のおもな渡来系氏族を抽出し整理して東成郡は難波忌寸・日下部忌寸の二氏、西成郡は吉士・三宅忌寸の二氏を渡来系氏族として提示している。また、『続日本紀』の記載から西成郡に居住したとされる秦・秦氏などの人々は、五世紀の難波堀江の開削に関与した秦氏の後裔であり、茨田の堤の構築に当った秦氏の居住地である茨田郡幡多郷と西成郡の距離が十数キロと近いことから難波堀江に関係した秦氏の人々が六世紀の難波屯倉の開発にも関わったという。秦氏は新羅からの渡来人であるという説を支持し、難波津に関係のある西成・東生両郡の地域に秦・三宅・吉士などの新羅系の渡来系氏族が多く、これの東南に位置する百済郡にはおもに百済系の渡来系氏族が居住していたという古代の難波の渡来人の動向に関する傾聴すべき指摘がある。(35)

おわりに

韓式系土器は渡来人が列島内で製作したか、あるいは倭人が渡来人の軟質土器を模倣したものと定義されたが、実際には前者が実態に近く、後者は特殊な事例であったと考える。渡来人の生活用具の一つとして持ち込まれた軟質土器、渡来人が列島内で製作した韓式系土器、いずれにせよ渡来人の手による軟質焼成された土器であるため、器形や製作技法から両者を区別するのは至難の業といわざるを得ない。本稿では韓式系土器を渡来人の存在を示す物的な証として扱ったが、土器一個体が渡来人一人に該当するというような短絡的な見方ではなく、韓式系土器の存在は渡来人一個人を指すのではなく奈良時代の郷戸に近い集団を表すものとみておきたい。つまり上町台北部やその周辺に分布している韓式系土器は五〜六世紀に朝鮮半島の百済南部地域や加耶南西部地域から難波に渡った渡来人の足跡を把握しうる考古学的な証であるとともに彼ら固有の習俗や文化を窺う際のキーポイントになりうるのである。

上町台地の北部ならびその周辺から出土した五〜六世紀の韓式系土器の系譜は、百済南部地域（全羅南道）の軟質土器に求められるものが多かったが、加耶南西部地域（慶尚南道南西部）の軟質土器に酷似したものも一定量あった。このような時を越えてみられる加耶より百済（栄山江流域を含む）地域が優勢という韓式系土器の在り方は、百済は五世紀の中葉以降ながらく倭王権と良好な関係にあったことや、百済の渡来人は高句麗広開土王碑文中にみえる（永楽）六年丙申（三九六年）に百済軍を撃破した高句麗勢力の南下および新羅との関係悪化によって半島の情勢が変わるたびに流民として列島に渡り来ただけではなく、日頃の交易で往来した機会に自発的に列島に定住した人々もいたことを物語っている。難波の渡来人のうち、新羅から渡ったという難波吉士、百済王氏などの渡来人は七世紀後半には有力な氏族に成長するが、これは上町台地の北部が法円坂遺跡の五世紀中葉の倉庫群に象徴されるように早くから開けており、ここが大和から河内を経て大阪湾に至る際の交通の要衝であったことも一つの要因であったと考える。

難波の渡来人には難波吉士のように六世紀の中葉から七世紀の前葉にかけて中央貴族である阿部氏のもとで外交や交易、屯倉の管理などにおいて力を発揮し、八世紀には有力氏族に成長した新羅系の渡来人と、難波宮南部地区や同東部地区でみられたように初期須恵器の生産・土製鋳型によるガラス小玉の生産・金属器などの手工業生産に力を発揮した百済や加耶系の渡来人がいたのである。

註

（1）大阪市教育委員会・大阪市博物館協会大阪文化財研究所「難波宮跡・大坂城跡発掘調査（NW一〇―一）」（『大阪市内埋蔵文化財包蔵地発掘調査報告書二〇一〇』、二〇一二年）。

（2）田中清美「河内湖周辺の韓式系土器と渡来人」（『ヤマト王権と渡来人』サンライズ出版、二〇〇五年）。

（3）吉田晶「古代難波の住民たち―八世紀を中心として―」（『歴史新書　日本史三七　古代の難波』教育社、一九八二年）。

（4）直木孝次郎・小笠原好彦編著『クラと古代王権』（ミネルヴァ書房、一九九一年）、南秀雄「倉・屯倉」（『古墳時代の考古学』六、同成社、二〇一三年）。

（5）大阪市文化財協会『難波宮址の研究』九（一九九二年）。
（6）大阪府文化財調査研究センター『大坂城址』Ⅱ（二〇〇二年）。
（7）田中清美「上町台地北部出土の韓式系土器について」（『韓式系土器研究』Ⅱ、韓式系土器研究会、一九八九年）。
（8）啓明大学校博物館『高霊池山洞古墳群』（一九八一年）。
（9）大阪府教育委員会・大阪府埋蔵文化財協会『野々井西遺跡・ON二三一号窯跡』（一九九四年）、堺市教育委員会『野々井西遺跡（NNIN―一）・陶邑古窯跡群（ON二三一）発掘調査概要報告―南区稲葉三丁所在―』（二〇〇八年）。
（10）信太山遺跡調査団『濁り池須恵器窯址』（一九九九年）。
（11）同右。
（12）田中清美「上町台地北部地域出土の韓式系土器と異形須恵器」（『韓式系土器研究』Ⅳ、韓式系土器研究会、一九九三年）。
（13）寺井誠「難波に運ばれた加耶土器」（『大阪歴史博物館研究紀要』八、二〇一〇年）。
（14）前掲註(7)に同じ。
（15）大阪市博物館協会大阪文化財研究所『難波宮址の研究』一九（二〇一三年）。
（16）奈良県桜井市の五世紀末の赤尾崩谷一号墳の三号主体部には百済南西部から栄山江流域に分布している鳥足文タタキが施された陶質土器やインド・パシフィックビーズとみられる多数の赤褐色の不透明ガラス小玉が副葬されていたほか、一号墳と同時期の二号墳でも赤褐色ガラス小玉が三四二点以上副葬されていた。一・二号墳の赤褐色ガラス小玉は古墳の被葬者が百済の渡来人あるいは渡来人と関係の深い人物であることを示唆している。橋本輝彦・木場佳子「コラム二　赤尾崩谷古墳群の調査」（『今来才伎　古墳・飛鳥の渡来人』大阪府立近つ飛鳥博物館図録三六、二〇〇四年）。
（17）田中清美「「たこ焼き型鋳型」によるガラス小玉の生産」（『大阪歴史博物館研究紀要』六、二〇〇七年）。
（18）市川創「上町谷一・二号窯について」（『韓式系土器研究』Ⅻ、韓式系土器研究会、二〇一二年）。
（19）二〇一一年度から科学研究費補助金『大阪上町台地の総合研究―東アジア史における都市の誕生・成長・再生の一類型―』基盤研究（A）（研究代表者脇田修）の一連の研究として岡山理科大学の白石純氏に上町台地北部の初期須恵器・土師器・韓式系土器・窯壁片などの胎土分析を行い、上町谷一・二号窯跡の初期須恵器の供給範囲をおおよそ把握した。
（20）大阪市文化財協会『大坂城跡』Ⅴ（二〇〇二年）。

(21)大阪市文化財協会『難波宮址の研究』一〇（一九九五年）。SX三三八一以外にも当地区では第二一次調査の際に幅一・一ｍの全面が火熱で赤く焼けた窯跡と考えられているSX二一八五が検出されている。難波宮址顕彰会『難波宮址の研究　研究予察報告第六』（一九七〇年）。
(22)大阪市文化財協会『難波宮址の研究』一二（二〇〇四年）。
(23)大阪市文化財協会『難波宮址の研究』一六（二〇一〇年）。
(24)大阪市博物館協会大阪文化財研究所『難波宮址の研究』一八（二〇一二年）。
(25)大阪市文化財協会『細工谷遺跡発掘調査報告』Ⅰ（一九九九年）。
(26)大阪市文化財協会『細工谷遺跡発掘調査報告』Ⅱ（二〇〇七年）。
(27)大阪府『大阪府史跡名勝天然紀念物調査報告』四（一九三四年）。
(28)古市晃「百済王氏と「百済尼寺」」（『細工谷遺跡発掘調査報告』Ⅰ、大阪市文化財協会、一九九九年）。
(29)千田稔『埋れた港』（学生社、一九七四年）。
(30)日下雅義『古代景観の復原』（中央公論社、一九九一年）。
(31)直木孝次郎「国家の形成と難波」（『古代を考える難波』吉川弘文館、一九九二年）。
(32)寺井誠「難波に運ばれた加耶土器」（『大阪歴史博物館紀要』八、二〇一〇年）。
(33)同右。
(34)前掲註(3)に同じ。
(35)直木孝次郎『難波宮と難波津の研究』（吉川弘文館、一九九四年）。

難波宮から藤原宮へ
――日本古代宮都の成立過程をめぐって――

中尾芳治

はじめに

藤原京（六九四～七一〇年）が現在文献史料的にも考古学的にも確認できる最初の条坊制都城であり、その後平城京、長岡京、平安京へと変遷していくが、こうした藤原京や藤原宮は七世紀後半に突如として出現したわけではなく、それに至る七世紀の日本古代宮都の変遷過程が存在する。藤原宮に先立つ七世紀の日本古代宮都の考古学的な発掘調査は難波宮跡（一九五四年～）と飛鳥宮跡（一九五九年～）を中心に一九五〇年代から長年にわたって続けられ、大きな成果を挙げている。(1)(2)現在、飛鳥宮Ⅰ期遺構から飛鳥宮Ⅱ期遺構、前期難波宮跡、飛鳥宮Ⅲ―A期遺構、飛鳥宮Ⅲ―B期遺構を経て藤原宮に至る変遷が明らかになっている。飛鳥宮Ⅰ・Ⅱ期遺構はⅢ期遺構と重複しているため遺構の実態は不明であるが、これまでの調査と研究の結果、飛鳥宮Ⅰ期遺構が舒明天皇の飛鳥岡本宮、飛鳥宮Ⅱ期遺構が皇極天皇の飛鳥板葺宮、前期難波宮跡が孝徳天皇の難波長柄豊碕宮、飛鳥宮Ⅲ―A期遺構が斉明天皇の後飛鳥岡本宮、飛鳥宮Ⅲ―B期遺構が天武・持統天皇の飛鳥浄御原宮の遺構にそれぞれ比定できることがほぼ確実になっている[3]（図1）。

前期難波宮（難波長柄豊碕宮）は古代宮都中で最大規模をもつ内裏南門を境に北の「内裏」（天皇の御在所）地域と南の「朝堂院」地域に大きく二分されている。推古天皇の小墾田宮の古い段階では内裏の正殿は「大殿」一つだけであるが、前期難波宮の段階になると公的な場である「内裏前殿」と私的な場である「内裏後殿」に機能が分化する[4]。

飛鳥宮跡Ⅲ―A・B期の内郭部分は前期難波宮の「内裏」部分に相当し、南北に三つの正殿が並ぶ。Ⅲ―B期は、Ⅲ―A期の東南部に「東南郭」を追加建設したもので、その正殿が「東南郭正殿」あるいは小字名をとって「エビノコ大殿」と呼ばれているものである。この変遷図を見て分かるのは、前期難波宮と藤原宮大極殿院・朝堂院の規模・構造がきわめて類似していることと飛鳥宮に前期難波宮や藤原宮の「朝堂院」に相当する部分がないことである。また、前期難波宮の内裏前殿区は飛鳥宮Ⅲ―A遺構の内郭南院（南区画）を経て飛鳥宮Ⅲ―B期遺構の東南郭から藤原宮大極殿院へと変遷していったと考えられるが、前期難波宮の東・西長殿が次第に小規模化・矮小化して藤原宮では消失していることが注目される。

前期難波宮や飛鳥の諸宮の年代や宮号比定が可能になってきたことによって、前期難波宮から飛鳥宮を経て藤原宮に至る日本古代宮都の成立過程をめぐる論議が活発になってきた[5]。私はかつて同様のテーマを口頭発表したことがあるが、改めて考えていることを述べてみたい[6]。

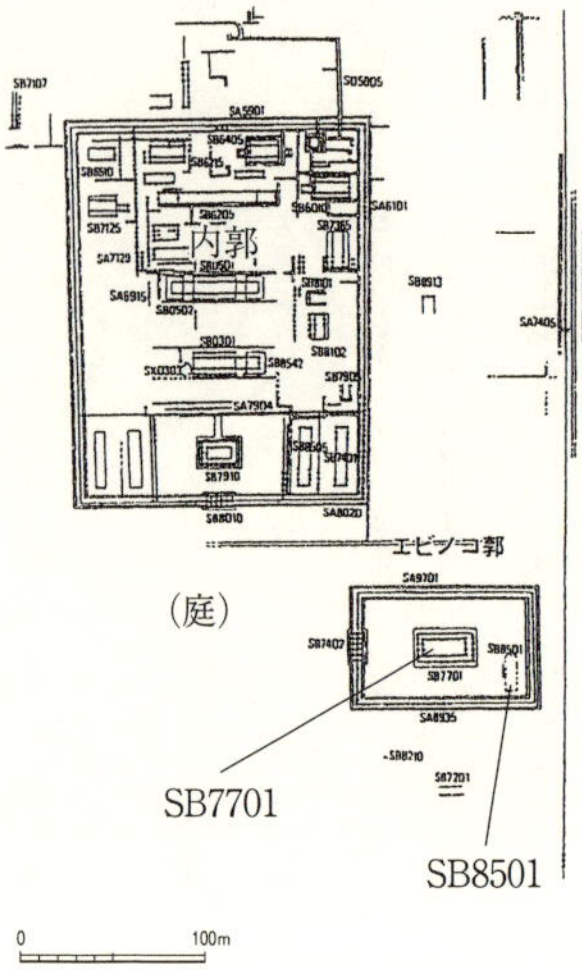

飛鳥宮Ⅲ—B 期
天武・持統天皇
飛鳥浄御原宮
（672〜694）

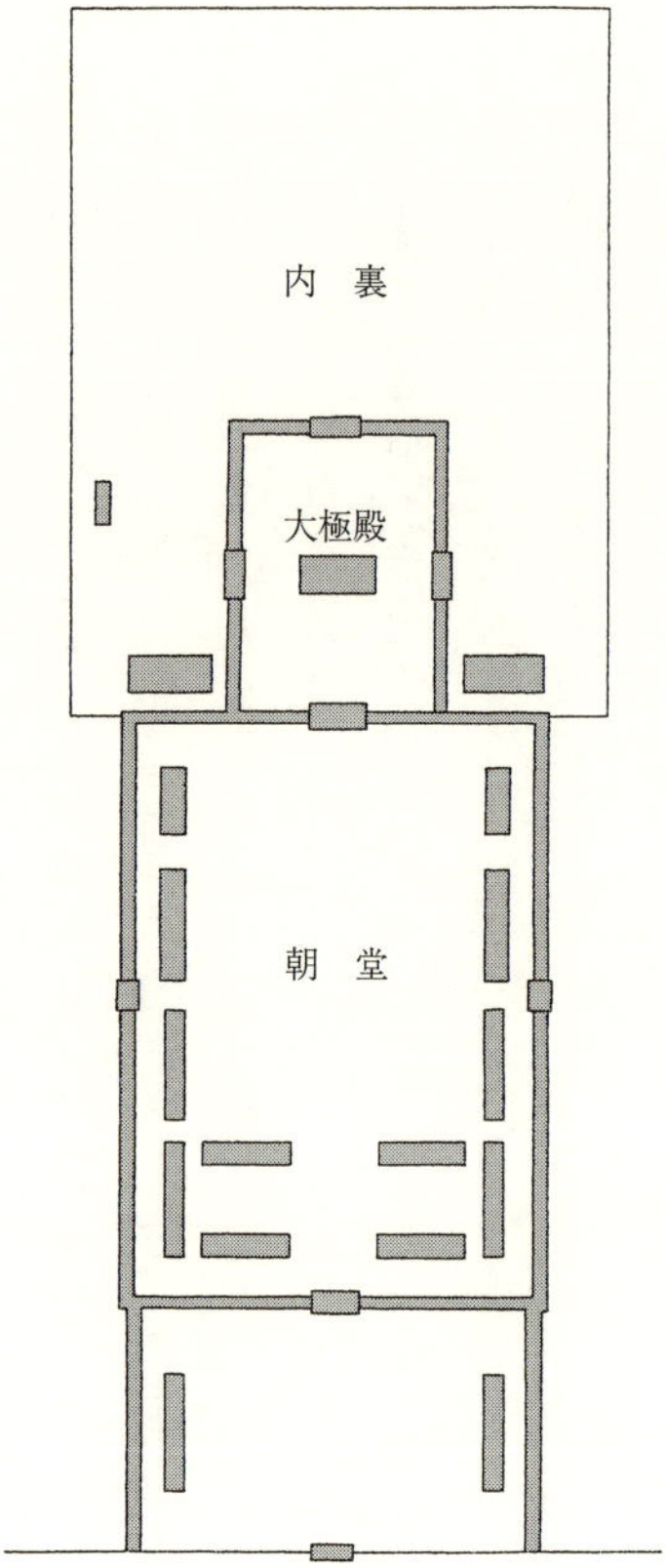

藤原宮
持統・文武・元明天皇
（694〜710）

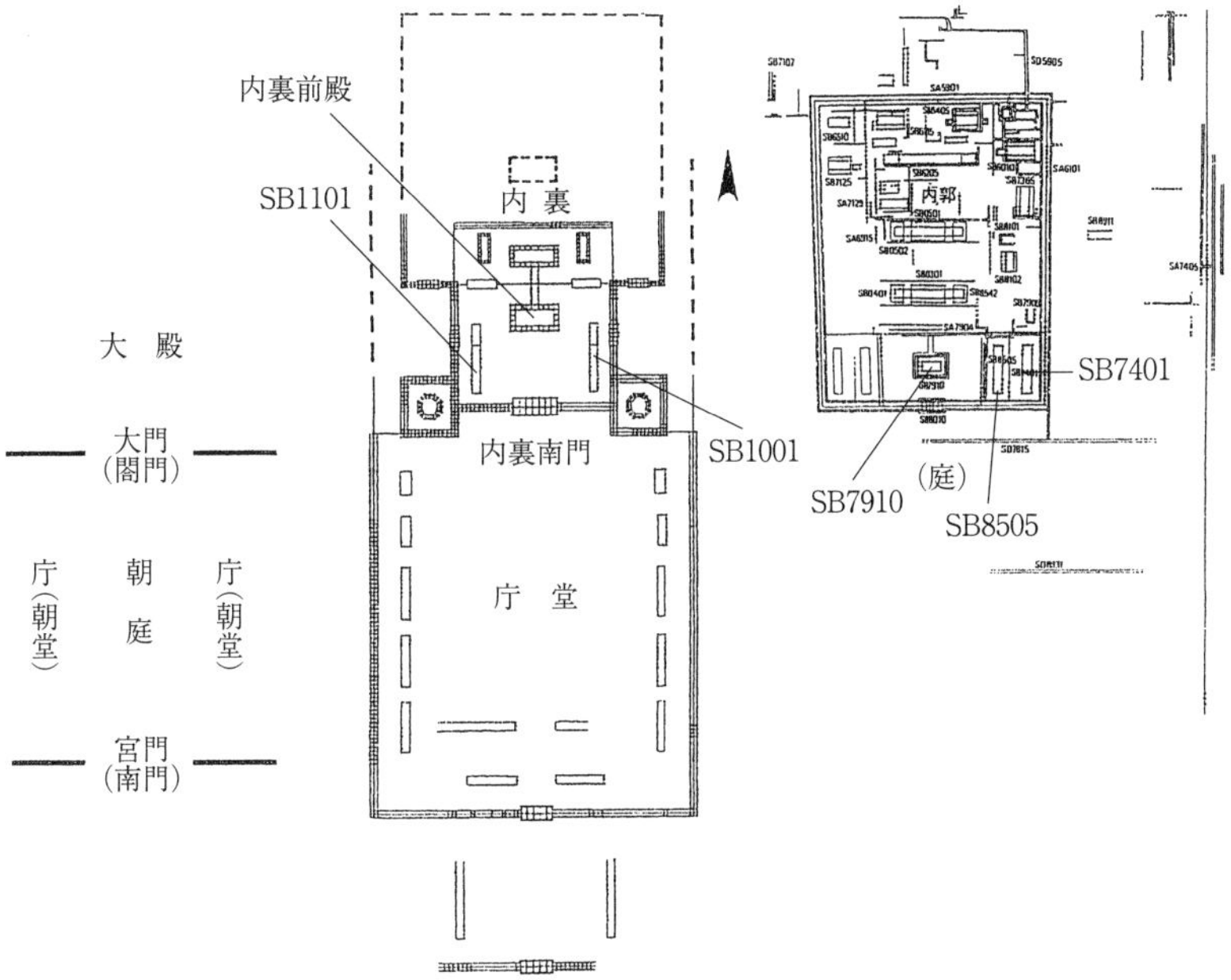

小墾田宮
推古天皇
（603～628）

前期難波宮
孝徳天皇
難波長柄豊碕宮
（652～686）

飛鳥宮Ⅲ—A 期
斉明天皇
後飛鳥岡本宮
（656～672）

図1　7世紀の宮室の変遷（奈良県立橿原考古学研究所『飛鳥京跡Ⅲ』第6章挿図をもとに加筆）

一　前期難波宮跡をめぐって

1　前期難波宮跡の年代と宮号比定

図2は上町台地先端部の旧地形と前期難波宮の立地を示したものであるが、前期難波宮が上町台地先端部の最高所の平坦部を選び、七世紀中頃に数多くの谷筋を大々的に整地して造営されたことを示している。(7)

前期難波宮跡の年代については従来から孝徳朝説と天武朝説があり、「大化改新論争」とも関連して注目されてきた。私はこれまでの考古学的調査の成果、特に前期難波宮造営に伴う整地層や造営工事によって埋没した「難波宮下層遺跡」から出土する土器の年代と文献史料との総合的理解の上に立って、前期難波宮跡が孝徳朝の難波長柄豊碕宮の遺構であることを主張してきた。(8)

その後一九九七年（平成九）に内裏西方倉庫群に伴う水利施設から多数の土器群が出土するなど前期難波宮の年代の基準資料が増加することによって難波地域の土器編年がさらに検証され、七・八世紀の飛鳥・藤原地域や大阪府陶邑古窯跡群の土器編年とも整合する精緻な土器編年に基づいて前期難波宮跡を孝徳朝の難波長柄豊碕宮に比定する研究が進んだ。(9)さらに一九九九年（平成十一）秋、前期難波宮北西部に当たる谷部の下層から多数の土器とともに六四八年（大化四）に当たる「戊申年」紀年銘木簡を含む贄木簡や評木簡など三三点の木簡が出土したことは、前期難波宮跡が孝徳朝の難波長柄豊碕宮である可能性を一層高めるものであり、考古学的な年代観に懐疑的であった文献史家にも孝徳朝説が支持される大きな契機となった。(10)

現在も前期難波宮の暦年代観に対する批判や前期難波宮を天武朝難波宮に比定する説は存続するが、十分に反論の

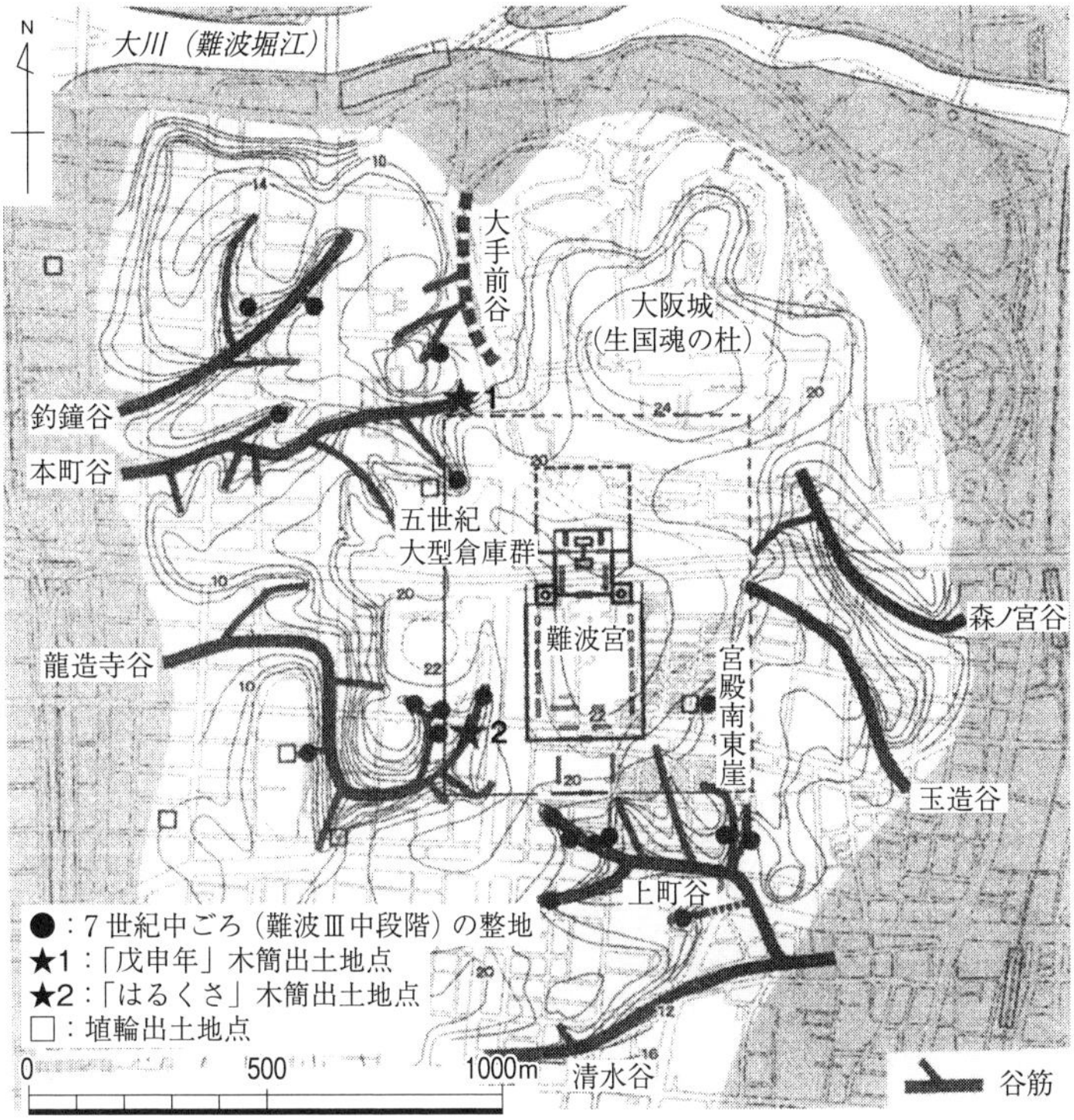

図2　上町台地先端部の旧地形と前期難波宮の立地（註7寺井誠「孝徳朝難波遷都に伴う古墳の破壊」図1に加筆）

余地はあり、いずれは孝徳朝説に収斂していくものと考えている。(11)ただ、前期難波宮（難波長柄豊碕宮）の存続年代は『日本書紀』によれば六五二年（白雉三）九月から六八六年（朱鳥元）正月まで三三年に渉っており、その遺構には造替痕跡もあるので、今後は難波長柄豊碕宮の遺構に比定できる初期遺構とその後の造替や変遷を見極めて考察する必要がある。

2　前期難波宮と藤原宮の中枢部

前期難波宮の遺構は曲折して南北に延びる回廊が左右対称に配され、その内部は日本の宮都中最大の巨大な門で南北に大きく二分されている。北の区画が天皇の御在所を中心とする内裏相当区画、南の区画が国家の重要な政治や儀式を行う後の「朝堂院」に相当する区画である。

後の大極殿院相当区画である内裏前殿区と内裏相当区画である内裏後殿区とが未分化であること、内裏と「朝堂院」との結節点に位置する内裏南門が巨大であること、内裏南門の東西に八角殿院が配されること、「朝堂院」に広大な朝庭を囲んで少なくとも十四堂（十六堂の可能性もある）を数える多数の庁《まつりごとどの》（朝堂）が配されていることなど他の宮都ではみられない大きな特色が注目される。

前期難波宮跡は現在中枢部の構造が明らかにされている最古の宮跡であり、その後藤原宮から平安宮へと展開していく日本古代宮室の構造の原型をなすものであるといえよう（図8）。

この前期難波宮と藤原宮の中枢部の遺構を比較してみると多くの類似点があり、両者の間に密接な関係があることが分かる（図3・表1）。

① 内裏前殿区と「朝堂院」、大極殿院と朝堂院のそれぞれの東西幅が等しく、両者の比が一対二になる。

② 内裏前殿・大極殿を囲む回廊の東・西・南門が存在し、特に南門は古代宮都の諸門の中でも突出した規模をもち、天皇出御の場として格式の高い重要な存在であった。

③ 内裏・大極殿院部分が内裏内郭と外郭の二重構造になっている。

④ 内裏南門の両側に前期難波宮では八角楼殿が、藤原宮でも東・西楼殿がある。

⑤ 共に広大な朝堂院がある。広い朝庭を囲んで前期難波宮では一四（一六の可能性も）、藤原宮では一二という多数の庁（朝堂）が存在するとともに、第一堂と第二堂の間に、また第一・二堂と第三堂以下の朝堂の規模や建築様式に格差がある。(12)

⑥ 朝堂院の南に朝集殿が存在する。

⑦ 宮城南面中門（朱雀門）の両側が「翼廊」という特別の形式になっている。(13)

表1　前期難波宮と藤原宮の類似点と相違点

		前期難波宮	藤　原　宮
類似点	朝堂院の東西幅	233.4 m	235.8 m
	大極殿院の東西幅	114.6 m	約 118 m
	巨大な大極殿南門	7×2 間（402 ㎡）	7×2 間（351 ㎡）
	大極殿院東・西門	5×2 間	7×2 間
	多数の朝堂	14 堂	12 堂
	朝堂の規模・構造	第一堂　5×3 間（55×27 尺）	9×4 間（118×48 尺）（四面庇）
		第二堂　7×3 間（70×24 尺）	15×5 間（210×38 尺）（二面庇・孫庇）
		（第二堂以下、床張り建物の可能性）	（第二堂以下、床張り建物の可能性）
		第三堂以下　12×2 間（120×20 尺）	15×4 間（210×38 尺）（二面庇）
	東・西楼閣の存在	東・西八角殿	東・西楼
	朝集殿の存在	東・西朝集殿	東・西朝集殿
	宮城門（朱雀門）	翼廊形式	翼廊形式？
	内裏外郭	掘立柱塀	掘立柱塀
相違点	建築様式	伝統的な掘立柱建築（基壇建築の可能性）	中国的な礎石・瓦葺き建築
	大極殿院	内裏前殿と東・西長殿	大極殿のみ（天皇の独占空間）

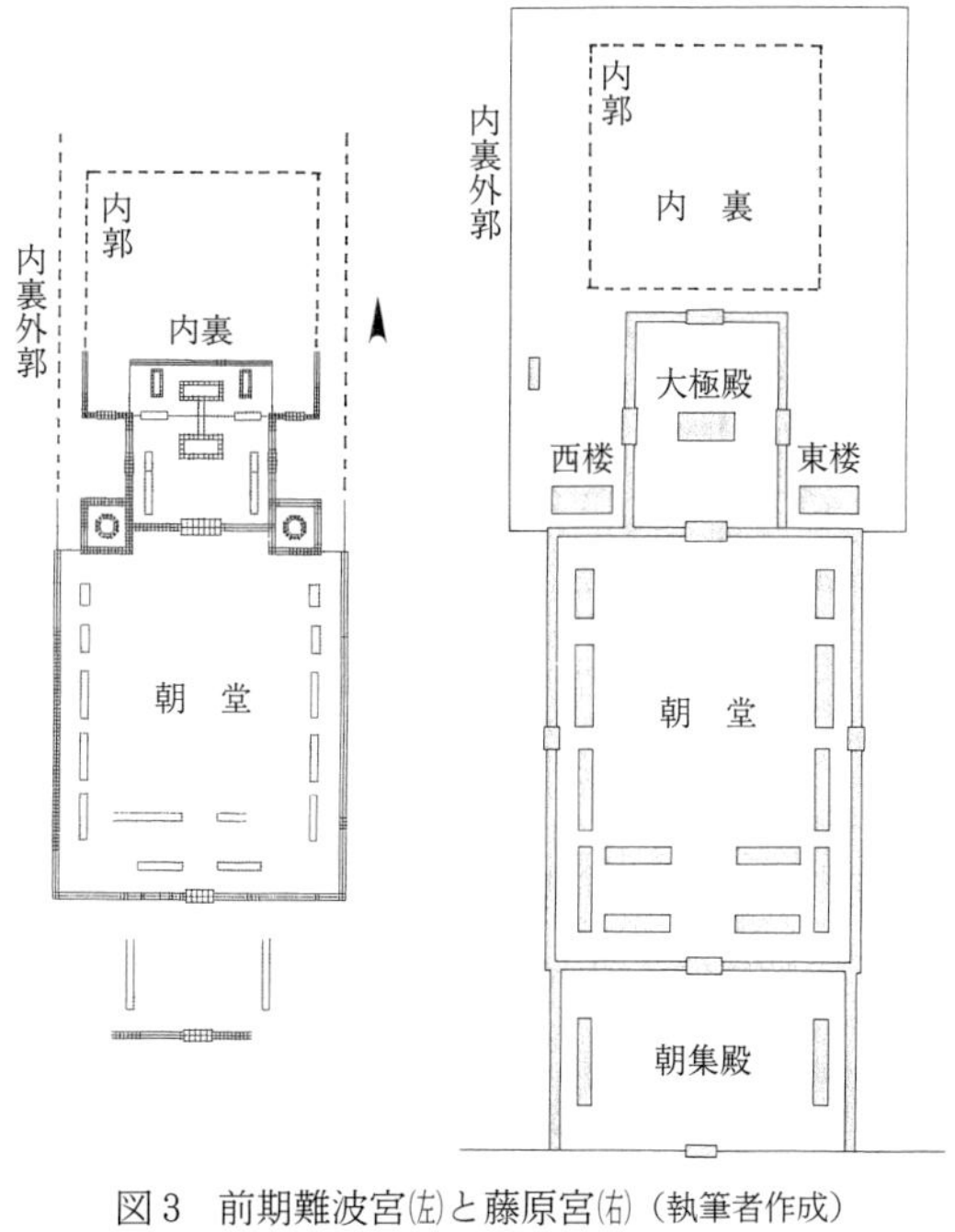

図3　前期難波宮㊧と藤原宮㊨（執筆者作成）

以上のように両者の規模・構造には密接な関係があるとともに、大きな相違点として前期難波宮跡や飛鳥宮Ⅲ―A・B期遺構が全て掘立柱で瓦を葺かない伝統的な建築様式であるのに対し、藤原宮は日本で最初の礎石建瓦葺宮殿として知られているように、中国的な建築様式であることが挙げられる。ただ、前期難波宮では内裏前・後殿は床束痕がないことから高床建物ではなく土間床建築であった可能性があり、中国的な宮殿の装いが凝らされていたと考えられる。また、前期難波宮の内裏前殿の前には東・西長殿が存在して、臣下のものが内裏前殿区に参入することがあったのに対し、藤原宮の大極殿院は大極殿のみが存在する天皇の独占空間であることが重要な違いである。礎石建瓦葺「梁間二間四面庇付建物」の建築構造やその外観は、前期難波宮内裏前殿や東南郭正殿の掘立柱で瓦を葺かない「梁間三間四面庇付建物」を質量ともに大きく飛躍するものであり、藤原宮大極殿は律令制的宮殿として装いを新たに成立したものである。

前期難波宮と藤原宮の中枢部に共通する要素が多いことからみて、天武自身の新しい宮室（新城）の造営に当たって、当時難波に現存し、天武の複都制構想の対象として藤原京の造営と並行して整備が進められていた前期難波宮（長柄豊碕宮）の構造を直接的なモデルとして藤原宮の造営が進められたことを物語っている。

3　天武天皇の複都制構想

六七二年（天武元）、壬申の乱に勝利した大海人皇子は飛鳥に凱旋し、斉明天皇の後飛鳥岡本宮（Ⅲ―A期遺構）をそのままの形で継承するとともにその南に新宮（東南郭）を増築し、以後ここで政治を執る。このⅢ―B期遺構が「飛鳥浄御原宮」と呼ばれるものであるが、その宮号は天武の病の平癒を願って天武が死去する二ヶ月前の朱鳥元年（六八六）七月に至って、朱鳥建元とともに命名されたものであった。七、八世紀における宮号は造営の前後に地名に

よって命名されるのが普通であるが、朱鳥元年の宮号命名は異例に遅く、地名によらず嘉号である点が極めて異例である。(14)

古代における「歴代遷宮」制は、七世紀になると宮室の地は飛鳥の地に固定されるようになるが、宮室は舒明天皇の飛鳥岡本宮、皇極天皇の飛鳥板葺宮、斉明天皇の後飛鳥岡本宮というように全面的に建て替えられて「歴代造替」の形で歴代遷宮の遺制が残っていた。当然天武の新宮も斉明天皇の後飛鳥岡本宮を全面的に造替するべきであるのに東南郭の新造に止まったのは、天武は自分自身の新しい都である「新城」の造営を計画していたので、後飛鳥岡本宮を全面的に造替するのではなく、とりあえず自らの御在所である「大安殿」を造替して、そこで政治を執ることにしたと思われる。東南郭正殿（エビノコ大殿）で重要な政治を執る中で、また併存していた斉明天皇の「大安殿」と区別する意味で「大極殿」と呼ばれた可能性はあるが、東南郭正殿の本質は後にも述べるように「大安殿」であったと考えている。

「飛鳥浄御原宮」の宮号の命名が天武死去の直前まで遅れたのは、天武が自分の都として完成を目指した「新城」すなわち後の「藤原京」の完成までの仮宮的な存在であったからではないか。東南郭正殿（四四七平方㍍）が同じ「梁間三間四面庇付建物」でありながら当時並存していた前期難波宮内裏前殿（六九二平方㍍）の約六割と規模の小さいこともそのことと関連していると思われる。孝徳朝の難波長柄豊碕宮の造営に際して難波の小郡を小郡宮に改修してそこで政治を執ったことが思い出される。

結局天武は自分の「新城」の完成を見ることなく、死の直前に命名された「飛鳥浄御原宮」が天武の治世を示す宮号になったのである。天武の新しい都「新城」（後の藤原京）の造営は六七六年（天武五）に始まるが、一時中断した後六八二年（同十一）から再開される。一方で天武は孝徳朝の難波長柄豊碕宮が存続し、王権にとって交通・経済・

外交の枢要の地である難波の地を中国の複都制の思想に基づいて藤原京と並ぶ都として復活させるために、六七七年（同六）に丹比公麻呂を摂津職大夫に任命し、六七九年（同八）には「羅城」を築くなど難波宮と難波の地の整備に努め、六八三年（同十二）に「複都制の詔」を出して先ず難波を都にする。「都城宮室は一処に非ず、必ず両参に造らん」という天武の複都制の構想は「日本を西国、中央部、東国に三分してそれぞれに難波宮、藤原京、信濃宮を配し、この三つの宮が一次的に地域を統括するとともに、中央の藤原京が二次的に日本全体を統括する、という二段階の支配構造をめざすものであった[15]」。詔の後半部分「故、先ず難波を都とせんと欲う。是を以って、百寮の者、各往りて家地を請え」は、長柄豊碕宮が存続して都としての実態があった難波の地を「先ず」都とするとともに本命の藤原京の造営を督励したもので、翌年の六八四年（同十三）には天武が「京師」に巡幸して「宮室之地」も定められた。この時までに新城の造営計画の大綱が定められ、造営が進められた[16]。

このとき新しい宮室の造営を進めるにあたって長柄豊碕宮の規模・構造が参照されたことは前節で述べたように前期難波宮と藤原宮の中心部の密接な関係をみれば明らかであろう。六八二年（天武十一）九月、跪礼《きれい》・匍匐礼《ほふくれい》を止めて孝徳朝の「難波朝廷の立礼」を復活するよう命じていることも難波長柄豊碕宮への志向と無関係ではないと思われる。

二　前期難波宮と中国都城制

1　前期難波宮と唐長安城の宮・皇城

六世紀末に始まる隋・唐による中国統一と対高句麗戦争を契機として政治的・軍事的緊張の高まった東アジアの国際情勢に対処するために、朝鮮三国と日本ではいずれも権力の集中を目指して政変がおこり、政治改革が行われた。

六四二年の高句麗における泉蓋蘇文による政変と百済における義慈王による政変、六四五年の「乙巳の変」に始まる大化改新、六四七年の新羅における「毗曇《ひどん》の乱」などの政変がそれである。

唐が建国（六一八年）して間もない六二三年（推古三十一）、唐から帰国した学問僧恵斉・恵光や薬師恵日・倭漢直福因らは奏聞して遣隋留学生・留学僧の召喚と「大唐国は法式のよく整備された立派な国であるから、絶えず往来すべきである」ことを進言した。この奏聞を承けて六三〇年（舒明二）に最初の遣唐使が派遣され、六二三年以降相次いで帰国した留学生・留学僧たちは、長年の滞在中に学んだ隋・唐の制度や文物および儒教・道教・仏教などの新知識を日本にもたらした。南淵請安（三二年間留学）は中大兄皇子、中臣鎌足らに「周孔の教」を講じ、僧旻（二四年間留学）や高向玄理（三二年間留学）は大化の新政権のブレーン（国博士）として隋・唐制度の移入に努め、日本の「近代化」に大きな役割を果たした。

孝徳朝における唐制模倣の具体例としては「刑部尚書《ぎょうぶしょうしょ》・衛部《えいぶ》・将作大匠《しょうさくだいしょう》・祠官頭《しかんのかみ》」など明らかに唐制に倣ったとみられる唐風の官職名があり、その実態はともかくとして、孝徳朝の官制の改革が唐制への強い志向のもとに行われたことを示している。また、孝徳朝には「賀正の礼」や「射礼」などの新しい儀式や儀礼が開始されており、六四七年（大化三）には小郡宮で朝参に関する礼法が定められている。特に旧来の跪礼・匍匐礼に替えて採用された中国的な立礼は「難波朝廷の立礼」として記憶されたように革新的なものであった[17]。

こうした孝徳朝における唐制への強い志向をみれば、難波遷都に伴う長柄豊碕宮の造営に際しても隋・唐の都城制が参考にされたことは想像に難くない。早く岸俊男氏は前期難波宮が中国の王宮の系譜をひくものであることは明白であるとして唐長安城の三朝制に前期難波宮の構造を対比した[18]（図４）。私もかつて前期難波宮（難波長柄豊碕宮）と唐長安城の宮城・皇城の構造を比較して後者の三朝制をはじめとする都城制の理念や構造を日本の国情に合わせて受

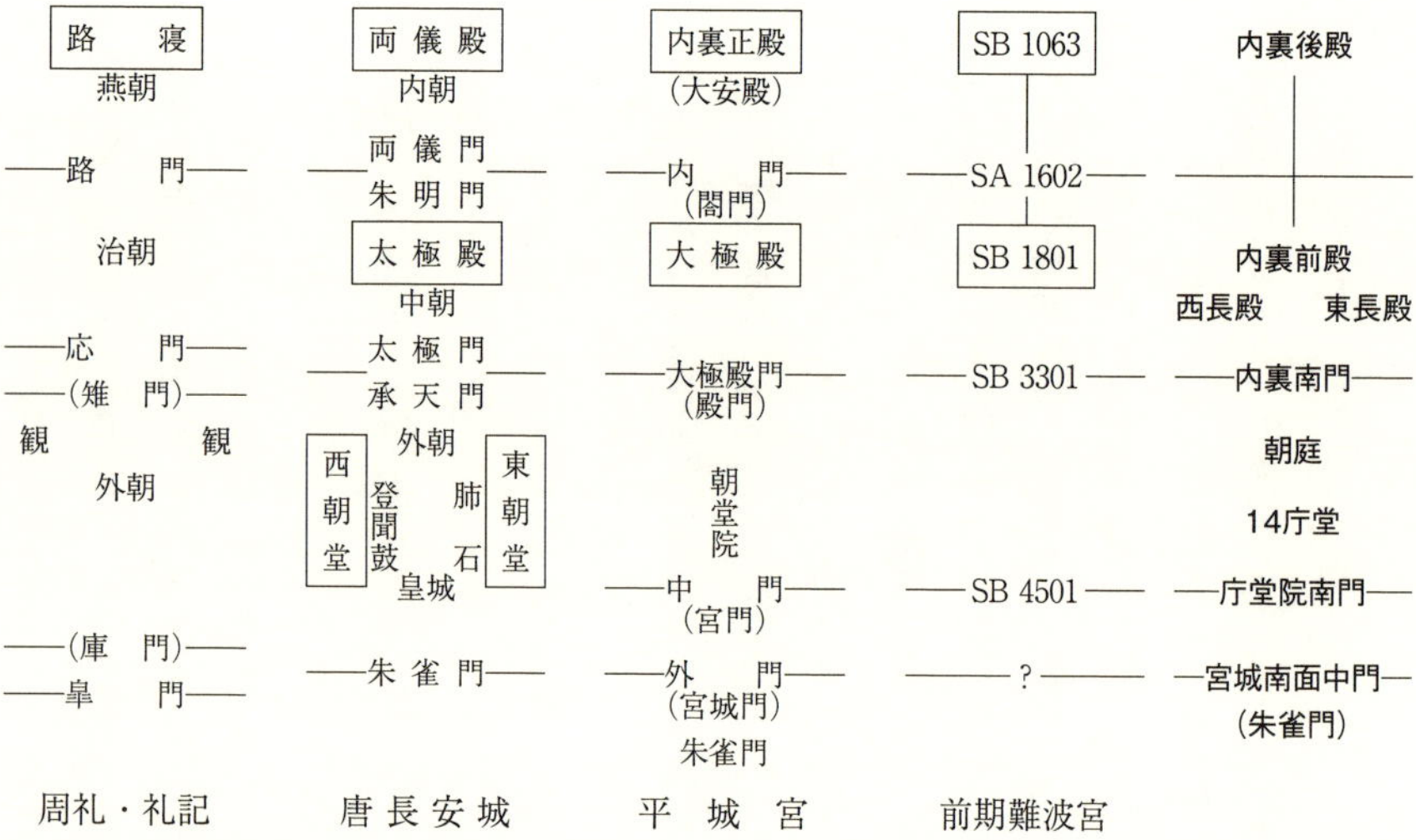

図4　宮の構造比較対照図と遺構対比（註18岸俊男1988「難波宮の系譜」第2図に加筆，ゴチ部分は執筆者作成）

容したことを述べた。[19]すなわち前期難波宮は唐宮城の承天門に倣ったと思われる巨大な内裏南門によって北の内裏地区と南の「朝堂院」地区に大きく二分されているが、内裏は太極宮の宮城に、「朝堂院」地区は皇城に対応する。前期難波宮の中軸線上に位置する内裏南門・内裏前殿・内裏後殿は、太極宮の承天門（外朝）・太極宮（中朝）・両儀殿（内朝）に対応し、唐の三朝制に倣ったものである。内裏南方の広大な「朝庭」は、承天門前方の東西に拡がる横街を意識したものである。横街は長安城最大の大街であるが、幅二二〇㍍余の道路というより大広場であり、外朝の政治と儀礼の場であった。

前期難波宮「朝堂院」には中央の朝庭を囲んで東西七堂づつ計一四堂が発見されており、一六堂になる可能性がある。その構造に後の藤原宮朝堂院と酷似する点があることから従来「朝堂院」と呼称されてきたが、唐長安城宮・皇城の構造に対応させて考えれば皇城に対置される官衙地区に相当する（図5）。西方官衙（倉庫群）はその位置や建物配置が唐宮城の太倉のそれに近似する。『日本書紀』によれば、六四九年（大化五）三月十七日、孝徳天皇は難波長柄豊碕宮の「朱雀門」に幸し、皇極上皇や中大兄皇太子らとともに阿倍大臣（左大臣阿倍内麻呂）の死を悼んで挙哀《こあい》した。前期難波宮（難波長柄豊碕宮）と唐長安城宮・皇城との対応関係からみて難波長柄豊碕宮の正門が唐風に「朱雀門」と呼ばれた可能性は十分あると思われる[20]。

こうした前期難波宮における中国都城制の模倣は、七〇二年（大宝二）に派遣され、七〇七年（慶雲四）に帰国した遣唐使がもたらした唐長安城の最新情報が平城京遷都と造営の大きな契機になったように、唐から帰国した遣隋・遣唐使や留学生・留学僧がもちかえった知識や見聞を参考に唐の都城制をそのミニチュア化ではなく、日本の国情に合

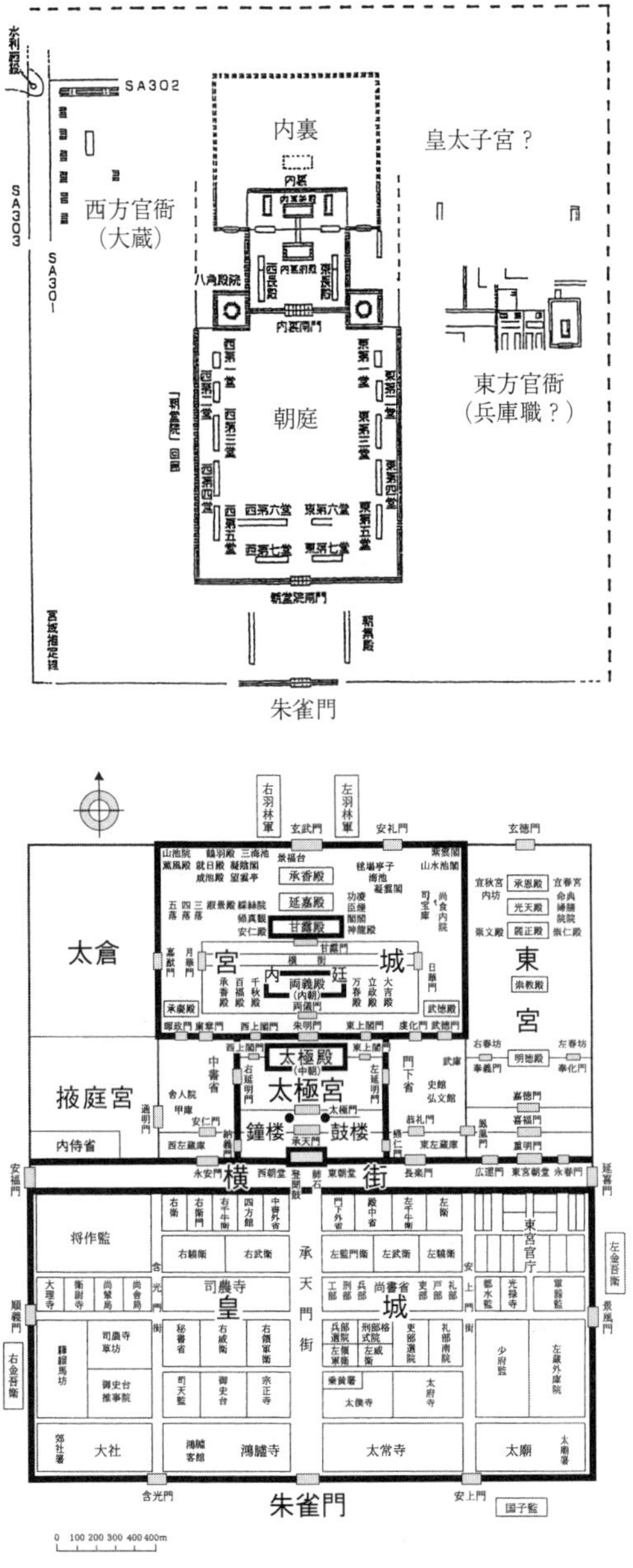

図５　前期難波宮(上)と唐長安城宮城・皇城比較図(下)
((下)は妹尾達彦 2001『長安の都市計画』(講談社メチエ 223) 図 32 に加筆)

わせて選択的に受容したものであった。「日本宮都の姿は、経典よりも直接的に唐の宮城の具体的な姿から発想されたものと考えるべきである」という村元健一氏の指摘[21]に賛意を表したい。

2　大極殿・朝堂院の成立と系譜

日本の宮都における大極殿や朝堂院など宮室中枢部の成立過程をめぐってはかつて言及したことがあり、また相原嘉之氏もその研究史と研究課題について詳しく整理されているが、飛鳥浄御原宮の遺構と考えられる飛鳥宮Ⅲ―B期の東南郭正殿（エビノコ大殿）が「大極殿」であるかどうかが争点の一つになっている[22]。

飛鳥浄御原宮（飛鳥宮Ⅲ―B期遺構）は、後飛鳥岡本宮（飛鳥宮Ⅲ―A期遺構）に東南郭を付加したものを指すが、『日本書紀』には飛鳥浄御原宮の宮殿名として「大安殿・外安殿・内安殿」などとともに律令の制定や後の『古事記』『日本書紀』につながる歴史書の編纂を命じた重要な宮殿として、また親王・諸王に対する賜宴の場として四度にわたって「大極殿」の名が出てくる。

大極殿は朝堂院の正殿で、文献史料的にも考古学的にも確認できる最初の大極殿は藤原宮の大極殿で、飛鳥浄御原宮の「大極殿」は『日本書紀』編纂時の追記あるいは潤色であるとするのが従来の通説であった。それに対し小澤毅氏は天武紀における「大極殿」と「大安殿」は別の建物であり、「大極殿」の呼称は文飾ではなく、実際にそれに当たる殿舎が存在したと考え、東南郭正殿（エビノコ大殿）を「大極殿」に比定し、「大安殿」などと共通する機能とともに独自の機能を持つ「大極殿」が成立した点に飛鳥浄御原宮の画期性をみた[23]。林部均氏も同様にエビノコ大殿を「大極殿」に比定し、飛鳥浄御原宮においてこれまでの「安殿」系の殿舎とは全く系譜を異にする「大極殿」という新しい性格や機能を持った殿舎が誕生したことを強調する。そして藤原宮の中枢部は飛鳥宮Ⅲ―B期遺構の東南郭と

前期難波宮の「朝堂院」の機能が統合されて生まれたと考えている。(24)

東南郭正殿を天武朝に新設された「大極殿」であるとする小澤・林部説に対し積山洋氏は、藤原宮以後の大極殿の基本性格のうち（a）朝堂院に北接して位置する、（b）独自の大極殿院の中に単独で位置する、（c）一定の高さの基壇上に立つ、（d）桁行九間、梁行四間の四面庇付建物であるとの四つの属性に関して前期難波宮内裏前殿と浄御原宮東南郭正殿の規模・構造を比較検討し、いずれも大極殿の基本性格を一部備えつつも、まだ藤原宮以後と同じような大極殿たりうるには至っていないとする。そして前期難波宮内裏前殿を祖型とする東南郭正殿を大型化するとともに唐制を採用して初めて藤原宮大極殿が成立したとする。(25)

藤原宮の大極殿が梁間二間の身舎の四面に庇をめぐらした建築であるのに対し、大安殿型の建物は、梁間三間の身舎の四面に庇をめぐらした建物に復元されるが、山本忠尚氏はこうした「梁間三間四面庇付建物」の類例を広く収集して検討を加え、結論として七世紀中頃の前期難波宮から奈良時代を経て平安時代に至るまで天皇が居住する建物（御在所）は、一貫して「梁間三間四面庇付建物」であったとして、同じ構造を持つ東南郭正殿（SB七七〇一）は大極殿ではあり得ず、大極殿は藤原宮の段階で成立したと考えている。(26)

私は推古天皇の小墾田宮の段階では一つであった内裏の正殿「大殿《おおとの》」の機能が公的機能の場である「内裏前殿」と私的機能の場である「内裏後殿」に分化したのが長柄豊碕宮の段階で、それぞれ後の「大安殿・内安殿」に相当する殿舎であり、前期難波宮の内裏前殿（大安殿）の性格がⅢ―A期南区画の正殿（SB七九一〇）からⅢ―B期の東南郭正殿（SB七七〇一）に継承され、藤原宮の大極殿に発展したと考えてきた。林部氏は東南郭正殿を「大安殿」など従来の安殿系の殿舎とは系譜関係を持たない全く新しい性格の殿舎の出現と評価するのであるが、私は「我国における大極殿は、従来の宮室構成殿舎の中に全く異質な存在として突然出現したものではなく、その持つべき機能は、律

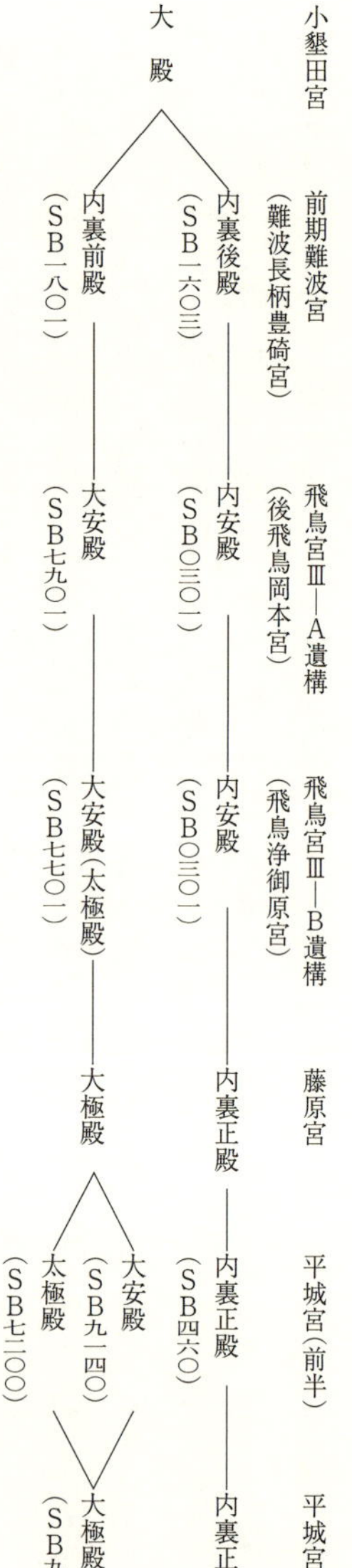

図6　大極殿の系譜関係
（執筆者作成）

令体制の整備と機をあわせつつ、従来のオホトノの系譜より分化されることによって、我国独自の大極殿へと発展していった」とする石川千恵子氏の見解を支持している[27]。また、先述したように前期難波宮の内裏前殿（大安殿）が、唐太極殿の性格を内包していたとすれば、それが顕現したのが藤原宮の大極殿であり、その前段階の「大安殿」であった東南郭正殿が「大極殿」と呼ばれることがあったとしても不思議ではない。

なお「内裏前殿」と軒廊でつながれ、前庭を有しない「内裏後殿」は正殿ではあり得ず、「内裏後殿」は奈良時代以降の大極殿後殿（小安殿）に当たる殿舎ではないかとする意見がある[28]。私は内裏前殿区とは塀と建物で区画され、内裏前殿に次ぐ規模と「梁間三間四面庇付建物」の構造を持つ内裏後殿はやはり正殿であるが、内裏前殿との関係が密接あるいは内裏前殿からの分化が不徹底の段階を示すものと理解している。ちなみに藤原宮大極殿の後方に後殿的建物は存在していない。この内裏後殿は後の「内安殿」から藤原宮以降の内裏正殿へと変遷していく（図6）。

3　前期難波宮の東・西長殿

内裏前殿の前に東・西に対置された長殿（SB一〇〇一・一一〇一）の性格について、かつて直木孝次郎氏は前期難波宮跡の内裏南門以北部分（内裏）がまず孝徳朝に造営され、天武朝になって内裏南門以南の「朝堂院」部分が建設されたとの考えに基づいて東・西長殿を政治の実務を処理するための朝堂の前身建物と考えた。(29)岸俊男氏はこの直木氏の説を排して、隋・唐長安城以前の宮城にしばしばみえる太極殿東・西堂の系譜をひくものと考えたが、(30)魏晋南北朝時代の宮城中枢部の構造について考察した吉田歓氏は「構造的にも前期難波宮の長殿との継承関係は想定しにくい」と否定している。(31)

林部均氏は前期難波宮の内裏前殿と長殿の関係には天皇と皇子や有力豪族が合議して政治をとるという、より古い政治形態が反映されているのに対し、飛鳥宮Ⅲ—A期遺構では皇子や有力豪族が侍る場である長殿（ＳＢ八五〇五・七四〇一）が内郭前殿（ＳＢ七九一〇）区画から回廊（ＳＣ八五〇七）によって排除されている点に宮殿形態としてより発展した政治システムを反映していると理解し、それが二棟に分化しているのは大化改新以来の冠位の改定と冠位を持つ人々の増大と冠位の高低による殿舎の使い分けが生じ、内側の長殿が格式の高い建物であるとする。(32)それに対し小澤毅氏は小墾田宮以来庁（朝堂）は一貫して存続し続けてきたとして、ＳＢ八五〇五・七四〇一を後飛鳥岡本宮段階の庁（朝堂）と推定し、(33)飛鳥浄御原宮東南郭の南方にも朝堂の存在を想定しているが、林部氏は共に否定的である（図1）。

吉川真司氏は空間構成と機能の両面から朝堂の起源を大王の宮の庁、太政官院（朝堂院）の起源を大王の宮の庁・朝庭一郭に求め、朝堂・朝堂院は倭国の支配者集団の求心的秩序を保つための不可欠の装置として古い時代から一貫して存在したとして難波長柄豊碕宮（前期難波宮）の十四堂区域を朝堂・朝堂院と認定する。飛鳥還都の後は難波のような広大な朝堂院を設定できなくなったので後飛鳥岡本宮・飛鳥浄御原宮では朝堂は内郭南院正殿（大安殿）の左右に建つ四棟の南北棟建物になり朝庭とは一線を画した。そして浄御原宮段階でエビノコ郭（東南郭）が建設され、

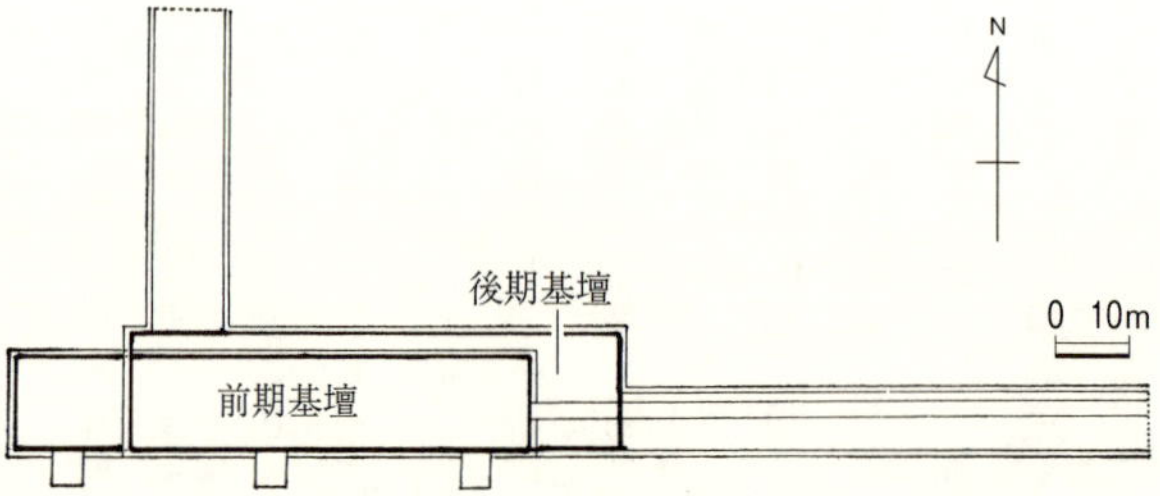

図7　大明宮東朝堂前期・後期基壇重複状況（註36馬得志1987「唐長安城発掘新収穫」『考古』1987年第4期，図3より）

その正殿が大極殿になると、天皇出御時の侍候空間がこちらにも設けられ、さらに藤原宮段階では内郭と東南郭が統合され内裏—大極殿—朝堂院という基本パターンが成立すると考えている。(34)

私は前期難波宮が唐の宮・皇城の構造をモデルとして構想されたとする立場から、東・西長殿は唐太極宮の「朝堂」に倣ったものと考える。唐の「朝堂」は太極宮の承天門（外朝）の前の東西二ヶ所に設けられ、東「朝堂」の前に「肺石」、西「朝堂」の前に「登聞鼓」が設けられていた。大明宮でも含元殿（外朝）の翔鸞・棲鳳両閣の前方に東・西「朝堂」と「肺石・登聞鼓」が設けられていた。佐藤武敏氏によれば朝堂の機能は漢から魏晋南北朝にかけては百官特に公卿による集議と宮廷の儀礼の場であったが、唐代になると儀礼が主になり、集議は行われなくなるという。(35)

大明宮の東「朝堂」は発掘調査の結果前・後二時期の基壇が発掘されている。前期朝堂の基壇は東西七三㍍、南北一二・四五㍍、後期朝堂はやや東に移動し東西長約六八㍍、南北一六㍍で、前・後期朝堂建物はいずれも東西棟一五間あるいは一三間の長大な建物に復元されている(36)（図7）。

一方前期難波宮の東・西長殿は内裏前殿の前方東・西に在り、当初は南北棟一六間（柱間一〇尺）×二間（柱間九・六尺）で、間仕切りによって北五間と南一一間に仕切られる長大な建物であったが、後に北側五間分を除いて南一一間分に縮小した上、約一・二㍍南にずらせて建て直されている。この内裏前殿と東・西長殿でコの字型に取り囲まれた「中庭」で構成される内裏前殿区は、前期難波宮（長柄豊碕宮）の殿舎配置からみて最重要区であったことが分かる。

ここでは大臣・大夫などの高官が天皇の側近くに侍候するとともに政治の重要な案件について集議した所であり、白雉改元の儀式にみられるような重要な儀礼が行われる場でもあった。この東・西長殿こそが唐代の朝堂をモデルに造作された本来の「朝堂」であったのではないか。六四五年（大化元）八月と六四六年（同二）二月条に記される「鍾匱《かねひつ》の制」が唐の朝堂に伴う肺石・登聞鼓の制を継受したものであることは早く岸俊男氏が指摘しているが、併せて東・西二堂型式の「朝堂」の制を南北棟の東・西長殿の形で取り入れたのではなかろうか。

前期難波宮の内裏前殿区は、飛鳥宮Ⅲ―A期内郭南院（南区画）から飛鳥宮Ⅲ―B期東南郭に継受され、藤原宮の大極殿院に変遷していくが、東・西長殿は飛鳥宮Ⅲ―A期遺構内郭南院（南区画）の南北棟一〇×二間の建物（SB八五〇五・SB七四〇一）からⅢ―B期遺構の東南郭正殿の前方東・西に復元されている南北棟脇殿（SB八五〇一）へとその規模が次第に小規模化、矮小化して藤原宮では大極殿のみの独占空間に変化していった様相が読み取れる。前期難波宮の東・西長殿が一六間×二間から一一間×二間に縮小されるのは造替痕跡からみて天武朝であった可能性が高い。前期難波宮内裏前殿（大安殿）に長安城太極宮の太極殿の性格が内包されていたとすると、律令制の整備に伴い藤原宮の段階でその性格が大極殿として顕現したことになる。

もしそうであれば従来「朝堂院」とみなされてきた十四堂区域をどう評価すればよいのか。私は八木充氏や直木孝次郎氏の説を承けて十四堂区域を大化前代の飛鳥では分散していた外廷の機能を難波遷都を機に唐長安城の皇城に倣って内裏（内廷）の南に集約したものと考えてきた。林部均氏も前期難波宮朝堂に関する研究史を整理した上で、飛鳥・藤原地域において、分散的に配置されていた官衙的な機能を持った施設、すなわち皇子宮、豪族居宅がもっていた公的な機能を内裏の南である「庭」に集約したものとする。私説と共通の理解の仕方である。

それに対して吉川真司氏は前期難波宮の多数の「庁（朝堂）」について、その本質的機能は官衙的施設としてのものではなく、「五位以上の高官の侍候空間」であり、「曹司」が国政の実務空間であるとして前期難波宮内裏・朝堂院区画外に曹司（官衙）が設けられたことが空前の規模を生んだと考えている。たしかに内裏西方官衙（大蔵）や東方官衙（兵庫職か）が孝徳朝段階で存在しているが、宮内西南部や東南部は谷地形や急激な傾斜地形であることから前期難波宮段階では未整備であった可能性が高く、全面的に曹司（官衙）が展開していた可能性は少ない。吉川氏が想定されるような実態は藤原宮朝堂院の段階まで下るのではないだろうか。

従来前期難波宮の内裏南門以南区域はその状況が藤原宮以降の律令制都宮の朝堂院に近似していることもあって、全体を朝堂院、建物群を朝堂、あるいは庁（朝堂）と呼称してきたが、先に述べたように内裏前殿区の東・西長殿を太極宮の朝堂をモデルにした「五位以上の高官の侍候・集議空間」としての「朝堂」、内裏南門以南の朝庭と十四堂区域を有位の官人による本来「朝参・朝政・朝儀」の場であった段階のものと考え、建物を「庁《まつりごとどの》」（庁堂）、全体を「庁堂院《ちょうどういん》」と呼んだ方が前期難波宮の段階にふさわしいのではなかろうか。

4　前期難波宮の八角楼殿

これまでの発掘調査によって内裏南門の東西に八角楼閣を中心に回廊を囲繞させた八角殿院の存在が明らかにされ、前期難波宮の大きな特色の一つとなっている。その性格については諸説があるが、有力説の一つに仏教思想に基づくとする説があり、私もかつて八角形建物造立の技術的背景に朝鮮、特に百済を介した仏教建築技術を想定したことがある。(37)

これに対し網干善教氏は、飛鳥の八角方墳の意義について考察する中で、八角形建物を仏教思想上からの発生とする諸説を排して、古代中国における政治・祭儀の儒教・道教思想に基づくものと考える。八角形建物や八角墳・八角鏡の八角形の思想的背景をなすものは中国における政治制度および天祭地祇の思想を基調とすると考え、その根本の思想は「中国における政治、祭儀」の儒教思想から出発し「仏教もその影響をうけている」と考えている。(38)

私はその後小郡宮における礼法における「鐘台」の存在や前期難波宮と唐長安城の宮・皇城との比較検討の結果から東・西八角形建物は唐太極宮の太極殿の前方東・西に存在した鐘楼・鼓楼を模したものではないかと考えるようになった。(39)

近年、古市晃氏はこれまでの諸説を批判・再検討され、孝徳朝における仏教を基軸とした統治理念の存在、須弥山《しゆみせん》を立てる服属儀礼にあらわれる仏教の世界観の受容、無量寿経の重視および四天王寺での仏事に具体的にみることのできる耆闍崛山《ぎじやくつせん》（霊鷲山《りようじゆせん》）の重視といった事実を前提にして、八角殿が須弥山と耆闍崛山を擬して造営されたことを想定されている。(40)

舒明天皇の田中宮においては朝廷への出仕と退出の時間を「鍾（鐘）」で知らせたとあり、孝徳朝においては難波長柄豊碕宮に先立つ小郡宮でも中庭に「鐘台」が建ち、赤い頭巾を前に垂らした役人が鐘をついたという。いずれも朝政の登・退朝の時刻を定め、鐘を打って報知するもので、官僚制の整備に伴い導入が図られたものである。この小郡宮の礼法は難波長柄豊碕宮に継承されたと考えられるので、内裏前殿前の中庭の一角に「鐘台」が建てられた可能性がある。

長柄豊碕宮の造営にあたって唐代宮・皇城の都城制に倣ったことを考えると前期難波宮の八角殿院は、唐代長安城の太極宮の中朝に当たる太極殿の前庭に六三〇年（貞観四）に設置された鼓楼・鐘楼を模した可能性が考えられる。(41)

それでは鐘台が八角形に造形されたのはなぜであろうか。「八隅知之吾大君」という万葉集の枕詞の「八隅知之」は国土の隅々（八隅）までを支配する意であり、天平元年八月の天平改元の宣命の「この高御座に坐して天地八方を

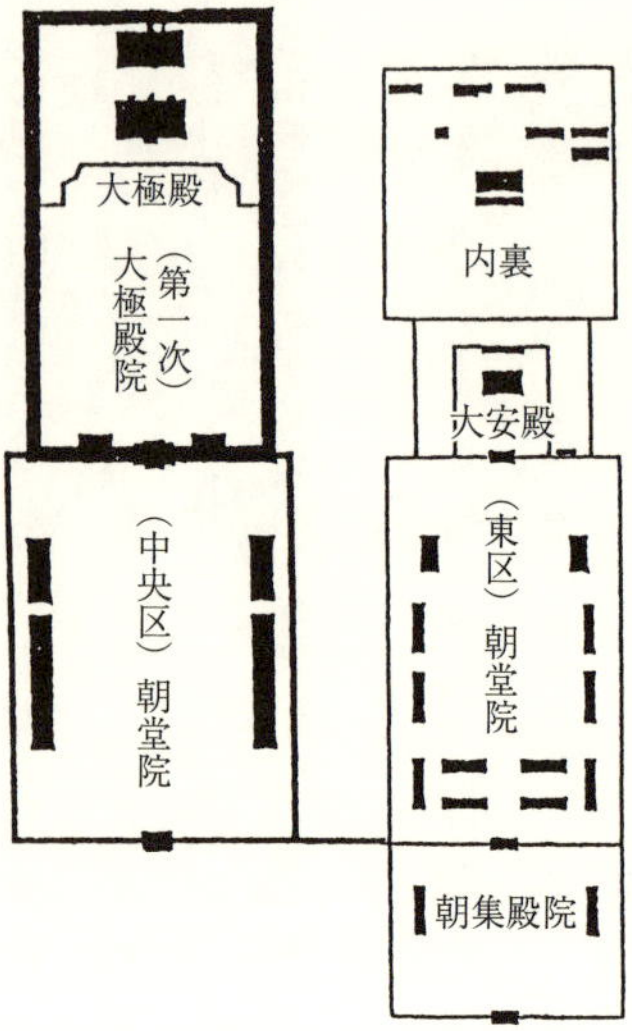

平城宮（奈良時代前半）

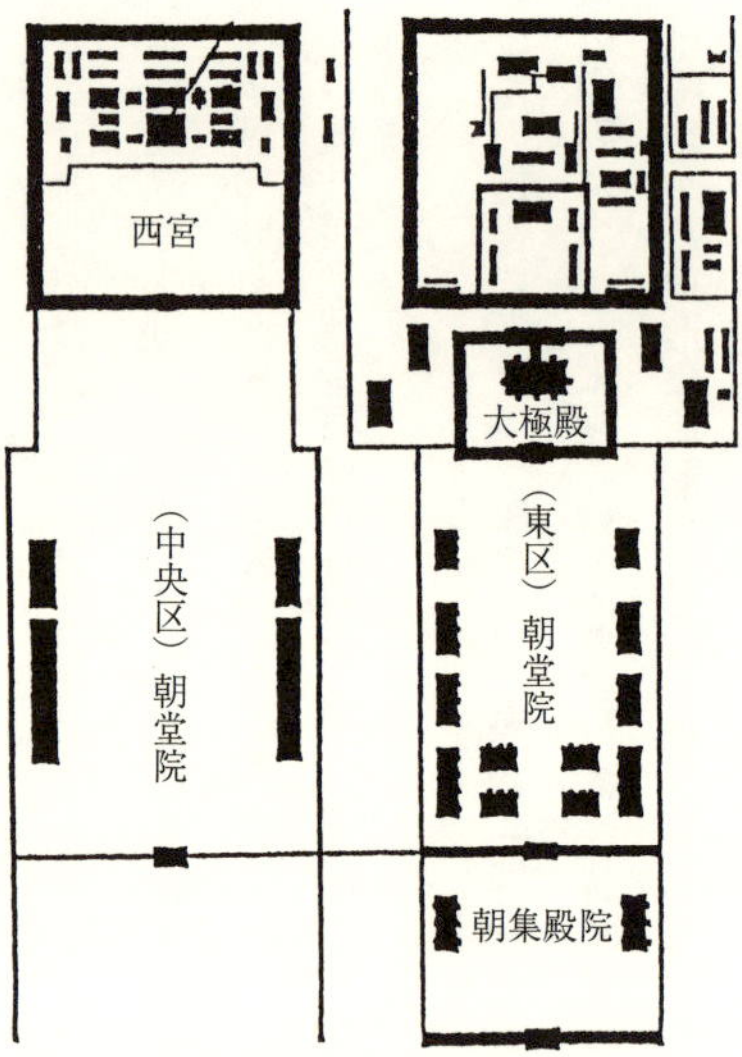

平城宮（奈良時代後半）

治め賜ひ調へ賜ふ」との表現や天皇位を象徴する「高御座」が八角形に造形されていることなどから考えると、八角形の造形は八嶋国・大八州の支配を象徴するものであったことは網干善教氏や和田萃氏がすでに指摘しているところである。舒明から文武に至る天皇陵が八角形であるのもやはり儒教・道教の世界観にもとづくものであり、国土を支配する天皇の存在を象徴したものであろう。

古市晃氏が指摘したように孝徳朝の難波長柄豊碕宮に仏教との深い関係がみられることは事実であるが、孝徳朝に始まるとされる「朝賀の儀式」や「難波朝廷の立礼」、十三階・十九階冠位制に基づく官人層の序列化などの儒教思想に基づく儀式や礼法・官制を通じて天皇を頂点とする中央集権的な秩序と権威を内外に誇示・象徴・可視化する舞台装置として難波長柄豊碕宮は造営されたものと考えたい。

複廊で囲繞された院構成の中央に聳える八角形

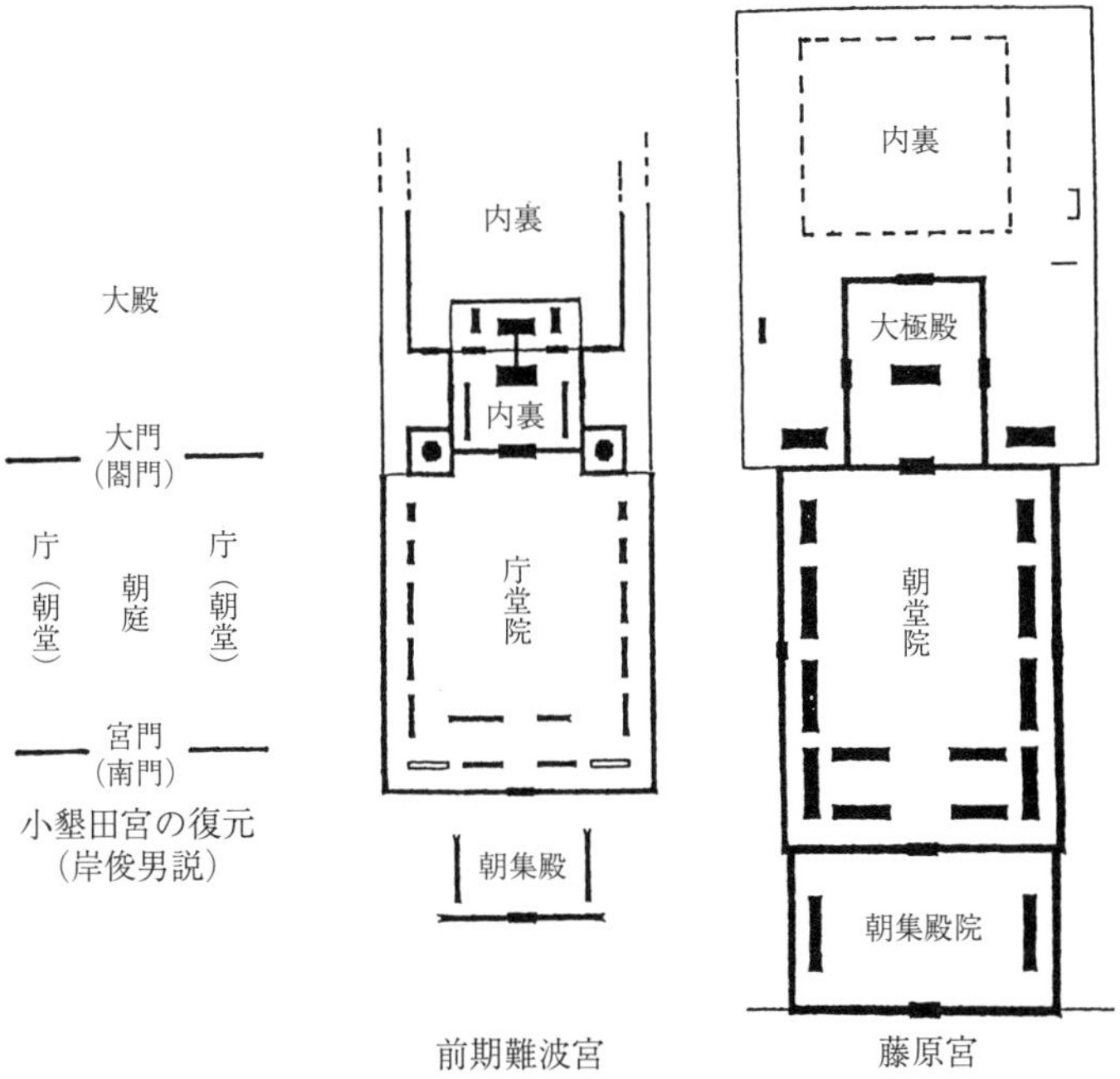

図８　宮城中枢部の構造の変遷（執筆者作成）

の楼殿は、天子が時間と空間（国土）を支配するという中国の儒教的な政治理念を象徴・可視化するものであった。

六五四年（白雉五）に孝徳天皇が難波長柄豊碕宮で死去すると宮室は再び飛鳥に還都することになるが、長柄豊碕宮そのものは廃絶することなく存続した。しかし難波を舞台とする孝徳朝の唐制を志向したいささか性急な改革は、飛鳥の地を本貫とする守旧的な豪族たちにとってなじみにくいものであった。唐制に倣った官職名や「難波朝廷の立礼」、画期的な難波長柄豊碕宮の構造などは継承されず、飛鳥の伝統や地形に規制された政治環境に復帰することになった。六五三年（同四）、皇太子中大兄が飛鳥への還都を進言し、孝徳天皇が許さないとみると母の皇極上皇や間人皇后、王族・貴族・官人などを倶して飛鳥に還った背景には天皇と皇太子との政治的対立に加えて飛鳥還都を望む豪族たちの意向もあったのではなかろうか。

斉明の後飛鳥岡本宮は舒明の飛鳥岡本宮・皇極の飛鳥板葺宮の故地に造替され、飛鳥に分散して存在していた外廷機能が継承されるとともに新たに外郭が付加され、漏刻施設（水落遺跡）や外交・迎賓施設（石神遺跡）、苑池（飛鳥京跡苑池）などが整備され飛鳥的宮都としての充実化が図られた。

難波長柄豊碕宮は天武朝の複都制の採用によって西の副都として復活するとともに、その中枢部の構造は藤原宮のモデルとなり以後の内裏・大極殿・朝堂院に継承されていくことになった（図8）。

註

（1）この宮跡の公称としては史跡指定名「伝承飛鳥板葺宮跡」や奈良県立橿原考古学研究所の使用する「飛鳥京跡」があるが、近年使用されるようになった「飛鳥宮跡」を通称名として使用する。

（2）『難波宮址の研究』一〜一九や『飛鳥京跡』Ⅰ〜Ⅳの正発掘調査報告書のほか多数の発掘調査概報・著作・論考がある。難波宮跡の発掘調査成果をまとめたものとしては、次の二著を参照されたい。中尾芳治『難波京』（考古学ライブラリー四六、ニュー・サイエンス社、一九八六年）、植木久『難波宮跡—大阪に蘇る古代の宮殿—』（日本の遺跡三七、同成社、二〇〇九年）。

（3）中尾芳治『難波宮の研究』（吉川弘文館、一九九五年）、林部均『古代宮都形成過程の研究』（青木書店、二〇〇一年）、小澤毅『日本古代宮都構造の研究』（青木書店、二〇〇三年）。直木孝次郎・中尾芳治編『シンポジウム　古代の難波と難波宮』（学生社、二〇〇三年）。なお、天皇号は天武朝に始まると考えられているが、ここでは通称として天武朝以前も天皇号を使用する。

（4）前期難波宮の各殿舎が当時どのように呼ばれていたかは不明であるので、これまでは遺構番号で表示するほか、藤原宮以降の各宮跡の殿舎配置を参考にして普通名詞的呼称を採用しているが、必ずしも適切でない場合がある。中尾芳治「建物SB一八〇一の呼称について」（『難波宮址の研究』七、一六〇頁、大阪市文化財協会、一九八一年）参照。

（5）林部均「日本古代における王宮構造の変遷—とくに前期難波宮と飛鳥宮を中心として—」（『国立歴史民俗博物館研究報

告』一七八、開館三〇周年記念論文集Ⅰ、二〇一三年)。

(6) 中尾芳治「難波宮から藤原宮へ―日本古代宮都の成立過程をめぐって―」(『市大日本史』一三、二〇一〇年)。

(7) 寺井誠「孝徳朝難波遷都に伴う古墳の破壊」(『大阪歴史博物館研究紀要』六、大阪市文化財協会、二〇〇七年)。

(8) 中尾芳治「特論　難波宮」(『岩波講座日本通史』三、古代二、岩波書店、一九九四年)、前掲註(3)中尾文献。

(9) 大阪市文化財協会『難波宮址の研究』一一(二〇〇〇年)、佐藤隆「土器の編年研究から見た前期難波宮の暦年代」(『東アジアにおける難波宮と古代難波の国際的性格に関する総合研究』平成一八～二一年度科学研究費補助金〈基盤研究(B)〉研究成果報告書、二〇一〇年)。

(10) 江浦洋ほか『大坂城址』Ⅱ(大阪府文化財調査研究センター調査報告書七四、二〇〇二年)、栄原永遠男「難波宮跡西北部出土木簡の諸問題」(『大阪の歴史』五五、大阪市史編纂所、二〇〇〇年)、熊谷公男『大王から天皇へ』(日本の歴史03、講談社、二〇〇一年)。

(11) 白石太一郎「前期難波宮整地層の土器の暦年代をめぐって」(『大阪府立近つ飛鳥博物館館報』一六、二〇一二年)、湊哲夫「前期難波宮跡の成立年代」(『立命館大学考古学論集』Ⅵ、立命館大学考古学論集刊行会、二〇一三年)。各氏に対する反論は本書の各論を参照されたい。

なお、大阪府文化財センターは、難波宮跡北西部の一九九九年に「戊申年」木簡の出土した地点のすぐ南から二〇〇四年に難波宮の北限施設にかかわると思われる東西に並ぶ柱列を検出したが、二基の柱穴に残っていた柱材が年輪年代測定に不適であったことからその所属時期を決めることが出来なかった。ところが一〇年後の本年、総合地球環境学研究所の中塚武教授が新たに開発した「年輪セルロース酸素同位体の変動パターン」による分析方法でこの柱材の年代測定を実施したところ、それぞれ西暦五八三年と六一二年であることが判明し、二本の柱材は「六〇〇年代前半のほぼ同時期に伐採された可能性が高い」ことが分かった。この東西に並ぶ三基の柱穴は年代的に見て前期難波宮の北限を画する柱列であると考えられ、前期難波宮が七世紀中葉の孝徳朝・難波長柄豊碕宮の遺構であることと、その宮城が南北に長い長方形である可能性を高めるものといえよう(大阪府文化財センター「難波宮跡北西部で出土した柱材の年輪酸素同位体比による年代測定結果について」の報道資料〈二〇一四年二月二十四日〉、中尾芳治「難波長柄豊碕宮」〈『古代日本と朝鮮の都城』ミネルヴァ書房、二〇〇七年〉)。

(12) 前期難波宮の第一堂は桁行五間（柱間一一尺）・梁行三間（九尺）、第二堂は桁行七間（柱間一〇尺）・梁行三間（柱間八尺）で柱間寸法に差があるほか、第一堂には木製基壇に関連すると推定されている小柱穴が附属するのに対し第二堂以下は床張りの建物であった可能性がある。一方、藤原宮の東第一堂は入母屋造もしくは寄棟造の屋根をもち、基壇外装に凝灰岩を用いた土間床の建物であるのに対し、東第二・三堂は切妻造で、基壇外装に凝灰岩を使わない床張りの建物に復元されている。平城宮東区下層朝堂院でも第一堂は四面庇建物であるのに対し、第二堂以下の建物は片庇・二面庇で差別化を図っている。『儀式』『延喜式』によれば、東第一堂は太政大臣・左右大臣（西第一堂では朝座をもつ親王）、東第二堂は大納言・中納言・参議、東第三堂は中務省・図書寮・陰陽寮の官人の朝座が設けられることになっている。こうした大臣とそれ以外のものを区別する意識が建物構造の違いに示されている。また、東第一・二堂が公卿聴政の場であるのに対し、東第三堂以下が、常政の場に過ぎなかったことが東第一・二堂と東三堂以下との建物規模の差に反映されている。中尾芳治「前期難波宮をめぐる諸問題」（『考古学雑誌』五八―一、一九七二年、前掲註(3)文献所収）、植木久『難波宮跡―大阪に甦る古代の宮殿―』（同成社、二〇〇九年）、同「前期難波宮中枢部の諸問題―特に藤原宮と比較して―」（『都城制研究会発表資料』二〇〇九年）。

(13) 藤原宮では門への取付き部が全面調査されていないので未確認であるが、一本柱の塀ではなく単廊あるいは複廊の回廊が取付いていた可能性が指摘されている。

(14) 今泉隆雄「『飛鳥浄御原宮』の宮号命名の意義」（『古代宮都の研究』吉川弘文館、一九九三年）。

(15) 栄原永遠男「天武天皇の複都制構想」（『市大日本史』六、二〇〇三年）。

(16) 市大樹「藤原宮の構造・展開と木簡」（『飛鳥藤原木簡の研究』塙書房、二〇一〇年）。

(17) 和田萃「タカミクラ―朝賀・即位式をめぐって―」（『日本政治社会史研究』塙書房、一九八四年）。

(18) 岸俊男「難波宮の系譜」（『日本古代宮都の研究』岩波書店、一九八八年）。

(19) 中尾芳治「前期難波宮と唐長安城の宮・皇城」（『難波宮の研究』吉川弘文館、一九九五年）。

(20) 和田萃「朱雀管見」（『明日香風』八〇、二〇〇一年）。

(21) 村元健一「中国都城の変遷と難波宮への影響」（『東アジアにおける難波宮と古代難波の国際的性格に関する総合研究』平成一八～二一年度科学研究費補助金〈基盤研究（B）〉研究成果報告書、二〇一〇年）。

(22) 中尾芳治「日本都城研究の現状」(『古代日本と朝鮮の都城』ミネルヴァ書房、二〇〇七年)、相原嘉之「我が国における宮中枢部の成立過程―内裏・大極殿・朝堂院の成立に関する覚書―」(『明日香村文化財調査研究紀要』九、明日香村教育委員会、二〇一〇年)。
(23) 小澤毅「飛鳥浄御原宮の構造」(『日本古代宮都構造の研究』青木書店、二〇〇三年)。
(24) 林部均「飛鳥宮Ⅲ―B期遺構と『日本書紀』―その殿舎名をめぐって―」(『飛鳥京跡』Ⅲ、奈良県立橿原考古学研究所、二〇〇八年)。
(25) 積山洋「難波長柄豊碕宮と飛鳥浄御原宮―大極殿の成立をめぐって―」(『市大日本史』五、二〇〇二年)。
(26) 山本忠尚「祭殿から内裏前殿へ―梁間三間四面庇付建物の意義―」(『古代文化』五四四・五四五、二〇〇四年)。
(27) 石川千恵子「古代『大殿祭』考」(『律令国家と古代宮都の形成』勉誠出版、二〇〇一年)。
(28) 植木久「内裏前殿区画の建築について」(『難波宮跡―大阪に蘇る古代の宮殿―』同成社、二〇〇九年)。
(29) 直木孝次郎「大極殿の起源についての一考察―前期難波宮をめぐって―」(『飛鳥奈良時代の研究』塙書房、一九七五年、初出は一九七三年)。
(30) 前掲註(18)に同じ。
(31) 吉田歓「魏晋南北朝時代の宮城中枢部」(『日中宮城の比較研究』吉川弘文館、二〇〇二年、初出は一九九七年)。
(32) 林部均「前期難波宮の成立」(『古代宮都形成過程の研究』青木書店、二〇〇一年)。
(33) 小澤毅「飛鳥の宮都空間」(『日本古代宮都構造の研究』青木書店、二〇〇三年)。
(34) 吉川真司「王宮と官人社会」(『日本列島の古代史』三、岩波書店、二〇〇六年)。
(35) 佐藤武敏「唐の朝堂について」(『難波宮と日本古代国家』塙書房、一九七七年)。
(36) 馬得志「唐長安城発掘新収穫」(『考古』一九八七年第四期)、楊鴻勛「含元殿朝堂」(『宮殿考古通論』四三五頁、紫禁城出版社、二〇〇一年)。
(37) 中尾芳治「前期難波宮八角殿について」(『難波京』考古学ライブラリー四六、ニューサイエンス社、一九八六年)。
(38) 網干善教「八角方墳とその意義」(『橿原考古学研究所論集』五、吉川弘文館、一九七九年)。
(39) 前掲註(19)に同じ。

（40）　古市晃「孝徳朝難波宮と仏教世界―前期難波宮内裏八角殿院を中心に―」（『日本古代王権の支配論理』塙書房、二〇〇九年）。
（41）　吉田歓「漏刻と時報・諸門開閉システム」（『米沢史学』二七、二〇一一年）。

難波宮・京と複都制

小笠原好彦

一　天武による難波宮・京の造営と複都制

古代の難波は、難波津を中心に発展したところであった。蘇我本宗家を倒した乙巳の変（六四五年）の後、都は飛鳥から難波に一時的に遷されたことがある。しかし、七世紀は飛鳥川の流域を中心とする飛鳥に都はおかれた。そして、『日本書紀』天武十二年（六八三）十二月丙寅条には、

凡そ都城・宮室は一処にあらず、必ず両参造らむ。故れ、先づ難波に都せむと欲す。是を以て、百寮の者、各往りて家地を請はれ。

と記されている。これは、天武が飛鳥浄御原宮を中心とする飛鳥の都のほかに、難波にも都城を造営することを述べている。ここには、天武が飛鳥以外の地にも都城を造ることを計画した意図、その対象地として難波が選ばれた要因の問題とが内在する。

飛鳥のほかに新たに都城を造営することは、複数の都城を営むことである。これは一つの都城で国家を運営する単

都制に対し、複都制を採用することを意味する。この複都制は、それまで中国の隋唐が採用している都城制であった。そこで、隋唐が採用した複都制を少しみることが必要である。

隋は、南北に対立した王朝を統一すると、漢の長安城の東南二〇里の地に新たな都城を築いた。『隋書』巻一、高祖帝紀には、開皇二年（五八二）六月、新都建設の詔を下し、左僕射高熲、将作大匠劉龍、鉅鹿郡公賀婁子幹、太府少卿高龍叉らに命じて、新都を造営させ、十二月には大興城《だいこうじょう》と呼んだ。そして、開皇三年（五八三）正月に、皇帝が新都に入ったことが記されている。この大興城の規模は、『隋書』巻二九、地理志の京兆郡の条に、東西一八里一一五歩、南北一五里一七五歩で、東面、南面、西面、北面の門と里が一一六、市が二つあったとしている。

また隋の洛陽城は、『隋書』巻三、煬帝《ようだい》本紀に、仁寿四年（六〇四）七月、高祖帝が没し、十一月に煬帝が洛陽に行幸すると、東京を建設することにした。大業元年（六〇五）三月、尚書令楊素、納言楊達、将作大匠宇文愷に勅命し、東京城を造営させ、大業二年（六〇六）正月に完成し、大業五年（六〇九）正月には東都と改称したとしている。また、『隋書』巻三〇、地理志の河南郡の条には、東に三門、南に二門、里が一〇三、市が三あったことを記している。

一方の唐の複都制は、隋の複都制を継承したものである。唐の長安城は、『唐両京城坊攷』巻一、西京によると、初めは京城と称した。隋の開皇二年に造営に着手した都城で、唐の天宝元年（七四二）に西京、至徳二載（七五七）に中京と改称されたが、上元二年（七六一）に西京の呼称に戻し、翌年に上都と改称した。また、同書巻二、西京に、外郭城は隋代に大興城、唐代には長安城と呼び、また京師城とも称したとしている。

唐の長安城が天宝元年に西京と号したのは、『旧唐書』巻九、玄宗本紀に、二月に北都（太原）を加え、東都（洛陽）を東京と改めたのに対応したもので、粛宗の至徳二載に中京と呼んだのは、天宝十四載（七五五）十一月から安禄山の反乱が起り、玄宗らが長安から四川などに避難して転々とし、至徳二載十月に再び長安に帰還したことと関連

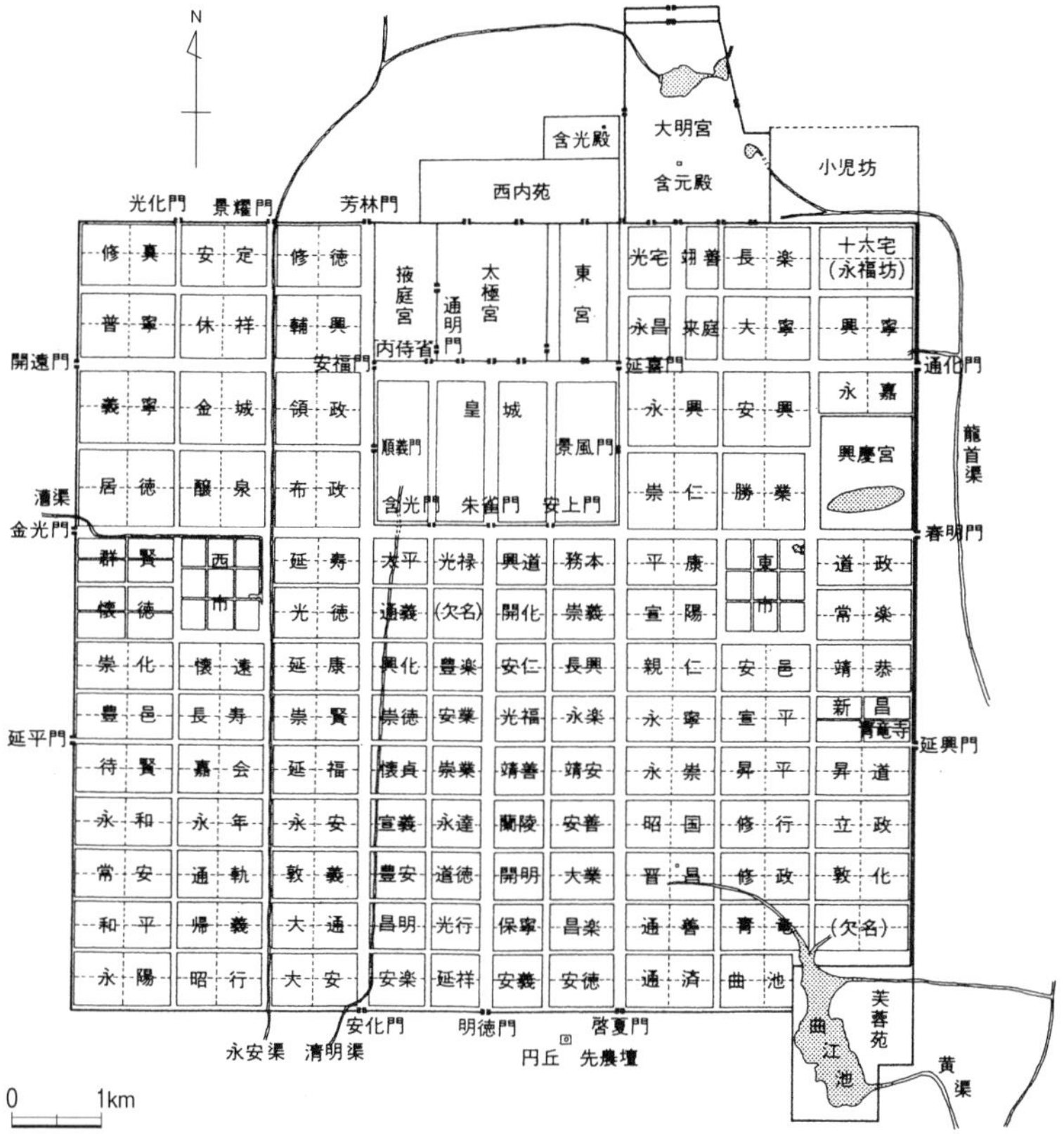

図1　唐長安城の復元図

する。このとき四川の成都を南京、陝西の鳳翔を西京、山西の太原を北京、洛陽を東京、長安を中京とする五京が成立した。しかし、上元元年（七六〇）に成都、上元二年に鳳翔は廃され、この上元二年には西京に戻されたが、翌年の宝応元年（七六二）に長安を上都、洛陽を東都、江陵府を南都、太原府を北都と改め、四都としたことと関連するものであった（図1）。

また、唐洛陽城は、『唐両京城坊攷』巻五、東京によると、東都ともいい、隋の大業元年に造営され、新都となった。唐の武徳四年（六二一）に東都は廃されたが、貞観六年（六三二）に洛陽宮と号している。顕慶二年（六五七）に東都、光宅元年（六八四）に神都と称したが、神龍元年（七〇五）に東都の呼称に戻された。天宝元年に東京と称し、上元二年に京の呼称を廃したが、翌年に再び東都とした。

これらの唐の洛陽城の名称のうち、神都と呼んだのは、高宗が没すると、則天武后が皇太后になって称制をはじめ、洛陽を実質的な都城として滞在し、洛陽宮城の正殿である乾元殿を壊し、三重の明堂、天堂を構築し、主要な官名も改称するとともに、唐の国号から周としたときのことである。また神龍元年に東都に戻したのは、武后が退位したことから陪都に戻された。さらに、上元二年に京の呼称が廃されたのは、安史の乱の最中で、長安城は回復したが、洛陽城はまだ反乱側にあったことによる。

以上、隋・唐代の複都制の全体的な変遷を述べたように、隋・唐は長安城と洛陽城を国家的な都城とする複都制を採用した。しかも、唐の複都制は長安城、洛陽城による二都ないしは太原府を加えた三都をなしたが、長安城と洛陽城は、東西二京、あるいは両京と称しており、その中心的なものであった。

唐がこのような複都制を採用したのは、長安、洛陽ともに都城としてそれぞれ一長一短で、いずれも単独では国家的な京として十分に機能しえないことから、両京を有することで中央集権体制を維持したことによるものであった。

首都の長安城の地は、渭水、涇水がうるおす関中平野の東南隅に位置し、南は秦嶺山脈が重畳しており、自然の城壁をなしていた。また、東は南流する黄河が奔流し、関東中原の地から長安を攻めるには、華州、同州の狭隘な道を進まざるをえず、しかも、ここには潼関、函谷関の要害の地があったので、漢の高祖以降、ここに多くの都城が営まれることになったのである。

しかし、長安城を主都とする唐は、律令による強大な中央集権国家をなし、その人口は平岡武夫氏(1)、日野開三郎氏(2)、佐藤武敏氏(3)らの試算によると、一〇〇万人を超えるとされ、しかも多くの鍛えられた禁軍の軍隊が駐屯していた。そのため、関中平野の食糧生産では、この大都市の人口を十分には養えなかったとされている。そこで長安城は、この食糧不足を補うために、関東から江南の米を運びこんだが、それを輸送する黄河による漕運は、三門砥柱《さんもんしちゅう》の険所に阻まれ、十分な供給はきわめて困難であった。そのため、三門砥柱による漕運によって、長安の米価は上下した。このようなことから、則天武后は、その治世の間の大半は、洛陽城におり、長安城で政務をになうことは少なかった。宋代に宋敏求が編纂した『唐大詔令集』に所載の開元九年（七二一）九月に玄宗が東都の洛陽城に巡幸する詔には、その目的が食を充たすためであることを述べているように、しばしば歴代の皇帝は禁軍の兵士らとともに食糧の豊富な洛陽へ巡幸せざるをえなかったのである。

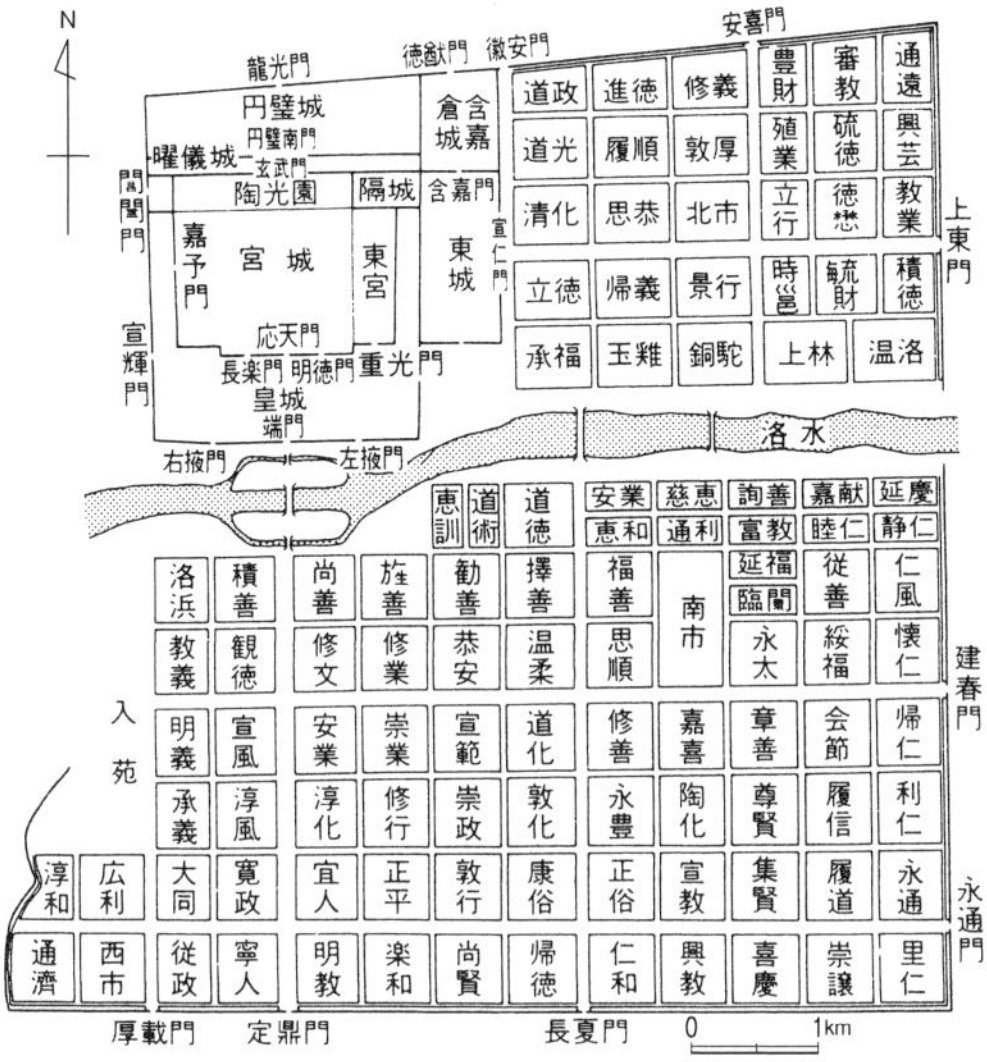

図2　唐洛陽城の復元図

洛陽城は、黄河の支流の洛水の流域に営まれた都城である。隋唐代の洛陽城は、京の中央を東西に洛水が貫流していた（図2）。しかも、唐代の黄河は隋の煬帝が開通させた大運河で江南と結ばれていたので、洛陽城には大量の米が江南から漕運されてきた。唐が江南の米によって、どのように河南、京の飢えた民らを救済したかは、『旧唐書』高宗本紀、咸亨元年（六七〇）条に、

> 是歳、天下の四十余州、旱《ひで》り、および霜、虫（害）あり。百姓飢乏す。関中が尤も甚だし。詔して、諸州に任じて往かせ、食を遂げさしむ。よって、江南の租米を転じ、以てこれを賑給す。

と記されている。洛陽城は、黄河と洛水によって江南から租米が集まり、諸物資も豊かで、経済的に発展した都城であった。

しかし、隋唐の洛陽城は、邙山の南の平野部に造営され、洛水が京の中央部を貫流するだけに、洛水を遡って容易に攻撃しうることから、軍事・防御面からすると、城壁は設けられていたとはいえ、欠陥が内在する都城だったのである。とはいえ、洛陽城は漕運されてくる食糧・諸物資が豊富であり、長安城の欠陥を補完しうることが、東都を営んだ最大の要因だったのである。

このように、唐は長安城と洛陽城による複都制を採用し、長安城の欠陥や機能を補完する洛陽城によって、優れた中央集権国家をなしていたことは、長安城で学び、帰朝した遣唐使らによって多くの情報がもたらされていたものとみてよいであろう。

さて、七世紀の後半、日本の国家体制は、唐・新羅連合軍と戦った白村江の役（六六三年）による大敗によって、唐で行われている編戸、律令制の採用と交易を中心とする経済的発展を促進することが急務な状況となった。そこで、天武は新たな国家的な発展を期すために、天智が行った編戸に加え、浄御原令の編纂を促進させ、そして唐の複都制を採用することを計画したものと推測されるのである。そして、新たな都城の設置を構想したのであろう。これには、なぜ難波を選択したかが問題になるであろう。

これは、一つには前述した唐の複都制にみる洛陽城に対する経済面での高い評価があったとみてよい。難波は瀬戸内海に面し、難波堀江にある難波津がはたした経済的な機能が高く評価されたであろう。ここには、外交施設の難波館もおかれ、外交の拠点ともなっていた。さらに、飛鳥の付近には大きな河川を欠き、漕運が困難という欠陥が強く認識されたであろう。

しかし、それだけではなかったであろう。むしろ、それ以上の条件が難波の地には内在したことが重要でなかろうか。

難波は、乙巳の変の後の孝徳朝に飛鳥から遷都し、難波長柄豊碕宮が造営された。この都城は、『日本書紀』白雉三年（六五二）九月条に、宮殿の造営が終わったとき、「その宮殿の状、ことごとくに論ふべからず」と記され、比較しようもないほど優れた殿舎配置や建物が構築された宮殿だった。これまで難波宮跡で検出されている前期難波宮の建物遺構は、出土する土器、また近年は関連する木簡などの出土によって、孝徳朝の殿舎を天武朝の難波宮に改修されたものとみなされている。(4)この孝徳朝の殿舎は、構築されてから三〇年余が経過していたとはいえ、そのまま維持されていたことがより重視すべきであろう。

天武は、複都制を採用する詔をだす四ヶ月前の七月十八日、新たな都城を造営するために飛鳥周辺の造営予定地を巡視している。新たに造営する都城の背景には厖大な財源が必要になる状況があったのである。このことは、難波での新たな都城の造営は、孝徳の難波長柄豊碕宮をそのまま改修し、整備しうるという可能な条件が内在していたことになる。換言すると、天武による複都制の構想は、竣工から少なからず年数は経過しているとはいえ、難波長柄豊碕宮を改修することによって可能とする条件が難波には内在したことによるものであった。あるいは、それなしには複都制そのものも容易に構想することはできなかったのではなかろうか。

さて、天武による難波宮・京の造営は、『日本書紀』には、造営経過を記す記事はないが、ほぼ計画的に進展したようである。ところが、朱鳥元年（六八六）正月十四日、難波宮の大蔵から失火し、あるいは阿斗連薬《あとのむらじのくすり》の宅の失火が宮殿に類焼したともいわれ、宮殿の建物はことごとく灰燼に帰した。この火災では兵庫職のみが類焼を免れただけだったという。

平成五年（一九九三）に発掘された前期難波宮の南端に構築された朱雀門は、掘立様式で構築されており、その太い柱の輪郭が赤色化して検出されたのは、火災の凄さを連想させるのに十分なものだった。大改修が終了し、完成して間もない天武朝難波宮が焼失したことにより、天武が構想した複都制は挫折したのである。

二　聖武による難波宮・京の復興と複都制

神亀三年（七二六）十月、聖武は播磨の印南野に行幸して難波に戻ると、藤原宇合を知造難波宮事に任命し、難波宮・京の造営に着手した。造営事業の長官は五位の職掌でありながら、四位の宇合を任命したことには、養老元年（七一七）、遣唐副使として唐に渡り、長安城を訪れた豊かな知見に期するものがあったとみてよいだろう。

この聖武による難波宮・京の造営は、どのような意図で着手したものだろうか。

難波宮の造営は、前述したように天武が造営に着手しながら火災によって挫折したところである。聖武は即位した翌年の神亀二年（七二五）、難波を訪れた。この行幸で、難波の寂れている状態を眼のあたりに見ることとなり、これが難波宮・京を再興する直接的な契機になったであろう。

聖武は、皇位の資格を有する天武の複数の親王らがいながら、天武直系の皇位継承者として即位した。それだけに、天武が行いながら挫折した難波宮・京の造営事業を継承することによって、正統な後継者であることを誇示する意図があったことが想定されるであろう。併せて、寂れて華やかさを喪失した難波を復興し、難波京・難波津と平城京、さらに平城京の外港ともいうべき泉津を拠点とする中央交易圏の活性化をはかることを構想したものと推測されるのである。

この聖武による難波宮・京の復興は、天武が構想した唐の複都制の復活であり、それを改めて具現化するものであった。しかも、難波宮・京を復興した背景には、つぎのような渤海のことも考慮する必要があるであろう。神亀四年（七二七）十二月、渤海の使節が初めて朝廷に訪れた。渤海は、高句麗地域の東北部に、ツングース系民族の大祚栄が七世紀末に興した国家であった。そして、七一三年に唐から渤海郡王に封ぜられて成立した。しかし、第二代の大武芸のときには、唐と対立した。しかも、唐と新羅に挟撃される形勢となったことから日本との通交を求めてきた。渤海と日本との正式な通交は、この年に初めて開始することになったが、養老元年（七一七）多治比県守を押使として遣唐使が派遣されており、また新羅との通交も行われていたので、渤海の情報がまったくなかったとはいえないであろう。そして、その渤海は都城制として複都制を採用していることも周知していた可能性が少なくないであろう。

図３　聖武朝難波宮の大極殿跡

さて、難波宮・京の造営は、天平四年（七三二）三月二十六日には、知造難波宮事の藤原宇合らに対し賜物されているので、このときに大極殿をふくみ、難波宮の造営はほぼ完了したであろう（図3）。そして、『万葉集』巻三—三一二には、藤原宇合が詠った、

昔こそ　難波ゐなかと　言われけめ　今京引き　都びにけり

の歌が収録されている。

そして、九月五日には、正五位下の石川枚夫が造難波宮長官に任じられており、なお難波京を中心とする造営が継続してすすめられたものとみなされる。

このような聖武による難波宮・京の造営による複都制の再度の採用は、天平五年（七三三）四月に難波津から出航した遣唐大使の多治比広成によって、唐に伝えられたものと推測される。

さて、天平六年（七三四）三月十日、聖武は難波宮・京の造営を開始してから初めて難波に行幸した。竣工した難波宮の朝堂院や大極殿、内裏、官衙などの殿舎を観覧した。そして、朝堂院では、平城宮に先んじて礎石建にした朝堂を観ることになった。さらに、難波京も巡視したであろう。この巡視では、摂津職が準備した吉師部楽の演奏に興じ、十九日に還幸した。

その半年後の九月十三日、官人らに難波京の宅地班給が行われ、三位以上は一町以下、五位以上のものは半町以下、六位以下は四分の一町以下の敷地が与えられている。

では、この聖武による難波宮・京の造営は、どのような国家的な意義、あるいは効果をなしただろうか。

難波宮・京の復興は、宇合の歌に詠まれたように、難波が喪失した賑わいを少なからず回復することになったであろう。このことは、平城京の北にある泉川（木津川）にある泉津と難波津は木津川・淀川によって結ばれているので、難波京の市、難波津と平城京を中心とし、中央交易圏の諸物資の流通が活性化する契機になったであろう。

ところが、その直後の天平七年（七三五）八月、大宰府管内で天然痘が流行し、多くの死者がでた。しかも疫病は天平八年（七三六）には畿内・平城京にも広まった。そして九年（七三七）には藤原四子が病死したように、難波京が完成し、交易や交通が一層発展しうる条件が整備されたにもかかわらず、この疫病によって、二つの都城への官人や民衆の往来はおのずと規制もしくは自粛されることになったであろう。そのため、平城京、難波京による複都制の成立は、難波津や泉津、平城京の市を中心とする諸物資の流通や官人、民衆が往来する契機にはなったが、十分な経済的発展につながったとはいい難いものだったであろう。

一方、少しだけ遡る天平七年三月十日、遣唐大使の多治比広成が帰朝し、節刀を返上した。この時、広成は唐の複都制は、西都の長安、東都の洛陽のほかに、太原府を北都とする三都制が行われていたことを奏上したであろう。この太原府が北都とされ、三都制が行われたのは、『旧唐書』玄宗本紀、開元十一年（七二三）正月辛卯条に、

并州を改めて、太原府と為す。官吏を補授し、一に京兆河南両府に準ずる。

と記され、京兆府の長安、河南府の洛陽と同じく都となしたことを記している。また、『新唐書』地理志に、

北都は天授元年に置き、神龍元年に罷める。開元十一年に復び置き、天宝元年に北京と曰ふ。上元二年に罷め、粛宗元年に復び北都となす。

とあり、太原府は則天武后の天授元年（六九〇）に一時、北都となったことがあったが、中宗が即位した神龍元年（七〇五）に止めになった。そして玄宗の開元十一年に北都となり、天宝元年（七四二）に北京と称し、粛宗の上元二年（七六一）に廃止になったが、翌年に北都に復し、唐末まで続いているので、玄宗に始まり、唐末まで続いたとみなしてよいものであった。

このように、唐の複都制が長安城と洛陽城から、開元十一年に太原府をふくむ三都制になったことは、唐の諸制度を範にしながら国家的な政策をすすめる奈良朝廷にも、少なからず影響をおよぼすことになったであろう。

天平十二年（七四〇）十月二十九日、聖武は九州で起った広嗣の乱がまだ終わらないさなか、東国へ出立した。平城京を出て五日目、伊勢国関宮で広嗣が捕らえられ、ついで処刑された知らせも受けた。しかし、聖武は平城京へは還幸することなく、伊勢から美濃へ進んだ。十二月六日、美濃から近江を経て、十五日に山背国恭仁郷に至り、ここに遷都した。

恭仁京は、足利健亮氏による復元図（図4）によると鹿背山《かせやま》を境に左京、右京が区分して設けられ、宮室は左京域の北端部、泉川（木津川）の右岸の台地に造営された都城であった。(5) この都城には、ほぼ京の中央部を東から西へ泉川が貫流していた（図5）。

このように、恭仁京は幅広い泉川が京の中央部を東西に貫流しており、それまでの都城では例のない形態のものであった。

また、天平十四年（七四二）八月、近江甲賀郡に紫香楽宮の離宮が造営され、十五年（七四三）十月十五日には、盧舎那仏造立の詔がだされ、紫香楽宮の近くで行基らによって造立工事が開始した。さらに、その翌年の正月、難波への遷都が計画され、二月二十日には高御座《たかみくら》が難波宮に移され、二十六日、難波遷都の勅が橘諸兄によって読まれている。

三　唐の三都制とその影響

以上、聖武による恭仁宮・京、難波宮・京への遷都を述べたように、天平十二年末からは、あいつぐ遷都が行われた。そして、これらの恭仁宮・京遷都、紫香楽宮付近での盧舎那仏の造立、難波宮・京遷都の意図などには、今日でも不分明な点が多いものとなっている。

これらは、以下に述べるような恭仁京遷都に至る経過をより重視することによって、理解すべきものと思われる。

聖武は、天平七年（七三五）三月、唐から帰朝した遣唐大使の多治比広成によって唐が三都制を採用していることを知ると、翌年三月一日、泉川河畔にある甕原宮《みかのはらのみや》離宮を訪れた。その後は、平城京で疫病が流行したことから顕著

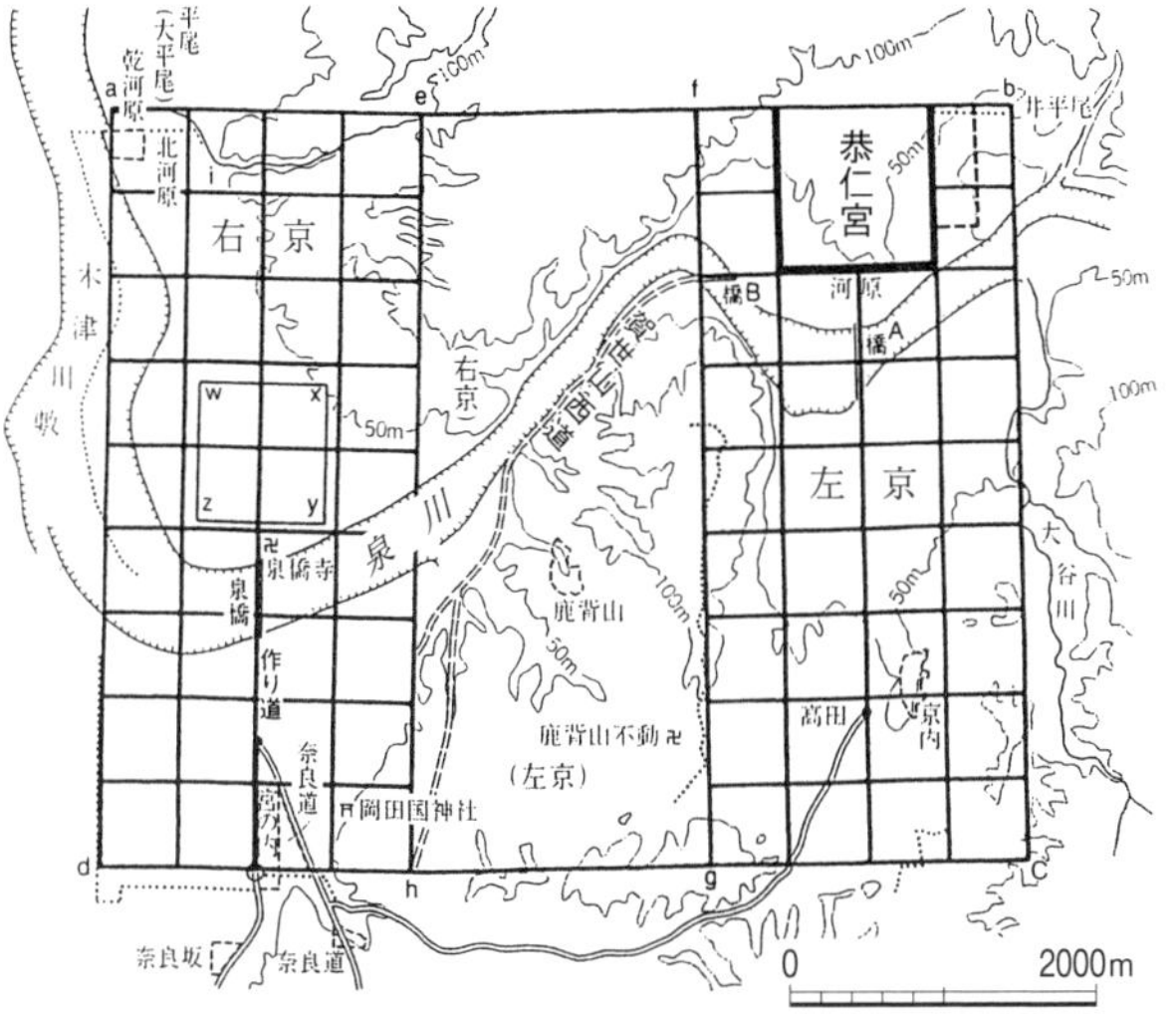

図4　恭仁京の復元図（足利健亮氏案）

図5　泉川（木津川）の流れ（東から）

な動きはなかったが、この疫病がおさまった天平十一年（七三九）三月、甕原宮に二度も訪れた。ついで天平十二年二月、難波宮に行幸し、その帰途に河内で智識寺の大仏を崇拝した。そして、五月十日には泉川付近の相楽《さがらか》にあった諸兄の別業を訪れており、造営を計画する恭仁京域の最後の下見を行ったとみなされるふしがある。

このように、周到な泉川周辺での現地踏査を重ねることによって、聖武は洛水が貫流する唐洛陽城と同様に、都城の中央部を泉川が東西に貫流する恭仁宮・京を造営し、唐と同様に三都制を計画したものとみなされる[6]。しかし、新たな陪都の恭仁宮・京の造営は、詔によってすることが困難な状況から、聖武はみずから恭仁郷に行幸して逗留し、大規模な都城の造営を行うという、それまで例のない造営方式を採用したものとみなされる。

恭仁宮・京は、古く喜田貞吉氏が唐の洛陽城との関連を述べ[7]、また瀧川政次郎氏が戦前に現地踏査した経験を踏まえて洛水が東西に貫流する唐洛陽城（図6）をモデルとした都城とみなしたように[8]、明らかに唐洛陽城をもとに構想した都城であった。しかも、この恭仁京造営は、遷都後の盧舎那仏の造立からみて、洛陽城外にある竜門の奉先寺の盧舎那仏の造立をも計画にふくんでいたものとみてよい。

図6　洛水（南から）

恭仁京の造営がほぼ一段落した天平十六年（七四四）正月、聖武は難波京遷都を計画した。じつは、聖武は難波宮・京の造営が完了した後、難波宮に行幸したが、そこで一定期間、政務をになうことはなかった。このことは、難波宮・京を復興し、これによって中央交易圏の経済、交通、文化をより活性化させ、新たな発展を構想したものと推測されるのである。

しかし、聖武による新たに恭仁宮・京を加える三都制の構想は、それまでの複都制と異なり、それぞれの陪都で一定期間、政務をになうことを構想したものであったとみてよい。聖武は恭仁宮・京の造営がほぼ進展すると、難波宮・京への遷都を計画し、二月二十日には高御座も移動した。そして、二月二十六日、難波遷都の勅が諸兄によって読まれている。しかし、その二日前に、聖武は紫香楽宮に行幸すると、新たに甲賀宮を造営し、そこで政務をにない、盧舎那仏の造立の促進をはかったものと推測されるのである。

このように、聖武は難波宮・京の造営後、新たに唐の三都制を採用し、洛陽城をモデルとする恭仁宮・京の造営を行った。ついで、陪都の難波宮・京に巡幸し、ここでも一定の期間、政務をになうことを構想し、難波遷都に着手したものと推測されるのである。しかも、この難波京遷都では、それまでの遷都とは異なり、二つの都の京戸に対し、恭仁京と難波京を自由に往来するようにしたのも、恭仁京を廃都とするものではないことを明らかにしたものだった。しかし、このような難波宮で一定期間、政務をになう聖武の構想は、前述したように遷都の勅をだす直前に変更し、紫香楽宮へ出立したことから実現しなかったのである。

天平十七年（七四五）四月二十七日、美濃で大地震が起り、その直後の五月十一日、聖武は甲賀宮から平城京へ還幸した。唐と同様な三都制をめざした聖武の新たな都城制の構想は、予期せぬ天災によって挫折し、平城京と難波京による旧の複都制に戻ることになったのである。

四　複都制の廃止

桓武は即位して間もない延暦元年（七八二）四月十一日、詔をだし、政治方針として、宮殿などの造営を中止し、農業に務め、財政は倹約を第一とし、倉に財物を満たすようにする。造宮省と勅旨省の二省、法花・鋳銭司を廃止し、それぞれの分野の技術者らは木工寮、内蔵寮に配属させるようにした。いわば財政の再建、経費節減政策をとることにした。

しかし、その三年後の延暦三年（七八四）五月十六日、中納言藤原小黒麻呂、藤原種継、左大弁の佐伯今毛人らを山背国乙訓郡長岡村に遷都のための視察に派遣した。しかも、六月十日、藤原種継、佐伯今毛人らを造長岡京使に任じ、都城の造営を開始した。そして五ヶ月後の十一月十一日、桓武は平城宮から長岡宮へ遷った。しかし、延暦五年（七八六）七月十九日に太政官院ができているので、完成にはなお一年八ヶ月を要したことになる。

また、一方の長岡京の造営は、延暦四年（七八五）九月に島坊の工事現場を巡検していた藤原種継が暗殺される事件が起った。その影響もあってか、『続日本紀』延暦七年（七八八）九月庚午条には、桓武の詔に、「水陸の便ありて都を長岡に建つ。而るに宮垣未だならず、興作なお多くして、徴発の苦頗る百姓にあり」と記し、四年を経過しているが、長岡京の造営はなお継続している。そして、延暦十年（七九一）九月、遅れて平城宮の諸門を移建したことが記されている。

このような長岡宮・京の造営に対しては、桓武が都城の造営を中止し、財政再建を行うとしながら、遷都に着手したことからすると、その意図を明らかにすることが必要である。

長岡宮の発掘によると、大極殿の規模は難波宮とほぼ等しく、朝堂も難波宮と同じく八堂が配されていた。大極殿院・朝堂院に葺かれた軒瓦は、平城宮式や長岡宮式のものに比し、難波宮式の重圏文軒丸瓦・重廓文軒平瓦が九割近いことから、難波宮の建物を解体し、運んだものとみなされている（図7）。造営開始から、わずか五ヶ月で遷都できたことは、建築用材の調達からみても困難なことからして、聖武朝難波宮の殿舎を解体し、淀川によって漕運したものと推測されている[9]。

さらに重視されるのは、難波宮の朝堂院・大極殿などの殿舎がそのまま長岡宮へ移転したことは、難波宮を廃止したことになる。これは、瀧川政次郎氏が以前に説いたように複都制の廃止を意味する[10]が、岸俊男氏も長岡宮・京の遷都は、平城宮・京からの遷都であるとともに、難波からの遷都であったとし、複都制を停止し、一つの都城にまとめることを意図したものとした。そして、岸氏は桓武が緊縮政策によって宮殿の造営を中止し、造宮省を廃止しながら、その直後に長岡宮・京へ遷都したこと、朝堂院が小規模で、朝堂を八堂としたことも緊縮政策の一環とみなしている[11]。

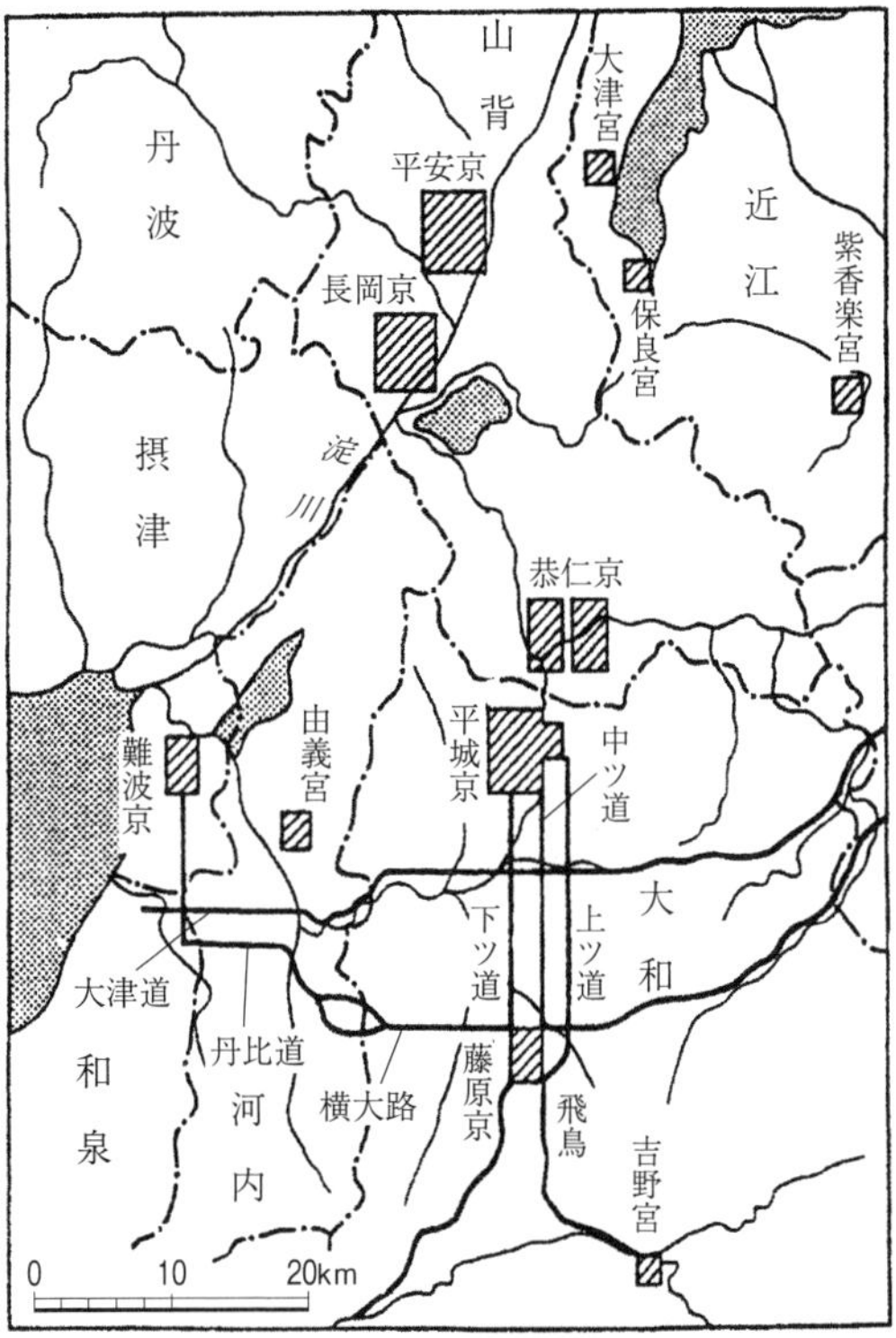

図7　日本の古代宮都の配置図

長岡宮・京の遷都は、このように難波宮の殿舎を移し、遅れて平城宮の門や殿舎を移建したことになる。ただし、これには難波宮・京を廃止することと、複都制を廃止することの判断を導いた直接的な要因を解く必要があるであろう。

前者に関連することは、財政の再建のみでなく、天平宝字六年（七六二）四月、安芸国から回航されてきた遣唐使船が、難波の江口で座礁することがあった。長岡京へ遷都した直後の延暦四年正月、摂津国の神下・梓江・鯵生野を掘削し、淀川を三国川（現在の神崎川）に通ずるようにしたことも、これと深く関連することであったであろう。これらは難波津を中心とする経済的な発展がこれ以上期待できなくなったことを意味している。

さらに考慮すべきことに、聖武朝の難波宮は、大極殿、朝堂はいずれも基壇上に礎石建の殿舎が構築されていた。しかし、内裏や諸官衙を構成する建物の大半は、平城宮の内裏・諸官衙と同様に掘立柱様式で構築されていたものとみてよい。しかも、内裏や諸官衙の建物は、すでに五〇余年を経過していた。この年数は、平城宮の内裏の大改修が天平宝字年間に孝謙・淳仁によって行われ、そのため近江に保良宮・保良京が造営されたように、大改修が必要になっていたものと推測されるのである。

しかし、聖武朝難波宮の大改修は、それまでの少ない使用頻度からすると、桓武の緊縮政策とは矛盾するものだったと推測される。そこで、大改修が大きな課題になったのを契機に、桓武は難波宮を廃止し、山背の長岡村へ難波宮の大極殿、朝堂院を移築することによって、長岡宮・京へ遷都し、さらに平城宮の建物も移し、半世紀余に及んだ複都制を廃止したものと理解されるのである。

註

（1）　平岡武夫『長安と洛陽』（京都大学人文科学研究所索引編集委員会、一九五七年）。

(2) 日野開三郎『唐代邸店の研究』(一九六八年)。
(3) 佐藤武敏『長安』(近藤出版社、一九七一年)。
(4) 中尾芳治「前期難波宮をめぐる諸問題」(『考古学雑誌』五八—一、一九七二年、同『難波宮の研究』〈吉川弘文館、一九九五年〉に所収)。
(5) 足利健亮『日本古代地理研究』(大明堂、一九八五年)。
(6) 小笠原好彦『聖武天皇が造った都 難波宮・恭仁宮・紫香楽宮』(吉川弘文館、二〇一二年)、同「恭仁宮・紫香楽宮・難波宮」(田辺征夫・佐藤信編『古代の都二 平城京の時代』吉川弘文館、二〇一〇年)。
(7) 喜田貞吉『帝都』(日本学術普及会、一九三九年)。
(8) 瀧川政次郎『京制並びに都城制の研究』(角川書店、一九六七年)。
(9) 清水みき「長岡京遷都論—二つの画期をめぐって—」(『ヒストリア』一一〇、一九八六年)。
(10) 前掲註(8)に同じ。
(11) 岸俊男『日本の古代宮都』(岩波書店、一九九三年)。

長岡京遷都と後期難波宮の移建

國下多美樹

はじめに

かつて、岸俊男氏は、「長岡遷都は平城からの遷都であるとともに、難波からの遷都でもあった（中略）、それまでの複都制を廃して、都を一つにまとめようとした」[1]と長岡京遷都の意義をまとめている。長岡京遷都は、緊縮財政を目的にしたか否かはともかく、単に平城京からの遷都のみならず天武朝以来の複都制を廃止し、平城・難波両都の機能を併せ持つ都城の造営という歴史的意義を有すると考える。この点から長岡京と後期難波京の比較研究が重要な課題となるであろう。

両都における考古学的調査は、難波宮跡が昭和二十九年（一九五四）[2]、長岡宮跡が同三十年（一九五五）[3]と前後して開始された。当時の研究者らの都城解明に向けられた熱意と努力は、ほぼ同じ頃に大極殿、朝堂院、内裏という中枢施設の解明を導いた。この遺跡発見に至る事情も両都の運命的なつながりを感じさせる。本論の主題に係わる長岡京跡では、小林清氏が長岡宮跡出土瓦の実証的研究を進め、後期難波宮から長岡宮への資材移動を嚆矢する[4]という特筆すべき成果があった。その後のおよそ六〇年に及ぶ考古学的成果の蓄積と両都の比較研究によって、長岡宮の大極殿、朝堂院は、後期難波宮の施設が移建されたことが定説化するに至っている。(5)

一方、近年の長岡宮中枢施設の新たな調査によって、両都の大極殿、朝堂院、内裏の構造に係わる新たな研究課題が生まれた。第一に、長岡宮朝堂院南門が二つの楼閣を伴う門闕構造を有することが明らかになり、(6)後期難波宮朝堂院南面との対比が必要となった。第二に、長岡京遷都当初からおよそ五年の間機能した最初の内裏「西宮」推定遺構が確認され、後期難波宮内裏も移建された可能性が示唆されるに(7)及び、相互の比較が不可欠になった。

本稿は、後期難波宮移建に係わる研究と諸問題を整理し、両宮の中枢施設の構造比較から、改めて長岡京遷都に伴う後期難波宮の移建の目的と歴史的意義を検討するものである。

一　遷都・移建の研究状況と課題

1　史料にみる遷都と移建

後期難波宮の施設を長岡宮に移建したことを示す直接的な史料は残らない。しかし、その準備ないし予兆とみられる記事がいくつかみられる。長岡遷都の前年の延暦二年（七八三）三月、和気清麻呂が摂津大夫に任じられた。(8)この任官が難波宮の停止を意図した桓武の措置であったとみるのが一般的な見方である。任官から一年二ヶ月後の同三年（七八四）五月、蝦蟇二万匹ほどが難波市の南の道より南行、四天王寺に入り悉く散り去った。(9)「遷都の予兆を意識したもの」(10)であった。さらに同月には、摂津職の史生武生連佐比乎が白燕を献上し昇叙、(11)翌六月、十二月には住吉神が勲三等に叙せられるなど、(12)摂津職ないし難波、長岡京遷都との関係を示す史料が散見されるようになる。従って、平城宮にいた桓武天皇は、後期難波宮解体・移転の準備を早くから進めていたとみてよい。

長岡京造営は、中納言藤原種継等を造長岡宮使に任命し(13)、「都城を経始し、宮殿を営作せし」めたことに始まる。種継は、後期難波宮再建に尽力した藤原宇合の孫である。親縁な関係者が選ばれたのである(14)。

延暦三年十一月十一日、桓武は、平城京から長岡京へ移り遷都がなった(15)。翌年正月、大極殿で最初の朝賀が行われている(16)。この時、少なくとも長岡宮大極殿院の中心施設が完成していたことになる。しかし、長岡宮大極殿院の南に付設された太政官院は未完成で、垣が完成したのは、遅くとも同年八月(17)、「百官始めて朝座に着いた」のは、同五年（七八六）七月のことである(18)。大極殿院、太政官院の順に完成に向かったことが知られる。長岡宮は、中枢施設の完成に少なくとも一年七ヶ月を要したのである。この造営に難波宮の資材が利用されたと考えられるようになったのは、出土瓦の実態が明らかになったからである。

2　移建をめぐる研究と課題

既述の通り、長岡宮の大極殿・朝堂院が後期難波宮から移建されたことを初めて指摘したのは、小林清氏である。それは、大極殿・朝堂院地区から出土する軒瓦がほとんど難波宮式瓦で占められているのに対して、内裏を含む他の宮域からは平城宮・長岡宮式瓦が主に出土するという、分布の違いに着眼した卓見であった。昭和三十六年（一九六一）の調査で明らかになった長岡宮大極殿跡・後殿跡の規模が、後期難波宮大極殿と同じであったことも移建の証しとされた。その後、同六十二年（一九八七）の長岡宮出土軒瓦の集成作業（以下、『集成』）(19)の結果、難波宮式軒瓦は、宮域全域で出土するものの、大極殿院・朝堂院地区は、六四〜九〇％と軒瓦の過半数を占めることが明確になり、小林の推定が正しいことが追認された。さらに『集成』では、両宮出土の難波宮式軒瓦型式の対比から、「少なくとも軒瓦は旧殿舎とは無関係に、単なる「瓦」資材として、再利用された[20]」と推察、朝堂院西面・南面築地から一定量出土した平城宮式六七三二Q型式は補修用瓦と位置付けられた。

平成十一年（一九九九）、『集成』以後の出土例も含め長岡京出土軒瓦が再集成された[21]。朝堂院地区の軒瓦総数二五四点中の宮都別比率は、難波宮式七六・七％（一九五点）、平城宮式一五・三％（三九点）、長岡宮式〇・三％（一点）、不明七・五％（一九点）となっている。難波宮式軒瓦が大多数を占める傾向は変わらないが、平城宮式、長岡宮式も一定量含まれていることが一層明確になり、朝堂院地区出土の難波宮式軒瓦は大形品が目立つことも指摘された。

このように、かつて小林氏の提唱した後期難波宮から長岡宮大極殿・朝堂院への移建は確実視される経過をたどったが、さらに宮都別軒瓦の組成と分布が造営の年代目盛となり、「前期・後期造営論[22]」の骨格となった。大極殿院、太政官院、第一次内裏（「西宮」）出土の軒瓦は、長岡京「前期造営」を端的に示すものとみなされた。そして、桓武朝の遷都の目的は、一刻も早く新天地に新王朝の都を建設することにあり、後期難波宮からの移建は、単に旧都の資材を再利用するためだけであったと評価されてきた[23]。

これに対して、筆者は宮城周辺の調査成果から前期・後期の時期区分に異論を唱え、宮城は段階的に造営が進められたことを示すのみで中枢施設の計画は当初から決定されており、改造はなかったものと指摘した。さらに、史料上「西宮」と呼ばれた最初の内裏を大極殿西方に推定する説を示した[24]。これを受けて、長岡京の造瓦組織と造営過程の視点から軒瓦の系譜を見直す研究があった[25]。本稿に係わる部分では、朝堂院出土の平城宮式軒瓦について再評価がなされた。すなわち、平城宮式六七三二Q型式の製作技術を検討し、西大寺から谷田瓦窯への工人と瓦笵の移動を想定、長岡宮太政官院の垣が完成する延暦五年までに供給されたと推定されている。従って、『集成』によって示された難波宮式軒瓦の多量出土、言い換えれば後期難波宮の資材移動のみで前期造営の実態とする造営論は成り立たないことが明確に示された。さらに、従来、後期の宮城大改造によると考えられた内裏の分離と大極殿院の大規模化、朝堂院南面の再編が遷都当初の施工とみるに至っている。

このような軒瓦研究の進展の一方で、長岡宮の大極殿院・朝堂院・内裏、後期難波宮の朝堂院での調査も進展した。平成九年（一九九七）、長岡宮大極殿前庭で宝幢遺構が初めて確認され[26]、その後の調査で七本の宝幢が計画的に配置されていたことが明らかになった。少なくとも奈良時代の宝幢を伴う儀式が引き継がれていたことが知られ、大極殿院内に儀式の空間を確保したことが明確になった。後期難波宮の移建と大極殿院における儀式空間との関係が問題となる。同十九年（二〇〇七）には、朝堂院南門が回廊と楼で構成される門闕構造をもつことが明らかになった。後期難波宮でも同十二年（二〇〇〇）に朝堂院南門が調査され、長岡宮とほぼ同規模であることが明らかになった。長岡宮の門闕施設をめぐっては、長岡宮で新造されたとみる考えと後期難波宮から移建されたとみる考え[27]があり、決着への見通しが提示されなければならない。そして、同二十二年（二〇一〇）、大極殿の西方で複廊施設のコーナー部が確認された。筆者はこの施設を「西宮」と推定してきたが異論もある。

以上の諸課題を解明するための足掛かりとして、長岡・後期難波宮双方の中枢部の遺構を比較検討してみたい。

二　大極殿院・朝堂院・内裏の比較

1　大極殿院の比較

まず、大極殿院のレイアウトから比較する。図1は、後期難波宮と長岡宮の調査成果[28]による復原図を大極殿・後殿を優先して重ねた図である。

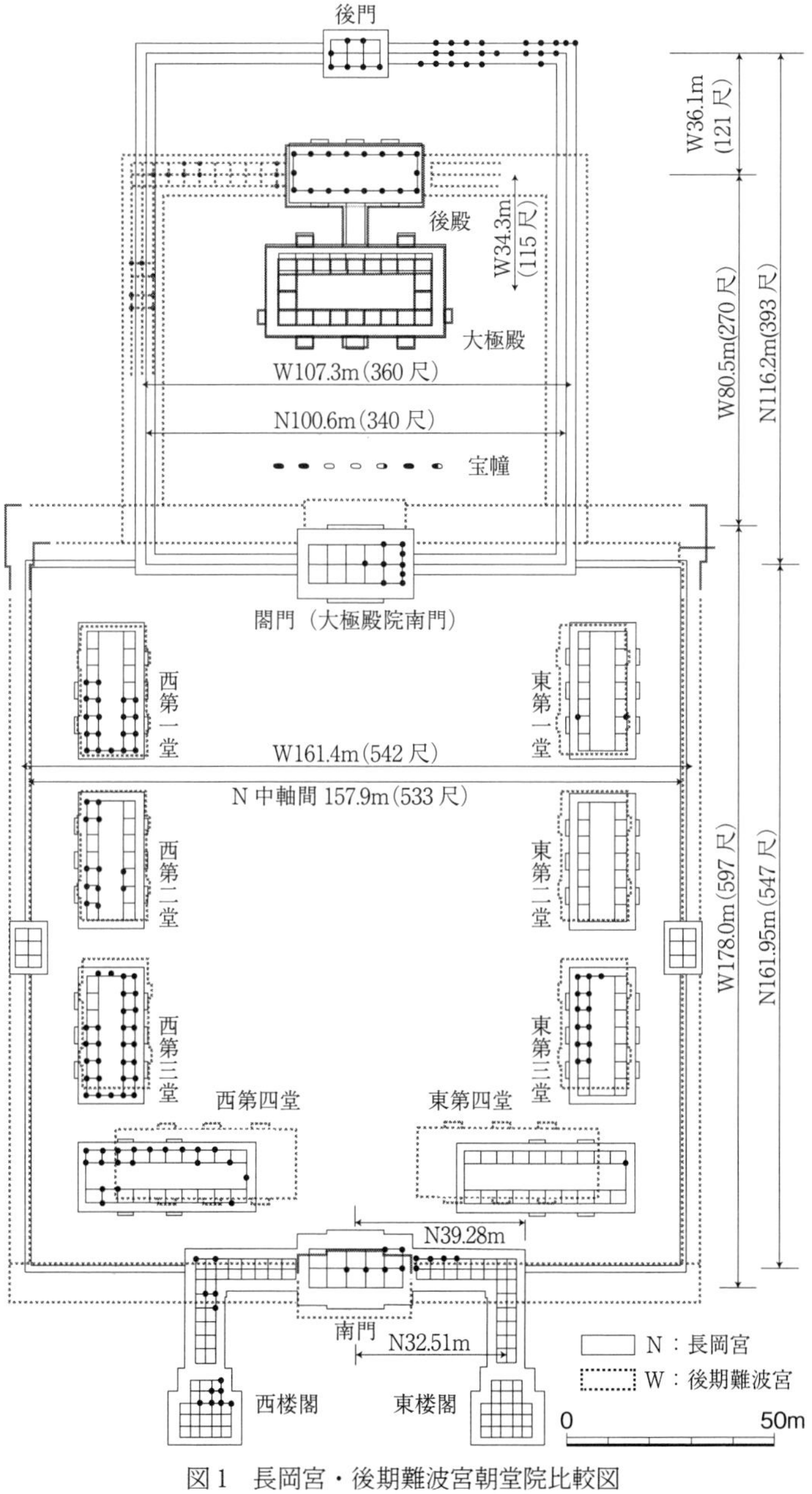

図1　長岡宮・後期難波宮朝堂院比較図

大極殿院は、後期難波宮が東西一〇七・三㍍（三六〇尺）、南北八〇・五㍍（二七〇尺）[29]の東西に長い区画、長岡宮が東西一〇〇・六㍍（三四〇尺）、南北一一六・二㍍（三九三尺）の南北に長い区画であり、長軸を変えている。仮に、東西タイプと南北タイプと呼ぶと、東西タイプは、後期難波宮のほか、平城宮第二次大極殿院後半期（第Ⅱ期）、南北タイプは、長岡宮大極殿院のほか、藤原宮大極殿院、平城宮東区大極殿院前半期（Ⅰ期）[30]となる。ちなみに、平城宮第二次大極殿院は、Ⅰ期が東西七一・九㍍、南北七九・九㍍、Ⅱ期が東西一一八・三㍍、南北七八・九五㍍である。院全体の面積は、後期難波宮約八六三八平方㍍、長岡宮約一一六九〇平方㍍と長岡宮で一・三五倍に拡大されている。平城宮Ⅰ期大極殿院は、五七五九平方㍍、Ⅱ期大極殿院は九三四〇平方㍍であり、面積のみ比較すれば長岡宮大極殿院は、後期難波宮のみならず平城宮Ⅱ期大極殿院をも超える面積を占有する。

後期難波宮から長岡宮への移建は、大極殿院の面積拡大を志向する形で実現されたとみてよい。両宮の重ねた図をみると、大極殿院の東西幅は長岡宮で六・七㍍狭くし、南北を三五・七㍍長く変更している。基準尺は、後期難波宮が一尺二九・八㌢、長岡宮は一尺二九・六㌢である。基準尺を読み換えたとき、ちょうど二〇尺短くした値となる。

大極殿と後殿を中心に変化をみると、後期難波宮で北面回廊と連結していた後殿が完全に切り離され、長岡宮北面回廊との間に三六・一㍍（一二二尺）の空閑地が確保された。後殿は平城宮で北面回廊と連結しているが、後の平安宮では大極殿と連結し小安殿のみの区画が形成される。長岡宮移建を契機に回廊から切り離され大極殿とつながり、平安宮でさらに新たな区画をつくった。二〇一二年度に調査された長岡宮大極殿後殿の調査では、大極殿と後殿とを連結する登廊遺構を確認している。[31]この登廊が、後期難波宮軒廊ＳＣ三三二一と同じ構造か否かが注目されるところとなる。軒廊ＳＣ三三二一は、調査の結果、東西六・〇㍍、南北九・五㍍で後殿と大極殿を連結する施設であり、凝灰岩切石で基壇化粧されたと推定されている。[32]長岡宮の登廊ＳＣ四九〇〇六は、推定幅六・五㍍でやや大きいが同様の構造と推定してよいであろう。「独立した二棟の建物をつなぐ廊下は長岡宮ではじめて出現する」[33]意義は大きい。長岡京の造営を前期・後期でみる見解では、後期段階に「東宮」建設を契機に後殿が北面回廊から切り離されたとみているが[34]、これは当たらない。大極殿院における調査で改造を示す事実はない。従って、遷都当初から大極殿と後殿は登廊で連結され建造されたとみるのが自然である。

次に、両宮の大極殿・後殿を比較しよう。後期難波宮の大極殿SB一三二一は、基壇外周の地覆石抜取跡から外々で東西四一・七㍍（一四〇尺）、南北二一・二㍍（七一尺）の規模がある。南面に三ヶ所、東・西面に一ヶ所、北面の東西に一ヶ所階段がある。後殿基壇は、東西約三二・五㍍、南北一三・七㍍である。長岡宮大極殿基壇は、東西四一・四㍍、南北二一・六㍍、後殿基壇は東西三一・二㍍、南北一三・五㍍である。両宮の建物規模を比較すると、ほぼ近似しているものの微妙な差がある。また、長岡宮大極殿の東・西面に同様の階段があったかは明確でない。特に後殿は長岡宮で礎石根固め跡が検出されているのに対し、難波宮は検出されなかった。沢村仁氏は、この差異に着目し「後殿はあるいは難波と長岡とで、移築ではなく別の構造体だったかと思わせる。難波宮後殿は単層でやや平面が大きく、長岡宮後殿は平面がやや小さく、重層であったかもしれない[35]」と述べている。

長岡宮大極殿院の空間が南北に拡大されたもう一つの原因は、大極殿前庭に宝幢を樹立する儀式空間が確保されたためであった。そのために、長岡宮大極殿院南面回廊の位置を南に八・五㍍（二九尺）移動し、大極殿基壇南位置より一〇〇尺の位置に宝幢を七本樹立したと推定される。推定七基のうち、五基を確認している。青龍・朱雀・日像・玄武・白虎孔であり、主柱位置は正確に二〇尺間隔で配置されている。

当然のことであるが、元日朝賀と即位儀礼に伴う宝幢は難波宮で確認されない。平城宮第二次大極殿院前庭では、変遷を伴う各種の儀式遺構が確認されている。長岡宮宝幢遺構に係わっては、儀式遺構b期（宝亀元年〈七七〇〉）光仁天皇即位に伴うもの、儀式遺構d期（天応元年〈七八一〉）の桓武天皇即位に伴うものがある。平城宮桓武朝の宝幢は、大極殿基壇の南八〇尺の位置に東西二五尺間隔、『内裏式』では大極殿南階から一六〇尺、『延喜式』では同一五四尺の位置に二〇尺間隔である。大極殿南階から宝幢までの距離は、奈良時代末の平城宮で八〇尺→長岡宮一〇〇尺→平安時代（十世紀）一五四ないし一六〇尺となり、長岡宮前庭での宝幢以降、拡大傾向にあることが知られる。平安宮に至っても大極殿前庭が確保されていることは、儀式の空間として不可欠であることを証査するものであろう。(36)

このように、後期難波宮と長岡宮の大極殿院を比較すると、副都後期難波宮の資材を再利用したものの、首都の担った政治・儀式空間の伝統を維持・発展させるために大極殿院の充実化を図ったとみるのが自然であろう。

2　朝堂院の比較

両宮の朝堂院の全体配置から比較を始める。まず、外周施設は、後期難波宮が北面・南面ともに複廊であったが、長岡宮で一部のみとなり築地に変えられた。とりわけ南門にとりつく複廊は、左右で南に折れ南端に楼閣が設けられた。東・西・南面の回廊は、回廊の朝庭側（つまり内側）をほぼ築地心として東西幅を狭くしている。朝堂院の規模は、後期難波宮が東西一六一・四㍍、南北一七八・〇㍍、長岡宮は東西一五七・九㍍、南北一六一・九五㍍で、後期難波宮と比較して東西に三・五㍍、南北に一六・〇五㍍縮小した。

朝堂は、東西八堂である。(37)朝堂の規模は両宮で一致し、左右に四堂ずつ配置するあり方も共通する。唯一異なる点は、東・西第四堂の位置である。後期難波宮の東西第四堂は、基壇の妻部を朝堂院南門基壇妻部と一致させていたが、長岡宮でそれぞれ移動し、東西第一〜三堂の外側庇柱列に合致させた。この第四堂の移動は、藤原・平城・平安宮という歴代の正都の朝堂配置を意識した可能性が高い。

朝堂院南門は、後期難波宮と長岡宮ではほぼ規模が一致するとみられる。長岡宮では、朝堂院南門から左右にそれぞれ三九・二八㍍位置まで複廊基壇がのびて南に折れることが明らかになっている。一方、後期難波宮では南面回廊SC八六二八〇一を約五〇㍍分検出しており、南面回廊はそのまま東西方向に延長する様相がある。長岡宮朝堂院南門が門闕構造を有することについては、後期難波宮に既に門闕構造が導入されていたとする考え[38]があるが、南面回廊のあり方は門闕構造でなかった根拠になりうる。従来の推定通りに、朝堂院南面は門と回廊で区画され、可能性として朝集殿院が設けられていたと考えられる。

3　内裏の比較

後期難波宮の内裏は、大極殿院の北で確認されている[39]。東西一七九・三㍍（六〇二尺）の範囲を掘立柱複廊で囲む。複廊の規模は、梁行二間で二・三八㍍（約八尺）、桁行は、コーナー部が約八尺である以外、二・九八㍍（一〇尺）等間である。この掘立柱複廊と同一規格の施設が長岡宮大極殿西方三五〇㍍地点で検出されている。筆者の推定した「西宮」跡である[40]。「西宮」は、『続日本紀』に「西宮より東宮に移る[41]」と記された内裏である。長岡遷都の延暦三年（七八四）から「東宮」に移る延暦八年（七八九）までのおよそ五年間機能したと考えられる。長岡宮の「西宮」がこの複廊で区画された空間であることは、掘立柱複廊という建築様式が内裏特有であることから推察できる[42]。

図2は、後期難波宮内裏南東隅部と長岡宮推定「西宮」北西隅部を対比したものである。柱列と雨落ち溝の配置は極めて類似する。後期難波宮の柱穴は、ほぼ同じ位置で建て替えが行われており、隅部には隅櫓状の総柱建物がある。この隅櫓状の施設は、複廊の中央柱列の内側で収まっていることから、内裏の区画施設が回廊ではなく築地であった時期の施設とみられる[43]。長岡宮の柱穴は、柱がすべて抜取られている。抜取穴の柱痕跡は四〇～六〇㌢である。雨落

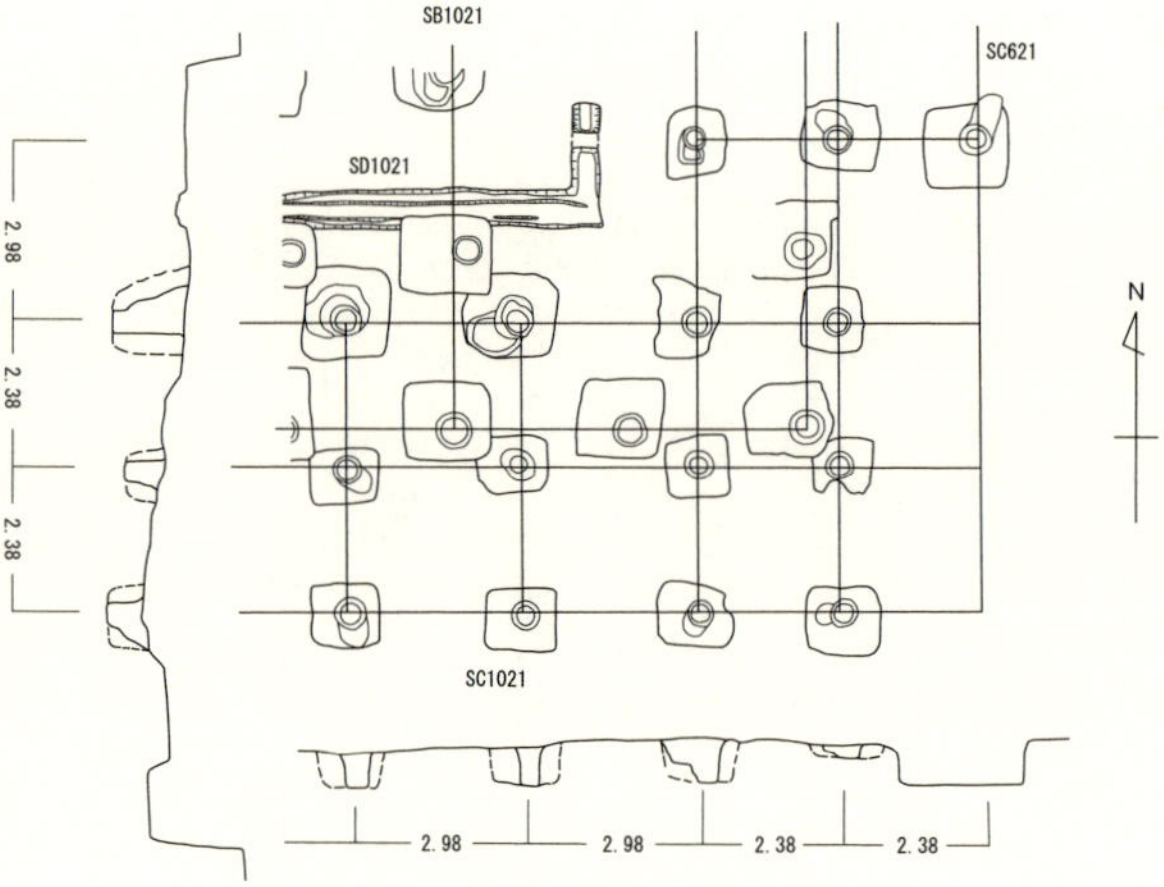

後期難波宮内裏南東隅部・第10次調査

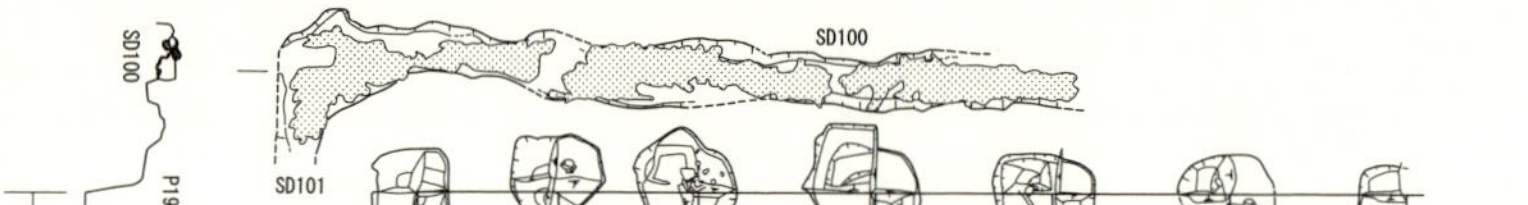

長岡宮推定「西宮」北西隅部・第481・482次

図2　内裏関連複廊遺構の比較（難波宮1961，向日市2011より作成，一部改変）

ち溝は、後期難波宮が素掘り、長岡宮が基壇を伴う石組みになっており、荘厳化を意図したものと評価できる。長岡宮の推定「西宮」複廊跡からは、多量の軒瓦が出土している。総数一二二点中、軒丸瓦五九点、軒平瓦六三点である。宮都別軒瓦数は、難波宮式五六点、平城宮式五八点、長岡宮式三点、不明五点である。(44)難波宮式と平城宮式がほぼ同比率で、少量の長岡宮式を伴う傾向である。大極殿・朝堂院では、総数一九二点中、難波宮式一五八点、平城宮式一四点、長岡宮式一三点、不明七点であり、八二％という圧倒的多数が難波宮式で占められることとやや様相を異にする。宮都別軒瓦組成が造営年代を示すとすれば推定「西宮」の造営は、「難波宮からの資材はある程度残っていて、平城宮からの資材搬入が徐々に増加する段階」という評価がある(45)一方、平城宮式の搬入時期が遷都当初に遡る見解(46)もある。筆者は、長岡宮の中枢部造営の資材確保が再利用瓦を主体に進められたこと、宮城の立地条件から推定「西宮」複廊遺構が遷都当初に造営されたと考えることが最も自然な解釈であろうと推察する。

従って、推定「西宮」の施設は後期難波宮の内裏を移建した可能性を考えることになる。これに対して、山岸常人氏は掘立柱建物の柱の腐食等で再利用するためには柱足下を切り縮めるか、当初より深く柱を埋め込むなどの工夫が必要と考え、移築に慎重な姿勢を示す。(47)筆者は、他に例をみない後期難波宮内裏との規格上の共通性は、移建を証査するものと考えるが、この問題を解決するのは、異常なほど深い柱掘り方であろう。後期難波宮の柱掘り方と比較して倍以上の深さを確保したのは、柱を深く掘り込み安定度を高めた結果と判断したい。

おわりに

後期難波宮と長岡宮の中枢施設を比較し、移建に係わる検討を行った。検討結果は次の諸点となる。

(1)　大極殿院は、後期難波宮の資材を再利用し、後殿を回廊から切り離し大極殿と軒廊でつなぐ。大極殿前庭に広い儀式空間を確保するという実質的新造を行った。その背景には、長岡遷都を契機とした内裏の独立と大極殿院儀式の維持があった。長岡宮大極殿院の空間は、資材を旧都に依存したが、首都長岡京の大極殿として充分に機能する施設として建設された。

(2)　朝堂院は、後期難波宮朝堂を移築し建造されたが、改造と新造が行われた。朝堂院は北面と南面の一部を築地に改造、左右幅を縮めた。東・西第四堂は、後期難波宮の位置を移動し、正都の伝統的配置に合わせた。

(3)　後期難波宮朝堂院南門は、南面回廊のあり方から、門闕構造をもたなかったと考えられる。改めて、長岡宮朝堂院南門の門闕構造は、長岡宮で初めて導入され、平安宮応天門に引き継がれたことを確認した。決して、単なる難波宮からの資材移動によるものではない。

(4)　内裏は、後期難波宮内裏を長岡宮「西宮」に移建、一部改造されたと推定される。改造は、雨落ち溝を素掘りから石組みにし基壇を伴う構造とした。

(5)　長岡京造営と資材移動の問題では、延暦三年（七八四）十一月の遷都以前から遅くとも五年（七八六）七月十九日の太政官院垣完成までの二年弱の間に後期難波宮の資材のみならず平城宮資材の搬入が一部始まり、太政官院築地や朝堂院南門楼閣、推定「西宮」回廊に利用された。

長岡京遷都は、新しい皇統の都を「長岡」と呼ばれた丘に置くことで実現した。これは、長安城大明宮ないし承天門を模倣する象徴的な施設を建設しようとする桓武朝の理念に基づく。さらに交通至便な土地に京域を設定し経済性を高める目的もあった。後期難波宮から長岡宮への移建は、単なる資材の再利用という意義にとどまらない。後期難波宮を解体することで複都制廃止を名実ともに示し、後期難波宮の資材を再利用しながらも正都の体裁・威儀を整えた。後期難波宮解体・長岡移転の目的は、第一に聖武天皇からの離脱、天智天皇系皇統重視の実現[48]、第二に、難波津機能の山背（山崎津）への移動、すなわち瀬戸内―難波津―難波大道―大津道・丹比道―大和という伝統的な水陸の南回りルートから淀川を介した北回りの新交通体系への転換、第三に第一・二の目的達成の結果としての資材の合理的再利用であり、いち早い造営を可能にした要因にもなった。

とりわけ、後期難波宮の移建に伴う中枢施設の解体は、難波津の機能停止を進める政策として行われたのである。本稿は、後期難波宮から長岡京への移建の問題について資材を単に旧都に求めただけとする考えに再考を促すものとなれば幸いである。なお、朝堂院西方で確認された五間門区画の移建の問題など検討できなかった点については、後期難波宮の官衙の問題とあわせて再考を期したい。

註

（1）岸俊男「平城京へ・平城京から」（『日本文化と浄土教論攷』井川博士喜寿記念会出版部、一九七四年）、同「古代宮都の展開」（『ＮＨＫ大学講座　日本の古代宮都』日本放送出版協会、一九八一年）。
（2）直木孝次郎「難波宮の発掘と保存運動」（『直木孝次郎古代を語る一一　難波宮の歴史と保存』吉川弘文館、二〇〇九年）。
（3）福山敏男・中山修一・高橋徹・浪貝毅「埋もれていた遺跡」（『長岡京発掘』日本放送出版協会、一九六八年）、中山修一「長岡京の発見」（同編『よみがえる長岡京』大阪書籍、一九八四年）。
（4）小林清「長岡京と難波京との関連」（『長岡京の新研究』全、比叡書房、一九七五年）。
（5）中尾芳治「難波宮発掘」（『難波宮の研究』吉川弘文館、一九九五年）。
（6）松崎俊郎「長岡宮跡第四四三次（七ＡＮＦＭＫ―二一地区）―朝堂院南面回廊、乙訓郡衙―発掘調査概要」（『向日市埋蔵文化財調査報告書』第七二集、向日市埋蔵文化財センター・向日市教育委員会、二〇〇六年）、松崎俊郎「長岡宮跡第四四四・四四五次（七ＡＮＦＭＫ―二二・二三地区）―朝堂院南面回廊、乙訓郡衙―発掘調査概要」（同）。
（7）國下多美樹編『向日市埋蔵文化財調査報告書　長岡宮推定「西宮」』第九一集（向日市埋蔵文化財センター、二〇一一年）。

(8)『続日本紀』延暦二年三月己丑(十二)条。
(9)『続日本紀』延暦三年五月癸未(十三)条。
(10)前掲註(1)岸俊男「古代宮都の展開」七八頁。
(11)『続日本紀』延暦三年五月甲午(廿四)条。
(12)『続日本紀』延暦三年六月辛丑(二)条。『同』延暦三年十二月丙甲(二十九)条。
(13)『続日本紀』延暦三年六月己酉(十)条。
(14)佐伯有清「長岡・平安遷都事情新考—その建議者たちを中心として—」(『日本歴史』一一、一九五八年)。
(15)『続日本紀』延暦三年十一月戊申(十一)条。
(16)『続日本紀』延暦四年正月丁酉朔条。
(17)太政官院の垣を築いた大秦公忌寸宅守への従五位下叙位記事、『続日本紀』延暦四年八月乙酉(二十三)条。
(18)『続日本紀』延暦五年七月丙午(十九)条。
(19)山中章編『長岡京古瓦集成』(向日市教育委員会、一九八七年)。
(20)山中章「長岡京の造営と瓦」(『長岡京古瓦集成』向日市教育委員会、一九八七年)。
(21)中島信親「長岡京出土軒瓦集成—型式と分布から—」(『向日市埋蔵文化財センター年報都城』一〇、一九九九年)。
(22)清水みき「長岡京造営論—二つの画期をめぐって—」(『ヒストリア』一一〇、一九八六年)、山中章「長岡宮城南面と北辺の造営」(『条里制研究』八、一九九二年、後に『長岡京研究序説』〈塙書房、二〇〇一年〉に再録)。
(23)清水みき「桓武朝における遷都の論理」(門脇禎二編『日本古代国家の展開』上、思文閣出版、一九九七年)。
(24)國下多美樹「長岡宮城と二つの内裏」(『古代文化』五九—三、古代学協会、二〇〇七年、改稿は『長岡京の歴史考古学研究』〈吉川弘文館、二〇一三年〉に収録)。
(25)古閑正浩「長岡京の造瓦組織と造営過程」(『考古学雑誌』九五—二、二〇一一年)。
(26)梅本康広「長岡宮跡第三四三次(七ANEHJ—三地区)—大極殿前庭、乙訓郡衙跡、山畑古墳群—発掘調査報告」(『向日市埋蔵文化財調査報告書　長岡宮「北苑」・宝幢遺構』第六六集、向日市埋蔵文化財センター、二〇〇五年)。
(27)山中章「日本古代宮都における苑池の成立と展開」(『国際公開研究会「東アジア都城比較の試み」発表論文報告集』東ア

ジア比較都城史研究会、二〇一三年）。
（28）後期難波宮大極殿院は、大極殿（一三次）、後殿（三三・三四・四九〇次）、北面回廊（三五次）、西面回廊（一七・三六次）、長岡宮大極殿院は、大極殿（八次）、後殿（七次）、前庭部・宝幢（三四三・四三〇）、北面中門（三次）、北面回廊（三一・一五八・一六五）、南面正門（三八四次）、南面回廊（八八次）、東面回廊（九次）、西面回廊（二五五次）が確認されている。
（29）大極殿院南面回廊の南端は未検出であるので、正確な回廊心は不明である。
（30）『平城宮発掘調査報告XIV　第二次大極殿院の調査』（奈良国立文化財研究所、一九九三年）。
（31）中島信親「長岡宮跡第四九〇次（七ANEDN―一一地区）―大極殿後殿（小安殿）、山畑古墳群、乙訓郡衙跡―発掘調査報告」（『向日市埋蔵文化財調査報告書　長岡京跡ほか』第九六集、向日市教育委員会・向日市埋蔵文化財センター、二〇一三年）。
（32）『難波宮址の研究一〇　後期難波宮大極殿院地域の調査』（大阪市文化財協会、一九九五年）。
（33）前掲註（31）調査報告書、一一三頁。
（34）山中章「長岡京時代」（『長岡京市史』本文編一、三二九頁、長岡京市、一九九六年）。
（35）前掲註（32）沢村仁「後期難波宮大極殿の建物ほか二・三の問題」。
（36）平安宮では、大極殿の前庭の龍尾壇との間に東西四二・四丈、南北一九・二丈の空白地がある（陽明文庫本『八省院図』）。平城宮第一次大極殿院においても「西宮」段階の宝幢遺構が検出された。過去の成果と合わせ、総数七基、二列（柱間二〇尺間隔）に復原できる（『平城宮第一次大極殿院の発掘調査〈平城五二〇次調査〉現地説明会資料』奈良文化財研究所、二〇一四年三月八日）。
（37）後期難波宮では、西第二・三堂（九四―一五次）、西第四堂（九五―一四次・〇三―〇八次）、東第一堂（九八―九次）、東第二堂（九七―一二次）、東第三堂（九六―一九次）、東第四堂（八六―二八次・〇三―〇八次）が確認されている（『難波宮址の研究一三　前期・後期朝堂院の調査』〈大阪市文化財協会、二〇〇五年〉）。長岡宮では、西第一・二堂（一一・一〇九次）、西第三堂（一〇・一〇二次）、西第四堂（一一六・四〇九次）、東第一堂（六・一四次）、東第二堂（二二四次）、東第三堂（一三次）。

(38) 山中章氏は、「長岡宮前期の施設群は基本的に難波宮の施設をそのまま踏襲して建設され」、「後期難波宮に既に門闕は備わっていたし、長岡宮初期の内裏は大極殿の北に置かれたものと考えている」として、朝堂院南面の諸施設を後期難波宮からの単なる移建の結果に過ぎないこと、推定「西宮」の遺構を「平城宮苑池遺構と比較した時、西池宮に近い点は注意を要する」として、まったく別の施設の可能性を考えている。後論を期待したい（山中章「日本古代宮都における苑池の成立と展開」〈『国際公開研究会「東アジア都城比較の試み」発表論文報告集』東アジア比較都城史研究会、二〇一三年〉）。

(39) 後期難波宮の内裏遺構は、前殿（一六・一七次）、後殿（一八・三一次）、これを囲む複廊と一本柱塀（八・一〇・一一・一七・二一次）、全体を囲む複廊（六～八・一〇～一二次）である。

(40) 前掲註(24)國下多美樹「長岡宮城と二つの内裏」。

(41) 『続日本紀』延暦八年二月庚子（二十八）条。

(42) 國下多美樹「長岡宮朝堂院西方官衙の性格―複廊遺構の評価をめぐって―」（『向日市埋蔵文化財調査報告書　第九一集　長岡宮推定「西宮」』向日市埋蔵文化財センター、二〇一一年）。

(43) 植木久「後期難波宮―聖武天皇が造営した「副都」―」（『日本の遺跡三七　難波宮跡』同成社、二〇〇九年）。

(44) 中島信親「長岡宮朝堂院西方官衙地区の軒瓦構成」（前掲註(42)文献）。

(45) 前掲註(44)中島信親論文。

(46) 前掲註(25)古閑正浩論文。

(47) 山岸常人「長岡宮「西宮」回廊の復原考察」（前掲註(42)文献）。

(48) 吉川真司『天皇の歴史02　聖武天皇と仏都平城京』（講談社、二〇一一年）。

古代都市難波の「神まつり」環境

榎村寛之

古代難波の祭祀については、これまで多くの研究が見られ、私も先に論じたことがあり[1]、通常の議論をしても屋上屋を重ねるに留まると思われる。

まず、前稿で行った指摘を確認しておく。

○　難波には極めて神社が少ない。難波地域は摂津国東生郡、西成郡で構成されているが、東生郡の神は四座（難波坐生国咲国魂社二座〈名神大社、月次・相嘗・新嘗祭の班幣を受ける〉、比売許曽神社〈名神大社、月次・相嘗・新嘗祭の班幣を受ける〉、阿遅速雄神社）、西成郡は一座（坐摩神社〈名神大社、月次・新嘗祭の班幣を受ける〉）にすぎず、さらに阿遅速雄神社は京外だった可能性もある。これは平城京や平安京とも共通する古代都城地域の特色ではあるが[2]、注目すべきは、難波京の内部ではなく、そのヒンターランドである東生、西成郡自体の神社数が少ないことである。五世紀以来の歴史があるのに、難波地域は、歴史的な神社が、住吉郡を除いてほとんど見られない。

一方、わずかに見られる神社には比売許曽神社のような渡来系の神格も見られ、祭祀施設を「社」として論じることが可能かどうか、という根本的な疑念がある。

○　それに対して住吉郡は難波とは全く異なり、地域的な神格が二十二坐も見られる地域で、その頂点に住吉社がい

る。(3)

○　難波で行われた代表的な臨時祭祀である八十島祭は、大嘗祭の翌年、またはその年に行われていた祭祀で、祓や陰陽道的な要素など、色々な性格が複合していたと見られるが、その本質は天皇の衣装を使ってタマフリを行う祭祀だったと考えられる。『延喜式』段階では、中宮・東宮八十島祭の三種類が行われていたが、中宮制度は八・九世紀に正常に機能していた時期はごく限られており、中宮八十島祭は光仁天皇皇后の井上内親王の時に創始された可能性が高い。ならば八十島祭自体の成立は当然それ以前になる。またこの祭は住吉社との関係が指摘されることが多いが、本来難波江の陸化を意識した祭祀であり、住吉とは直結しない。むしろ「難波大社」と言われた生国魂社と関わる祭祀であり、それは生国魂社が難波の国魂社で、宮廷祭祀の一環として保持されていた神社であることと深く関係する。とすればその成立の上限は、難波で堀江が開削され、難波宮下層大倉庫群に伴うであろう都市的インフラが最初に整備された五世紀中頃となろう。(4)

○　奈良時代の難波では、百済王氏が難波京域の一部も占める形で異文化圏を形成しており、難波堀江は彼らが王権に対して服属的な儀礼を行い、王権の権威を高める劇場施設的な性格を持っていた。

○　難波堀江のイベントスペース的な性格が最終的に遺されたのが八十島祭ではないか。

以上のように、前稿では八十島祭に重きを置いて、難波の祭祀を論じたが、今回は難波という地域の特殊性とその場のイメージを主体に論じてみたいと思う。しかし史料は極めて限られているので、前稿と重複した議論になる場合もあろうかと思う。先にご寛恕を乞うておく次第である。

一　難波における斎王の禊

前稿でも触れたように、難波で行われた祭祀で極めて独自性の高い八十島祭は、確実に八世紀には遡る。さらに難波の国魂社、すなわち国土生成神であった生国魂社と関係があるとすれば、少なくとも七世紀には遡る祭祀である。王権による難波の重視が堀江開削による五世紀中期に遡るのであるとすれば[5]、その歴史は連動して更に古くなろう。難波と呼ばれる地域の特殊性が形成されたのがこの時期であるとすれば、それに連動した何らかの王権に関わる祭祀が行われていた可能性は否定できないだろう。

一方、同じく難波堀江に関わる祭祀で、九世紀にその記録が始まるものとして挙げられるのは、伊勢斎王が帰京時に行う禊である[6]。この禊は『江家次第』の、斎王凶事帰京の次第に詳細に記録されているため、凶事、つまり天皇崩御等による帰京時にのみ行われると思われがちだが、譲位によって交替した平城天皇朝の斎王、大原内親王の帰京に関する資料の中で、摂津国にも賦課が課せられている所から、譲位時にも行われていたことが確認できる。その内容は次のようになっている。

七日

饗饌　給二国司禄一

解覧

斎王は六日目に山城国木津から船に乗り、河内国茨田真手御宿所に入る。茨田は門真市や大阪市東北部に至る淀川右岸広範囲に渡る地名だが、江口の上方とあるので、今の淀川と神崎川の分岐点あたりの淀川右岸となろう。

向㆓禊所㆒旧例三日有㆓三所禊㆒、近代同日行㆑之。
三津浜下方禊擬㆓住吉㆒。
三津浜禊
安雲口禊
卜部毎度給禄各御衣。
更帰大江御厨儲所
給国司禄
三津寺諷誦綿五十屯、導師十屯、
供給国司設㆑之、斎王不㆑下、

この記述を見る限り、禊は三津浜や安曇口、大江の周辺で行われていたようである。三津浜の場所については諸説あるが、難波津あたりと考えれば、今の天満橋周辺となり、安曇江はその対岸あたり[7]、また大江が今の大江橋周辺とするならば、この禊は淀川河口部や海岸線周辺で行われていたことになる。大江御厨での儀礼の際に、「斎王不下」と記されていることを考慮すれば、斎王は舟の上で禊をしていたと理解することもできる。

この儀礼がどの段階で始まったのかについては今の所確証はないが、舟で河口部のラグーン的な所を巡る、というのは、『出雲国風土記』仁多郡三沢郷条に見られる「アジスキタカヒコネ」が八十島を巡って正常な肉体を得たという伝承を想起させる。禊の後で斎王に対して三津寺の僧が諷誦を行うというのも、平安時代的な考え方ながら、仏教から離れざるを得なかった斎王のいわば欠損恢復の意味がある儀礼と見られる。つまりはこの禊は、斎王から普通の内親王に生まれ変わる儀礼として行われた可能性が高く、それは、難波が再生の地として意識されていたことを示唆するものだろう(8)。

そしてこの儀礼が難波という地勢と関連があると考えるのであれば、難波を副都と位置づけた天武朝の大来皇女や、難波を再整備し、後期難波宮を造営した聖武朝の井上内親王の時に行われていた可能性も否定できない(9)。

二　難波の祭祀的環境

さて、本稿では、このような言わば臨時的な祭祀とは別に、これらの祭祀を行う場としての難波の環境を考えてみようと思う。

『万葉集』六二六番には

君により言の繁きを古郷の明日香の川に禊身しにゆく　八代女王

という歌があり、この歌には

君により言の繁きを龍田越え三津の浜辺に禊身しにゆく

という別歌があるとしている。大和から難波はかなりの距離があるが、重要な場合には龍田を越えて禊をしに行く場としての難波というイメージは明らかに存在していた。大和に住む者にとって難波の禊は決して荒唐無稽なイメージではなかったようだ。その意味で、奈良時代以来、大和の人々にとって難波が特別な禊の場だった可能性は決して低くない。難波には、その都市的環境に住む人々にとっての、いわば内在的な祭祀の場と、難波というイメージを外部から見た祭祀の場の二つのイメージを考慮しておく必要がある。

そして祭祀の実態を考えるためには、考古学的な資料の検討も避けて通れない。最初によく知られている成果をま

とめてみよう。(10)

難波に関わる祭祀遺物としては、まず難波宮北辺で発見された絵馬二八枚が挙げられよう。小渓谷的な地勢という木製遺物の残りやすさがあり、宮域北方部の特色的な遺物とは言いにくいが、二八枚の出土は極めて多く、日常的な祭祀に関わる遺物として注目すべきものである。

次に東では、森ノ宮遺跡や長原遺跡で、人面墨書土器が出土しており、河内湖（若江）やそこに流れ込む流路を意識した祓と見られる儀礼が行われていたことが指摘できる。

西側では、上町台地の麓にあたる住友銅吹所跡下層で舟形木製品が出土しており、海浜近くの祭祀遺物として注目できる。後述する上町台地海浜部の都市的景観の可能性とともに注目すべき資料である。前期難波宮の造営にかかり谷を埋め立てたと見られる国立大阪医療センター内で見つかった遺講でも、斎串や人形などの呪術に関わる木製品が発見されている。

そして南側では、桑津遺跡で七世紀前半と見られる中国的民間信仰の呪符を記した土器が出土していることが注目できる。

これらの遺物は総じて平城京等と共通するものであり、特に難波らしい、というわけではないが、さまざまな呪術が難波地域の四方で行われていることは重視すべきである。平城京内には、寺院が計画的に配されているのに対し、神社はほぼ見ることが出来ない。それは京戸の定住性が未熟で、土着した共同体がほとんど成立しておらず、神社を維持するシステムがなかったことによる可能性が高い。そして人面墨書土器や土馬、絵馬などの「祭祀遺物」は、その欠落を埋め合わせるために発達した、様々な呪術に関わるツールであり、いわば最新の流行のようにはやり廃りを繰り返していたことがうかがえる。その意味では、難波宮南方に四天王寺があり、その北側では「百済尼寺」の墨書土器が発見されていることも見逃せない。京の形については諸説あれど、平城京と同様の精神的景観を難波京でもうかがうことができるのである。そこには単純な神祇・祭祀という概念だけでは収まらない、多様なまつりの形態が存在していたのであろう。

前稿でも指摘したように、難波における数少ない神社であった比売許曽神社は、天日槍の妻とされる渡来系の神格であった。松前健氏が指摘したように[11]、天日槍伝説が六世紀頃だとすれば、その頃に成立した神格は神社として把握されていたことになる。吉田晶氏は難波では六世紀頃に氏族交替が生じ、屯倉や海運に関わる先進的な技術を持った氏族が新規に配置されたと指摘しているが[12]、ならば比売許曽社を奉斎していたのはこうした氏族であった可能性がある。松前氏の指摘するように、比売許曽神は太陽神と考えられ、住吉郡の赤留比売神社も同様であるとすれば、上町台地周辺には渡来系氏族も持ち込んだ太陽神に関わる信仰が広範に分布しており、その中で有力なものが神社として掌握されたものと考えられる。つまり難波における神社には、渡来系神格が土着化したものが見られるのである。

しかし一方、難波における最新の渡来系氏族であり、百済亡命王族としての特殊性を義務づけられていたといえる百済王氏[13]に関わる祭祀については不明な点が多い。

現在、枚方市の百済寺跡に隣接して百済王神社があることから見て、難波でも、例えば「百済尼寺」と記された墨書土器の出土した細工谷遺跡の周辺に、百済王氏に関わる何らかの祭祀遺跡があったことは十分に考えられる。しかし、留意すべきはその祭祀施設が、摂津国東生、西成郡でも、河内国交野郡でも『延喜神祇式』に採り上げられていないことである。つまり百済王氏の難波から河内への移動に先行する祭祀施設が難波にあったとしても、それは神社とはされていなかった可能性が高い。八世紀の難波には未だ神社化していない祭祀施設があったことがうかがえる。そして重要なのは、百済は高句麗の分かれであるから、百済王氏は、太陽に感応して生まれた朱蒙（東明聖王）信仰を保持していた最後の氏族になるだろうということである。(14) 百済王氏の祭祀は、日本の神ではない太陽信仰であり、それは比売許曽神をはじめとした難波地域の渡来系氏族の太陽信仰の頂点に立つものではなったかと考えられる。

このように、八世紀の難波では、様々な祭祀の「かたち」が見られたことがうかがえるのである。

三　『日本霊異記』に見る難波のイメージ

古代難波の祭祀的風土を知る上で参考になるのは、この地域が古代社会の中でどのように理解されていたか、ということである。幸い『日本霊異記』にはいくつかの難波に関わる説話を見ることが出来る。『霊異記』は説法の元本として使われたものと考えられ、そこに引かれる地名も、その地域の一定のイメージと不可分なものがあったと考えられる。説話の世界の中では、難波とはどのような地域であったのか。

(1)「亀の命を購ひ生を放ちて現報を得亀に助けられる縁」(上巻一―七)

百済僧弘済は、百済滅亡により、備後国三谷郡の大領の祖の招きで渡来し、造寺に勤しんでいたが、ある時尊像を造るために京で財を売り、金と丹を得て難波津に戻ると、海辺の人が大亀四口を売っていたので買って放してやった。ところが帰路の船中で、荷物に目がくらんだ舟人によって海に入るように強制され、入水した所、亀に助けられた。

ここで注目すべきは話の内容より、海亀が難波津で売られていたことである。(15) 難波市と書かれず難波津としていたことは、当時の難波の交易圏が海浜地域に広がっており、そこでは不思議なものが売られていてもおかしくない、という認識があったことがうかがえる。また、そうしたものの供給源として、大阪湾や瀬戸内海が認識されていたことも見逃せない。『日本書紀』推古天皇二十七年（六一九）二月二十二日条に、難波堀江で「其形如レ人、非レ魚非レ人、不レ知レ所レ名」という謎の生き物が捕らえられたことが記されている。この記事の前には近江国蒲生河で「物有。其形如レ人」というこれも謎の生き物が捕らえられた記事がある。蒲生野と難波では距離が遠いが、いずれも五世紀の渡来人によって開発が進められた地域であり、いわばヤマト勢力の支配が直接に及ぶ範囲の東の端と西の端に当たる。敏達天皇三年朔日条に見られる物部守屋の排仏記事においても、仏が流されたのが難波堀江だとされるのは、こうした難波の境界性に由来する可能性が高いだろう。

(2) 知識を引き四恩の為に仏の像を作絵きて験有りて奇しき標識示す縁（上—三五）

河内国若江村遊宜村に沙弥尼がいた。この尼は平群寺で知識を集め、六道を表す仏画を作り、広く因縁を説いていたが、その絵を盗まれてしまった。その後放生のために難波に行き、市肆をあちこちとまわっていた所、ある箱の中から生き物の声がするので、買おうとすると、売り主は生き物ではないという。市人の立ち会いで開かせようとすると、売り主は逃げてしまい、中から盗まれた仏画が出てきた。市人も集まって称賛し、再びもとの寺で多くの道俗に敬われたという。

この話で興味深いのは、難波市で起こったトラブルが市人の裁定により解決されようとしたことである。この市は、多くの市人によって構成され、一定のルールによって運用されていた。つまり、史上に現れる「難波市」を想起させるものである。そしてこの市では、前のエピソードと同じく、放生できるようなものが売られていた、新鮮な食材を商う市だったことがわかる。その点では京の東西市とは大きく異なる。かつて吉田晶氏は、難波市に東西市がないことや、その土着性から、京の経済を補塡するために置かれた東西市とは異なり、自然発生的な市を都市的な市に再編したものと考えたが[16]、まさにそうした難波市の性格をうかがわせる。そしてこの市は一方でブラックマーケット的な性格も持っており、そういう所なのでこの奇瑞が起こった、という認識がうかがえるのである。海に開けた難波市では、いろいろな地域から物資が集まり、都の市とは異なる妖しげな雰囲気も漂っていたと考えられるのである。

(3)　漢神の祟りにより牛を殺して祭りまた生を放つ善を修ひて現に善と悪との報ひを得る縁（中―五）

摂津国東生郡撫凹村に富める家長がいた。聖武天皇の時代に、漢神の祟によってこれを祭り、七年間一年一頭の牛を殺していた所重い病にかかり、また七年間殺生を悔いて放生を行った。そして死後九日目に蘇る。地獄では、彼が殺した牛と助けた千万のものたちが彼の罪を巡って閻羅王に訴え、ついに八日を経て、殺牛は祟った鬼神の咎とされ彼は蘇ることを許されたという。家長は以後、漢神は祭らず、仏道に励んだという。

『日本霊異記』の中でもかなり有名な、殺牛祭神に関する説話である。『類聚三代格』には

　太政官符

　　応禁制殺牛用祭漢神事

右被二右大臣宣一称。奉レ勅。如聞。諸国百姓殺レ牛用祭。宜下厳加二禁制一莫レ令レ為レ然。若有二違犯一科二故殺馬牛罪一。

　　　延暦十年九月十六日

という記事があり、『続日本紀』延暦十九年（七九一）同日条では、「断。伊勢、尾張、近江、美濃、若狭、越前、紀伊等国百姓。殺牛用祭漢神」と、その適用範囲が記される。五畿内が入っていないのは、その頃までに殺牛祭神の禁制がある程度進んでいたからと考えられよう。牛馬を屠って神を祭ること自体は朝鮮・中国ではいつの時代でも珍しくなく、門田誠一氏は新羅では一般的な祭祀であったと指摘する。(17) この話は聖武朝の頃とされるので、ほとんど八世紀を通じての数十年の間にこうした犠牲獣祭祀が民間への仏法の浸透によって駆逐されていく様を示していると考え

られる。この物語は、渡来系の神祭が強い力を持っていた難波地域の中で、やはり渡来系祭祀の一つであった仏教がリーダーシップを取っていく一過程を示したものであると考えられよう。(18)

(4) 蟹と蛙との命を贖ひ生を放ちて現報を得る縁（中―八）

置染臣鯛女は行基に仕えていたが、ある日蛇に飲まれようとしていた蛙を助けるため、蛇の妻になる約束をする。蛇に襲われ辛うじて逃れた後、行基に相談すると、三帰五戒を授けられ、帰り道に、難波で大蟹を買って来たという老人、摂津国兎原郡の人、尽問遐邇麻呂《つくものかにまろ》（九十九歳まで生きた蟹の変化であろう）に出会う。大蟹を助けて行基に呪願してもらって放生すると、再びやってきた蛇は蟹によって寸断されていた。

これは難波が出てくる話ではないが、やはり難波で放生の対象になるようなものが売られていたこと、その中には不思議な力を見せるものが混じっていること、などの認識を示す資料である。難波が行基の活動地であったことを考え合わせれば、行基は難波に住むそうした不思議なものたちと何らかの関係があった、ということをにおわせている。

(5) 行基大徳子を携ける女人を過去の怨と視て淵に投てしめ異しき表を示す縁（中―三〇）

行基が難波江を開かせて船津を造り、道俗貴賤を相手に説教していた所、河内国若江郡派里の女が、十余歳にして歩けず、物の食えない、ただ泣いて乳を飲む子供を連れて来ていた。行基はその女に淵に捨てさせた所、子供は「残念だ、後三年の間食ってやろうと思っていたのに」と言った。行基は「先の世の物を借りて返さなかったので、相手が子の形となって取り立てていたのだ」と説いた。

話の内容も衝撃的ではあるが、ここで注目すべきは難波に道俗貴賤が集まる状況があったことである。難波江を開いたのは高度な土木技術を有していた行基集団であろうし、俗人はその江を利用して商業・交通を行っていたのであろう。自然環境を利用する港から一歩進んで、渡来系技術を生かし、「堀江」を基礎として港が造られた難波においては、先進的技術を投入した港湾開発が引き続き行われており、そこで働く単純労働者や、その人々を対象に商売をするような人々も集まる、まさに様々な人々が行き交う都市的状況が展開していた。それと深く関わり加速的に活動を深化させていたのが行基集団だったわけである。彼らの情報はまさに「都市伝説」的なものとして、各地に発信されていくことになる。そうした不思議な出来事が起こる所、と難波は認識されていたのである。

このように、(1)〜(5)で見た難波は、東西市に比べ、生き物が売られることが多く、放生儀礼の場となる所で、その中には不思議な生き物が混じることもある、というイメージの場所であった。それは難波が境界に属する領域と見なされていたからであり、ブラックマーケットが立つような妖しげなイメージも持たれていたからであろう。そして難波では渡来系を中心に、様々な信仰が展開しており、奈良時代中期から後期にかけて、都市的開発と一体化して活動した行基関係の集団が次第に優勢になり、様々な伝説も生み出されていた。

難波という都市が同時代の社会に持たれていた印象は、このようにまとめることができよう。それは、在来の神社が少なく、一方、平城京とも共通する先進的な呪術が行われていた難波京周辺の状況、そして百済寺に代表される渡来系文化が重層的に定着していた難波の都市事情、さらに本来、畿内の西の境界という性格を持ち、様々な意味で異文化に接し外部に開かれた地域と認識されていた難波という環境を基礎にして成立してきたと言えるだろう。そういう地域なので常に雑信仰が入りやすく、難波では平城京以上に多様な祭祀形態を見ることが出来たと考えられる。それが難波の祭祀的イメージと見ることができる。その状況下で、摂津職の「祠社」の意義とはどのようなものであったのか、これら神社以外の祭祀に関する統制も見られるのか、という疑問が生じる。すなわち「祠社」とは、多様な価値観が存在する大阪湾地域の統制、という独自の意義を持つ職掌だったと考えられるのである。

四　難波と住吉

さて、難波の祭祀を考える上で外すことができないのは住吉社の問題である。本来外交に関わる港湾機能を持っていた住吉から難波へその機能が移されたのは、五世紀頃と推定されている。八世紀の史書を見ても住吉社についての記述はほとんどなく、住吉が国家的な港湾としての機能はほとんど果たしていなかった実態がうかがえる。遅くとも九世紀後半には成立した『住吉大社神代紀』（以下『神代紀』）にも、住吉社と八世紀の難波津との関わりが全く記されていない。しかし反面で、住吉に関しては、遣唐使派遣に関わる祝詞や、新羅使が渡来した時の賜酒など[19]、外交に関わる象徴的な儀礼に関わる性格があり、住吉神が遣唐使船の中でも祭られていることや、前述『神代紀』が、新羅や唐にも住吉社が祭られていると主張しているなど、象徴的な対外交渉神としての性格が強調されていたことがうかがえる。

さて、住吉社の維持体制については意外にわからないことが多い。平安時代後期には津守氏による祭祀の実施が確認されるが、特定氏族に委託させての祭祀は神祇令では統制できず、加地宏江氏[20]や大村拓生氏[21]は、十一世紀の津守国基以前の系譜が曖昧で、歴代神主の血縁関係さえ疑われることを指摘している。

一方、住吉について考える上で興味深いのは、大村氏も指摘しているように、九世紀から臨時奉幣の対象となり、十世紀初めには山城・大和以外の神社として伊勢とともに奉幣対象の十六社に入る、という特別な立場を獲得していたことである。それに関係して興味深いのは、いわゆる二十二社に、生田社・長田社など、住吉社と同様に新羅征討に関わる神社が入っていることである。以前指摘したことがあるが[22]、新羅海賊の横行と石清水八幡の崇敬の確立には深い関係がある。新羅調伏の「神」として神功皇后が再注目され、八幡三神の母神との習合が進められたというわけである。当時の政治的情勢から見て、藤原順子を母神、文徳を八幡神、明子を妃神と見立てるという考え方とともに、八幡信仰の勃興は、極めて九世紀後半らしい社会現象であった。そうした風潮の中で、新羅征討伝承と深く関わる住吉社が再び注目され、関連して、生田・長田社なども脚光を浴びるに至ったと見られるのである。

摂津職の「祠社」を考える上で考慮しておかなければならないのは、これら住吉、生田、長田など、神功皇后伝承に関わる神社が、大阪湾から瀬戸内海北岸に点々と存在していることである。もともと摂津国では、武庫川以下の河口部に港が形成され、それらを繋ぐ形で古代海上交通ルートが成立していたと見られる。生田・長田社もそうした経緯で成立した神社と見られる。つまり摂津の祠社の最も重要な目的は、河口部のラグーンに成立した、海上交通に深く関わる神社を統制することであり、それは「津」の支配、すなわち「摂津」の最も重要な職掌だったと見ることができるのである。(23)

さらに瀬戸内海西方を見れば、周防に住吉社があり、博多にも住吉社があることは著名な所である。しかしながら例えば周防の住吉社が住吉造の神殿を持っていないように、これらの神社が少なくとも八世紀以降、相互に関係していたことを示す確実な証拠はほとんどないように思われる。一方、大阪湾北岸に点在する本来相互に関係がなく、しかしいずれも海上交通に関わる神社群は、一種のネットワークを作っていたと考えられる。そうした神社ネットワークともいうべきものを統制するのが摂津職に課せられた「祠社」の内容ではなかったか。

すでに大村氏が指摘しているように、平安時代に摂津国となった摂津職と住吉大社には厳しい対立関係があった。私は以前、伊勢神宮における祭祀氏族と斎宮寮との神郡雑務の支配を巡る対抗関係について論じたことがあるが、(24)摂津において住吉と摂津国にも同様な関係が生じていたということになる。九世紀、摂津国府には移転問題が持ち上がり、最終的には承和十一年（八四四）に難波津付近にあった鴻臚館に遷されることになる。(25)それまで難波宮跡にあったと見られる摂津国府の移転は、難波の港湾統制としての機能を重視したものであると考えられるが、それは一方で総合的な行政機能の低下を招くとともに、祭祀統制面にも様々な影響が生じたのではないかと思われる。例えば、前論でも触れたように生国魂社はもともと難波の国魂社と考えられ、難波宮と不可分一体になって「難波大社」に成長した神格と見られるが、摂津国府の性格変化により衰退し、最終的には『神代紀』に見られるように住吉社の傘下に入り、八十島祭との関係もうかがえなくなってしまったものと考えられる。

『源氏物語』「澪標」巻には、には、明石入道父子が船で住吉神社に参詣し、同じく陸路から参詣してきた光源氏の一行と遭遇するくだりがある。明石入道は毎年住吉に参詣する、とされているが、考えてみれば元播磨国守なのである。一方『土佐日記』にも住吉神の祟（示現）と理解された停船を解除するために、海に鏡を奉納するくだりがある。いずれも摂津国とは直接関係しないのに、住吉社との関わりが示されている。つまり十世紀以降、住吉社は、瀬戸内海のかなり広い範囲で信仰を集める神社になっており、それは摂津国という枠内に収まるものではなかったと考えられる。それは海上交通を介して、住吉社の祭祀勢力が、国府の規制を超えた活動を展開した結果なのであり、ちょうど伊勢神宮において、荒木田氏や度会氏などの禰宜氏族が、在地勢力として力を得て、古代的な氏の体制から脱却していくように、津守氏もまた、こうした活動の中からその地位を確立していったのではないかと考えられる。

九世紀、伊勢神宮勢力は平将門の乱の鎮圧に関わる祈禱の功績として、それまでの度会・多気郡に加えて、飯野郡を神郡として寄進される。(26)これが大きな契機となり、神宮は伊勢国内に神郡を拡大し、神八郡と呼ばれる支配圏を築くことになる。同時代の住吉社は、神郡こそ持たないものの、摂津国という枠を超えた信仰圏を獲得し、朝廷からの祈願や熊野詣にも関わりながら、その勢力を拡大し、十一世紀の津守国基は白河上皇との関係を強めている。その動きには共通した要素が見られるようである。

この時期の神社と国府の関係は、式内社体制から一宮制や総社制など、中世的な統制形態への転換が指摘されている所であるが、国府と有力神社の対立関係など、なお議論が進んでいない点も少なくないのである。

おわりに

八世紀から『延喜式』的世界にかけて、難波津周辺には、典型的な神社はついに成立しなかった。一方で都城的な祭祀が見られ、他方で神社がない、というのは、平城京や平安京にも似た、古代日本における都市的空間の特色、とも考えられるが、難波の場合それに加えての特質が指摘できる。一つは生国魂社に見られる地域的祭祀＝国魂祭祀の痕跡である。この祭祀は本来の祭祀氏族が難波を離れたことや、王権に直属した施設が難波に置かれるようになったことで、本来の形を失い、地域では生国魂社、坐摩神社となり、宮廷では生島巫・座摩巫の祭祀に吸収されていったものと見られる。二つには渡来系祭祀である。難波屯倉の経営に関わりこの地の定着した渡来系氏族が奉斎した比売許曽神社や、百済王氏が祭ったであろう、神社にならなかった祭祀施設など、神祭りの枠さえ超えるような信仰形態が八世紀の難波には見られた。そして三つには、難波の持つ境界的性格である。国家的港津である難波は『日本霊異記』的イメージでは、様々なフシギなコトが起こりうる空間であり、行基集団の活動や殺牛祭神など、いろいろな新しいムーブメントが発生しうる場所とも認識されていたようだ。

しかしこうした難波の先進的イメージは難波京の長岡移遷とともに大きく衰退せざるをえなかったようだ。その一方で、八世紀以来遣唐使に関わりつつも、在地勢力な性格を持ち続けていた住吉社は、九世紀以降瀬戸内地域に信仰圏を広げていく。その背景には神功皇后や八幡神の信仰と結びついた、九世紀的信仰への転換があったものと見られる。こうした大阪湾沿岸の有力社の統制は、港の祭祀とも相まって摂津国府に課せられた重要な任務だったと考えられるが、摂津国府は住吉社との対立に次第に押されるようになる。それは伊勢神宮と伊勢国府や斎宮の関係ともよく似た、平安時代的な神社体制の成立を意味する変化でもあったと考えられる。

難波は平安時代においても、四天王寺参詣や熊野詣における重要港津地域ではあったが、それは難波だけではなく、住吉と一体となった地域的特色であり、『土佐日記』や『源氏物語』が難波や住吉に触れた頃には、古代都市難波としての特色はすでに失われていたものと考えられるのである。

註

（1）榎村寛之「古代都市難波の祭祀」（栄原永遠男・仁木宏編『難波宮から大坂へ』所収、和泉書院、二〇〇六年）。

（2）榎村寛之「都城と神社の関係について」（『律令天皇制祭祀の研究』所収、塙書房、一九九六年）、同『古代の都と神々—怪異を吸い取る神社—』（吉川弘文館、二〇〇六年）など。

（3）直木孝次郎「難波・住吉と渡来人—津の発展と管理をめぐって—」（『難波宮と難波津の研究』所収、吉川弘文館、一九九四年）、吉田晶「地域史からみた古代難波」（難波宮址を守る会編『難波宮と日本古代国家』所収、塙書房、一九七七年）、同『古代の難波』（教育社、一九八二年）。

（4）八十島祭の研究史については前稿の他、本書直木孝次郎氏の論文参照。なお、前稿段階で見落としていたものとして、前田晴人氏に「難波津と海の王権祭儀」（『古代王権と難波・河内の豪族』所収、清文堂出版、二〇〇〇年）がある。八十島祭について、難波八十島での天皇の国見の伝統を踏まえ、九世紀に始まった魂振りと修禊の祭祀と指摘している。また、工藤浩氏に「神功皇后伝説と八十島祭」（『氏族伝承と律令祭儀の研究』所収、新典社、二〇〇七年、初出二〇〇〇年）があり、九世紀の日本紀講の中で、住吉神を祟り神と見なす風潮が定着し、その饗応の祭祀として始められたと指摘している。

（5）直木孝次郎「難波津と難波の堀江」（『難波宮と難波津の研究』所収、吉川弘文館、一九九四年）。

(6) 榎村寛之「斎王の禊について」(『律令天皇制祭祀の研究』所収、塙書房、一九九六年)。
(7) 大谷治孝「摂津国家地売買公験案の基礎的考察」(『ヒストリア』八二、一九七九年)。
(8) 榎村前掲註(6)論文。
(9) 七・八世紀の斎宮は、大来・井上などその時の天皇の皇女が斎王になった時点で大きく整備される傾向がある。井上内親王の際には、斎宮寮の整備、斎宮財政の確立などが行われており、斎宮制度については大きな画期になっていた。また、斎宮跡でも、それまでの地形に規制された方位ではなく、この頃に初めて南北軸の正方位を意識した塀跡などが確認されており、斎宮の施設についても大きな変化があったことがうかがえる。
(10) 考古学関係の情報については、大阪文化財研究所、大阪府文化財センター等の資料およびホームページを参照した。
(11) 松前健「記・紀におけるヒメコソ縁起の成立」(『松前健著作集』三、おうふう、一九九七年)。
(12) 吉田前掲註(3)文献。
(13) 筧敏生「百済王姓の成立と日本古代帝国」(『古代王権と律令国家』所収、校倉書房、二〇〇二年)。
(14) 松前前掲註(11)論文。
(15) 現在大阪湾では定期的なウミガメの産卵は確認されていないが、アカウミガメの分布・産卵域は紀伊水道から大阪湾内にまで入っており、インターネットで検索した所、近年でも泉南地域や淡路島での産卵事例が報告されているようである。なお島田尚幸「動物学から見た「亀」卜考」(東アジア恠異学会編『亀卜』所収、臨川書店、二〇〇六年)。
(16) 吉田前掲註(3)文献。
(17) 門田誠一「東アジアにおける殺牛祭祀の系譜—新羅と日本古代の事例の位置づけ—」(『仏教大学歴史学部論集』創刊号、二〇一一年)。東アジアの殺牛祭祀資料を博捜した好論であるが、なぜかこの説話は論じていない。
(18) なお、祈年祭祝詞にも白馬、白猪、白鶏を御年神に捧げるというくだりがあり、犠牲獣祭祀の可能性がある。
(19) 『延喜玄蕃寮式』大唐支社迎船条によると、新羅使が到着した時には摂津敏売崎と難波館で神酒を給する儀礼が行われており、うち難波館で使われる酒になる米は大和・河内・和泉・摂津の八神社が出し、摂津国住吉郡の住道社で醸される。中野高行氏は「難波館における給酒八社について」(『延喜式研究』六、一九九二年)で、五世紀頃には住吉津に上陸していた新羅使が、難波津と難波館の成立により、六世紀に難波に入港するようになり、住吉津から大和に向かう路次で行われていた給酒儀礼が難波館で一括して行われるようになった、とする。おおむね首肯できる見解である。

(20) 加地宏江「王朝文化と津守氏」(加地他編『関西の文化と歴史』所収、松籟社、一九八七年)。

(21) 大村拓生「平安時代の摂津国衙・住吉社・渡辺党」(栄原永遠男・仁木宏編『難波宮から大坂へ』所収、和泉書院、二〇〇六年)。

(22) 榎村前掲註(2)文献。

(23) 例えば上淀廃寺がある鳥取県西伯郡淀江町には津守神社がある。山陰地方における重点的な港津だったと見られる淀江に津守が置かれていた可能性をうかがわせる物証である。津守は本来、住吉の津守で、大化前代的な職掌に由来する姓だった可能性がある。

(24) 榎村寛之『伊勢神宮と古代王権』(筑摩書房、二〇〇四年)。

(25)『日本後紀』延暦二十四年十一月乙酉条。

(26) 飯野郡の寄進は『日本後紀』寛平元年三月甲辰条。なおこの時は一代限りとされたが、その後継続して神郡とされている。

難波と仏教

――蘇我氏・ミヤケ・百済系渡来集団――

古市　晃

はじめに

難波と仏教をめぐっては、孝徳朝難波宮における仏教儀礼、仏教施設の問題[1]、奈良時代における写経事業の問題[2]など、多くの課題が存在する。限られた紙幅ですべてを検討することは不可能なので、本稿では、六世紀後半から七世紀前半における、仏教導入から間もない段階の問題に限定し、当該期の難波における仏教施設の集中、及びそれを推進した主体と関連する政策の問題を検討することにしたい。主な素材は『日本書紀』（以下、『紀』）をはじめとする文献史料と、難波宮址顕彰会以来、大阪市文化財協会、大阪文化財研究所を中心に継続されてきた、大阪市域の発掘調査成果の蓄積である。

一　飛鳥寺同笵瓦の存在

1　四天王寺造立をめぐって

列島社会への初期の仏教の普及・定着を証する一般的な要素が寺院であることは、広く認められているところであろう。礎石や瓦などの遺構・遺物による確認が比較的容易な存在でもある。

しかしこのことと、仏教の普及をはかる要素として寺院の他にどのような要素を考えるべきかという問題とは、いうまでもなく別の問題である。造立に膨大な資財の投入と長期間を要する寺院からのみ仏教の普及をはかるのは適切とはいえず、仏像・仏具・経典などの、最低限度の装備をそなえた仏教施設が、寺院造立以前から存在した可能性を考慮する必要がある。(3)

しかしそのことを前提とした上でも、寺院が仏教の普及と関わる基本的な要素であることに変わりはない。七世紀の難波に存在した寺院の中で注目したいのが、飛鳥寺の素弁八葉蓮華文軒丸瓦と共通する瓦の出土する事例である。ひとつは、四天王寺である。難波宮の南方、およそ一・八キロの上町台地南部に所在する。創建期の軒丸瓦は、大阪府と京都府の境に位置する樟葉平野瓦窯で焼成されたもので、その制作時期はおよそ六一〇年から六二〇年頃、七世紀第1四半期と推定されている。(4)四天王寺の北東に位置する細工谷遺跡からも、少数ではあるが四天王寺と同笵の素弁八葉蓮華文軒丸瓦が出土している。

四天王寺創建期の瓦に用いられた技術が、飛鳥寺の造立に従事した工人集団の一部と共通することが指摘されている。(5)『紀』、『元興寺伽藍縁起幷流記資財帳』（以下、『元興寺縁起』）によるならば、飛鳥寺造立を主導したのは蘇我馬子を中心とする蘇我氏の勢力であり、そこには百済から将来した技術者集団が含まれていた。蘇我氏主導の下、百済系渡来集団の技術によって造立されたのが飛鳥寺であることは、広く認められた見解といってよい。

四天王寺創建について、『紀』は蘇我馬子によって主導され、複数の王族が参加した物部守屋討滅事件の際、厩戸王（聖徳太子）の誓願によって造立されたとし、その際に同じく誓願した蘇我馬子によって法興寺（飛鳥寺）が造立されたと記す（崇峻即位前紀用明二年〈五八七〉七月条）。蘇我氏と物部氏の対立が仏教導入の是非をめぐるものであったかどうかについては、それを架空とする見解が、近年、あらためて提出されている(6)。その当否は措くとしても、厩戸王による誓願が後世の造作であることは明らかである。誓願の主体を厩戸王を主、蘇我馬子を従と位置づけていることも、考古資料が証する飛鳥寺と四天王寺造立の順序とは異なっている。

しかし一方で、平安時代の編纂とされる『四天王寺御手印縁起』には、守屋旧領と目される旧大和川流域の地名が、四天王寺の所領として多く記されている。このことは、四天王寺の造立と物部氏討滅とが、密接に関係していることを示している。さらに、飛鳥寺造立が蘇我氏によって主導されたことからすれば、四天王寺造立にも蘇我氏及び蘇我系王族の意向が強く反映されていたと理解する必要があるだろう。よって四天王寺造立を推進した勢力として、さしあたり、蘇我氏とその影響下にあった百済系技術者集団を措定することが可能となる。

四天王寺をこのように理解した場合、注目されるのが、難波宮下層遺跡から出土する瓦の存在である。

2　難波宮下層遺跡と難波屯倉

難波宮下層遺跡とは、難波宮造営以前に同地域に存在した大規模な遺構群の総称であり、その主体は六世紀後半から七世紀前半にかけての遺構と遺物で構成される。それにともなって、四天王寺と同笵の素弁八葉蓮華文軒丸瓦（いわゆる星組）や、飛鳥寺と共通するいわゆる花組の素弁蓮華文軒丸瓦が出土する地点のあることが知られており、造営集団などについては充分な議論のなされないまま、前期難波宮造営以前の段階での仏堂の存在が推定されてきた。(7)ところが近年の難波宮東方の発掘調査で、朱鳥元年（六八六）に焼亡した前期難波宮の瓦礫を投棄した谷部から、やはり飛鳥寺と共通する花組の瓦の他、多量の丸・平瓦片が出土している。(8)この瓦が用いられた施設もまた前期難波宮造営以前の段階で廃絶しており、瓦当文や製作技術から推測される造瓦集団の共通性なども考慮するならば、難波宮下層遺跡に存在した仏教施設が蘇我氏の影響下に造立されたこともまた、確実といってよいであろう。

この仏教施設については、瓦以外に寺院であることを明確に示す遺構・遺物が見つかっているわけではなく、その性格は明確には判明していない。しかしそれが含まれる難波宮下層遺跡の性格について、ミヤケ的施設にあたるとする指摘が注目される。(9)

六世紀前半の安閑朝には、安閑が大伴金村に命じて后妃の名を後世に伝えるための方策を命じ、金村がそれに応じて屯倉の設置を建言し、小墾田屯倉を紗手媛に、桜井屯倉（一本に茅渟山屯倉）を香香有媛に、難波屯倉を宅媛に賜与したことが見える（『紀』安閑元年〈五三四〉十月甲子条）。(10)同じ安閑朝のこととして、桜井田部連、県犬養連、難波吉士らに屯倉の税を領掌させたとあるのは、この記事と対応するものであろう（『同』同二年〈五三五〉九月丙午条）。このように理解した上で注目されるのが、宣化朝以降の蘇我氏とミヤケの関係である。安閑朝という時期設定を妥当とするかどうかは措くとしても、六世紀前半に難波をはじめとするこれらの地にミヤケが設置されたことを疑う要因は、ひとまずないと思われる。難波における王権の施設名が具体的に見えるのは『紀』継体六年（五一二）十二月条の難波館が初例であり、それに続く安閑朝の記事は、倭王主導による難波の運用の本格化を反映したものとして合理的に解釈できるからである。(11)よく知られるように、『古事記』（以下、『記』）・『紀』には応神・仁徳による難波への倭王宮設置が見え（それぞれ難波大隅宮、高津宮）、さらに仁徳朝には難波堀江の開削があり（『記』仁徳段、『紀』仁徳天皇十一年十月条）、允恭朝には允恭逝去時の新羅使による難波津での哭泣記事が見える（『紀』允恭四十二年正月戊子条）。倭王による難波の掌握をこれらの記事により古く遡らせる見解もあるが、それぞれに問題があり[12]、継体朝以前の難波地域は倭王による直接掌握が継続するような安定的状況になく、基本的には王権の一翼を担いながらも時には対立する周縁王族や海人集団の拠点として機能していたと考えられる[13]。

六世紀前半における難波の倭王の直接拠点化を事実とすれば、その後の難波の開発がどのように展開したのかが問題となる。結論的にいえば、その主要な推進勢力は、蘇我氏であったと考えられる。

二　蘇我氏とミヤケ

1　那津官家と白猪屯倉

このことを検討するためには、迂遠ではあるが、当該期のミヤケ政策に蘇我氏が果たした役割を改めて確認することから始める必要がある。

宣化元年（五三八）、諸国の穀を筑紫の那津の口の官家に運送させて修造し、あわせて筑紫・肥・豊三国の屯倉の備蓄を那津に移動させた際、宣化自身は阿蘇君に河内国茨田郡の屯倉の穀を、蘇我稲目は尾張連に尾張国の屯倉の穀を、物部麁鹿火は新家連に新家屯倉の穀を、阿倍臣は伊賀臣に伊賀国屯倉の穀をそれぞれ運送させたとする記事が見える（『紀』同年五月辛丑朔条）[14]。『紀』における蘇我氏の活動は、宣化朝における稲目の大臣就任を嚆矢として本格化するので、これは蘇我氏が王権内で枢要な地位を占めるに至った初期の活動を伝える史料といえる。ここに見える倭王、また蘇我氏をはじめとする諸豪族とその下で穀物運送を担う豪族及び個別のミヤケとの関係についてはさまざまな解釈が可能である。当面、宣化自身が阿蘇君に命じて茨田屯倉の穀を運送させたことを検討の前提としたい。

茨田は、宣化の父、継体の妃の一人である関媛の父が茨田連小望とあるように、継体の婚姻関係を契機として、倭王の支配下に直接組込まれた淀川流域の地である。阿蘇君については詳細は不明であるが、同じく淀川流域に位置し、継体陵の可能性がきわめて高い大阪府今城塚古墳（高槻市）から阿蘇凝灰岩製の石棺が出土していることからすれば、少なくとも葬送儀礼を通じて継体と特別な奉仕関係にあったことは確実であろう。つまり宣化は、穀物運送に際して、継体以来の王族との個別の支配・従属関係を有する豪族と地域を動員したことになる。

蘇我氏が動員した尾張氏と尾張もまた、継体妃の一人、目子媛の出自とされる豪族であり、地域である。尾張を拠点とする豪族が継体即位を契機として近畿地方要部に進出したことについては、すでに指摘がある[15]。目子媛について、『紀』は「元妃」と記しており（継体元年〈五〇七〉元年三月癸酉条）、継体が仁賢所生の手白香女王を得る以前からの妃として位置づけている。継体即位後、目子媛所生の二人の王が相次いで即位していることは（安閑・宣化）、継体妃としての尾張氏の位置づけが、王族に次ぐものであったことを示していよう。

蘇我氏はたんに有力豪族の一人としてではなく、宣化の生母出身の尾張氏を指揮して運送を差配したことになる。このことは、継体に始まる新王系の中枢に、蘇我氏が位置づけられていたことを意味しているだろう。那津ミヤケの修造について、蘇我氏は倭王宣化と共に主導的な役割を果たしたのである。

那津官家修造の要因として、六世紀以降に顕在化する朝鮮半島情勢の流動化への対応を挙げることは、妥当であろう。六世紀の対外関係の基軸が百済との通交にあったことは確実である。

蘇我氏とミヤケとの密接な関係は、那津官家に留まらない。欽明朝において、稲目は吉備の白猪屯倉の設置にあたった（『紀』欽明十六年〈五五五〉七月壬午条他）他、大和の高市郡に韓人大身狭屯倉、高麗人小身狭屯倉、及び紀伊の海部屯倉の設置にあたったことが記される（『同』同十七年十月条）。韓人について、『紀』は分注を付して百済人を指すとする。また韓人大身狭屯倉、高麗人小身狭屯倉について、「一本云」として、韓人、高麗人を田部としたことにちなむと記す。

白猪屯倉の耕作者（田部）の管理に際して、百済系渡来人である王辰爾の甥、胆津が派遣されたことが注意を引く。このことと、身狭の地に置かれた屯倉の開発に渡来人があたったこととは、密接な関係を有するのではなかろうか。これらの記事が総体として意味するのは、ミヤケの設置にあたって、蘇我氏によって渡来系集団の技術が積極的に導入されたということである。すでに指摘されているところではあるが、蘇我氏が百済を中心とする渡来系集団を用いたことと、列島諸国のミヤケを拠点とする開発に主導的な役割を果たしたことの有機的な関係を、改めて確認しておきたい。

2　日羅をめぐる諸問題

六世紀を通じて、難波屯倉の経営の実態を具体的に示す史料は存在しない。しかし、当初その設置を主導したと記される大伴金村は、いわゆる任那問題の失政を指弾されて失脚する（『紀』欽明元年〈五四〇〉九月己卯条）。難波屯倉の維持・管理に、大伴氏が主導的役割を果たした可能性は低いであろう。

欽明朝以降の難波屯倉の経営に関与したのが、蘇我氏ではなかろうか。このことを直接証する史料は存在しないのであるが、敏達朝における日羅に関する一連の記事は、そのことを検討する好個の素材と考える。

日羅は火葦北国造、阿利斯登（火葦北国造刑部靫部とも記される）の子で百済に渡り、達率の官位を授けられて百済王に奉仕していたところ、いわゆる任那問題解決を図る倭国に招請されて方策を提案するが、百済の使者によって暗殺されたとされる（『紀』敏達十二年〈五八三〉七月丁酉朔条、同年十月条、是歳条）。[16] 日羅招請のために百済に派遣された使者は、紀国造押勝と吉備海部直羽島とされ、吉備児島屯倉に到着した日羅の迎接に派遣されたのは、大伴糠手子連とされる。さらに、難波館では大夫らが迎接したことが記される。難波館では「門底下」に到着した日羅が「庁前」に進んで跪拝し、自身を宣化朝に大伴金村によって「海表」に派遣された火葦北国造刑部靫部阿利斯登の子、達率日羅であると述べる。その後、日羅は難波館から阿斗桑市に新設された館に移り、そこへ阿倍目臣、物部贄子連、大伴糠手子連が派遣されて国政を問うが、再び難波館に移った後、百済の使者によって殺害される。日羅は大伴糠手子によって小郡西畔の丘の前に埋葬され、さらなる変事の発生を防ぐため、その妻子は石川の百済村、水手らは石川の大伴村に移され、日羅を殺害した徳爾らは下百済の阿田村に置かれたが、葦北君らによって殺害されたことが記される。

以上が『紀』の日羅関係記事である。日羅の出自である葦北国造が、刑部靫部と名乗るように、王宮に奉仕する名代的性格を有すると同時に、大伴金村によって百済に派遣されていること、金村を「我君」と呼ぶように、大伴氏にも帰属するという二重身分的性格を有することが、これまでに指摘されている。[17] 日羅を迎接し、埋葬に至るまで関わるのが大伴糠手子であること、日羅に同行した水手らが石川の大伴村に安置されたことも、日羅と大伴氏の、前代に遡る密接な関係を証すると理解されよう。

しかし一方で、大伴氏の関与はかならずしも日羅渡来の全体にわたるものではなく、個別的部分に留まるものであったことにも注意する必要があろう。糠手子はたしかに日羅関係記事にもっとも多く登場するが、それは吉備や紀伊の豪族、また阿倍氏や物部氏らと分掌した業務の一環とも評し得るものである。日羅を難波館で迎接した人々が個人名を記されず、大夫らとされるのは、たんに『紀』編纂の素材となった原史料の表記の問題にとどまらず、ここに登場する諸氏族・諸集団が、成立段階の国家機構の構成要素として機能していることを示しているのではなかろうか。

以上の推測を補強するのが、六世紀後半における大伴氏と蘇我氏の関係である。金村が欽明朝に失脚したことは先に述べた。その後、高句麗との戦闘に派遣された大伴狭手彦は、百済の計略を用いて敵軍の撃破に成功し、その珍宝と女性を連れ帰り、珍宝を欽明に、女性を蘇我稲目に献上したという。稲目はその女性を妻として、軽の曲殿に居住させたことが記される（『紀』欽明天皇二十三年〈五六二〉八月条）[18]。

高句麗との戦闘について、『紀』本文は欽明二十三年とするのに対して、十一年とする「一本」の説が妥当と見られる点などは注意を要するが[19]、狭手彦が欽明だけでなく稲目に対しても奉献を行っているのは、この段階で、稲目が欽明と共に倭国の対外関係を主導する地位にあったことを示すものであろう。その地位は、敏達朝に至っても基本的に変化しなかったと理解する。このように見た場合、日羅招聘に際して、吉備と紀伊の豪族が動員されている点が興味を引く。いずれの地域も、稲目の主導によるミヤケ開発と深く関わっているからである。

3　蘇我氏によるミヤケ開発

稲目が吉備の白猪屯倉の開発をみずから出向いて主導したことは先に見た通りであるが、吉備のミヤケ開発と蘇我氏の関係は、他の史料から、より具体的に検討可能である。吉備東部にあたる邑久郡（律令制下では備前国）には白猪部という部民の存在したことが、平城宮跡出土の木簡から知られるが[20]、邑久郡は吉備海部直の本拠と目される地である[21]。さらに邑久郡には蘇我氏の部民、宗我部も存在したことが、平城宮跡出土の木簡、及び正倉院文書のいわゆる優婆塞貢進文から明らかである[22]。白猪部はこの他にも児島郡（備前国）、哲多郡（備中国）など、吉備の広汎な地域に分布するが[23]、いずれにしても、蘇我氏による白猪屯倉の開発[24]と吉備海部直の拠点である邑久郡とが密接な関係を有したことは、これにより確実である。

一方、紀伊についても、紀伊の海部屯倉[25]の設置は、先の通り稲目により行われたものであった。つまり日羅招聘に際して動員された吉備、紀伊と蘇我氏とは、いずれもミヤケ開発を通じて密接に関わっていたことが明らかである。

以上の前提に立てば、吉備児島屯倉が日羅迎接の地として利用されていることには、蘇我氏の意向が働いているこ とを想定せざるを得ないのではないだろうか。宣化朝の那津官家修造に稲目が果たした主導的役割を想起するならば、これらのミヤケの設置が、蘇我氏による、瀬戸内海沿岸域から北部九州にかけての陸海の要路の掌握といった性格を強く有していたことを認識する必要がある。

これらのミヤケに関連する可能性が高い遺跡で、日本列島における最古級の瓦が出土していることが、同時に注目される。吉備における白猪屯倉に関連する可能性の高い港湾施設群から、奥山久米寺式に似た七世紀前半の素弁八葉蓮華文軒丸瓦が出土し、蘇我氏の関与が想定されている[26]。那津官家との関連が指摘される那珂遺跡でも、以前から六世紀末に遡る瓦が出土している。七世紀後半、斉明朝の飛鳥における瓦葺の宮殿の造営が失敗に帰したことを想起するならば、これらの瓦を用いた施設に仏教施設以外の性格を帰することは困難であろう。

三　ミヤケの仏教施設と難波

1　ミヤケの仏教施設

以上の文献史料の検討と考古学の発掘調査成果の示すところは、六世紀前半以降、少なくとも瀬戸内海沿岸域から北部九州にかけて、蘇我氏主導でミヤケの設置と開発が行われたこと、六世紀後半以降はそれが要路における仏教施設の設置をともなったということである。那珂遺跡、津寺遺跡など白猪屯倉関連遺跡、及び難波宮下層遺跡から出土する瓦を、倭王権によるミヤケへの仏教施設の設置として把握すべきことは、以前に指摘したところである[27]。近年の難波宮下層遺跡における飛鳥寺同笵瓦の出土は、難波におけるミヤケと寺院の設置が、蘇我氏を中心に担われたことを明らかにしているであろう。同時に、列島社会における開発と仏教の普及をめぐる倭王権の一連の政策の中心に位置していたのが、やはり蘇我氏であることを明確に示しているのである。

以上の点を傍証するのが、推古十七年（六〇九）、肥後の葦北津に百済の僧一〇人、俗人七五人が漂着したことを筑紫大宰が報告したとする『紀』の記事である（推古十七年四月庚子条[28]）。これに対して難波吉士徳摩呂、船史龍の二人が派遣されて訊問にあたり、さらに両人を副えて百済に送還しようとしたところ、対馬に至って僧のみを願いによって留めることとし、元興寺（飛鳥寺）に居住させたとするものである（同年五月壬午条[29]）。渡来系氏族である難波吉士が多く外交関係で活躍することは周知の通りであるが、同じ渡来系氏族である船史は、蘇我氏と密接な関係にある。送還を免れた百済僧らが飛鳥寺に居住したことは、彼らの処遇について、蘇我氏が重要な役割を果たしていたことを意味するものであろう。西海道から大阪湾岸に至る交通路の整備が仏教と密接に関わることの背景には、このような具体的な状況が存在したと考える。

2　難波の仏教施設群

以上の検討を通じて、難波に仏教的要素をもたらした勢力を蘇我氏と想定し、それを可能にした要因として、蘇我氏と百済系渡来人、またミヤケの形成という二つの要素を考えた。

難波には、四天王寺、法円坂廃寺の他にも、七世紀前半に遡る可能性のある寺院として、細工谷遺跡がある。細工谷遺跡は、奈良時代後半には「百済尼寺」とでもいうべき寺院であったことが確実であり、僧寺の百済寺と共に、天智朝に難波に居住した亡命百済王族により造営されたものである。同時に、遺跡からは四天王寺と同笵で、大きく型崩れした段階の素弁八葉蓮華文軒丸瓦が出土しており、難波には百済王族居住以前から百済人の居住が記されることから、細工谷遺跡での、たとえば小規模な堂宇のような仏教施設の造立は、七世紀中頃まで遡ることが確認できる。(30)同様の素弁八葉蓮華文軒丸瓦は、大川南岸の北浜からも出土している。『紀』には、孝徳天皇が病中の僧旻を阿曇寺に見舞ったことが記される（白雉四年〈六五三〉五月是月条。分注では、翌五年七月のこととする）。阿曇寺は同じ大川の北岸に位置する安曇江に所在した可能性が高く、大川は難波堀江に相当すると考えられている。堀江沿岸には、宮造営以前の段階で、複数の寺院が存在したわけである。

なお安曇江は海人集団を統括した阿曇氏の伝統的な拠点であると同時に、六世紀の蘇我氏興隆以降、阿曇氏が蘇我氏の統率下にあったことが指摘されている。(31)僧旻は新漢人の出自であり、やはり蘇我氏に統率される倭漢氏と共に高市郡檜隈の地を拠点とする。難波地域のこれらの寺院が、いずれも蘇我氏と密接な関係の下に造立されたことは明らかであろう。『延喜式』には、摂津国堀江寺の存在が記される（民部上）。詳細は不明であるが、堀江寺がこれらの寺院の後身の一つである可能性も考えておくべきだろう。

この他、敏達朝のこととして、敏達六年（五七七）、百済に遣わされた小黒吉士、大別王らが帰国する際、百済国王から附された経論、律師、禅師、比丘尼、呪禁師、造仏工、造寺工六人を、難波の大別王の寺に安置したとする記事がある（『紀』同年五月丁丑条、十一月庚午朔条）。大別王については、他に史料が伝わっていないが、この記事が事実を反映しているとすれば、百済王から附された人及び物は、飛鳥寺造立の際の史料と比較するならば、倭での寺院造立に必要なものであったことがわかる。敏達朝段階では奈良盆地の王都での積極的な仏事は施行困難だったのであろう。大別王の寺と称される施設が本格的な伽藍を備えていた可能性は、したがって低いといわざるを得ないが、これらの寺院造立を目的とする人と物が難波に留められたのは、蘇我氏と難波、また蘇我氏と百済との密接な関係を前提としてはじめて可能なことだったのではなかろうか。

おわりに

六世紀後半の倭国への仏教導入をめぐって、難波は重要な局面で登場する。『紀』や『元興寺縁起』、及び『上宮聖徳法王帝説』は、排仏に際して、仏像が難波堀江に投棄されたことを記す（『紀』欽明十三年〈五五二〉十月条、敏達十四年〈五八五〉三月丙戌条）。蘇我氏と物部氏、中臣氏など、排仏をめぐる諸氏族の対立については、これを後世の創作として斥ける見解もあるが、『元興寺縁起』、『上宮聖徳法王帝説』共に排仏派を具体的に記さないことから（前者は「余臣」とし、後者は「庚寅年〈五七〇＝欽明三十一〉、焼二滅仏殿一、仏像流二却於難波堀江一」とするのみ）、堀江への仏像投棄自体は、排仏論争とは無関係に存在し得るものと考える。

難波堀江での仏像投棄が、そこに集まる諸外国に対するデモンストレーションの意味を有したことが指摘されている。[32] 難波には蘇我氏主導によって形成された仏教施設が集中しており、そこに仏像を投棄することは、より直接的に倭王権としての拒絶の姿勢を表明することにつながったと思われる。仏教導入に際しての難波の位置づけを明らかにするものであろう。

以上、本稿では、六世紀末から七世紀前半の上町台地と難波堀江周辺に、四天王寺をはじめとする複数の仏教施設が存在したことを改めて確認し、そのことの背景として、蘇我氏主導による倭王権の拠点開発と交通網の掌握、及びそれらと百済との密接な関係が存在したことを主張した。難波地域の基本的特性として王権の外港、西日本地域の交通の拠点としての機能を指摘することは、今日では広く受け入れられている見解であろう。現在、必要とされているのは、それに加えて、時期ごとの特徴を具体的に把握し、その集積の上に新たな難波地域史像を構築する試みであろう。本稿は仏教を素材としてその一端の解明を試みたものである。

註

（1）拙稿「孝徳朝難波宮と仏教世界―前期難波宮内裏八角殿院を中心に―」（『日本古代王権の支配論理』塙書房、二〇〇九年、初出二〇〇四年）。

（2）栄原永遠男「難波之時御願大般若経について」（『奈良時代写経史研究』塙書房、二〇〇三年、初出一九八五年）。

（3）拙稿「七世紀日本列島諸地域における仏教受容の諸相」（前掲『日本古代王権の支配論理』初出二〇〇六年）。

（4）綱伸也「四天王寺出土瓦の編年的考察」（『堅田直先生古希記念論文集』真陽社、一九九七年）。

（5）清水昭博「初期瓦生産期の造瓦技術と生産体制」（『古代日韓造瓦技術の交流史』清文堂出版、二〇一二年、初出二〇〇四年）。

（6）吉田一彦「元興寺伽藍縁起幷流記資材帳の研究」（『仏教伝来の研究』吉川弘文館、二〇一二年、初出二〇〇三年）。

（7）宮本佐知子「難波宮域およびその近辺で出土した古瓦について」（大阪市文化財協会『難波宮址の研究』一四、二〇〇五年）、拙稿「難波宮と難波津」（木下正史他編『古代の都1　飛鳥から藤原京へ』吉川弘文館、二〇一〇年）。

（8）谷﨑仁美「飛鳥の笵と難波の笵」（大阪市博物館協会大阪文化財研究所『難波宮址の研究』一八、二〇一二年）。

（9）南秀雄「五世紀の建物群の検討」・同「難波宮下層遺跡の土器と集落」（大阪市文化財協会『難波宮址の研究』九、一九九二年）。

（10）「天皇勅二大伴大連金村一曰、朕納二四妻一、至レ今無レ嗣。万歳之後、朕名絶矣。大伴伯父、今作二何計一。毎念二於茲一、憂慮何已。大伴大連金村奏曰、亦臣所レ憂也。夫我国家之王二天下一者、不レ論二有レ嗣無一レ嗣、要須因レ物為レ名。請為二皇后次妃一、建二立屯倉之地一、使レ留二後代一、令レ顕二前迹一。詔曰、可矣。宜早安置。大伴大連金村奏稱、宜以三小墾田屯倉與二毎レ国田部一、給二貺紗手媛一。以三桜井屯倉〈一本云、加二貺茅渟山屯倉一〉與二毎レ国田部一、給二賜香香有媛一。以三難波屯倉與二毎レ郡钁丁一、給二貺宅媛一。以示二於後一、式観二乎昔一。詔曰、依レ奏施行」。

(11) 拙稿「倭王権の支配構造とその展開」(『日本史研究』六〇六、二〇一三年)。

(12) 仁徳の難波宮はその逝去の後、住吉仲王の叛乱により焼亡したとの伝承を持ち、『記』『紀』の池溝開発記事は推古朝の開発事業を遡及させたものとの見解があり(舘野和己「屯倉制の成立」〈『日本史研究』一九〇、一九七八年〉)、允恭朝の記事は新羅と允恭の関係を強調した点に特徴があり、難波津については具体性を欠く。

(13) 拙稿前掲註(11)。

(14) 「詔曰、食者天下之本也。黄金万貫、不レ可レ療レ飢。白玉千箱、何能救レ冷。夫筑紫国者、遐邇之所二朝届一、去来之所二関門一。是以、海表之国、候二海水一以来賓、望二天雲一而奉レ貢。自二胎中之帝一、洎二于朕身一、収二蔵穀稼一、蓄二積儲粮一。遥設二凶年一、厚饗二良客一。安レ国之方、更無レ過レ此。故、朕遣二阿蘇仍君一〈未レ詳也〉、加二運河内国茨田郡屯倉之穀一。蘇我大臣稲目宿禰、宜下遣二尾張連一、運中尾張国屯倉之穀上、物部大連麁鹿火、宜下遣二新家連一、運中新家屯倉之穀上。阿倍臣、宜下遣二伊賀臣一、運中伊賀国屯倉之穀上。修二造官家、那津之口一。又其筑紫肥豊、三国屯倉、散在二懸隔一。運輸遥阻。儻如須要、難二以備一レ率。亦宜下課二諸郡一分移、聚二建那津之口一、以備二非常一、永為中民命上。早下二郡県一、令レ知二朕心一」。

(15) 中林隆之「石作氏の配置とその前提」(『日本歴史』七五一、二〇一〇年)、拙稿前掲註(11)。

(16) 『紀』敏達天皇十二年(五八三)七月丁酉朔条「詔曰、属二我先考天皇之世一、新羅滅二内官家之国一〈天国排開広庭天皇二十三年、任那為二新羅一所レ滅。故云三新羅滅二我内官家一也〉。先考天皇、謀レ復二任那一。不レ果而崩、不レ成二其志一。是以、朕当奉レ助二神謀一、復二興任那一。今在二百済一火葦北国造阿利斯登子、達率日羅、賢而有レ勇。故、朕欲下與二其人一相計。乃遣三紀国造押勝與二吉備海部直羽島一、喚二於百済一」。

同年是歳条「(前略)羽島乃依二其計一、而召二日羅一。於是、百済国主、怖二畏天朝一、不二敢違一レ勅。奉遣以二日羅・恩率・徳爾・余怒・奇奴知・参官・柁師徳率次干徳・水手等、若干人一。日羅等行二到吉備児島屯倉一。朝庭遣二大伴糠手子連一、而慰労焉。復遣二大夫等於難波館一、使レ訪二日羅一。是時、日羅被レ甲乗レ馬、到二門底下一。乃進二庁前一。進退跪拝、歎恨而曰、於二檜隈宮御寓天皇之世一、我君大伴金村大連、奉二為国家一、使二於海表一、火葦北国造刑部靫部阿利斯登之子、臣達率日羅、聞二天皇召一、恐畏来朝。乃解二其甲一、奉二於天皇一。乃営二館於阿斗桑市一、使レ住二日羅一、供二給随レ欲。復遣二阿倍目臣・物部贄子連・大伴糠手子連一、而問二国政於日羅一。（中略）天皇詔二贄子大連・糠手子連一、令レ収二葬於小郡西畔丘前一。以二其妻子・水手等一、居二于石川一。於是、大伴糠手子連議曰、聚二居一処一。恐生二其変一。乃以二妻子一、居二于石川百済村一、水手等居二于石川大伴村一。収二縛徳爾等一、置二於下百済河田村一（後略）」。

（17）仁藤敦史「六・七世紀の支配構造」（『古代王権と支配構造』吉川弘文館、二〇一二年）。

（18）「天皇遣二大将軍大伴連狭手彦一、領二兵数万一、伐二于高麗一。狭手彦乃用二百済計一、打二破高麗一。其王踰レ墻而逃。狭手彦遂乗レ勝以入レ宮、尽得二珍宝貨賂・七織帳・鉄屋一還来〈旧本云、鉄屋在二高麗西高楼上一。織帳張二於高麗王内寝一〉。以二七織帳一、奉二献於天皇一。以二甲二領・金飾刀二口・銅鏤鍾三口・五色幡二竿・美女媛〈媛名也〉幷其従女吾田子一、送二於蘇我稲目宿禰大臣一。於是、大臣遂納二二女一以為レ妻、居二軽曲殿一〈鉄屋在二長安寺一。是寺、不レ知レ在二何国一。一本云、十一年、大伴狭手彦連、共二百済国一、駆二却高麗王陽香於比津留都一〉」。

（19）吉田晶『古代日本の国家形成』（新日本出版社、二〇〇五年）。

（20）奈良国立文化財研究所『平城宮発掘調査出土木簡概報』一六（一九八三年）。

（21）吉田晶「古代邑久地域史に関する一考察」（『吉備古代史の展開』塙書房、一九九五年、初出一九八四年）。

（22）奈良国立文化財研究所『平城宮発掘調査出土木簡概報』二三（一九九〇年）、天平十七年（七四五）四月十八日付「優婆塞貢進解」（『大日本古文書』編年二五―一二六頁）。

（23）備前国児島郡小豆郷志磨里（奈良国立文化財研究所『平城宮発掘調査出土木簡概報』三一、一九九五年）、備中国哲多郡（奈良文化財研究所『平城宮木簡』七、二〇一〇年）で白猪部が確認されている。

（24）白猪屯倉については、狩野久「白猪屯倉と蘇我氏」（『古代王権と列島社会―発掘文字が語る―』吉川弘文館、二〇一〇年）を参照。

（25）海部屯倉については、栄原永遠男「和歌浦と古代紀伊」（『紀伊古代史研究』思文閣出版、二〇〇四年、初出一九九三年）を参照。

（26）津寺遺跡、加茂政所遺跡、川入・中撫川遺跡。亀田修一「吉備における古代寺院の出現とその背景」（埋蔵文化財研究会『古代寺院の出現とその背景』第一分冊、一九九七年）。

(27) 拙稿前掲註(3)。

(28) 「筑紫大宰奏上言、百済僧道欣・恵弥為㆑首、一十人、俗七十五人、泊㆓于肥後国葦北津㆒。是時、遣㆓難波吉士徳摩呂・船史龍㆒、以問之曰、何来也。対曰、百済王命以遣㆓於呉国㆒。其国有㆑乱不㆑得㆑入。更返㆓於本郷㆒。忽逢㆓暴風㆒、漂㆓蕩海中㆒。然有㆓大幸㆒、而泊㆓于聖帝之辺境㆒。以歓喜」。

(29) 「徳摩呂等復奏之。則返㆓徳摩呂・龍二人㆒、而副㆓百済人等㆒、送㆓本国㆒。至㆓于対馬㆒、以㆓道人等十一㆒、皆請之欲㆑留。乃上㆑表而留之。因令㆑住㆓元興寺㆒」。

(30) 八木久栄「瓦塼類」（大阪市文化財協会『細工谷遺跡発掘調査報告』Ⅰ、一九九九年）。

(31) 後藤四郎「大化前後における阿曇氏の活動」（『日本歴史』二二六、一九六七年）。

(32) 中井真孝「仏教の伝来」（『新修大阪市史』一、一九八八年）。

第Ⅲ部　難波宮と東アジアの都城制

中国宮城の変遷と難波宮

村元健一

はじめに

孝徳朝の難波長柄豊碕宮の遺構と考えられる前期難波宮の整然とした殿舎配置、明確な南北中軸線、広大な宮域は、前後の倭王宮と隔絶したものであり、その出現に中国宮城の影響を想定するのは、七世紀の東アジア情勢を考えれば自然なことといえる（図1）。ただし、安易な日中の都城比較については、中国史研究者である佐原康夫氏の、「都城といえば唐長安城」という日本的な思い込みがあり、そのような思い込みこそ「現代日本の『都城の思想』なのかもしれない」との批判がある。(1) 本稿では佐原氏の指摘に十分に留意しつつ、これまでの難波宮と中国宮城に関する研究史を振り返り、改めて前期難波宮への中国宮城の影響を考えることにする。

一　中国都城と難波宮との比較研究史

日本古代都城と中国都城との比較研究は、都城の平面形態の類似性に着目したものが多く、その点では京域の範囲・規模が明らかでない前期難波宮では、中国都城との比較検討の対象は宮城に特化されてきた。その研究の関心は、やはり前期難波宮の広大かつ整然とした平面プランの淵源に集中すると言っても過言ではない。以下、主な研究の概要を見ていくことにしよう。

難波宮と中国宮城との関連性については、難波宮の遺跡を発見した山根徳太郎氏がいち早く言及しており、公表直

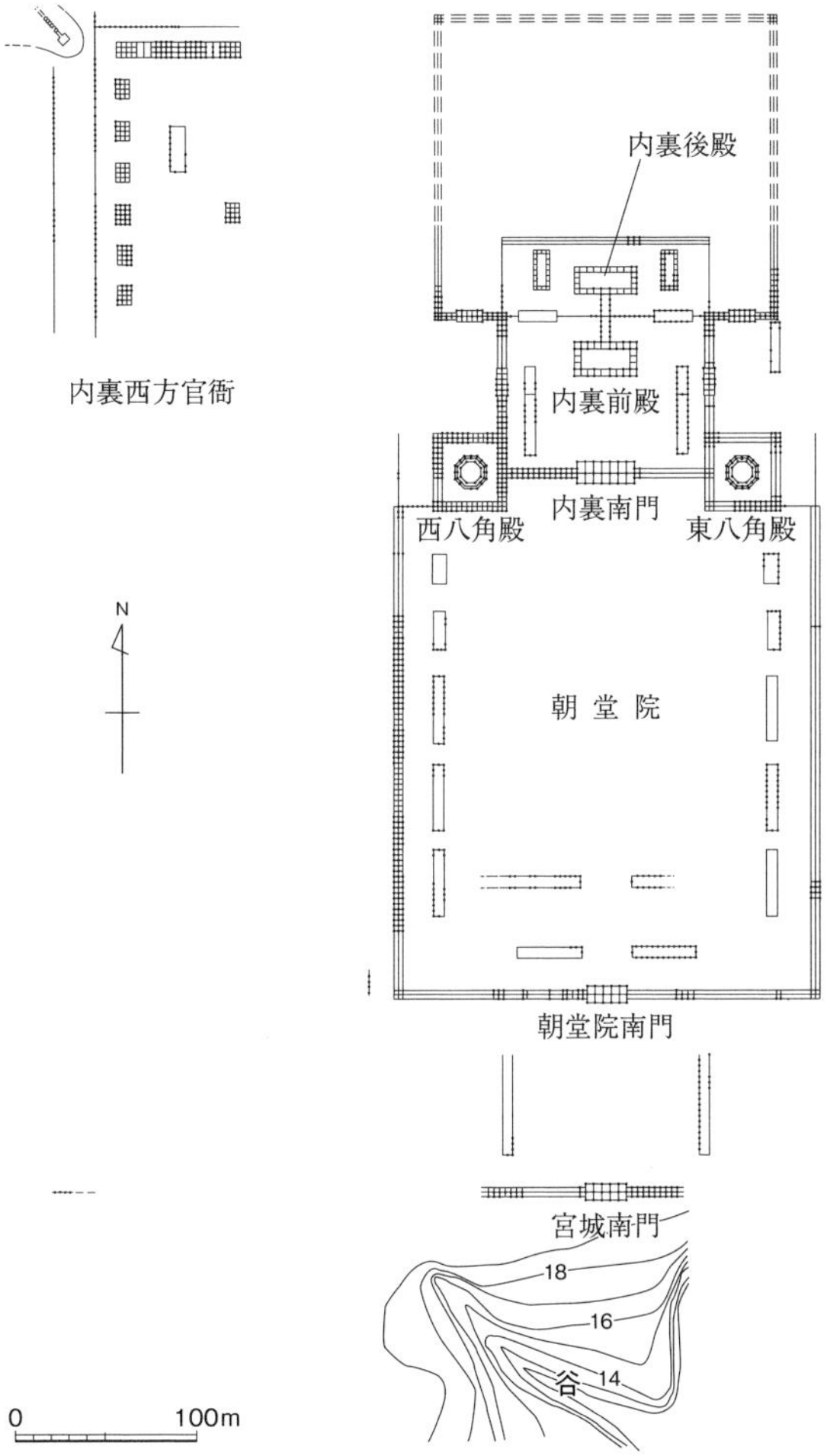

図1　前期難波宮平面図

後の唐長安大明宮の地形と難波宮の立地との類似性に着目している。(2)氏が注目したのは高燥な龍首原上に築かれた大明宮（宮造営以前は禁苑）と太極宮の立地や位置関係が、難波宮の北西の大阪城域と難波宮中枢部のそれに類似していることである。このような唐長安と上町大地北端との地形上の類似が、難波遷都の要因の一つになったとする。昭和三十五年（一九六一）という早い段階で中国都城との比較に強い関心を示したのは、中国滞在経験があり、以前から中国都城の研究を行っていた山根氏ならではのことであろう。

前期難波宮と中国宮城との平面プラン上の比較検討は、岸俊男氏の研究を嚆矢とする。(3)氏は日本古代宮都への影響について、隋唐都城ではなく北朝都城を重視するが、前期難波宮についても同様である。特に難波宮の内裏前殿の殿庭の東西に並ぶ長殿に着目し、それを中国南北朝期の宮城に見られる太極東堂・西堂の系譜をひくものであり、内裏前殿を魏晋南北朝期の太武殿（鄴北城）や太極殿（鄴南城）の前殿に連なるものとし、内裏前殿と軒廊でつながれた内裏後殿こそは「本来の大極殿、つまり内朝の路寝に相当すると解すべきでなかろうか」とする。同時に東西に八角殿を持つ内裏南門にも注目し、両観を有する雉門（岸氏は雉門が応門に相当すると解釈する）に当たるものとする。その上で、三朝制との比較では、内裏南門とその外側を外朝、内裏前殿を治朝、内裏後殿を燕朝に比定する。このように岸氏は、前期難波宮の内裏空間に「中国の伝統的都城の構成理念を垣間み」、さらに前期難波宮を孝徳朝の遺構とすることは保留しつつも、それが南北朝の都城の影響を受けていることは、律令の継受も含め、歴史的にも重視するべき問題だとする。同時に、孝徳朝の難波宮造営者が倭漢氏に属する荒田井比羅夫であり、百済大宮、百済大寺、百済船の造営にかかわった同氏族が難波宮の造営に当たったことは、「中国的都城の設計・造営の知識・技術を彼らが習得していたことを示す」が、その取得の経緯が問題であり、「その関連性の有無を確かめるためにも、朝鮮三国の都城の考察は欠かすことができないであろう」とする。

なお、三朝制とは、『周礼』『礼記』などの儒教経典に見られる宮城の構成のことで、外朝、治朝（中朝）、燕朝（内朝）の三朝からなるとされる。『大唐六典』巻七・尚書・工部に、唐の長安の太極宮や大明宮を三朝になぞらえる記述がある。行論の関係上、煩雑になるが、ここでその太極宮に関する記述をまとめておこう。

・承天門　若元正、冬至大陳設、燕会、赦過宥罪、除旧布新、受万国之朝貢、四夷之賓客、則御承天門以聴政。

（注　蓋古之外朝也）。

・太極殿　朔望則坐而視朝焉。（注　蓋古之中朝也）。

・両儀殿　常日聴政而視事焉。（注　蓋古之内朝也）。

このように、承天門が外朝、太極殿が中朝、両儀殿が内朝に対応するものとされ、これが「唐の三朝制」あるいは「唐制」と称されているものである。

さて、佐竹昭氏は三朝制について、『周礼』と『大唐六典』のものは単純に対応させることはできず、唐では『周礼』の治朝にあった朝堂が外朝に移って治朝が消滅し、燕朝が中朝・内朝に分化し、新たな三朝制に変化したと説く(4)。その上で、推古の小墾田宮以降の古代宮都、とりわけ藤原宮を例に、『周礼』的な宮室構造が基礎になると説く。具体的には、内裏と大極殿が王の空間である燕朝、朝堂・朝庭が群臣集議の空間である治朝と考え、その上に唐の太極殿の役割が大極殿に、承天門の役割が大極殿門に部分的、重層的に受容されたという。前期難波宮も同様の構造で、内裏南門が承天門の機能を持つものとする。なお、佐竹氏は前期難波宮の巨大さは、「大国」であることを示すための外交儀礼の舞台だったことによるものと指摘する。

中尾芳治氏は唐長安からの影響を重視する。特に唐長安太極宮の外朝・承天門、中朝・太極殿、内朝・両儀殿という唐の三朝制と同様の構造を前期難波宮に認め、外朝＝内裏南門、中朝＝内裏前殿、内朝＝内裏後殿と対比する(5)。このように中国宮城を意識した配置は、諸官名の唐風化や立礼の導入に見られる孝徳朝の儒教的礼教主義の導入の一環であり、「『東夷の小帝国』としての威信を内外に誇示する舞台装置としてそれが構想された」ものとする。

豊田裕章氏は、前期難波宮に三朝制の存在を認めつつ、それは唐制に基づくものではなく、儒教経典から生み出された、より原初的で理想的な「周制」に基づくものとする。(6) なお、豊田氏は外朝を朝堂院南門の外側、治朝を朝堂院、内朝を内裏と捉えている。

積山洋氏は前期難波宮の内裏前殿が内裏から南に突出し、内裏が逆凸字形をしていることに注目し、その祖形を隋唐の長安太極宮と洛陽宮に求める。(7) 同時に突出した部分にある殿舎、すなわち前期難波宮の内裏前殿と隋唐の大極殿との類似性に着目している。

吉田歓氏は三朝を空間として把握すべきことを強調し、唐長安太極宮の外朝は承天門外、中朝は太極殿、内朝は両儀殿とし、それぞれ前期難波宮の朝堂院、内裏前殿、内裏後殿以北に相当するとする。(8) 内裏前殿を中心とする一郭は、それまでの日本の宮都になかった空間であり、唐長安の太極殿とその周辺の儀礼空間を取り込んだものと評価する。

以上の先学の研究を振り返ると、前期難波宮への影響について、岸氏は隋唐以前の魏晋南北朝期の宮城を重視し、佐竹氏は唐制と『周礼』に基づく理念的な宮城とが融合したものと捉え、中尾氏、積山氏、吉田氏は唐の太極宮を重視し、豊田氏は、実際の宮城ではなく、儒教経典に基づくものとする。また、多くの論者が前期難波宮に三朝制が採り入れられていたと考えているが、どの殿舎や空間をどの朝に当てはめるかについては、岸氏と中尾氏が一致するほかは、それぞれ意見が異なっている。このように、これまでの研究で、最も関心が払われたのは前期難波宮中枢部の殿舎配置と中国の三朝制との対比といってもよい。

これ以外の中国宮城との比較研究では、積山氏と中尾氏が唐長安の太倉と前期難波宮内裏西方官衙との類似を指摘しているのが注目されるが、[9]やはり唐長安太極宮と前期難波宮との類似性を前提とした問題提起といえるだろう。前期難波宮の殿舎配置に中国からの影響は認めつつ、その淵源を五、六世紀の南北朝期の宮城からのものとするのか、同時代の隋唐の宮城からのものとするのか、あるいは実在する宮城ではなく、儒教経典に基づく理念的なものとするのか、諸説が並び立ったままであるが、儀礼や制度の受容を考える点でも非常に重要な課題が未解決のまま残されたままといえるだろう。

そこでこの問題を考えるためにも、魏晋南北朝から隋唐までの宮城の変遷について概観しておきたい。

二　魏晋南北朝から隋唐の宮城の変遷について

難波長柄豊碕宮が築かれた七世紀半ば、唐では貞観二十三年（六四九）に太宗李世民が崩じ、高宗李治が即位した。都城・長安は永徽五年（六五四）に羅城が修築され、隋以来の造営は一段落する。やがて北東の龍首原上に大明宮がその壮大な姿を現すことになるだろう。しかし、前期難波宮への影響ということならば、大明宮は検討の対象から外れ、長安の太極宮までの宮城がその候補となる。

魏晋南北朝期の宮城の変遷についてはすでに別稿で論じたので、ここではその概略を述べることにする[10]（図2）。後漢から唐までの宮城の変遷では、後漢と曹魏の間に大きな画期がある。曹魏洛陽の宮城から、単一の宮城に集約されるとともに、宮城や各殿舎の規模も後漢以前のそれに比べて大幅に小型化される。その一方で、宮城南門に天門の名である「閶闔」を冠し、正殿の名称を、『易経』繋辞伝に見え、諸物の根源とされる「太極」[11]からとり、名称上からも皇帝の居城の中心性、象徴性を高めている。また、閶闔門が唯一の闕を備えた門として宮城門の中で突出した存在となり、さらに儀礼空間としての役割を有するようになる。曹魏以降、各宮城の重要な儀礼空間は閶闔門、太極東堂、太極殿であり、太極西堂、昭陽殿（西晋以降は顕陽殿）は寝殿としての性格が強い殿舎であった。殿舎名や基本的な平面配置は南北朝ともにほぼ共通していたと考えられるが、北魏洛陽では顕陽殿の役割が大きく変容し、公的空間としての利用が目立つようになる。この流れは東魏・北斉の鄴へと継承されるが、鄴では太極東堂、西堂の利用頻度が落ちるとともに、顕陽殿（北斉期に昭陽殿と改称）が日常政務の場所としての重要性を高めてくる。鄴城でのこの状況はおそらく北周洛陽を経て、隋の大興城に継承される。(12) 隋の文帝が、それまでの長安を廃し、新たに都城として造営した大興城では、宮城である大興宮の正南門として広陽門を設け、正殿として大興殿、その背後に中華殿が造営さ

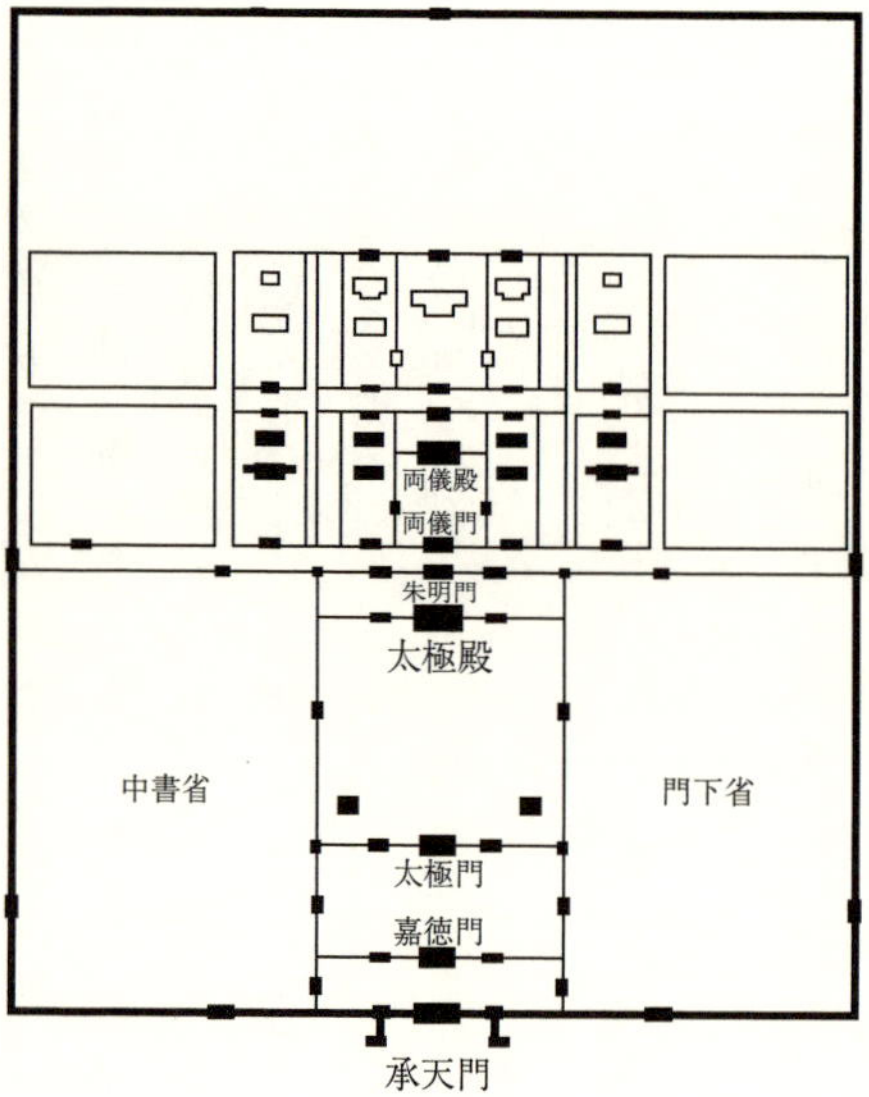

隋唐太極宮

■：朝政空間　□：皇室の私的空間

洛陽宮は銭国祥 2003、鄴宮は村元 2007・2010、台城は郭湖生 1999、太極宮は傅熹年 2001 所掲の図をもとに改変。なお、南朝台城および唐太極宮は考古調査が行われておらず、推定復原である。

- 郭湖生 1999「台城弁」『文物』1999 年 5 期。
- 銭国祥 2003「由閶闔門談漢魏洛陽城宮城形制」『考古』2003 年第 7 期。
- 傅熹年編 2001『中国古代建築史』2、中国建築工業出版社。
- 村元健一 2007「東魏北斉鄴城の復元研究」『大阪歴史博物館研究紀要』7。
- 村元 2010 註 10 文献

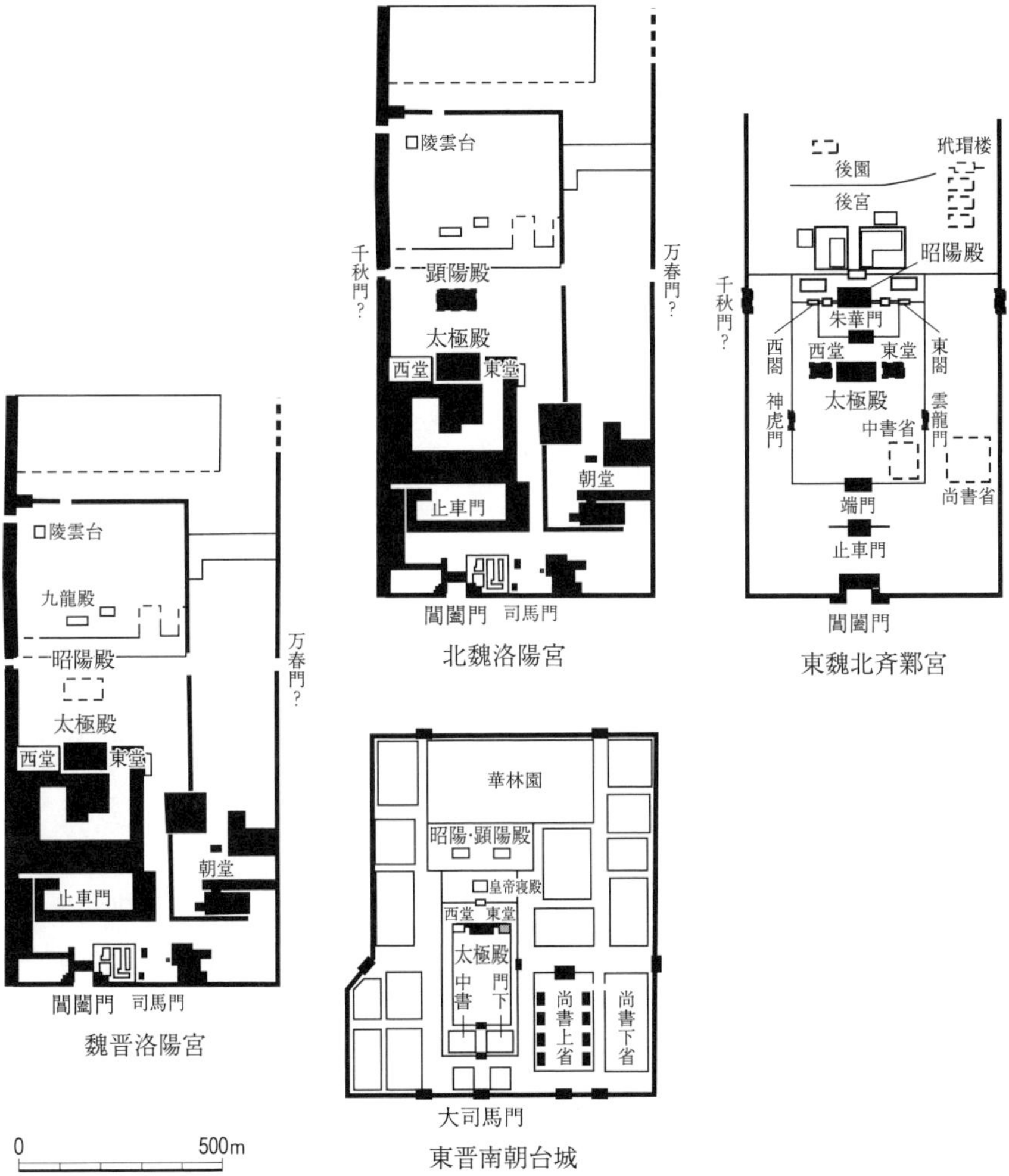

図2　魏晋から隋唐までの宮城の変遷図

れた。これらは南北に宮城の軸線をなす重要な殿舎群であり、それぞれ北朝の閶闔門、太極殿、顕陽殿の系譜を引くものである[13]。注目されるのは太極東・西堂が姿を消したことであり、北朝期に比べ、より一層南北の重層化が進んだと評価できよう。隋の大興宮は唐の太極宮となり、殿舎はそれぞれ承天門、太極殿、両儀殿と改称され、隋以前の「太極殿」が復活した。両儀殿は『易経』繋辞伝の「易に太極有り、是、両儀を生む」に基づく殿名であり、太極、両儀の二殿の関連付けがさらに明確にされた。こうして唐太極宮では、平面配置だけでなく、殿舎の名称上も相互に密接に関連した儀礼空間が南北に並ぶ宮城の構造が出来上がったのである。

以上の流れを踏まえれば、『大唐六典』の記載を根拠に論じられる「唐の三朝制」の前提となる南北に三つに分節された宮城の空間配置の成立は遅く、確立するのは、東西堂がなくなった隋以降であることが分かるだろう。それ以前は、太極東西堂、とりわけ東堂の役割が大きかったのであり、太極殿の北にあったと思われる顕陽殿が朝政の場として機能し始めるのは北魏以降である。つまり、南北朝期以前の中国宮城は、儒教の三朝制に合わせた殿舎配置は必ずしもとっていなかったと考えられる[14]。特に北魏以前および南朝にあっては、太極東西堂が重視され、公的空間と皇帝起居の空間との境界は太極殿と太極西堂の間にあったともいえるのである。

ここで節を改め、本節で検討した中国宮城の変遷を踏まえ、前期難波宮への中国宮城の影響の有無について見ていくことにしたい。

三　前期難波宮に見える中国宮城の影響

難波長柄豊碕宮の遺構と考えられる前期難波宮は、その平面構成にいくつかの特徴を挙げることができる。中国宮城との比較という観点から、以下の三点を挙げることにしよう。

(1) 正南北の明確な中軸線を有し、宮城主要部が東西対称に築かれていること。

(2) 中軸線上に、南から宮城南門、朝堂院南門、内裏南門、内裏前殿、内裏後殿と宮城の中で突出して巨大な宮門や殿舎が配されること。

(3) 南北に重層的にいくつかの空間に分節されること。特に儀礼空間として宮城南門の前庭、朝堂院南門の前庭＝後の朝集殿院、内裏南門の前庭＝すなわち朝堂院、内裏前殿の前庭、内裏後殿以北という五つの空間が注目される。

すでに先学も注目していたように、以上の三点が、中国の宮城との比較の対象となりうる。(1)の特徴については中国では魏晋以降の宮城で顕著となり、明確な軸線が形成される。[15] 前期難波宮が営まれた上町台地は南南西―北北東に傾いた稜線を有しており、また東西が狭く谷の入り組んだ複雑な地形である。こうした自然地形を無視して正南北の宮城軸線を築いたことは、そこに為政者の強い意志を認めることができよう。(2)については、魏晋以降、宮城の軸線上に閶闔門や太極殿などの大規模な殿舎が配置されていることから、中国宮城と難波宮との共通性を認めることができるだろう。(3)の特徴も中国の魏晋南北朝や隋唐の宮城と共通する要素である。ここで問題となるのは(3)が果たして三朝制に基づくものか否かということになるだろう。なお、岸氏が唱えた南北朝期、特に洛陽と鄴の前期難波宮への影響については、すでに王仲殊氏や王維坤氏が日本の都城の起源を論じる際に指摘しているように、[16] 隋唐期にこれらの都市は完全に廃されており、北朝と直接交渉のなかった日本が七世紀に洛陽や鄴を参照して宮城を造営することは不可能であり、直接的な影響は認めにくい。[17]

前期難波宮以前の倭王権の宮室の平面配置が明らかになっておらず、その構造は文献からうかがうことしかできないが、岸俊男氏の推古朝の小墾田宮の復原が最も参考となるだろう。[18]周知のように、南門を入ると庁のある朝堂院があり、その北に大門があり、さらにその奥に大殿がある二重構造となる。これは前期難波宮の朝堂院、内裏南門、内裏前殿の構造と共通する。だが、前期難波宮は朝堂院の前にさらに空間を設け、宮城南門を設置するなど、その構造はさらに複雑かつ大規模なものとなっている。では南から順次、各朝の候補となる空間を見ていこう（図1）。

宮城南門については、その南面に上町台地を切り込む谷が入り込み、儀礼に十分必要な平坦面を確保できていない。宮城南門が儀礼空間として重要であれば、もう少し整地が進んでいてもよいと考えられるが、そのような形跡は認められず、すくなくとも宮城南門が承天門のように大規模儀礼に用いられることはなかったと考えられる。

宮城南門から朝堂院南門までは平坦面が確保できている。東西は朝集殿に相当する南北棟に挟まれており、その範囲は南北約一〇五㍍、東西約一一三㍍となる。朝堂院は南北約二八〇㍍、東西は朝堂間の距離が一八一㍍であり、前期難波宮では最も広い平坦面である。正面の内裏南門は前期難波宮で最大の門であり、また門の東西には平面八角形の楼閣建築がそびえる。南面からの景観を極めて意識した構成となっている。

内裏前殿の殿庭は南北四四㍍、東西には長殿を配し、殿舎間の距離は約七七㍍となり、やはり一定の規模を持っている。内裏後殿は、殿の正面から南に内裏前殿につながる軒廊があり、儀礼空間としての殿庭は有しておらず、儀礼の主要殿舎と見ることは困難であろう。なお、内裏後殿以北についての状況は不明である。

以上の前庭の規模と建物の構造から、儀礼空間として用いられた可能性があるのは、朝堂院南門、内裏南門、内裏前殿とそれぞれの前庭ということになるだろう。その中で、規模が最も大きいのが内裏南門とその南側の朝庭とによって構成される空間ということになる。

このように明確に南北に分節化した宮庭構造を有するのは、すでに先学が指摘しているように、唐の長安の太極宮の平面プランと類似する。先に見たように、太極宮の主要殿舎は『大唐六典』では三朝制を体現したものとされ、承天門が外朝、太極殿が中朝、両儀殿が内朝とされる。従来の研究では、この『大唐六典』の記述に基づき、太極宮が当初から三朝制を採る宮城であるということを自明のものとしていた。しかし、『大唐六典』とは、玄宗の勅命により編纂されたもので、記された諸制度も開元期のものであり、殿舎の使用方法についても実態とは違いがある[19]。改めて三朝制を記した『大唐六典』巻七・尚書・工部条を見ると、三朝制と唐の宮城との対比を述べているのは、承天門、太極殿、両儀殿のそれぞれの注においてであり、しかもその注文には、「蓋し古の外朝なり」「蓋し古の中朝なり」「蓋し古の内朝なり」とあるように「蓋」を付け、その比定があくまで推定であることを明確にしている。そもそも『大唐六典』は、玄宗が治世下の唐を周になぞらえるために、唐の制度を周の六典に合わせてまとめさせたものである[20]。その文脈では唐の宮城は周の王宮の再現でなければならなくなり、三朝制と対比されることが当然のこととなる。つまり、『大唐六典』の注文は、すでに存在する太極宮、大明宮の殿舎を、三朝制に当てはめれば、という仮定を述べたものにすぎず、ましてや唐の宮城が三朝制を自明のものとして当初から設計されたことを示すものではない。したがって、唐の太極宮、そしてその前身の隋の大興宮の造営当初において、宮城配置が三朝制に則ったものであるという確証はないことになる。隋唐の宮城は、すでに前節で述べたように、魏晋南北朝以来の宮城の変遷を受けて、南北に複数の朝政の空間が連接する構造となっており、それが『大唐六典』の中で三朝制になぞらえられたにすぎない。したがって、唐の長安太極宮の平面配置から読み取るべきは、三朝制ではなく、分節化した宮城の空間構造を南北に並べたという特徴なのである。

では、豊田氏が説くように儒教経典から理念的な三朝制を取り入れる可能性はなかったのであろうか。七世紀半ばにはすでに儒教は日本にもたらされており、南淵請安が中大兄や中臣鎌足に「周孔之教」を教授し（『日本書紀』皇極三年）、唐から帰国した高向玄理や僧旻が改新政府のブレーンとして加わったことはよく知られている。彼らが、儒教経典に精通し、そこから三朝制を具体化し、新たな宮城に取り入れるのは不可能ではない。ただ、唐公定の経典のテキストである『五経正義』の頒布は永徽四年（六五三）であり、三朝制を組み上げるには漢魏の古注に基づく必要があり、そこから実際の宮城プランを築き上げるのは、非常に困難な作業となるだろう。(21)また、仮に極めて理念的な宮城を造り上げたとしても、宮城での儀礼に参加する官人が同等の儒教的教養を身に付けていなければ、それを正統な天子の宮城と認識することができず、宮城の設計の目的を果たすことはできない。

宮城の造営にあたり、儒教的な正統性をいかに獲得するかという点で参考になるのが、北魏孝文帝の平城太極殿造営の過程である。孝文帝は平城の宮城を中華の正統な宮城に改造することを目指し、技術に秀でた蔣少游に廃墟となった魏晋洛陽宮を調査させ、後に南斉の建康に使者として遣わしている。その目的は実地に宮城の様子を調べさせることであったのであろう。(22)この北魏孝文帝の事例から分かることは、経書だけに基づく正統な宮城の造営は困難であり、実際の宮城を参考にする必要があったということである。七世紀の倭にあっても、経書からの宮城の造営というよりは、やはり実在する宮城からの影響を考えたほうが自然ではないかと思われる。

そうすると最も可能性があるのは唐の宮城を直接訪れた結果を受けての造営ということとなる。隋代と唐初期の日本からの遣使は長安、洛陽ともに訪れている。(23)難波遷都以前に派遣された直近の遣唐使は舒明二年（六三〇）八月であり、中国での行程は詳らかにはできないが、『旧唐書』巻一九九上・東夷伝の記述から、貞観五年（六三一）に太宗に謁見している。(24)おそらく元日朝賀に参加していると考えられるが、『旧唐書』巻三・太宗紀下には、この年の正月に長安の昆明池で諸蕃が集められたとあり、当年の元日朝賀は長安で行われたのであろう。(25)したがって、遣唐使は長安太極宮の承天門や太極殿を実際に目にし、そこで行われた盛大な儀式を体験しているのである。こうした経験を持つ高向玄理、僧旻といった人々がブレーンとなり、実地に見た唐の宮城を参考にした可能性が最も高いのではないだろうか。特に内裏南門の左右に八角形の楼閣を配し、荘厳性を高めたのは、唐太極宮の承天門が闕を有した高壮な門であったことを強く意識したものなのであろう。(26)

なお、積山氏と中尾氏が指摘した内裏西方官衙と呼ばれる倉庫群と唐の太倉との類似性についても触れておきたい。内裏西方官衙は宮城の西北に近い場所にあり、東西方向の並び倉を北端に、倉庫群を東西に配し、中央に管理棟を建てた大規模なもので、大蔵省の可能性も考えられている。倉庫群の宮城での位置や、建物の配置は呂大防の「唐長安城図碑」に描かれた太倉に極めて似ており、唐長安の影響とみることは可能である。その一方で、隋唐の洛陽の含嘉倉は宮城の東側に築かれており、北魏の洛陽でも太倉は宮城の東にあり、一定の場所に太倉を配するという規定はない。近年、発見された北宋の「天聖令」により明らかになった唐の倉庫令には、倉の設置について明確な規定がある。それによれば「諸の倉窖は皆な城内の高燥に置き、倉の側に渠泄水を開け」とあるように、(27)倉設置の条件は城内の高燥の地に置き、傍らに、おそらくは漕運のために、渠水を設けるというものである。倉の設置には地勢が重要であり、唐の太極宮で太倉が宮城の西北に置かれたのは、水運などとの関係と考えられよう。(28)前期難波宮の内裏西方官衙の位置には五世紀に大規模な倉庫が建てられており、この選地には難波津との関係が考えられることから、(29)この地に倉庫群が建てられたのも、漕運や交通路を考慮した上での現実的な選択結果と考えるべきではないだろうか。

おわりに

以上述べてきたように、第三節で前期難波宮の特徴として挙げた(1)〜(3)については中国宮城の影響を認めることができる。ただ、その受容のあり方としては、儒教経典のみに基づく理念的な宮城像や三朝制を受け入れたというよりは、直接的に唐の宮城の影響を受けて成立した可能性があることを指摘した。特に(3)として挙げた南北に並ぶ分節的な宮城配置は、唐長安の太極宮に見られるものであるが、それは、魏晋南北朝の様々な宮城の変遷の上に成立したものであり、『大唐六典』の記述だけを根拠に安易に三朝制が隋唐の宮城に導入されたものとし、それを前提に立論することの危うさを指摘した。もちろん、魏晋以降、中国宮城が儒教経典に整合的なプランを指向していたことは認められる。しかし、それが三朝制の実現を目指したものであったのか否かは、課題を残している。唐長安太極宮（隋の大興宮）の特徴は、それまで試行錯誤を繰り返した南北朝の宮城を洗練させ、まったく新たな土地に整然とした宮城を造りだしたことにある。重層的な空間配置は階層的に配列され、様々な儀礼を通じて君臣間の秩序を明確にする優れた舞台として機能した。その効果は儒教的理念を十分に理解していない周辺諸国からの朝貢者にも深い感銘と強烈な印象を与え、諸国に伝播したのである。その情報を咀嚼し、効果的に取り入れたのが、新たな都の地に改新政府の象徴として築かれた難波長柄豊碕宮であったのだろう。つまり、佐原氏の批判にもかかわらず、前期難波宮の広大かつ計画的な平面配置は、やはり唐長安太極宮の影響を受けて成立したといえるのである。

ただし、前期難波宮には、革新性と同時に、古来の宮殿建築の伝統や、非中国的な多数の朝堂の存在なども認められる。この点については岸氏も指摘するように、未だ不明な部分の多い百済宮城からの影響も考慮すべきであろう。そうした課題は残されるものの、前期難波宮の起源を多元的なものとし、その一つを唐の太極宮に求めることは許されるであろう。前期難波宮は藤原宮に先立ち、唐の宮城の影響を受けて成立した宮城なのである。

註

（1）　佐原康夫「中国における都城の理念と東アジア」（舘野和己編『古代都城のかたち』同成社、二〇〇九年）。

(2) 山根徳太郎「聖武天皇難波宮の研究」（『難波宮址の研究』四、難波宮址顕彰会、一九六一年）。

(3) 岸俊男「難波宮の系譜」（『京都大学文学部研究紀要』一七、一九七七年、のち同『日本古代宮都の研究』岩波書店、一九八八年所収）

(4) 佐竹昭「藤原宮の朝庭と赦宥儀礼」（『日本歴史』四七八、一九八八年、のち同『古代王権と恩赦』雄山閣、一九八八年所収）。

(5) 中尾芳治「前期難波宮と唐長安城の宮・皇城」（同『難波宮の研究』吉川弘文館、一九九五年）。

(6) 豊田裕章「前期難波宮と『周制』の三朝制について」（『ヒストリア』一七三、二〇〇一年）。

(7) 積山洋「大極殿の成立と前期難波宮内裏前殿」（『都城制研究』二、奈良女子大学二一世紀COEプログラム報告集二三、二〇〇九年、のち加筆のうえ同『古代の都城と東アジア―大極殿と難波京―』清文堂、二〇一三年所収）。

(8) 吉田歓『古代の都はどうつくられたか　中国・日本・朝鮮・渤海』（歴史文化ライブラリー、吉川弘文館、二〇一一年）。

(9) 積山洋「前期難波宮内裏西方官衙の検討」（『ヒストリア』一二四、一九八九年）、および前掲註(5)中尾文献。

(10) 拙稿「中国都城の変遷と難波宮への影響」（『東アジアにおける難波宮と古代難波の国際的性格に関する総合研究』平成一八～二一年度科学研究費補助金〈基盤研究B研究代表者積山洋〉二〇一〇年）。

(11) 太極について妹尾達彦氏は『易経』だけでなく天文占星思想で北極周辺の星座を指し、「紫微宮」の中核をなす位置にあり、天帝の常居とされていたことを指摘する（同「唐長安城の儀礼空間―皇帝儀礼の部隊を中心に―」〈『東洋文化』七二、一九九二年〉および同『長安の都市計画』〈講談社メチエ、二〇〇一年〉）。

(12) 北朝の都城では西魏・北周の長安を無視することはできないが、私見では、宮城の改変が頻繁に行われた結果、北周は後世に影響を与える宮城はつくりあげることはできなかった（拙稿「北朝長安の都城史上の位置づけについて」〈『大阪文化財研究所研究紀要』一四、二〇一三年〉）。一方で北周の宣帝が洛陽で再興に着手した宮城は、鄴の系譜を引くものであり、また宣帝死去に伴う造営中止の時点で太極殿が完成していたことも考え、鄴から隋の大興宮への橋渡しを行った可能性が高い。北周洛陽については拙稿「中国複都制における洛陽」（『都城制研究(4)―東アジアの複都制―』二〇一〇年）参照。

(13) 松本保宣「唐代常朝制度試論」（『立命館東洋史学』二六、二〇〇三年、のち同『唐王朝の宮城と御前会議―唐代聴政制度の展開―』晃洋書房、二〇〇六年所収）は唐の両儀殿（隋の中華殿）が北朝の顕陽殿の系譜を引くものであることを指摘する。ただし、隋の中華殿の機能は史書からは明確にできない。隋の宮城については辛徳勇「隋大興城坊考稿」(『燕京学報』二〇〇九年第二期)参照。

(14) 周や『周礼』を最も意識した北周にしても、その殿舎名こそ「露寝」「路門」など『周礼』を意識したものであるが、宮城全体の構造は三朝制とは異なるものと思われる(前掲註(12))。

(15) 積山洋「中国古代都城の軸線プランと正殿」(『条里制・古代都市研究』二三、二〇〇七年、のち同『古代の都城と東アジア―大極殿と難波京―』清文堂、二〇一三年所収)。

(16) 王仲殊「関于日本古代都城制度的源流」(『考古』一九八三年第四期、菅谷文則・中村潤子訳「日本の古代都城制度の源流について」〈『考古学雑誌』六九―一、一九八三年〉)、王維坤「日本の平城京と中国の古代都城の比較研究」(同『中日の古代都城と文物交流の研究』朋友書店、一九九七年)。

(17) ただ、南北朝時代の都城の影響が「間接的」に伝わった可能性はある。最も可能性があるのは東晋南朝の建康の影響で、五世紀に倭の使者が直接訪れていることに加え、日本に様々な文化を伝えた百済が東晋南朝と密接な関係を有しており、百済が都城造営に際して建康の影響を受け、それが日本に伝わった可能性は排除できない。その点は岸氏も注意していたことであるが、現在でも百済の宮城や建康宮について詳細に比較検討できるだけの資料はなく、可能性が残るにすぎない。ただこの場合でも百済や倭が交渉を持たなかった北朝の宮城の影響は考えにくいだろう。

(18) 岸俊男「朝堂の初歩的考察」(『橿原考古学研究所論集　創立三十五周年記念』吉川弘文館、一九七五年、のち同『日本古代宮都の研究』岩波書店、一九八八年所収)。

(19) 『大唐六典』工部の殿舎に関する記述が実際の使用状況を必ずしも反映したものでないことは、すでに松本保宣氏により指摘されている(前掲註(13)同氏文献)。とくに元正朝賀が大極殿でなく、承天門で行われたとするなど重大な齟齬もある。

(20) 『大唐六典』の編纂意図および行用については内藤乾吉「唐六典の行用に就いて」(『東方学報　京都』第七冊、のち同『中国法制史考證』有斐閣、一九六三年所収)参照。

(21) 養老令・学令に「凡そ正業を教授するに、……三礼、毛詩は鄭玄注」とあるように、奈良時代には鄭注が公定の注釈書とされており、この時点でも『五経正義』は将来されていないのか、普及していなかったのであろう。

(22) 『北史』巻九〇・芸術伝下・蔣少游伝。なお、孝文帝紀によれば、少游の南斉派遣は太和十五年十一月、まさに少游が手掛けた太廟落成直後である。太極殿の完成は太和十六年十月である。

（23）隋の大業三年（推古十五年）と翌年の遣隋使は、それぞれ長安と洛陽で煬帝に謁見したと思われる。

（24）『旧唐書』巻一九九上・東夷伝・倭国条に貞観五年「遣使献方物。太宗矜其道遠、敕所司無令歳貢、又遣新州刺史高表仁持節往撫之」。

（25）『旧唐書』巻三・太宗紀下には、貞観五年「春正月癸酉、大蒐於昆明池、蕃夷君長咸従」とあり、太宗が正月に長安に滞在していたことが分かる。

（26）承天門に闕があったことは『太平御覧』巻一八三・居処部十一・門下に引く『両京新記』に「正南承天門、門外両観、肺石、登聞鼓」とあることから分かる。前期難波宮の八角殿が宮門の荘厳化に果たした役割については、上野邦一「古代宮殿における中心建物周辺の荘厳空間」（奈良女子大学古代学学術センター『古代学』二、二〇一〇年）参照。

（27）「天聖令」については天一閣博物館・中国社会科学院歴史研究所天聖令整理課題組校證『天一閣蔵明鈔本天聖令校證』（中華書局、二〇〇六年）および同書所収の李錦繡「唐倉庫令復原研究」参照。

（28）唐の長安太倉や洛陽含嘉倉の立地も同様であろう。礪波護「隋唐時代の太倉と含嘉倉」（『東方学報　京都』第五二冊、一九八〇年）参照。

（29）南秀雄「倉・屯倉」（一瀬和夫・福永伸哉・北條芳隆編『古墳時代の考古学6　人々の暮らしと社会』同成社、二〇一三年）。

古代東アジアにおける八角形建物とその平面形態

——前期難波宮東・西八角殿研究への予察——

李陽浩

はじめに

『日本書紀』六五二年（白雉三）秋九月条は、「難波長柄豊碕宮」（＝前期難波宮）の完成に際して「その宮殿の状、殫に論ふべからず（言葉に尽くせないほど立派であった）」と特記する。

この記事は、『日本書紀』の数々の造営記事が造営の事実のみを記すのに対して、さらに一歩踏み込んだものとして注目される。その「殫に論ふべからず」という表現が意味するところとは、おそらく前期難波宮の隔絶性であり、何よりもそれは具体的に完成した建物の姿から引き起こされる感想・意見であったと想像される。そして、そのような目で前期難波宮の発掘成果を振り返ると、そこには古代日本における宮殿建築の変化・発展を考える上で特筆されるような画期的な要素を見出すことができる。(1) なかでも、とりわけ注目されるのが新しいビルディングタイプ（建築類形）の採用であり、(2) その代表的なものが宮殿建築で唯一確認される八角形建物（東・西八角殿）の存在である。

八角形建物とは文字通り平面形態（柱配置）が八角形の建物を指す。このような形式の建物は古代東アジアにしばしみられるが、すでに先学によって、現存する建物や発掘遺構、文献資料などから検討が加えられてきた(3)。前期難波宮東・西八角殿についても検討が行われ、その用途や構造については諸説が唱えられているものの、いまだ定説をみていないのが現状である(4)。

東・西八角殿は掘形の大きさ・形状や柱痕跡などから高大な建物であったと考えられ、古代日本の八角形建物では最大級の規模を誇る、まさに隔絶的な建物である。このような特異な建物が独自に考案されたものなのか、あるいは伝播によって成立したのなら、そのデザインソースがどこにあったのかという点は、この建物の性格を明らかにする上で欠かせない問題である。そのためには、何よりも古代東アジアの八角形建物がどのような特徴を備えており、そこにどのような系譜がみられるのかを知る必要があろう。

そこで小稿では、前期難波宮東・西八角殿研究への予察として、これまでに発掘調査で知られた古代東アジアの八角形建物を振り返り、柱配置に注目することで、そこにみられる平面形態の特徴を建築的観点から検討することにしたい。

なお、以下の検討では八角形平面における柱列を、内側から「内周」（一重目）、「外周」（二重目）、「最外周」（三重目）と仮称する。また、遺構名および記述は主として報告書に従うが、寸法については、各報告に記載された図面をもとに計り直したものもあり、一部異なった数値もある。

一　古代東アジア八角形建物の諸例と柱配置

1　古代の八角形建物にみられる平面形態

すでに指摘されるように、古代の八角形建物は内周・外周の柱配置から大きく三種類に分類することができる。(5) ここでは検討に先立って、各類型の特徴について簡単に振り返ることにしよう。

〔A型〕　内周・外周ともに柱が八角形に配置されるタイプである。内周と外周のそれぞれ隅に立つ柱が、八角形の中心から放射線上に位置することが大きな平面的特徴である。これは隅木が内周・外周の隅柱上を通ることを示しており、その間に繋梁を架けることにおいても有効で、合理的な構造といえる。このタイプの現存例である法隆寺東院夢殿(6)（七三九年）では、対応する外周・内周の柱どうしを繋虹梁で繋ぐが、柱は内周が高く外周が低いため、外周柱上から内方に延びる繋虹梁は内周柱の上から四分の一程度のところに繋がる。また、内周より内側には柱・梁がなく、広い内部空間を確保している。

〔B型〕　内周が方形、外周が八角形に配置されるタイプである。内周と外周の隅柱位置が中心から放射線上に通らないことが大きな特徴である。そのため、内周と外周の隅柱を繋ぐためにはA型とは異なる方法を必要とする。このタイプの現存例である栄山寺八角堂(7)（七五九年）では、繋虹梁は方形に配置された内周柱から平行・直交する方向（井字型）に出て外周柱と繋がり、繋虹梁先端は力肘木となって、八角形平面に合わせるために外周隅柱上で折り曲げられる。内周では隅木が柱上を通らないためにそれを支える工夫が必要で、以下のようになっている。まず、内周柱上に梁を井桁に組み、その上にそれに内接するように部材を八角形に組む。その組んだ八角形の各頂点に斗を置いて隅木を受けるのである。隅木は外周柱とこの斗の上を通って、心束のある中心に集まるかたちとなる。なお、他のB型例においても同様の構造が採用されていた可能性が考えられる。

〔C型〕 八角形の外周のみから成り立つタイプである。上部構造については、現存する古代の遺構がないために不明な部分が多いが、法隆寺夢殿における内周内側部分が参考としてあげられる。そこでは内周内部に天井や内陣梁がなく、隅木を心束で一点に結ぶ形をとる。仮にC型がこのようなシンプルな形式だったとすれば、全体の規模が隅木の長さと直接的に関係することから、主に小規模な建物に採用される形式とも考えられる。時代はやや下るが、このタイプで現存する広隆寺桂宮院本堂(8)(一二五一年)は中心に柱がなく、八角形平面の一辺が二・一三㍍、対辺間距離が五・一五㍍の小堂である。

2 古代東アジアにおける八角形建物の諸例

次に、以上の三種類の平面形態に留意しつつ、古代東アジアにおける八角形建物の事例を確認することにしよう。これまでに知られた八角形建物には、発掘された遺跡例、現存する遺構例、文献資料に記載された例などが知られるが(9)、ここでは発掘例を中心にみていくことにしたい。

表1は発掘調査によって知られた古代東アジアの八角形建物をまとめたものである。以下、地域ごとに概要を記す(それぞれの出典は表1を参照)。

〔日本〕 前期難波宮は大阪市中央区法円坂一帯に位置する宮殿遺構である。一九五四年(昭和二十九)から行われた発掘調査によってその詳細が明らかにされてきた。東・西八角殿は中軸線上にある内裏南門を挟んで東西対称の位置に置かれ、それぞれ複廊に囲まれて一院を形成する。東八角殿(SB八七五四〇一)と西八角殿(SB四二〇一)は同じ規模を持ち、ともに平面八角形の柱列が三重に巡る掘立柱建物である。

樫原廃寺八角塔跡は京都市右京区樫原内垣外町に位置する。一九六七年（同四十二）の調査によって八角形の瓦積基壇が検出され、地表下二・〇五㍍で地下式心礎が見つかったことから塔跡と確認された。

鞠智城跡は、菊池川中流域、熊本県鹿本郡菊鹿町米原にある標高一六〇㍍前後の丘陵地に位置する。一九九一年（平成三）の調査によって、南北に約五〇㍍離れて北側（三〇・三一号）・南側（三二・三三号）の八角形建物が検出された。ともに中心に掘形が存在し、その規模などから北側を円堂、南側を塔と考える説がある。北側八角形建物では掘立柱建物を礎石建物へと造り替えていることが判明している。(10) 南側八角形建物にも建て替えの痕跡が認められる。

なお、近年知られた群馬県伊勢崎市三軒屋遺跡八角形建物は総柱の倉庫と考えられており、古代の八角形建物を考

1辺	内周対辺間	1辺	中心柱	平面形式	出典
6.3 m	9.8 m	4.0 m	無	A	1
2.2 m	2.2 m	2.2 m	有	B	2
3.7 m	6.3 m	2.6 m	有	A	3
2.5 m	3.7 m	1.5 m	有	A	3
4.2 m	4.2 m	4.2 m	無	B	4
—	—	—	—	—	5
—	—	—	—	—	6
—	—	—	—	—	7
—	—	—	—	—	8
4.8 m	4.5 m	4.5 m	無	B	9
/	5.6 m	2.0 m	有	C	10
/	9.2 m	4.2 m	有	C	11
2.0 m	1.4 m	1.4 m	有	B	12
3.0 m	3.0 m	3.0 m	無	B	13
4.0 m	7.0 m	2.7 m	無	A	14
4.4 m	4.4 m	4.4 m	無	B	15

1辺	内周対辺間	1辺	中心柱	平面形式	出典
4.6 m	5.6 m	2.3 m	無	A	16
3.2 m	3.2 m	3.2 m	無	B	16
4.9 m	5.9 m	2.5 m	無	A	16
4.6 m	5.6 m	2.3 m	無	A	16
/	5.3 m	2.1 m	無	C	17
6.4 m	8.1 m	3.4 m	無	A	18
2.6 m	3.7 m	1.5 m	無（初重）	A	19
9.8 m	13.5 m	5.6 m	無	A	20

掘調査概要」『仏教芸術』66、(3) 熊本県教育委員会
山城調査試掘報告」、(5) 朝鮮古跡研究会 1940『昭和 13
忠 1971「飛鳥時代寺院の源流としての高句麗寺院の一形
句麗寺址について」『朝鮮考古研究』4、(9) 中央文化財
所 2006『安城望夷山城 3 次発掘調査報告書』、(12) 金秉
泉府址の発掘調査」、(14) 何明 1985「吉林和竜高産渤海
科学院考古研究所洛陽工作隊 1978「隋唐東都城址的勘査
基礎資料集成四』仏堂 1、中央公論美術出版、(17) 工藤
1969『奈良六大寺大観』7、興福寺、岩波書店、(19) 吉
明達編著 1978『応県木塔』、文物出版社。

表1　古代東アジア八角形建物の諸例

発掘遺構例

地域	遺跡名	遺構名	建立年代	基　壇 対辺間	1辺	最外周 対辺間	1辺	外　周 対辺間
日本	前期難波宮	東・西八角殿	白雉3(652)	—	—	17.4 m	7.1 m	15.3 m
	樫原廃寺	八角塔	7世紀中頃	12.2 m	5.1 m	/	/	5.3 m
	鞠智城跡	北側八角形建物	7世紀末〜8世紀	—	—	/	/	8.9 m
	鞠智城跡	南側八角形建物	7世紀末〜8世紀	—	—	9.3 m	3.8 m	6.3 m
高句麗	丸都山城	2・3号建築跡	342年焼失	16.6 m	6.1 m	/	/	10.1 m
	清岩里廃寺	八角塔	5世紀末	22.9 m	9.5 m	—	—	—
	定陵寺跡	第1号建物跡	5世紀	17.6 m	7.4 m	—	—	—
	上五里廃寺	八角塔	5世紀後半？	17.0 m	7.0 m	—	—	—
	土城里廃寺	八角塔	5世紀？	18.2 m	7.7 m	—	—	—
統一新羅	蘿井	八角形建物	679年	18.3 m (上成)	7.6 m	16.2 m	6.7 m	11.6 m
	良将里遺跡	八角形建物	統一新羅	/	/	/	/	/
	望夷山城	八角形建物	統一新羅	/	/	/	/	/
	二聖山城	八角形建物	統一新羅	—	—	8.8 m	3.4 m	4.8 m
渤海	上京龍泉府禁苑	東・西築山八角亭	渤海	—	—	/	/	7.2 m
	高産寺	八角形建物	8世紀中頃	—	—	/	/	12.0 m
隋唐	洛陽城九州池	八角亭	唐	13.2 m	5.5 m	/	/	10.5 m

現存建物例

地域	建物名		建立年代	基　壇 対辺間	1辺	最外周 対辺間	1辺	外　周 対辺間
日本	法隆寺東院	夢殿	天平11(739)	15.4 m (上成)	6.4 m	/	/	11.2 m
	栄山寺	八角堂	天平宝字3(759)	12.4 m	5.1 m	/	/	7.8 m
	興福寺	北円堂	承元4(1210)	17.8 m	7.4 m	/	/	11.7 m
	法隆寺	西円堂	建長3(1251)	15.3 m	6.4 m	/	/	11.1 m
	広隆寺	桂宮院本堂	建長3(1251)	7.5 m	3.1 m	/	/	/
	興福寺	南円堂	寛保元(1741)	22.8 m	9.4 m	/	/	15.5 m
	安楽寺	八角三重塔	鎌倉後期	8.7 m	3.6 m	/	/	6.2 m
中国	仏宮寺	釈迦塔	清寧2(1056)	35.5 m	14.6 m	30.3 m	12.5 m	23.7 m

＊—は不明、/は該当なし。

＊平面類型　A：内周八角・外周八角、B：内周四角・外周八角、C：内周のみ。

＊出典　(1) 大阪市文化財協会2005『難波宮址の研究』13、(2) 杉山信三・佐藤興治1967「樫原廃寺の発
2012『鞠智城跡』Ⅱ、(4) 吉林省文物考古研究所・集安市博物館2004『丸都山城 2001〜2003年集安丸都
年度古跡調査報告』、(6) チョン・ジェホン1994『東明王陵についての研究』社会科学出版社、(7) 斉藤
式」『日本古代遺跡の研究』論考編、吉川弘文館、(8) ナム・イルリョン1987「黄海北道鳳山郡土城里高
研究院2008『慶州蘿井』、(10) 木浦博物館他1997『務安良将里遺跡』、(11) 壇国大学校埋蔵文化財研究
模・沈光注1988『二聖山城　二次発掘調査中間報告書』、(13) 東亜考古学会1939『東京城　渤海上京龍
寺廟址」『北方文物』1985年第4期、延辺博物館1988『延辺文物簡編』延辺人民出版社、(15) 中国社会
和発掘続記」『考古』1978年第6期、(16) 澤村仁1981「法隆寺東院夢殿」「栄山寺八角堂」『日本建築史
圭章1980「広隆寺桂宮院本堂」『日本古寺美術全集』12解説、集英社、(18) 奈良六大寺大観刊行会編
沢政巳1999「安楽寺八角三重塔」『日本建築史基礎資料集成』12、塔婆Ⅱ、中央公論美術出版、(20) 陳

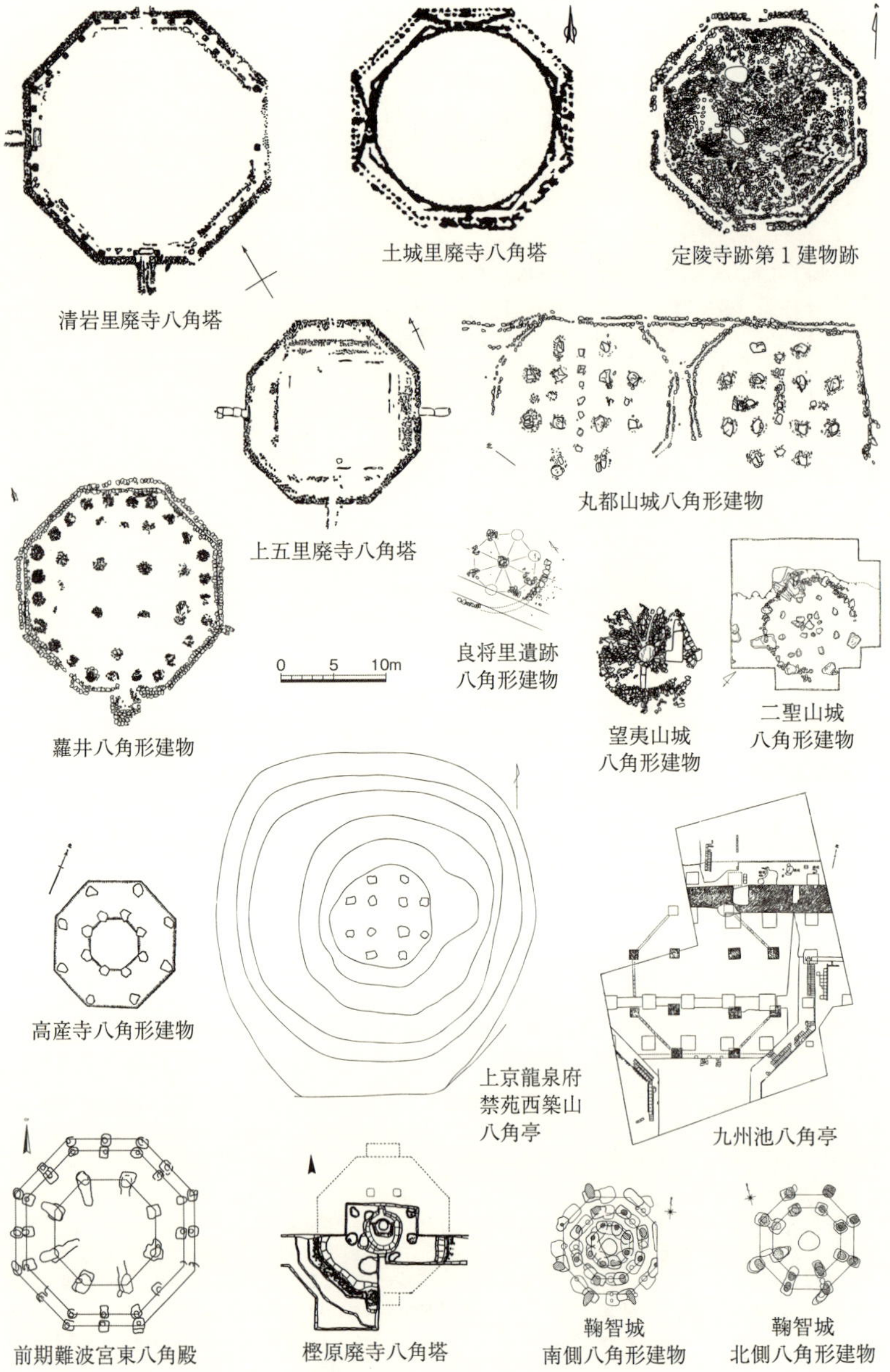

図１　古代東アジア八角形建物比較図（実測図）

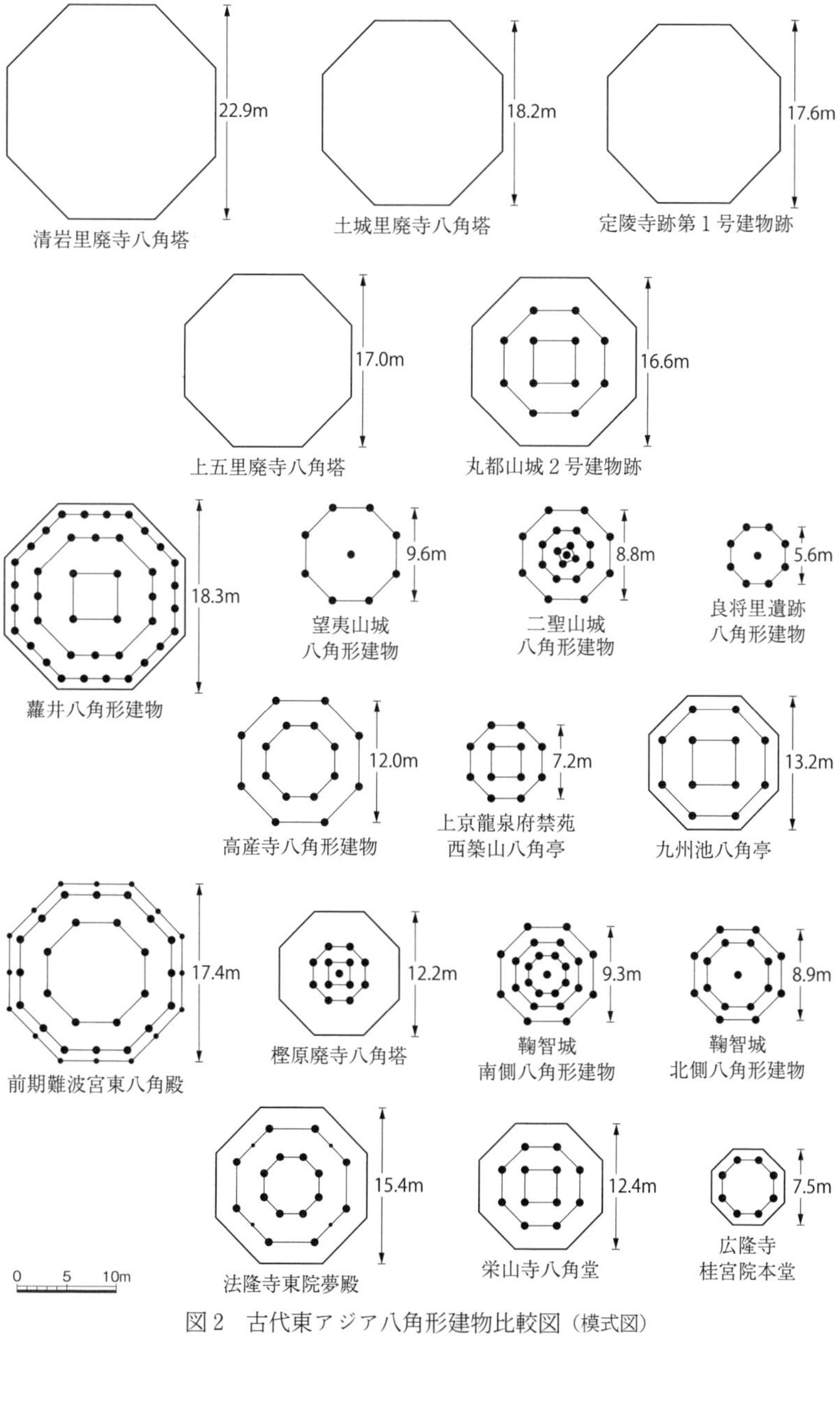
22.9m
清岩里廃寺八角塔
18.2m
土城里廃寺八角塔
17.6m
定陵寺跡第１号建物跡
17.0m
上五里廃寺八角塔
16.6m
丸都山城２号建物跡
18.3m
纛井八角形建物
9.6m
望夷山城
八角形建物
8.8m
二聖山城
八角形建物
5.6m
良将里遺跡
八角形建物
12.0m
高産寺八角形建物
7.2m
上京龍泉府禁苑
西築山八角亭
13.2m
九州池八角亭
17.4m
前期難波宮東八角殿
12.2m
樫原廃寺八角塔
9.3m
鞠智城
南側八角形建物
8.9m
鞠智城
北側八角形建物
15.4m
法隆寺東院夢殿
12.4m
栄山寺八角堂
7.5m
広隆寺
桂宮院本堂
0
5
10m

図２　古代東アジア八角形建物比較図（模式図）

える上で注目される。ただ、そこにみられる柱配置は一般的な八角形建物とは異なるため、ここでは取り上げず、別の機会に検討することにしたい。

〔**高句麗**〕　集安丸都山城（山城子山城）は吉林省南部に位置する集安市にあり、付近には高句麗早中期の都城として著名な国内城や一〇余基の高句麗王陵などが存在する。二〇〇三年度に行われた調査によって、同じ規模の二棟の八角形建物跡（二・三号建物跡）が確認された。二棟の建物は同規模で、建物周囲には排水溝が廻り、雨落溝を兼ねる。建物の内周内部には主たる礎石のほかに東西と南北で直交する礎石列がある。そのうち、南北に並ぶ七個の礎石はその間隔がほぼ等しく、東西に並ぶ礎石は二基が一対となる。内部で直交する礎石は、内周・外周に比べて小さく、形も不規則である。

平壌清岩里廃寺は平壌中心部から北東に約三㌔離れた清岩里土城内の台地上に位置する。一九三八年に行われた発掘調査によって、八角塔跡を中心に三方に建物を配置する一塔三金堂式の伽藍配置が確認された。八角塔跡の基壇内部はすでに破壊されて残っておらず、柱配置などは不明である。基壇外側には、方形の造出しを持ち、上面に枘穴を穿った小礎石を配置するが、東西南北の各面は柱間五間、その他は柱間四間とする。小礎石の外側では割石を並べて縁石とし、その外側に幅約〇・七㍍の玉石敷き（雨落溝）を廻らせる。

平壌定陵寺跡は平壌中心部から東南二二㌔にある伝東明王陵の南一五〇㍍に位置する。一九七四年に行われた発掘調査によって、高句麗時代の寺址と認められた。全体は五つの区画からなり、第一区画には第一号建物跡（八角塔）を中心とする一〇棟からなる建物群が見つかっている。第一号建物跡の基礎部分は、深さ二㍍まで全面に石を敷き詰める構造を持つ。その周囲には幅約〇・八㍍の何もない部分が廻り、さらにその外側には幅〇・六㍍の雨落溝が廻る。東西南北の雨落溝の内側中央には石が敷かれておらず、それぞれ階段跡とみられる。

平壌上五里廃寺は、清岩里廃寺の東南二キロにあり、大同江北岸に位置する。一九三九年に発掘調査が行われ、高句麗時代の八角形建物とその東西に建物跡（金堂跡）が検出された。八角形建物は基壇の周囲に幅〇・八メートルの雨落溝が廻る。雨落溝外側から約三・六メートル内側に切石を立て並べた方形の区画があるが、柱配置などは不明である。北・南面の雨落溝では石敷きが途切れ、平石が残ることから階段跡とみられる。

鳳山郡土城里廃寺は、黄海北道鳳山郡土城里に位置する。一九八七年の報告によって、高句麗時代の八角形建物跡とその西・北側でそれぞれ建物跡の一部が紹介された。八角形建物の基礎部分は総地業を行っており、基礎部分から一・一五メートル離れて、幅〇・七メートルの雨落溝が廻る。雨落溝の底には掌大の石を敷き、両側には板石を直線状に立てている。基壇内部の柱配置などは不明である。

〔統一新羅〕　慶州蘿井は慶尚北道慶州市塔洞に位置し、この地は新羅の始祖である朴赫居世の誕生伝説が伝わるところである。二〇〇二〜二〇〇五年の調査によって、統一新羅時代（六七九年）と思われる八角形建物が検出された。基壇は平面八角形で、花崗岩製の外装を持つ二重基壇である。基壇上面では礎石を据えるための根石群（積心）が平面八角形で三重に検出された。八角形建物の南側中央には、長さ約一四メートル、幅三メートル内外の歩道と、これと繋がる長さ二メートル、幅三メートルほどの階段跡とみられる石列が確認された。

務安良将里遺跡は全羅南道務安郡夢灘面良将里に位置する。東南約三・五キロには栄山江の本流が流れ、西北側には蘆嶺山脈から延びる僧達山がある。一九九六年に行われた発掘調査によって、統一新羅時代の八角形建物が検出された。礎石据付痕跡（積心）が平面八角形に廻り、中心にも礎石据付痕跡がある。建物周囲には護石列が廻る。

安城望夷山城は京畿道安城市一竹から忠清北道陰城郡にかけて拡がる馬耳山の頂上部分に築造された包谷式山城である。二〇〇五年の調査によって、統一新羅〜高麗時代と考えられる八角形建物が検出された。基壇列と礎石一基、中心礎石、暗渠施設の一部が残存する。基壇内部は石材で満たされており、中心礎石から約四・五㍍のところに基壇の石列がある。石列の両端では礎石と礎石据付痕跡が確認され、隅柱の位置と考えられる。また、中心礎石から放射状に暗渠が四条確認された。暗渠は側石と蓋石からなり、底石は用いられていない。内部に水が流れた痕跡がなく、排水などとは異なった用途に用いられた可能性が考えられている。

河南二聖山城は河南市春宮洞に位置する統一新羅時代の山城である。西方五㌔の地点には風納土城と夢村土城があり、南方五㌔の地点には南漢山城が位置する。城内には四ヶ所の大型長方形建物跡、八・九・一二角形建物跡など、二〇棟余りが検出されている。一九八七年の調査において、D区八角形建物が検出された。八角形建物は中心礎石の周囲に三重に柱が廻る形式である。ただ、外周と最外周の柱筋は中心から放射線上に位置するが、内周の柱筋は外周と対応しない。また、内周の柱間には卵状の石が立てられている。報告書ではこの石がソウル社稷壇の国社壇にある石主と同じ性格のものとみて、この建物を社稷壇、東側に位置する九角形建物を天壇と推定している。

〔渤海〕　上京龍泉府禁苑は上京龍泉府内城の東部にあり、東西約二二〇㍍、南北約三五〇㍍の区域を占める。中央に南北約一七〇㍍、東西約一二〇㍍の池を設け、なかに二基の築山を造る。西方に位置する築山は不正円形で、基部の径約三〇㍍、高さ約二・七㍍、頂部は平坦になっており、そこから八角形建物（八角亭）が検出された。東方の築山にも同様の八角形建物が存在し、柱間なども等しい。

和竜県高産寺は吉林省和竜県徳化郷高産村の東南約〇・五㌔に位置する。一九七九年の調査によって、大量の瓦と八角形建物跡を示す一六基の礎石が検出された。内周の内部は円形の壇状となっており、仏壇の基座と推定されている。現存する高さ〇・四㍍、直径六・五㍍である。なお、内周の礎石は壇の下に置かれ、法隆寺東院夢殿との類似が注目される。

〔隋唐〕　隋唐洛陽城九州池八角亭は、隋唐洛陽城の宮城西部、九州池の東南一二五㍍に位置する。地山を整えた八角形の基壇上に建ち、現存する基壇の高さは約〇・五㍍である。内周の平面は方形、外周の平面は八角形である。東・南・北面を除く各柱間には長方形の塼が一列に敷かれており、ここから塼が敷かれていない東・南・北面に出入口があったと思われる。基壇周囲には塼を敷いた雨落溝が廻るが、南面では基壇周囲を廻らず、南側にまっすぐ延びる。

3　平面形態の復元

以上の八角形建物例では、高句麗の例をはじめとして、建物の具体的な平面形態が明確でないものが存在する。そこでいくつかの例について、平面形態を復元的に検討してみることにしたい。

〔清岩里廃寺八角塔〕　基壇内部はすでに破壊され、柱配置などは不明である。ただ、周囲に小礎石が見つかっており、これを飛鳥寺の東・西金堂を参考に、下成基壇上に置かれた裳階や庇を支える柱とする意見がある。(11) しかし、問題は小礎石をそのように考えていいのかという点にある。報告書に掲載された図面からすると、八角塔の基壇縁から小礎石心までの距離は約〇・四㍍、小礎石心から縁石（玉石敷きの基壇側）までの距離は約〇・六㍍である。飛鳥寺東・西金堂では、上層基壇縁から小礎石心までは約〇・三㍍、そこから下成基壇縁までは約一・五㍍で、清岩里廃寺に比べると小礎石から外側の距離が倍以上の長さとなる。これは軒の出の長さを示しており、清岩里廃寺では軒の出があまりに短く、それが裳階や庇を支える柱とは考え難いことが指摘される。また、小礎石の配置をみると、東西南北の各辺は小礎石間が五間であるが、それ以外の辺は四間である。仮にこれが建物の上部構造と関係するのなら、各辺で柱割が異なることになり、それらの柱と内方とを繋ぐ部材も不均等となる。このような状態を避けるには、内方の柱と繫がずに小礎石同士を横方向に繫ぐ方法が考えられるが、構造的には不安定である。以上のような点と、小礎石の形態（上面が二段になり、上段に方形の枘穴が存在するものがある）を勘案すると、この小礎石は裳階や庇ではなく、欄干などの支柱に用いられたと考えられる。(12)

〔**定陵寺跡第一建物跡**〕　基壇内部の柱配置は不明であるが、基壇上を満たした石の大きさや密集の度合いから、元来の礎石位置を推定できる場所があるとされ、それに基づいて復元図が提示されている(13)（図3）。あるいは、定陵寺跡で同時に見つかった他の建物例を参考に、内部の柱配置を推測するものもある(14)（図4）。なお、この二案は平面形態をA型に復元するが、別の意見ではB型とするものもあり(15)、一定しない。あらためて平面図をみると、確かに礎石の据付痕跡とおぼしき根石の集合を見て取ることができるものの、その位置を明確にするには若干の想像力が必要となる。よって、ここでは復元案を紹介するにとどめ、詳細は今後の調査・研究を待ちたいと思う。なお、上五里廃寺や土城里廃寺も柱配置は不明である。上五里廃寺の例からすると、八角形基壇の内部に方形の建物が存在していた可能性も考えられる。このようにみると、高句麗寺院における八角形建物の平面については、より慎重な検討が必要とされる。

〔**丸都山城二・三号建物跡**〕　柱配置については礎石の残りが良く、B型であることが明瞭である。問題は、内周内部の直交する礎石の性格であるが、特に二基が一対となる点が注目される。このような配置は、当麻寺本堂（内陣）などにみられる床束の礎石配置と類似する。当麻寺本堂では大引が主柱を挟み込んで床を支えるが、その大引を支える床束は二基が一対となっている(16)。このような類似から丸都山城例も床束であったことが推測されよう。直交する礎石の大きさが小さく不揃いで、建物の上部構造に関係するものではないと考えられることも、床束と考える上で有利である。なお、丸都山城では同時に検出されたその他の宮殿建物にも床束と思われる小礎石が検出されており（図5）、宮殿跡は全体に床張りであったことが指摘される。

〔**蘿井八角形建物**〕 最も残りの良い礎石据付痕跡（積心）から柱配置を推測すると、図2のようになる。内周は方形で、外周は東西南北の各辺が柱間二間、その他の各辺は柱間一間となる。なお、南辺部分は後代に攪乱されて詳細が不明であるが、規則性からすると柱間二間に復元されよう。最外周は、残りが最も良い北西辺の部分を参考に、南面を除いて、各辺柱間三間であったと考えられる。南辺は後代の攪乱でよく分からないが、階段が取り付くことから出入口と考えられる。このように復元された平面はB型に含まれるものの、その一般例とは異なる。とりわけ外周の

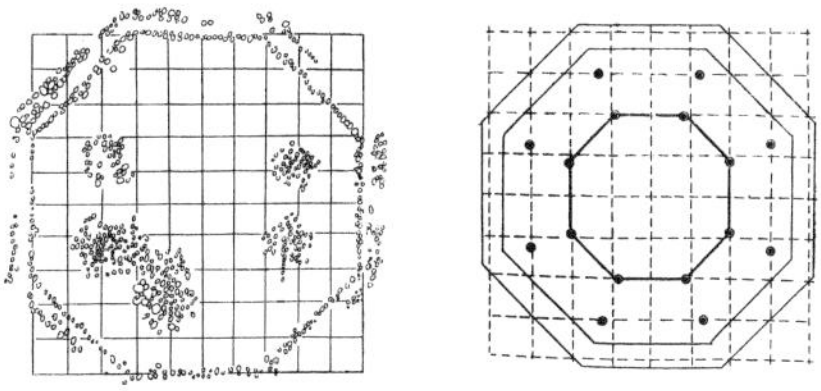

図3　定陵寺跡第1建物跡復元案1（朝鮮技術発展史編纂委員会 1996『朝鮮技術発展史』2より）

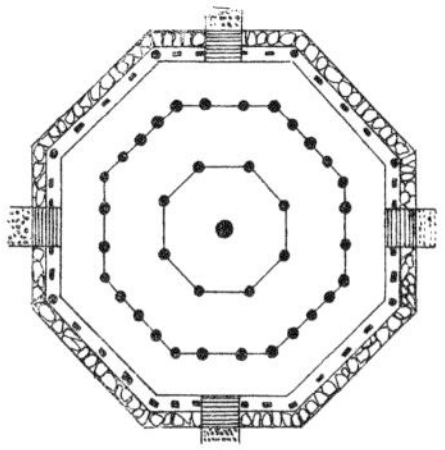

図4　定陵寺跡第1建物跡復元案2（チョン・ジェホン 1994『東明王陵についての研究』より）

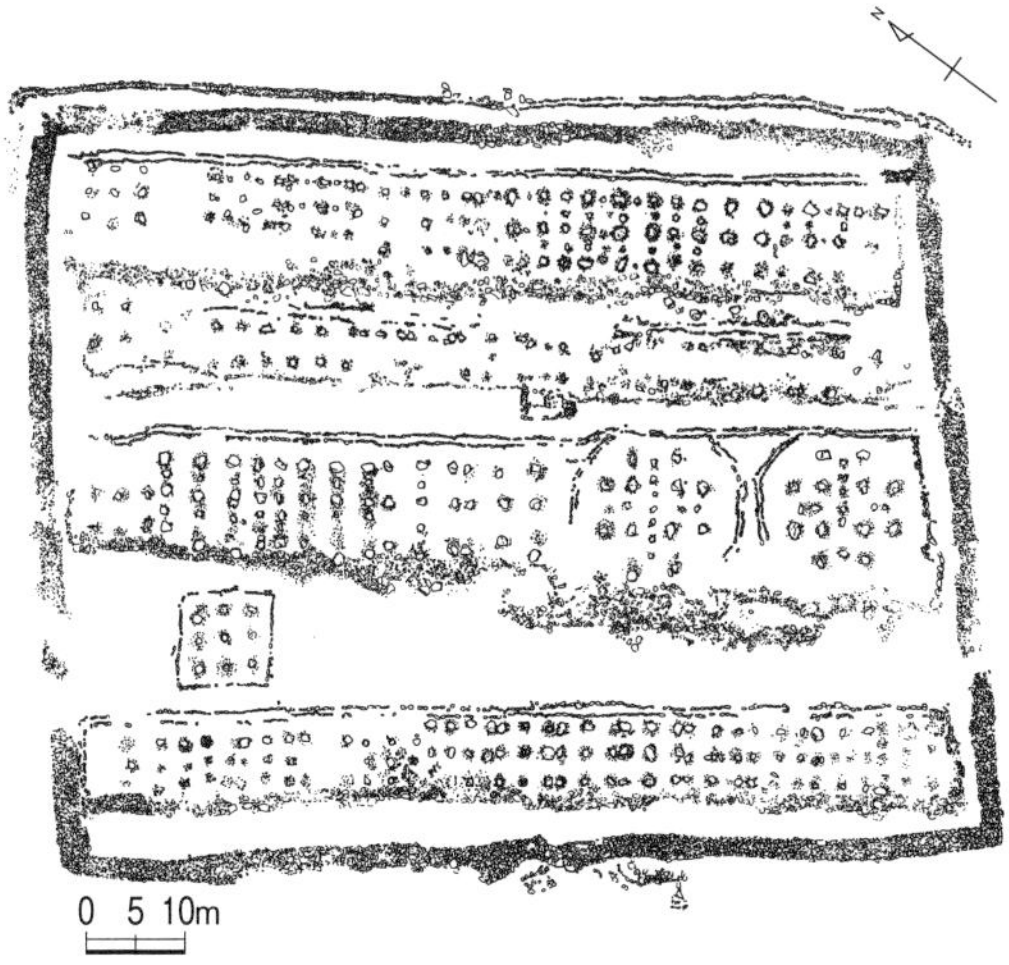

図5　集安丸都山城宮殿配置図（吉林省文物考古研究所・集安市博物館 2004『丸都山城 2001～2003年集安丸都山城調査試掘報告』より）

柱間が各辺で異なる点は問題である。仮にこの復元図が正しいとすると、外周と最外周では隅柱のみが対応することから、隅柱以外は梁などで繋いでいなかった可能性が考えられる。すると最外周は裳階のような扱いであった可能性が高く、付加的なものであったと考えられる。また、柱間装置については、現存する奈良時代の八角堂例を参考にすると、外周では柱間二間の部分に壁や連子窓などが設けられ、柱間一間の部分に扉が設置されていたと考えられる。最外周の南面に入口があったのなら、外周への入口は正面には来ないことになり、変則的となる。

〔二聖山城八角形建物〕　礎石の配置からB型と考えられるが、問題は内周と外周との関係である。一般的なB型は、方形に配置された内周柱と八角形の外周柱の柱筋が井字型に通るかたちとなる。それに対して、二聖山城例では内周と外周の柱筋がずれており、相互が対応しない。構造的にみた場合、これは両者が梁などで繋がれていなかったことを示す。おそらく、内周と外周はそれぞれ独立して、横方向にのみ繋いでいたものと思われる。ここから、二聖山城例は簡易な構造で、かつ高層の建物ではなかったことが推測される。

二　平面形態からみた八角形建物の特徴

ここまで、発掘調査によって知られた古代東アジアにおける八角形建物例を振り返るとともに、柱配置が不明なものについては復元的に検討を行った。

次に、平面形態の三類型に従ってこれらの例を分類し、各類型にみられる特徴について、B型、C型、A型、不明、の順に若干の検討を行う。

〔B型〕　ここには八例（集安丸都山城二・三号建物址、樫原廃寺八角塔、慶州蘿井八角形建物、河南二聖山城八角形建物、上

京龍泉府禁苑東・西築山八角形建物、隋唐洛陽城九州池八角亭）が含まれる。今回の例では、B型が最も多く、かつ古くに遡ること（丸都山城例、四世紀中頃）が指摘される。一例として丸都山城例と上京龍泉府禁苑例を比べると、造営年代が三〇〇年以上も離れているが、ともにB型の平面形態で、さらに現存例では栄山寺八角堂（八世紀中頃）でも同じ平面が確認される。このように広範な地域や時期幅で確認されることは、B型が古代を通じて普遍的な形式であったことを想像させる。そこで、あらためてB型の特徴をみると、方形に配置された内周柱とその外側に八角形に配置された外周柱とは、井字型に柱の位置が対応しており、内・外周の一辺の長さがそれぞれ等しく規格的である。すなわち一辺の長さが決まれば、全体の規模も決定されることになり、このような規格のシンプルさが普遍性の要因とも考えられる。構造的には、栄山寺八角堂でみられるように内・外周間を梁で繋ぐ方式が一般的であったと思われる。なお、最も大きい慶州蘿井の例は、B型の周囲にさらに庇（裳階か）を設けるかたちといえる。

ところで、B型の平面・構造の特徴をみると、仮に外周が方形（方三間、身舎一間の四面に庇が付くかたち）であっても井字型の構造には変わりがなく、このタイプの構造が必ずしも八角形建物に特有のものではないことが指摘される。また、八角平面は方形平面の四隅を切り欠くことで容易に得られるかたちでもある。このような点からすると、B型は方形（方三間）平面から生じたバリエーションの一種であった可能性も考えられる。栄山寺八角堂の外周柱上において、力肘木（繋梁）の先端を八角形平面に合わせて折り曲げるという手法は、方形平面の構造を八角形平面に変換・対応させた際の、工夫の痕跡を示してはいないだろうか。なお、古代における方三間平面の一般例としては塔があげられる。古代の塔では、通常、心礎の周りに四天柱を配するが、これはB型において内周柱を方形に配置する点と共通する。B型は、方三間平面を持つ木造高層塔が流行した時期に出現した可能性も想定できるのかもしれない。

〔**C型**〕　ここには二例（務安良将里遺跡八角形建物、安城望夷山城八角形建物）が含まれる。C型で注目されるのは、中心柱の存在である。一般的に中心柱は、それを心礎（心柱）とみて、塔に復元される場合が多い。しかし、C型の場合、四天柱がなく、塔とするには構造的に無理があろう。この中心柱は、心柱ではあるものの、塔のそれではなく、八角形平面の隅木を支える心束と考えられる。これは中心柱で支えることで隅木の断面を小さくでき、結果、小屋組全体の材積を軽減し、かつ構造を簡便にするのに有効な手法といえる。中心柱を持つC型は、テントにも似た簡易な構造であった可能性が考えられよう。

〔**A型**〕　ここには四例（前期難波宮東・西八角殿、鞠智城北側・南側八角形建物、和竜県高産寺八角形建物）が含まれる。平面的にはC型の周囲に庇を設けるかたちといえるが、鞠智城例を除くと、発掘例・現存例ともに中心に柱を据えないものがほとんどである。この、中心柱を据えない点と周囲に庇を設ける点は、構造的に関連する可能性が高い。中心柱のないA型の現存例である法隆寺東院夢殿では、内周内部に梁が架かっておらず、広い内部空間が設けられている。このように梁のない内部空間がこの形式に一般的であったのなら、その小屋組を支える主要な構造材は内周柱上から中央に集まる隅木となる。その際、集まった隅木は内周柱を外側に倒す力を生むが、庇の設置は、これを外側から押さえ込む役割を果たすことになる。このような構造的配慮によって、中心柱のないA型は広い内部空間を確保することが可能になったと思われる。反面、中心柱を持つ鞠智城例は規模が小さく、C型と同様、簡易な構造の建物と考えられる。A型では、中心柱の有無が建物規模を左右する要素であったことが指摘されよう。

なお、A型の柱配置はB型のように他の平面との共通性がなく、八角形建物に固有の平面形態と考えられる。

〔**不明**〕　ここには四例（平壌清岩里廃寺八角塔、平壌上五里廃寺、鳳山郡土城里廃寺、平壌定陵寺第一号建物跡）が含まれるが、いずれも高句麗の例である。一般に、高句麗寺院における伽藍配置の特徴は、八角塔を中心とする一塔三金堂形式にあるとされるが、その中心的存在である八角形建物（塔）の平面や柱配置については、実は不明な部分が多い。

確実なのは八角形基壇の存在のみであり、上五里廃寺を参考にすれば、八角形基壇上に方形平面の建物が建っていた可能性も十分に考えられる。八角形建物の系譜を考える際に、高句麗建築は重要な位置を占めているだけに、その扱いには十分な注意が必要である。今後、さらなる遺構の詳細が明らかにされる必要があろう。

おわりに

小稿では古代東アジアにおける八角形建物の諸例を紹介し、柱配置に注目することで平面形態の特徴について検討を行った。ここでは検討結果を繰り返さないが、まとめとして八角形建物の系譜について若干述べることにしたい。

今回紹介した八角形建物のうちで最古の例は丸都山城例（三四二年焼失）である。B型は、少なくともこの時期まで遡ることになり、現段階ではB型がA型に先行することになる。B型の成立時期については詳細が不明であるが、その構造が方三間平面（塔など）と類似することから、方三間平面が成立する時期と並行する可能性が考えられた。その際、方形平面との構造的類似はB型の造営を容易にしたとも考えられる。

それに対して、A型については不明な点が多い。すでにみた高産寺例のほか、日本における八世紀以降の建物例では仏堂（廟堂）に採用され、中国では、時代が下るが仏宮寺釈迦塔（一〇五六年）で確認されるなど、一般的にみられるようになる。しかし、それ以前では前期難波宮例（六五二年）が最古であり、さらに遡る事例は知られていない。平面が不明な高句麗例との関係も含めて、その起源については引き続き追求する必要がある。

C型はA型あるいはB型が簡略化したものと考えられるが、その平面の由来が、①A・Bそれぞれの内周を省いた形、②A型の内周のみが残った形、のいずれであるかは判別が難しい。ただ、A型には中心柱を持つ例が存在し、この場合の内周部分はC型と同型となる。また、構造的にみた場合、A・Bそれぞれの外周は（身舎に対する）庇と捉えることが可能であり、付加的なものとも考えられる。するとC型平面の由来としては②の可能性が高く、その出現はA型成立以降であったことが想像されよう。

なお、B型とA型はそれぞれ独自の系譜を持つ可能性が高い。その根拠は、構造（柱配置）とそれに伴う内部空間の性格にある。A型は内周に柱のない広い空間を確保できる。それに対して、B型は内周に柱がある程度密集する。このような違いは両者の空間的性格が根本的に異なることを示しており、その用途や系譜も別にあった可能性が高い。

最後に、地域ごとにみると、朝鮮三国時代では高句麗に対して朝鮮三国時代の百済・新羅の状況がほとんど分からず、相互に比較することが困難である。ただ、百済公山城では九角形や十二角形などの多角形建物が見つかっており(17)、八角形建物との関係も注目される。これらについては資料の増加を待って、再度検討することにしたい。

以上、徒に推論を重ねた部分も多いが、前期難波宮をはじめとして、特異な平面を持つ八角形建物には、一般の建物とは異なった意味や役割が付与されていた可能性も高い。その実態解明に向けて、今後とも引き続き検討することにしたい。

註

（1）配置計画の骨格として、「内裏」・「朝堂院」を南北に連ねることで主軸（中軸線）を形成した点などがあげられる。

（2）新たに採用されたビルディングタイプとしては、ほかに桁行七間の大型門や複廊などがあげられる。これらは前期難波宮以前にはみられない建築類型である。

（3）古代の八角形建物についての論考は、建築に関するもの、用途や機能に関するもの、八角墳との関係に関するものなど、多岐にわたる。建築に関しては、本文での引用文献のほか、岡田英男「八角円堂の平面と構造」（『平安京歴史研究』杉山信三先生米寿記念論集刊行会、一九九三年）、李陽浩「古代の八角形建物にみられる二種の平面形態について」（『嶺南文化財研究』一七、二〇〇四年）などがある。

（4）詳細については、大阪市文化財協会『難波宮址の研究』一三（四二―四四頁、二〇〇五年）を参照。

（5）澤村仁「日本の八角塔と八角円堂」（『建築雑誌』一〇五―一三〇五、一九九〇年）。なお、八角塔でも心礎の有無にかかわらず、心礎を除けば、柱配置はこのいずれかに分けることが可能である。

（6）澤村仁「法隆寺東院夢殿」（『日本建築史基礎資料集成』四、仏堂Ⅰ（中央公論美術出版、一九八一年）。

（7）同「栄山寺八角堂」（同）。

（8）工藤圭章「広隆寺桂宮院本堂」（『日本古寺美術全集』一二、解説、集英社、一九八〇年）。

（9）古代日本の例では、現存する遺構例のほか、文献資料に記載された八角形建物として、飛鳥寺八角円堂や唐招提寺東西円堂、薬師寺東西円堂などが知られる。ただ、規模や柱配置などの詳細は不明である。遺構、文献を含めた八角形建物の諸例については、田中重久「日本に遺る円堂の研究」（『日本に遺る印度系文物の研究』東光堂、一九四三年）、堅田修「八角堂考」（大谷大学国史学会編『論集日本人の生活と信仰』同朋舎出版、一九七九年）などが詳しい。

（10）伊勢崎市教育委員会文化財保護課『三軒屋遺跡Ⅰ』（二〇〇七年）。

（11）田中俊明・東潮『高句麗の歴史と遺跡』（三一八頁、中央公論社、一九九五年）。

（12）定陵寺跡の報告書では、明確な根拠は示していないが、文中にこの小礎石を欄干支柱と記し、それに基づいて柱配置の復元を行っている。チョン・ジェホン『東明王陵についての研究』（一五二―一五三頁、社会科学出版社、一九九四年）。

（13）朝鮮技術発展史編纂委員会『朝鮮技術発展史』二（一〇九―一一二頁、科学百科事典総合出版社、一九九六年）。

（14）前掲註(12)チョン・ジェホン文献、同頁。

（15）韓仁浩『朝鮮中世建築遺跡研究』三国編（九〇―九一頁、社会科学出版社、一九九五年）。

（16）山岸常人「当麻寺本堂（曼荼羅堂）」（『日本建築史基礎資料集成』五、仏堂Ⅱ（中央公論美術出版、二〇〇六年）。

（17）安承周ほか『公山城　建物址』（公州大学校博物館、一九九二年）。

あとがき

　本年二〇一四年（平成二六）は、一九五四年（昭和二九）に山根徳太郎先生が難波宮跡の発掘調査を開始されて以来六〇周年の年に当たる。また、先生の没後ご遺族から頂いた研究基金を基に一九七四年に「難波宮跡研究会」を発足させてから四〇周年の年にも当たっている。この研究会は当初「難波宮跡研究会」と称したが、難波宮跡の調査・研究を深めるだけではなく、そのころ活発化していた日本の都城遺跡の発掘調査成果の交流や、日本の都城制ひいては中国・朝鮮の都城制に関心を持つ考古学・文献史学・建築史学・歴史地理学など関連諸分野の調査・研究の交流を意図したものであった。当初の発表者の中には小林清・秋山日出雄・田辺昭三・直木孝次郎・吉田晶・服部昌之氏らの名がみえるほか、これまでに日本の都城遺跡や中国・朝鮮の都城遺跡の調査・研究に当たられてきた数多くの研究者が発表され、その中には論文としてまとめられたものも数多くあって、東アジアの都城制研究に大きな役割を果たした。途中世話人のメンバーの多忙もあって中断した時期もあったが、一九九〇年に「都城制研究会」と改称して現在に至っている。

　この「難波宮跡発掘開始六〇周年」と「難波宮跡研究会（現都城制研究会）発足四〇周年」を迎えるにあたり、記念論集を出そうという有志の声に基づいて、二〇一二年より中尾芳治・栄原永遠男・八木久栄・長山雅一・積山洋・植木久・南秀雄・清水和明が計画の具体化に取り組み、難波宮跡の六〇年にわたる調査・研究の成果を難波宮関係者を中心に総括する論集を刊行することになった。

論文は編集委員会で設定した古代難波と難波宮に関するテーマについて各氏へ執筆を依頼した結果、一七本を収録することができた。論文テーマに関するこれまでの調査・研究史を総括するとともに、執筆者の現在考えていることを自由に述べてもらうことにしたので細部についての見解の相違はあえて統一はしていない。執筆枚数の制約の故もあって十分に論を展開できなかった恨みはあるが、全篇を見ていただくことによって難波宮跡の六〇年にわたる調査・研究成果の現状と問題点や今後の課題がご理解いただけると思う。各論文に対しては賛同の意見とともに反対・批判の意見があることも十分承知しているが、これまでの難波宮跡の調査・研究が多くの研究者との相互批判を通じて進展してきたように、この記念論集がこれからの難波宮跡調査・研究の基礎資料として活用されることを願っている。

難波宮跡のこれまでの調査・研究の成果については正式の発掘調査報告として『大阪城の研究』第一・二、『難波宮址の研究』第一〜一九が刊行されているほか、発掘調査の各段階で現地説明会・講演会・シンポジウム・著作などを通じてその成果を広く紹介することに努めてきた。付録4の「難波宮跡関連の調査報告書・おもな図書」を参照されたい。

また、一九九五年には難波遷都一三五〇年を記念して大阪市立博物館で特別展「難波宮」が、二〇〇四年には難波宮跡発掘五〇周年記念の特別展「古代都市誕生─飛鳥時代の仏教と国づくり─」が大阪歴史博物館で開催されて市民に調査・研究成果が公開された。今年六月〜八月にも六〇周年記念の特別展「大阪遺産　難波宮─遺跡を読み解くキーワード─」が開催されている。

大阪という大都市の中心から発見された難波宮跡の発掘調査には種々の困難を伴ったが、それにもまして困難であったのは「土一升、金一升」と言われる都心の宮跡を保存することであった。一九六二年八月、その前年に大極殿跡が発見され、難波宮跡であることが明らかにされたその地に近畿財務局が第二合同庁舎建設計画を発表したことに端を発して最初の難波宮跡保存運動が起こった。難波宮の発掘に参加していた私たちや諸大学の学生たち、破壊に反対する研究者や市民が中心となって「難波宮址を守る会」を結成し、保存運動を展開した。山根先生も東奔西走して要路の人々に保存すべきことを説かれ、関西八大学長の保存を要望する声明が出されるなど保存運動の世論が盛り上がった。最終的に大阪市が代替地を提供することで解決が図られ、一九六四年五月に難波宮大極殿院跡・大安殿跡一万七五〇〇㎡が国史跡に指定されてその保存に成功した。難波宮跡が都心の一等地に存することもあって、その後もその地の再開発を巡って一九六五年の大阪府立第二整肢学院建設に伴う保存運動、一九六八年の大阪市立教育青年センター建設に伴う保存運動、一九七〇年の阪神高速道路東大阪線建設に伴う保存運動、一九八七年のＮＨＫ新庁舎・大阪歴史博物館建設に伴う保存運動などが継起した。

一九六〇年代から難波宮跡の調査が進み宮跡の年代や規模・構造の解明が進んだことや全国的な文化財保存・活用の機運にも助けられ、また大阪市をはじめとする行政当局の努力もあってこれまでに七次にわたる難波宮跡の追加指定が進められ、現在約一四・五ヘクタールが国史跡として保存されている。また、一九七一年からは中央大通り以南の大極殿一帯の地の環境整備事業が実施され「難波宮跡公園」として公開された。一九八五年からは史跡難波宮跡と特別史跡大坂城跡の連続一体化構想に基づいて難波宮跡整備基本構想も策定されている。二〇〇一年には難波宮跡の北西部に難波宮跡遺跡博物館《サイトミュージアム》として大阪歴史博物館が開館し、難波宮跡の活用に大きな役割を果たすようになっている。

六〇年にわたる発掘調査の経緯については付録2の「難波宮跡調査・保存略年表」を参照されたいが、当初の山根

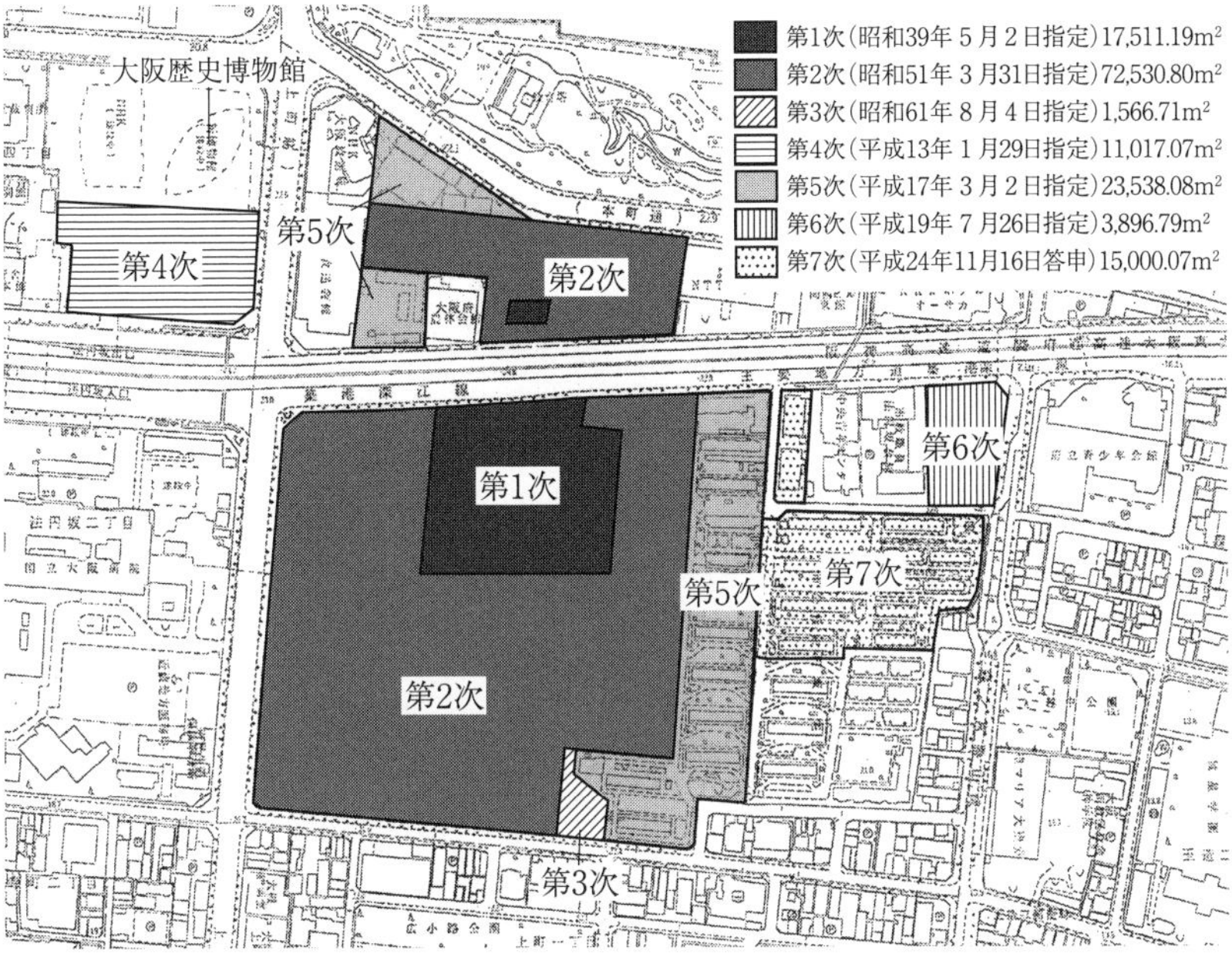

史跡難波宮跡　指定時期別　地域図

徳太郎先生とともに法円坂町所在遺跡が「難波宮跡」であることを実証することに努めた直木孝次郎・藤原光輝・沢村仁氏らを調査・研究の第一世代とすると、一九六二年から始まる難波宮跡の保存運動、難波宮跡の年代や規模・構造の解明に山根先生とともに取り組んだ一九三〇〜四〇年代生まれの世代が第二世代、先生が一九七三年に亡くなられた後に難波宮跡の発掘に参加し、その後の調査・研究の主力となってきた一九五〇〜六〇年代生まれの世代を第三世代と呼ぶことができるが、一九七〇年代生まれの若い世代も誕生している。

第二世代は「難波宮址を守る会」を結成して難波宮跡の保存運動に取り組む中で、都心に存する難波宮跡を都市再開発に抗してなぜ保存しなければならないか自問自答し、保存するためには市民の理解と支援が必須であること、そのためには発掘成果を広く公開しなければならないとして現地説明会を開催するとともに、保存するためにはどのような調査・

研究が必要であるかをみんなで話し合った。現地説明会などは今や当たり前のことになっているが、当時は全国でもまだ少なかったのである。また、住民監査請求や住民訴訟という法的手段を難波宮跡の保存に活用する方法は「文化財訴訟」の先駆けとして各地の遺跡保存運動に取り入れられた。こうした保存運動の経験は第二世代の調査・研究の原点として残っており、次の世代にぜひ伝えていきたいと思っている。こうした想いは現在も活動する「難波宮址を守る会」の『守る会ニュース』にも引き継がれていて、二〇一二年四月に開催された難波宮址を守る会設立五〇周年記念座談会「難波宮跡の調査と保存の五〇年」でもその思いが吐露されている（『難波宮址を守る会ニュース』二五三〜二五七号）。

これまで長年にわたる多くの人々の努力と巨額の費用によって保存されることになった難波宮跡を今後大阪の街づくりにどのように活かしていくかが問われている。私は一九六〇年以来難波宮跡の発掘調査と研究に従事するとともに大阪市教育委員会の職員としてその保存と環境整備の事業にも関わってきた。そうした活動を通じて生まれた難波宮跡の保存・活用策をかつて「大阪アクロポリス計画」の名で発表したことがある（拙著『難波宮の研究』所載）。

西日本でも有数の大貝塚を持つ原始時代の森の宮遺跡、古代の都として栄えた難波宮跡、中世の大坂本願寺跡、近世の豊臣・徳川氏大坂城跡などが重複する上町台地北端部は都市大阪の発祥の地であり、大阪の都市形成史において常にその中核として重要な役割を果たしてきた。これら大阪の歴史を物語る遺跡・史跡を広域的に保存・整備するとともに、この地にある豊かな緑地や数多くの文化・スポーツ・情報施設と合わせて積極的に活用することによって、二一世紀の国際都市大阪の新しいシンボルゾーンにしようという構想である。古代において「難波長柄豊碕」と美称され、難波の守護神ともいうべき生国咲国魂《いくくにさきくにたま》の神が鎮座したこの地域は、まさにアテネのアクロポリスにも比すべき政治・宗教・文化の中心地であったというのが私の難波宮の保存整備構想を「大阪アクロポリス計画」と名付けた所以である。こうした構想の一部は大阪市の「難波宮跡・大坂城跡連続一体化構想」として実現しつつあり、近年両遺跡を「世界文化遺産」に登録を願う声も挙がっていると聞いている。

難波宮跡の第一次保存運動のころ、上町台地の都心に遺跡を広く保存すべき効用の一つとして災害時の避難場所としての有用性を挙げたことがあったが、一九九五年の阪神淡路大震災や二〇一一年の東日本大震災の発生は正にその必要性を裏付けることになった。難波宮跡の保存整備は文化遺産の保存に止まらず大阪市民の災害時の安全確保の上でも必要欠くべからざるものになっていくに違いない。

山根徳太郎先生は一九七三年七月二八日に八四歳で亡くなられたが、生涯現役で難波宮の発掘の陣頭指揮をとられた。その命日は今日「ナニワ（七二八）の日」として先生や難波宮跡を顕彰する様々な行事が行われる日になっている。大阪歴史博物館一〇階の難波宮展示室の一隅に山根先生を顕彰するコーナーがあり、先生の胸像が難波宮跡を見下ろしておられるが、先生は難波宮跡の現状をどのようにお考えになっておられるであろうか。

これまで六〇年にわたって様々な形で難波宮跡の調査・研究やその保存・整備に関わられたり、支援して下さった多くの方々にこれまでの成果をご報告するとともに心からお礼を申し上げたい。執筆者の方々の想いのこもったこの六〇周年記念論集を山根徳太郎先生のご霊前にささげるとともに、研究基金をお寄せくださったご遺族の方々にもお礼を申し上げたい。

二〇一四年七月

中　尾　芳　治

編者略歴

中尾芳治

一九三六年　大阪府に生まれる
一九五九年　京都大学文学部史学科卒業
一九六〇～九〇年　難波宮跡の調査・研究と保存・整備事業に従事
現在　京都府埋蔵文化財調査研究センター理事、文学博士

〔主要著書〕
『難波京』（考古学ライブラリー46、ニューサイエンス社、一九八六年）
『難波宮の研究』（吉川弘文館、一九九五年）

栄原永遠男

一九四六年　東京都に生まれ、まもなく大阪に移る
一九七四年　京都大学大学院文学研究科博士課程単位取得退学
現在　大阪市立大学名誉教授・東大寺史研究所所長・大阪歴史博物館館長、京都大学博士（文学）

〔主要著書〕
『日本古代銭貨流通史の研究』（塙書房、一九九三年）
『正倉院文書入門』（角川叢書55、角川学芸出版、二〇一一年）

難波宮と都城制

二〇一四年（平成二十六）八月一日　第一刷発行

編　者　中《なか》尾《お》芳《よし》治《はる》
　　　　栄《さかえ》原《はら》永《と》遠《わ》男《お》

発行者　吉川道郎

発行所　株式会社　吉川弘文館
郵便番号一一三―〇〇三三
東京都文京区本郷七丁目二番八号
電話〇三―三八一三―九一五一〈代〉
振込口座〇〇一〇〇―五―二四四番
http://www.yoshikawa-k.co.jp/

印刷＝株式会社 理想社
製本＝株式会社 ブックアート
装幀＝山崎　登

ISBN978-4-642-04615-2

執筆者紹介（生年／現職）―執筆順

直木孝次郎（なおき　こうじろう）一九一九年／大阪市立大学名誉教授
松尾信裕（まつお　のぶひろ）一九五三年／大阪歴史博物館研究主幹
南　秀雄（みなみ　ひでお）一九五九年／(公財)大阪市博物館協会大阪文化財研究所所長
高橋　工（たかはし　たくみ）一九六二年／(公財)大阪市博物館協会大阪文化財研究所調査課長
佐藤　隆（さとう　たかし）一九六一年／大阪市教育委員会文化財保護担当主任学芸員
植木　久（うえき　ひさし）一九五三年／大阪市教育委員会文化財保護担当課長
八木久栄（やぎ　ひさえ）一九三七年／元(財)大阪市文化財協会企画課長
宮本佐知子（みやもと　さちこ）一九四八年／元(財)大阪市文化財協会学芸員
栄原永遠男（さかえはら　とわお）→別掲
積山　洋（せきやま　ひろし）一九五三年／(公財)大阪市博物館協会大阪文化財研究所学芸員
田中清美（たなか　きよみ）一九五四年／(公財)大阪市博物館協会大阪文化財研究所総括研究員
中尾芳治（なかお　よしはる）→別掲
小笠原好彦（おがさわら　よしひこ）一九四一年／滋賀大学名誉教授
國下多美樹（くにした　たみき）一九五八年／龍谷大学教授
榎村寛之（えむら　ひろゆき）一九五九年／斎宮歴史博物館学芸普及課長
古市　晃（ふるいち　あきら）一九七〇年／神戸大学大学院人文学研究科准教授
村元健一（むらもと　けんいち）一九七一年／大阪歴史博物館学芸員
李　陽浩（リ　ヤンホ）一九六八年／大阪歴史博物館学芸員
清水和明（しみず　かずあき）一九六三年／(公財)大阪市博物館協会大阪文化財研究所事業企画課長

付録1　難波古代史略年表

西暦	史書の暦年	天皇	遺構	難波宮および難波地域
	応神 22		（上町谷窯 法円坂遺跡）	難波の大隅宮に居す.
	仁徳 1			難波に高津宮をつくる.
	雄略 14			呉の客のために道を磯歯津道に通じさせて呉坂と名付ける.
512	継体 6			物部大連麁鹿火を難波館へ遣わすが行かず.
531	安閑 1			難波屯倉と郡毎の钁丁を宅媛に与える.
539	欽明 1			難波祝津宮に行幸する.
552	欽明 13			物部尾輿ら仏像を難波堀江に流し棄て，伽藍を焼く（敏達紀 14 年に同様の記事あり）.
587	崇峻即位前紀			物部氏滅亡．四天王寺建立を発願する（推古紀元年に同様の記事あり）.
	推古 1	推古	難波宮下層遺跡	難波荒陵で四天王寺建立開始.
608	推古 16			隋使裴世清，難波津に至り新館に入る.
613	21			難波より京へ至る大道を置く.
630	舒明 2	舒明		難波大郡，三韓館を修理する.
632	4			唐使高表仁ら難波津に至り，難波館に入る.
		皇極		
645	大化 1	孝徳	前期難波宮	飛鳥から難波長柄豊碕に遷都する.
646	2			大化改新詔．子代屯倉を壊して子代離宮に入る.
647	3			小郡宮で朝参の礼法を定める.
649	5			八省百官を置く.
650	白雉 1			将作大匠荒田井直比羅夫，宮の堺の標を立てる.
651	2			味経にて僧尼に経を読ませる.
				大郡宮から難波長柄豊碕宮に遷居する.
652	3			難波長柄豊碕宮完成.
653	4			中大兄皇太子らが天皇に反して飛鳥へ帰る.
660	斉明 6	斉明		百済救援軍発進のため，難波宮に行幸する.
665	天智 3	天智		百済王善光らを難波に住まわす.
672	天武 1	天武		壬申の乱，天武方の将軍大伴連吹負，難波小郡で西国国司を掌握.
677	6			内大錦下丹比公麻呂を摂津職大夫とする.
679	8			難波に羅城を築く.

日本の宮都と歴史	東アジアの宮都と都城	中国
	北魏孝文帝，洛陽遷都．(494)	
	北魏，東西分裂．(534)	南北朝
	百済，泗此遷都．(538)	
	楊堅（文帝），隋建国．(581)	
	文帝，長安大興城築城．(582)	
	高句麗，平壌（長安）城遷都．(586)	
	隋，中国を統一．(589)	
推古天皇，豊浦宮にて即位．(593)	煬帝，北魏洛陽故城の西に新城（東都）築城．(両都制，605)	隋
倭国，隋都大興に遣使．(600 隋書倭国伝)		
冠位十二階制定．(603)		
小野妹子を隋へ派遣．(607)		
	李淵（高祖），唐建国，都は大興城．(618)	
第1回遣唐使．(630)	唐，中国を統一．(628)	
飛鳥板蓋宮造営．(642)	高句麗，泉蓋蘇文のクーデタ．百済，義慈王の独裁開始．(642)	
蘇我本宗家滅亡（乙巳の変）．	唐大宗，高句麗攻撃．(645～648)	
新政府樹立，大化改新開始．(645)		
	新羅，毗曇の乱．(647)	
		唐
	洛陽新城，東都と称され，両都制復活．(657)	
	新羅と唐連合軍により，百済滅亡．(660)	
白村江にて大敗．(663)		
近江大津宮遷都．(667)	高句麗滅亡．(668)	
庚午年籍．(670)		
	新羅，朝鮮半島を統一．(676)	
竜田山，大坂山に関を置く．(679)		

西暦	史書の暦年	天皇	遺構	難波宮および難波地域
683	12	天武		複都制の詔「凡そ都城宮室は一処に非ず，必ず両参造らむ．故，まず難波を都とせむと欲す」．
686	朱鳥 1			大蔵省から失火，宮室全焼．
692	持統 6	持統	（中期難波宮）	親王以下全ての有位官人に難波大蔵の鍬を賜う．
699	文武 3	文武		難波宮に行幸する．
706	慶雲 3			難波に行幸する．
		元明		
717	養老 1	元正		難波宮行幸，和泉宮に至る．
726	神亀 3	聖武	後期難波宮	播磨行幸の帰り難波宮に至り，式部卿藤原宇合を知造難波宮事とする．
732	天平 4			藤原宇合以下仕丁までに物を賜う．
				石川枚夫を造難波宮長官とする．
734	6			難波京の宅地を班給．「三位以上一町以下，五位以上半町以下，六位以下四分一町之一以下」．
741	13 以前			行基，難波に堀川，橋，布施屋などを造る（行）．
744	16			難波宮行幸．恭仁京より高御座並びに大楯を難波宮に運び，皇都と定める．
753	天平勝宝 5	孝謙		御津村に南風大いに吹き，海浜の居民を京中の空地へ移す．
756	8			難波宮行幸，東南の新宮に入る．
759	天平宝字 3	淳仁		高麗使，難波の江口に到着する．
762	6			新造の遣唐船，難波江口で浅瀬にのり上げ破損．
		称徳		
771	宝亀 2	光仁		交野から難波宮へ行幸する．
784	延暦 3	桓武	難波宮殿舎を解体 長岡宮へ移築	蝦蟇 2 万余匹，難波市の南道から南下，四天王寺に入る．
785	4			摂津国神下・梓江・鯵生野を掘り，三国川に通す．
788	7			和気清麻呂，河内川を西の海へ通すため単功 23 万人の徴発を許可される（同 18 年未完に終わる）．
793	12			難波宮が既に停止されたので，摂津職を摂津国とする（類）．

＊記事は『古事記』・『六国史』に従い，その他は出典を記した．（行）：『行基年譜』，（類）：『類聚三代格』

日本の宮都と歴史	東アジアの宮都と都城	中国
浄御原令施行.（689）		
藤原京遷都.（694）	大祚栄，自立して震国王と称す.（698）	
大宝律令制定.（701）		
平城京遷都.（710）		
	唐，震国王を渤海郡王に封じ，渤海国成立.（713）	
渤海使初入京.（727）	新羅，毛伐郡城を築き，日本賊の路を遮る.（722）	
	渤海の大欽茂（文王，在位737-94）中京顕徳府から上京龍泉府（黒龍江，寧安県東京城）に，ついで東京龍原府に遷都，更に龍泉府に遷都（当時五京あり）.	
藤原広嗣の乱.		
恭仁京遷都.（740）		唐
近江紫香楽宮造営.（742）		
百官と市人に恭仁と難波の二京のいずれを都とすべきかと問う.（744）		
平城京還都.（745）		
東大寺大仏開眼.（752）		
	安史の乱.（755〜763）	
恵美押勝の乱.（764）		
長岡京遷都.（784）		
平安京遷都.（794）		

（清水和明作成）

付録2　難波宮跡調査・保存略年表

年　代	調査次数	おもな調査成果	報告書	保存と活用
1913(大2)		陸軍被服支廠倉庫地下から重圏文・蓮華文軒瓦出土		
大阪城址研究会				
1952(昭27)		研究・調査始まる		
1953(昭28)		法円坂住宅建設地から鴟尾片出土	『OS研』1	
1954(昭29)	1・2	発掘調査を開始	『OS研』2	
難波宮址研究会				
1955(昭30)	3・4	後期凝灰岩暗渠		※堺市いたすけ古墳保存運動
1956(昭31)	5		『NW研』1	後期凝灰岩溝跡の保存（市立聾学校）
1957(昭32)	6・7	後期内裏回廊		
1958(昭33)	8	前期内裏回廊・門	『NW研』2	※名神高速道路の建設に伴う調査（原因者負担方式による調査の始まり）
1959(昭34)	9・10	前期回廊，後期回廊南東隅		大阪市より補助金，顕彰会設立準備
難波宮址顕彰会				
1960(昭35)	11・12	後期内裏回廊	『NW研』3	「難波宮址顕彰会」設立（会長大阪市長）
1961(昭36)	13・14	前期回廊，後期内裏西外郭築地，後期大極殿・同後殿，難波宮下層遺跡竪穴建物	『NW研』4	後期内裏西外郭築地跡の保存（NHK敷地）
1962(昭37)	15・16	後期大安殿		後期大極殿跡保存問題，「難波宮址を守る会」発足，※平城宮保存運動
1963(昭38)	17	前期内裏後殿，後期大安殿		大阪市より補助金
大阪市教育委員会・難波宮址顕彰会				
1964(昭39)	18・19	前期内裏前殿，後期大安殿前殿・内裏西外郭築地	『NW研』5-1	国庫補助事業となる，国の史跡指定（後期大極殿・大安殿跡17,500 m^2），調査員2名市職員（学芸員）として採用
1965(昭40)	20～22	前期朝堂院	『NW研』5-2	府立大手前整肢学院建設問題
1966(昭41)	23～25	前期朝堂院，後期内裏東外郭築地		阪神高速東大阪線計画決定，府立大手前整肢学院建設に伴う住民監査請求
1967(昭42)	26～28	前期朝堂院		※池上・四ッ池遺跡保存運動
1968(昭43)	29～32	難波宮東方官衙，難波宮下層遺跡，近世木簡の出土		市立中央青年センター建設問題

年　代	調査次数	おもな調査成果	報告書	保存と活用
1969(昭44)	33〜35	後期大極殿後殿・大極殿院回廊		住民訴訟の提起
1970(昭45)	36・37	後期大極殿の全面調査	『NW 研』6	阪神高速東大阪線建設計画発表（高架案）
1971(昭46)	37〜39	前期朝堂院東回廊，後期大極殿院南門		環境整備工事始まる
1972(昭47)	40〜45	前期西八角殿・朝堂院南門		市域の埋蔵文化財現状調査，阪高東大阪線建設協議始まる，前期朝堂院南門跡の保存
1973(昭48)	46〜56			道路掘削調整協議会に加入，山根徳太郎博士没
1974(昭49)	57〜66	難波宮地域で古代木簡初出土，森の宮遺跡（3次）調査		民有地の起債による先行取得（旧日赤法円坂分院），阪高東大阪線土盛案で結着
1975(昭50)	67〜86			阪高東大阪線の調査始まる（1977年10月まで），文化財保護法改正
1976(昭51)	87〜107	宮域の範囲確認調査		国指定史跡第2次追加（内裏・朝堂院跡 72,530 m^2），後期大極殿周辺の整備・公開，大阪市文化財地図・台帳刊行
1977(昭52)	108〜127			『難波宮と日本古代国家』刊行
1978(昭53)	128〜144			
大阪市教育委員会・(財)大阪市文化財協会				
1979(昭54)	150〜168			「(財) 大阪市文化財協会」設立（7月），難波宮訴訟和解，※難波宮瓦窯吹田市で発見
1980(昭55)	169〜（これ以降，調査次数の冒頭に西暦年度下位2桁を付与）			『難波宮跡の保存と裁判』
1981(昭56)	80-9	東方官衙	『NW 研』7	
1983(昭58)	83-7	前期西八角殿の全面調査		
1984(昭59)			『NW 研』8	
1984-86（昭59-61）	84-30・85-22	後期朝堂院西方で2棟の五間門		シンポジウム「難波宮と古代の大阪」
1985(昭60)	85-22	後期朝堂院切石積暗渠		
1986(昭61)	86-28	前期朝堂院東第5・6堂・東朝集殿，後期朝堂院東第4堂・朝堂院南面回廊		国指定史跡第3次追加（朝堂院跡 1,566.7 m2）
1987-90（昭62-平2）	87-20・88-1・89-1	法円坂遺跡（5世紀代倉庫群），前期難波宮倉庫群（内裏西方官衙）		大阪城・難波宮連続一体化構想に基づく調査と保存問題

年　代	調査次数	おもな調査成果	報告書	保存と活用
1988(昭63)	87-54	前期東八角殿院		
1989(昭64)	88-26	前期朝堂院東第1堂	『NW・OS中』	
1990(平2)	90-7	宮域南西部で百済土器出土	『NW・OS中』2	シンポジウム「クラと古代王権」
1992(平4)			『NW研』9	
1993(平5)	93-5	前期宮城南門		
1993-94(平5-6)	93-19	前期「西朝集殿」		
1995(平7)	94-15	後期朝堂院西第2・3堂，宮域北西部で難波宮以前の鍛冶関連遺構・平安時代初頭の墓（府文化財センター）	『NW研』10	大阪市文化財地図改訂，大阪市立博物館特別展『遷都1350年記念　難波宮』
1996(平8)	95-12	後期朝堂院西第6堂		
1997(平9)	96-19・97-12	後期朝堂院東第3堂・東第2堂		
1998(平10)	97-3	前期内裏西方官衙西北部で石組溝のある水利施設		
1999(平11)	99-12 99-15	前期朝堂院東第4堂 宮域南西部で前期段階の鍛冶遺構検出 宮域北西部で「戊申年」など木簡出土（府文化財センター）		
2000(平12)	00-11	後期朝堂院南門検出	『NW研』11	
2001(平13)	01-5	前期東八角殿院回廊・東長殿調査		国指定史跡第4次追加（内裏西方官衙跡南部11,017 m^2），大阪市文化財地図改訂，「大阪歴史博物館」開館
2002(平14)	02-8	前期東八角殿，後期東外郭築地		
2003(平15)	02-13 03-8	宮域南東部の谷で木簡出土 後期朝堂院東・西第4堂，宮域北西部で前期の北を画すると思われる塀と谷中から奈良時代絵馬多量出土（府文化財センター）		大阪歴史博物館特別展『古代都市誕生』
2004(平16)			『NW研』12	
2004-05(平16-17)	04-5・05-9	国立食品・衛生試験場跡地で前期東方官衙遺構（饗宴施設？ほか）		
2005(平17)			『NW研』13	国指定史跡第5次追加（東方

年　代	調査次数	おもな調査成果	報告書	保存と活用
			『NW 研』14	官衙跡西部・内裏跡 23,538 m^2)
2006(平18)	06-2	最古の万葉仮名文木簡（「波留久佐…」）出土		科学研究費助成事業基盤研究B「東アジアにおける難波宮と古代難波の国際的性格に関する総合研究」開始（～2009）
2006-08 (平18-20)	06-3・07-2・08-2	府立大手前整肢学園跡地で後期築地・建物		
2007(平19)				国指定史跡第 6 次追加（東方官衙跡東北部 3,896.79 m^2）
2008(平20)	08-3	前期東方官衙，朝堂院東部谷で新羅土器ほか出土	『NW 研』15	
2009(平21)	09-2	後期新段階大極殿東方建物		科研費助成事業基盤研究A「大阪上町台地の総合的研究」開始（～2013）
大阪市教育委員会・(財)大阪市博物館協会大阪文化財研究所				
2010(平22)	10-4・10-6	前期東部谷で焼壁土出土，後期新段階大極殿東方建物	『NW 研』16	
2011(平23)	11-2	後期新段階大極殿東方建物	『NW 研』17	文化庁補助金事業（～2013年，AR「難波宮跡」・Webサイト「なにわまナビガイド」・シンポジウム「難波宮百花斉放」・「なにわの宮リレーウォーク」）
大阪市教育委員会・(公財)大阪市博物館協会大阪文化財研究所				
2012(平24)	12-4・12-6	前期南西部想定宮域外建物群，後期新段階大極殿東方区画	『NW 研』18	国指定史跡第 7 次追加（東方官衙跡 15,000.07 m^2）
2013(平25)	13-12	後期新段階大極殿東方区画	『NW 研』19	科研費助成事業基盤研究Aによるシンポジウム「大阪上町台地の総合的研究」

* ※印は大阪市外の関連事項.
* 報告書凡例：『OS 研』→『大阪城の研究』，『NW 研』→『難波宮址の研究』，『NW・OS 中』→『難波宮跡・大坂城跡発掘調査中間報告』.
* 表の作成に当たっては下記文献を参照した.
  ・中尾芳治 1981「難波宮跡 10 年来（1970～1980 年）の調査成果と研究動向」『難波宮址の研究』7 論考篇
  ・大阪市文化財協会 2004「難波宮跡発掘調査の概要」『難波宮址の研究』12

（清水和明作成）

付録3　前期・後期難波宮跡位置図

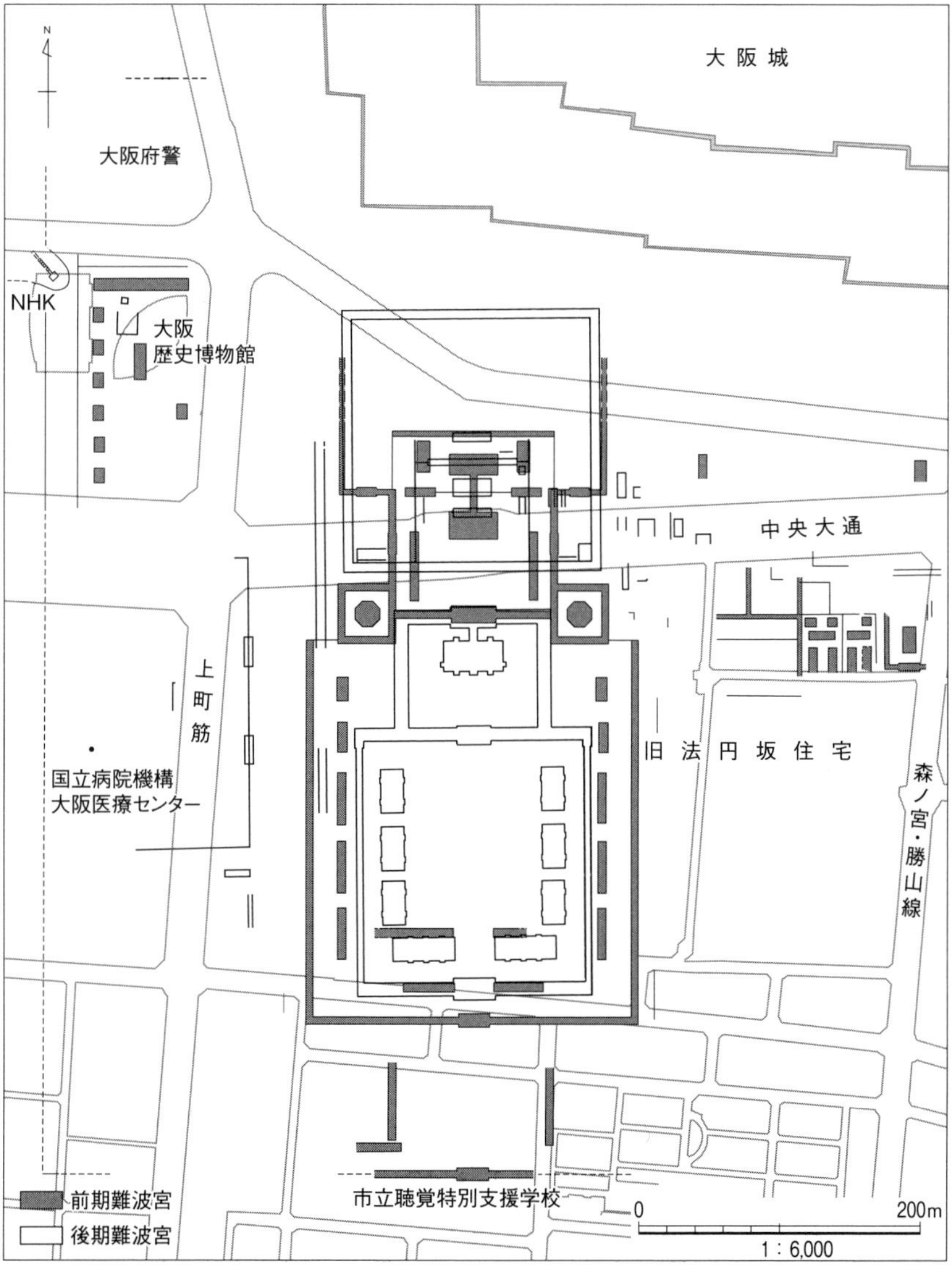

（高橋工作成）

付録4　難波宮跡関連の調査報告書・おもな図書

調査報告書

大阪市立大学大阪城址研究会 1953『大阪城の研究』1
同 1954『大阪城の研究』2
難波宮址研究会 1956『難波宮址の研究』1
同 1958『難波宮址の研究』2
難波宮址研究会・難波宮址顕彰会 1959『難波宮址の研究』3
同 1961『難波宮址の研究』4
難波宮址顕彰会 1962『難波宮址の研究』中間報告Ⅰ
難波宮址研究会・難波宮址顕彰会 1964『難波宮址の研究』第5-1
同 1965『難波宮址の研究』第5-2
難波宮址顕彰会 1965『難波宮址の研究』中間報告Ⅱ
同 1966『難波宮址の研究』中間報告Ⅲ
同 1966『難波宮址の研究』中間報告Ⅳ
同 1966『難波宮址の研究』中間報告Ⅴ
同 1970『難波宮址の研究』6
大阪市文化財協会 1981『難波宮址の研究』7 報告篇
同 1981『難波宮址の研究』7 史料篇
同 1981『難波宮址の研究』7 論考篇
同 1984『難波宮址の研究』8
同 1992『難波宮址の研究』9
同 1995『難波宮址の研究』10
同 2000『難波宮址の研究』11
同 2004『難波宮址の研究』12
同 2005『難波宮址の研究』13
同 2005『難波宮址の研究』14
同 2008『難波宮址の研究』15
同 2010『難波宮址の研究』16
大阪市博物館協会大阪文化財研究所 2011『難波宮址の研究』17
同 2012『難波宮址の研究』18
同 2013『難波宮址の研究』19
大阪市教育委員会 1967『昭和41年度（第23次緊急・25次）難波宮跡調査報告書』
同 1968『昭和42年度（第26〜29次）難波宮跡調査報告書』
難波宮址顕彰会 1969『昭和43年度（第30次）難波宮跡調査報告書』
大阪市教育委員会 1969『昭和43年度（第31〜33次）難波宮跡調査報告書』
同 1970『昭和44年度（第34〜36次）難波宮跡調査報告書』
同 1971『昭和45年度（第37次・第38次）難波宮跡調査報告書』
同 1972『昭和46年度（第39次・第40次）難波宮跡調査報告書』
同 1973『昭和47年度（第41次・第42次）難波宮跡調査報告書』
大阪市教育委員会・大阪市文化財協会 1980『昭和53年度難波宮跡緊急発掘調査報告書』
森の宮遺跡発掘調査団 1972『森の宮遺跡　第1・2次発掘調査報告書』
難波宮址顕彰会 1978『森の宮遺跡　第3・4次発掘調査報告書』

大阪市文化財協会 1991『上町台地の遺跡　大阪市天王寺区清水谷町の調査』
難波宮址顕彰会 1972『難波宮跡研究調査年報 1971』
同 1973『難波宮跡研究調査年報 1972』
同 1974『難波宮跡研究調査年報 1973』
同 1976『難波宮跡研究調査年報 1974』
同 1981『難波宮跡研究調査年報 1975〜1979.6』
大阪市教育委員会・難波宮址顕彰会 1959『難波宮発掘調査について』
大阪市教育委員会 1966『難波宮跡（パンフレット）』
難波宮址顕彰会 1970『難波宮址顕彰会 10 年の歩み（パンフレット）』
大阪市教育委員会 1976『史跡難波宮跡　第一次環境整備事業概要』

定期刊行物

大阪市文化財協会（1〜145）・大阪市博物館協会大阪文化財研究所（146〜）1986〜『大阪市文化財情報　葦火』1〜170（2014 年 6 月現在）

関連図書

山根徳太郎 1964『難波の宮』学生社
直木孝次郎 1965『古代国家の成立』日本の歴史 2，中央公論社
大阪市立中央図書館市史編集室編 1967『大阪編年史』1，大阪市立中央図書館
山根徳太郎 1969『難波王朝』学生社
難波宮跡を守る文化財訴訟法廷対策委員会編 1970『難波宮跡を守る文化財訴訟資料集』1・2
同編 1971『難波宮跡を守る文化財訴訟資料集』3
山根先生の憶ひ出編集委員会編 1974『山根先生の憶ひ出』
直木孝次郎 1975『飛鳥奈良時代の研究』塙書房
難波宮址を守る会編 1977『難波宮と日本古代国家』塙書房
難波宮跡訴訟記録保存会編 1979『難波宮跡の保存と裁判』第一法規
難波宮址を守る会編 1968〜『難波宮址を守る会ニュース』1〜263（2014 年 5 月現在）
梶山彦太郎 1981『難波古京考』古文物学研究会
吉田晶 1982『古代の難波』日本史 37，教育社歴史新書，教育社
山本邦 1983『もぐら一生—山根徳太郎伝—』山本邦・文芸事務所
梶山彦太郎・市原実 1985『続大阪平野発達史』古文物学研究会
直木孝次郎編 1985『難波京と古代の大阪』学生社
四天王寺文化財管理局編 1986『四天王寺古瓦聚成』柏書房
中尾芳治 1986『難波京』考古学ライブラリー 46，ニュー・サイエンス社
坪井清足編 1987『古代を考える　宮都発掘』吉川弘文館
浜田けい子 1987『まぼろしの難波宮—山根徳太郎物語—』講談社
大阪市史編纂所編 1988『新修大阪市史』1
岸俊男 1988『日本古代宮都の研究』岩波書店
山根徳太郎先生顕彰会編 1988『山根徳太郎先生生誕百年記念講演会』
大阪府史編集専門委員会編（長山泰孝・河音能平）1989『大阪府史』2，古代 2，大阪府
大林組広報室編 1989『難波宮』『季刊大林』31，大林組
直木孝次郎・小笠原好彦編 1991『クラと古代王権』ミネルヴァ書房
栄原永遠男 1992『奈良時代流通経済史の研究』塙書房
直木孝次郎編 1992『古代を考える　難波』吉川弘文館
大阪市文化財協会編 1994『大阪市文化財論集』大阪市文化財協会

直木孝次郎 1994『難波宮と難波津の研究』吉川弘文館
小笠原好彦 1995『古代の三都を歩く―難波京の風景―』文英堂
澤村仁 1995『日本古代の宮都と建築』中央公論美術出版
中尾芳治 1995『難波宮の研究』吉川弘文館
直木孝次郎・中尾芳治編 2003『シンポジウム　古代の難波と難波宮』学生社
栄原永遠男・仁木宏編 2005『難波宮から大坂へ』和泉書院
直木孝次郎 2005『日本古代の氏族と国家』吉川弘文館
中尾芳治・佐藤興治・小笠原好彦編 2007『古代日本と朝鮮の都城』ミネルヴァ書房
植木久 2009『難波宮跡―大阪に甦る古代の宮殿―』日本の遺跡 37，同成社
直木孝次郎 2009『古代難波とその周辺』直木孝次郎古代を語る 10，吉川弘文館
同 2009『難波宮の歴史と保存』直木孝次郎古代を語る 11，吉川弘文館
古市晃 2009『日本古代王権の支配論理』塙書房
積山洋ほか 2010『東アジアにおける難波宮と古代難波の国際的性格に関する総合研究』平成 18〜21 年度科学研究費補助金研究成果報告書
栄原永遠男 2011『万葉歌木簡を追う』大阪市立大学人文選書 2，和泉書院
積山洋 2013『古代の都城と東アジア―大極殿と難波京―』清文堂出版

＊関連図書は難波宮跡発掘調査開始後に限定した．それ以前の多々ある文献については，大谷治孝 1976「難波宮関係者作文献目録」『難波宮跡研究調査年報 1974』(難波宮址顕彰会）を御参照願いたい．
＊図書・報告書に限定し，論文については，後日を期するものとする．

（清水和明作成）